编委会

主 编

许 涛

编 委

（以姓氏笔画排序）

王 体　王 玲　朱鸣雄　刘兵勇
刘 凯　杨培雷　吴方卫　何志强
沈亦骏　罗山鸿　金晓茜　周 巧
周 燕　赵 蔚　郝 云　秦文佳
倪志兴　黄 莎　韩明辉　褚 华

目　录

第二篇　乡村振兴发展报告

第三篇 对千村调查的媒体报道

序

马克思在《德意志意识形态》中指出:“实践的唯物主义者即共产主义者。”“实践”是主观践之于客观的认识世界和改造世界的活动,与王阳明“知之真切笃实处即是行,行之明觉精察处即是知”的哲学思想和教育理念有异曲同工之妙。习近平总书记将马克思主义与中国优秀传统文化相结合,叮咛青年学生“在肩负时代重任时行胜于言”,“无论学习还是工作,都要面向实际、深入实践”。

习近平总书记在地方任职期间,多次为高校学生上思政课,自党的十八大以来,多次深入高校与师生座谈,观摩思政课现场教学,深谙思想政治教育之规律和青年学生成长之规律,强调“‘大思政课’,我们要善用之,一定要跟现实结合起来”。如何善用“大思政课”？习近平总书记指出:“用脚步丈量祖国大地”“把论文写在祖国的大地上”。上海财经大学大型社会实践项目——千村调查,聚焦“三农”主题,栉风沐雨 14 年,组织学生两万余人次,深入农村家庭超 16 万户,撰写调研报告万余篇,搭建起青年学生学以致用、经世济国的思政课实践教学大课堂。为优化这一实践课堂育人和育才之功能,2019 年上海财经大学第八次党代会推出千村调查 2.0 版,旨在进一步深化国情教育、劳动教育,拓宽学生服务社会之渠道、提升学生科学研究之能力,教育引导学生自觉担当乡村振兴和民族复兴之重任。

民族要复兴,乡村必振兴。经上财党委常委会审议通过的“2021 年千村调查实施方案”,确定年度调研主题为“中国乡村产业振兴调查”,以上财“三农”研究院许庆教授为首席专家,采用返乡调查和重点调查相结合的方式进行,并在调研过程中因地制宜开展红色主题教育和“五个一”(做一餐农家饭、扫一次农家院、学一项农具、会一个农活、知一种农作物)劳动体验日活动。尽管受“新冠”疫情影响,1 231 名上财学子牢记习近平总书记的叮咛,不畏风险、不惧酷暑,毫不犹豫地参与到这一“大思政课”实践教学之中,足迹遍布全国 31 个省市自治区、260 个地级市、628 个行政村,完成入户调研 7 893 户。在亲身体验农业生产、深度了解农民生活、全面采集农村数据的基础上,利用所学专业知识撰写调研报告 596 篇,结合成长经历撰写“我心目中的千村调查”征文 1 236 篇,为探索脱贫攻坚和乡村振兴有效衔接之路径，贡献了青春的智慧和力量。

我本人也与学生一起，再次参加千村调查，在浙江省台州市路桥区路南街道方林村，调研乡村产业振兴。并和同学们一起拿起锄头、来到菜畦，经过挖坑、培土和浇水等环节，种下茄子、木耳菜、黄豆等农作物，还体验了掰玉米、摘西瓜等丰收的喜悦，认识了甘蔗、生姜、秋葵等农作物。有同学这样写道："如果未参加千村调查，漫长的暑假，我应该会躺在床上无聊地看剧，或者在各种考证培训班中沉沉浮浮，而炎炎夏日，走出空调房，戴上小草帽，手握一把小锄头，埋首田地间，是我从未想过去做的事情。劳动初始，我有些许不适应，要忍受汗滴从脸颊垂落，手臂举着农具而感到酸胀。但慢慢地，在掌握正确的劳动姿势后，脚踏土地，我反而感到一种真切的踏实。"眼见同学们切身体验农业生产、农村生活的兴奋和热情，被一滴滴的汗水打断，我相信，这堂"自找苦吃"的实践课会让他们更加深刻地读懂中国，更加自觉地扎根大地做学问。

2021 年千村调查见证了乡村变迁的日新月异，也指出了乡村振兴的任重道远。基于千村调查得来的数据，同学们在老师的指导下，运用所学专业知识，科学设计返贫风险预警指标，构建返贫风险度量体系，就乡村产业振兴中存在的突出问题、农村劳动力的就业选择及影响因素等，做了深度分析，并提出乡村振兴背景下文旅融合发展的新路径，提出以"产业发展型"为导向的农村老龄化问题解决方案等。如此众多研究成果，展现出上财学子将"厚德博学、经济匡时"的校训和青年一代的理想与激情，转化为"为天地立心，为生民立命，为往圣继绝学，为万世开太平"的家国情怀和责任担当。正如习近平总书记所说："广大青年要如饥似渴、孜孜不倦学习，既多读有字之书，也多读无字之书，注重学习人生经验和社会知识"，而"思政课不仅应该在课堂上讲，也应该在社会生活中来讲。"

艰难困苦，玉汝于成。经过紧张有序的缜密准备，我们完成了《2021 中国乡村振兴发展报告》。本书分三个篇章，从 1 236 篇征文精选 25 篇，从 596 篇调查报告中遴选 16 篇，在诸多媒体报道中选取 11 篇，全面、翔实、客观地展现了 2021 年千村调查实践教学取得的成绩，以飨读者。相信每个参与其中的同学，都会不虚此行。希望更多的同学参与进来，在调查过程中，体验劳动之艰辛、理解劳动之光荣，利用所学之专长、发挥青年之才智，积极投身于乡村振兴、共同富裕的伟大实践。

是以为序。

上海财经大学党委书记

许涛

2022 年 7 月

第一篇　我心目中的千村调查

元阳千村行　情深永铭记

何永琦[①]

“听不懂。”阿珍别扭地摇了摇头，清澈的瞳仁不安地看着我，黝黑的脸庞泛起羞涩的笑容。她双手局促地抱着膝盖，指缝间染上了常年操持农活难以洗去的土色。

“没事儿，咱们差不多问完了。”我一边轻轻拍了拍她身上款式简单、洗得黑中泛白的传统哈尼族服饰，一边轻声安慰着她，低头教她用备好的印泥在签字单上按出一个红彤彤的手印。像阿珍这样不识字又不通汉话的，我们当天就遇到了六个，同行的组员们努力地解释着每个问题，不自觉地用手势比画着，有时甚至不由得手舞足蹈，不甚滑稽的模样把前来帮忙的村干部和访谈的村民们都给逗乐了。

阿珍来自云南省元阳县保山寨村，村庄坐落在层峦耸翠的丛林深处，从县城开车到村里要走三个小时的山路，进入还需拾级而上数百个台阶，村里几乎没有汽车，交通极为不便。保山寨村日中为市，留在当地的大多是耄耋老人、妇女，还有街边玩闹的小孩，他们成了我们调研的主要对象。村里民风淳朴，村民们的回答可谓十分认真。“您家里有冰箱吗？”“莫得。”“那有电视机吗？”“有个小呢。”“小摩托车呢？”“也莫得。”带着小心翼翼和试探色彩的问题一个接一个地抛出，村民们思考后直率地点头、摇头，不带有多余的、遮掩的解释，真诚而坦荡。经历了一次次反复却独特的对话后，我愈发把握了此番访谈的技巧与真谛——过度的怜悯略显居高临下，乐观的共情方显真诚自然。“家庭年收入八千元”，从一个在上海读书的学生的角度看来是多么令人不安的数字，在村民口中却是幸福的、充满自豪感的答案。

贫苦却幸福，是此次千村调查之行我对元阳县村民精神面貌最深刻的体会。

上天以自然馈赠辛勤劳作的元阳人民，让他们依山傍水，耕耘着光彩交融的哈尼梯田，享受着“世外桃源”般的宁静生活，同时又给他们铸上了一把地理屏障的枷锁。村民们自给自足的小农经济社会似乎成为元阳县上百年传承的“贫困基因”。他们“靠天吃饭”、生活节俭、教育资源稀缺、娱乐生活匮乏，可他们又为何给我留下如此乐观与幸福的深刻印象呢？我想，那便是因为贫穷只是个地理的相对概念，哪怕不与城市比，元阳人民也是全国农村地

---

① 何永琦，女，上海财经大学金融学院银行与国际金融（中外）专业 2019 级本科生。

区中脱贫之路走得最为艰难的人群之一;可贫穷也是一个历史的相对概念。当我问及每一户农家同样的问题:“您的生活有比去年过得更好吗?”一位位朴实的、饱经风霜的村民不断点头时,我真切地感受到他们在脱贫路上生活质量越来越高,日子越过越有奔头,每一个提到未来生活,不禁上扬的嘴角都是给予国家政策和扶贫干部最真切也是最光荣的勋章。

沿途有幸遇到了很多优秀的挂职驻村干部,其中有两位让我印象深刻。一位是最新上任的上海徐汇区赴元阳的挂职干部朱炜,他做事尽职尽责,为人谦逊和蔼,微胖的脸上戴着一副象征“知识”的镜框,走到哪儿都是亲切地笑着。我们常十分期待地围绕在他身边听他讲述过去一年挂职的经历:“当时决定过来挂职,家里人都不愿意,谁能想到这边真是养人呢,壮丽梯田,一级水质,我现在身体倍儿棒,都不想回去了。”我们调侃他肯定晒黑了不少,他自豪地拍拍胸脯说道:“这也是我这次来挂职最美的印记和勋章。”另一位便是上海财经大学校团委副书记袁海萍,他曾到元阳挂职一年半,这次又作为带队老师负责整个团队与当地的事宜对接。他为人随和幽默,亲切地让我们称他“海萍哥”,与当地干部也能“打成一片”,用他的话来说便是:“我以前经常和这些元阳的同事坐在村角摊子那儿聊公事,喝酒谈心到半夜两三点,元阳已经成了我的第二故乡。当时我离开的时候,毫不夸张地说,是哭着走的。”我一度以为挂职只是一项需要认真完成的工作,但这一番感情深厚的话语让我明白,扶贫更是一场干部们的心路之旅,每一位扶贫人不仅将身心奉献给了祖国和人民,更为自己的人生之路增添了一抹有深厚意味的、旖旎的风光。

入户访谈

自此次调研过后,扶贫事业在我心中不再是一组组宏观的数据和略显陌生的欢呼,更是一幅身边万千榜样注入了无数心血的生动画卷。

走千村,访万户,读中国,增才干,献良策,把论文写在祖国的大地上。7天,10个行政村,200份调查问卷。我深刻认识到互联网不全是中国,北上广也不全是中国,祖国图卷里要加上我沿途的所见所感才够完整。扶贫干部是祖国大地最美的风景,是我沿途遇到的一个个活生生的榜样。我希望自己能早日成为一名中共党员，为党、为人民贡献自己的一份微薄之力。

仍记得离别那天，我坐着车行驶在返程的高速公路上，看着窗外土灰色砖瓦的平房小屋因聚而生，依山而建，忽隐忽现，心中有股浓烈的不舍之情喷涌而出——千村调查，不负此行，元阳情深，定永铭记。

俯身贴大地　谦卑爱人民

周家怡[①]

站在定波桥上往下看，没有收获预想中江南水乡似的小桥流水人家，未曾感受依山傍水婉转细腻的江南气质，渔业村小河两边是窄窄的村民自留地，纷纷杂杂地种着各类有机蔬菜，清雅淡然、简约朴素。

金山区山阳镇渔业村便是我这次千村调查选取的自然村，村子还有一个更为令人熟知的名字——金山嘴渔村。近几年，"上海最后一个渔村"的头衔产生了辐射效应，如今该村也是都市人休闲度假的打卡点。这里曾是金山地区渔民聚居地，得天独厚的海洋生态环境和世代传承的海渔文化积淀，让它成为金山滨海旅游的新亮点。出发前，怀着对"三农"问题的关注，潜心查阅了很多关于渔村的资料，资料中对渔村传统民风描述最多的便是"白墙、黑瓦、观音兜"，眼前浮现了再熟悉不过的朱家角、枫泾古镇的类似模样。但是真正入村后，才发觉渔村的不同——少了股精致的"文"气，多了分质朴的"拙"气。说实话，内心有一丝丝的失望，原来所谓的百年渔村，不外乎是古镇的低配翻版。

除了处暑季节不给力的炎热天气外，当天调研进行得挺顺利。接近中午，村里的杨姐姐带我们品尝了渔村特色美食——黄鱼面。推开店铺，十来位和蔼可亲的爷爷奶奶"唰"地齐站了起来，着实吓了我们一跳。原来，渔村投资管理公司的主管吴姐姐担心这么炎热的天我们扛不住，直接把剩下的被访农户邀请到了店里，方便我们访谈。感激之余，一位奶奶笑着起身，来到我跟前，乐呵呵地说："我先来，妹妹你有啥尽管问。"接下来的两个小时里，我从李奶奶那儿了解到她家从自行车、电动车再到孩子们的汽车、村子附近铁路通车的巨变。张爷爷很健谈，绘声绘色地向我们普及渔村的建设，畅谈他家每年出租农舍获得一笔不小的租金收入，较从前早出晚归又不稳定的渔民社会生活好了很多，欣喜之情溢于言表。陆奶奶和她的老伴身体都不好，近几年治病花了不少钱。当问及："奶奶，你感到这几年的生活怎样？有困难吗？"奶奶笑眯眯地望着我说："没困难没困难，现在的政府好啊，生活啊，那是一年好过一年喽！"见我们忙着做问卷，爷爷、奶奶齐声劝："孩子不急的，你们先吃面，

---

① 周家怡，女，上海财经大学经济学院2020级数理经济专业本科生。

吃好了再问，或者边吃边问也行！”顿觉自己好像多了很多亲人，他们的质朴与爽朗是如此打动我，让我更坚定地相信生活永远充满希望。那天的黄鱼面是我吃过的最味美的。

问卷调查之余，我们徜徉于展现渔民生活演变的渔民老宅，跟着阿婆体验了一把当地特色农活——织渔网的乐趣，又走进了海渔文化等多个展馆，渔村历史与生活场景在眼前鲜活铺展。幽静蜿蜒的青石板路上，几位阿婆正坐在家门口的台阶旁，摇着蒲扇拉扯着家常。白萝卜丝虾米内馅的油墩子在油锅里滋啦滋啦地唱着，香气溢满整条老街。远处，鱼形湖中央的漂浮舞台上驻唱歌手弹唱的曲调悠悠融入我与阿婆的对话中，又被密密织进了谁的生活记忆里？

错位时空，当年穿着背心和龙裤出海打鱼、搏击风浪的渔民与眼前闲坐家门、安逸舒适的场景在眼前重合，不觉涌起阵阵感动。他们曾与海相依，经历过渔业资源匮乏而被迫上岸的艰难转型，但渔村人没有被打倒，他们坚忍顽强、乐观勤劳，有人经营起了海鲜饭店，有的开起了民宿，有的当起服务员或洗碗工，把日子经营得越来越好。人们顺应产业变迁，转变职业谋求生存，这是简单却颠扑不破的社会规律。来之前，总不自觉地将自己假想为渔村的“工程师”，发现问题、建言献策便是我责无旁贷的任务。渐渐地我似乎明白，学校开展走千村、访千户，让我们行走阡陌田野的初衷，不是要我们居高临下地审视民情，而是要谦卑地从最接地气的百姓身上习得一种勇敢生活的力量，从他们澄澈的朴实善良与坚韧乐观中品味不凡的内蕴，在未来的人生道路上收获无尽的精神支撑；是要俯身贴大地，客观细致地品读中国，拥有广阔的视野与正确的认识，用知识解读，用理论建言。乡村振兴也好，脱贫攻坚也罢，国家所推行的政策与方针，出发点是什么？归根到底为的又是什么？答案毋庸置疑：人民！人民！还是人民！因为对人民的大爱，所以要全力完成亿万人民对美好生活向往的攻坚目标。这，便是中国！一个让世界惊叹的国度！

继续前行，忽觉渔村异常地美，美得拙朴，美得独特，让人深深着迷。她不是谁的翻版，而是渔村人共同的母亲。一脚踏进渔村的傍晚，登高远眺，火红的太阳拖着潋滟金光的纱衣渐渐没入了远方地平线。村子里商铺的灯牌渐次亮起，鱼形水池中的音乐喷泉美轮美奂，晚风轻抚脸庞，海岸边灯影柔曼。一眼望去，已难觅艘艘小船停靠码头、蓄势待发的场景了。“上海最后一个渔村”如今只剩下二十来位老渔民。再过五六年，或许修船师傅姜品云为渔村渔具馆内打造的舢板船船模将成为这个渔村最后一艘渔船，海渔文化也将成为这片土地暗自流淌的记忆。一次调研，一段故事，一份纪念，一生回忆。相信多年以后，我依然会记得这个村子和我遇见的人，会记得黄鱼面的鲜甜、油墩子的咸鲜、遥远海风裹挟着海鲜的腥咸以及渔村爷爷奶奶们最真诚质朴的笑脸，在这片灵秀的土地上，有一种与生俱来的情感，让我依依留恋。

明晨，太阳依然会从杭州湾天空相接的地平线升起，将第一缕跃动的阳光洒在这片土地上。或许渔村的模样会改变，但她的故事会被未来的渔村新生代不断提起，她由“贫困村”到“全国文明村”的美丽嬗变会激励更多年轻人心怀感恩与深情，为这曲奏响了百余年的海渔交响曲谱出新的时代乐章！

去嘎查的路，通往幸福的路

马天骏[①]

2021年对于全体中国人来说是极为特殊的一年，在这一年，我们伟大的中国共产党迎来了百年华诞，同时中华民族也在基本控制住“新冠”肺炎疫情后创造了举世瞩目的脱贫攻坚奇迹，实现了党的第一个百年奋斗目标，在中华大地上全面建成了小康社会，并历史性地解决了绝对贫困问题，书写了具有世界历史意义的中国故事。

作为新时代的中国青年，我们正站在前人披荆斩棘铺设的道路上砥砺前行，为了实现中华民族伟大复兴的中国梦而奋进。伟大的理想需要有实践作为基础，毛泽东曾说过：没有正确的调查，就没有发言权。自我入学伊始，便牢记上海财经大学“厚德博学、经济匡时”的校训，立志成为一名有助于国、有助于民、有助于时的社会主义工作者。然而纵有万丈报国之志，如果没有走到基层，了解最底层人民的生活情况，一切设想都将是纸上谈兵，因此我积极地报名参加本次千村调查，将乡村产业振兴作为调研的主线，深入基层，了解人民的生活情况，发现基层中的发展机会，了解基层中存在的相关问题。

新农村，新气象

本次调研的目的地内蒙古自治区通辽市扎鲁特旗巴彦塔拉苏木东萨拉嘎查是习近平总书记在进行脱贫攻坚调研活动中重点关注的村镇，“去嘎查的路怎么走”正是出自这次座谈会。在前往东萨拉的途中，国道逐渐变成省道，省道再变成乡镇通道，道路从平缓变得崎岖，从顺畅变得难行，但我始终保持着极大的热情，正如我们脱贫攻坚的道路，虽然艰难，但通往的是人民的幸福生活。到了东萨拉，我第一次真正见到风吹草低见牛羊的美景，东萨拉以畜牧业作为主要产业，是内蒙古地区著名的牛肉产地，“十个全覆盖”“村村通”为村民们修好了公路，接上了互联网，家家通水电，偏远的农村也能与外界相连，农村展现出一种欣欣向荣的面貌。

---

① 马天骏，男，上海财经大学会计学院2020级会计学硕士研究生。

追时事，抓热点

2020 年一场“新冠”肺炎疫情让许多产业陷入了停滞状态，原本脱贫的农户再度返贫，给我们国家的脱贫攻坚工作带来了更多的困难，因此，调研开始之后，我比较关心的就是 2020 年“新冠”肺炎疫情对东萨拉村民生活的影响。在走访过程中，我发现了一个有趣的现象，村委会和一些农户家里搭建了网络直播间。我了解到，在疫情期间，生产的牛肉不能运送到乡镇进行线下售卖，造成了一定程度的积压。但是村支书吴云波紧跟时事热点，发现村民经常在抖音、快手直播间中购买商品，网络直播既能覆盖更多的消费者，又能节省店铺成本，他认为这是解决牛肉积压的好方法。于是，村支书为了帮助村民排忧解难，带头直播卖牛肉，成就了一段佳话，并且在直播过程中有幸连线了习近平总书记，进一步打响了东萨拉牛肉的知名度，直到现在东萨拉的牛肉仍处于供不应求的状态。

走出去，寻幸福

东萨拉的牛肉产业之所以能做大做强，关键在于村支书吴云波带领全村人民成立了股份制合作社——玛拉沁艾力。玛拉沁是牧民的意思，艾力是毡房的意思，结合起来便是牧民之家，是一股带领全村人民走向致富之路的合力。自 2015 年成立以来，玛拉沁艾力的生产规模逐步扩大，从一开始年产 600 头牛，仅能向周边村镇提供生鲜牛肉，到现在年产 3 000 头牛，并拥有自己的冷冻仓库、成品牛肉加工生产线、奶制品生产线，其产品已经能够通过互联网销往全国各地。玛拉沁艾力不仅带领东萨拉一个村脱贫致富，在扩大规模的同时，也向周边的村寨收购成品牛，租用草地，承担了乡镇企业更大的社会责任，给予了更多贫穷农民关怀，进一步凸显了自身在脱贫攻坚战中发挥的关键性作用。

这次千村调查的经历是弥足珍贵的，如果没有参加千村调查，我就不会发现，在我家乡旁边的牧区竟然有着这样一群为了脱贫致富、过上美好生活而在努力奋斗、发光发热的可爱村民；如果没有参加千村调查，我就不会去了解这个代表着全村劳动人民的集体利益，承载着众多家庭美好生活梦想的农业合作社——玛拉沁艾力；如果没有参加千村调查，扎鲁特旗东萨拉嘎查的村民们也不会见到我，散落在全国各地的农村也不会知道，有着成千上万的上财学子正奔走在祖国的大地上，实地了解偏远农村老百姓的生活。不积跬步无以至千里，不积小流无以成江海，在未来会有更多的上财学子投身千村调查之中，养博学厚德之才，承经济匡时之志，将汇报人民幸福生活的调研报告写在祖国大地上。

元阳云深党史情　今朝振兴千村行

陈思瑀[①]

2021 年是非同寻常的一年，是中国共产党成立一百周年，是全面建成小康社会之后乡村发展新的开始，也是全国人民上下齐心战胜新型冠状病毒的一年。笔者有幸参与了 2021 年上海财经大学千村调查活动，在这重要的时点，深入中国农村，调研乡村产业振兴，见证元阳县脱贫攻坚后的巨大变化。七天两场座谈会、十个村落，210 份答卷和两千余道答题是我们脚踏实地用心访谈的成果，这背后的成长和收获远不是干瘪的数据所能体现的。下面请让我一一为你道来。

千村调查调研小组在元阳各地的合影

① 陈思瑀，女，上海财经大学数学学院 2019 级数学与应用数学专业本科生。

千村调查走访元阳各地的活动

蒙自云深党史情，今朝振兴千村行

2021年的千村调查内容更加丰富饱满，形式生动多样。从党史学习教育、劳动教育的开展，到入村入户的问卷调查，我们从早期共产党员不怕牺牲、英勇斗争的革命精神中坚定了理想信念，感受到自己身负的责任与使命；从劳动教育中，真切体会到"一粥一饭，当思来之不易；半丝半缕，恒念物力维艰"的深刻含义，懂得了珍惜劳动成果，培养关心帮助他人的美德；而走千村、访万户的问卷调查，更让我们学会了如何了解民生、了解真实的乡村，并思考如何运用自己所学的知识为推进乡村振兴、为进一步改变乡村面貌尽自己一份绵薄之力。

第一天我们来到云南省红河州西南联大旧址。刻有校训"刚毅坚卓"的石碑赫然立于广场，地雕是写着"联大"二字的三角形校徽，它们历经风雨洗礼，无声地诉说着那一段令人心酸的奋斗岁月。

白日登山望烽火，黄昏饮马傍交河。七七事变，日军侵占北京后，北京大学、清华大学、私立的南开大学一开始迁至湖南成立长沙临时大学。后长沙危急，三校又前往云南昆明，即后来的西南联大。西迁师生分三路前往。第一条路线是由女性、教师、身体虚弱的男性乘火车至广州转香港，乘船到越南海防，经滇越铁路来到昆明；第二条路线同样是一路辗转奔波；第三条陆路则被称为“教育史上的长征”，由两百余名年轻力壮的男子徒步从长沙西经贵州进云南抵昆明，历时 68 天，行经三千余里！在昆明的办学条件也异常艰苦。校舍缺乏，师生就在用铁皮茅草搭建的屋子内读书。那时学生最怕下雨，因为昆明的骤雨打在教室的铁皮屋顶上，声若雷鸣，教授一次次提高音量，学生们仍然听不见。陈岱孙教授索性在黑板上写下“静坐听雨”四字，成为一段佳话，传递了一种“心斋”的修行。当时上课没有书桌，教室里摆放的是形状奇特的木椅，木椅仅右侧有扶手，扶手是一块形似“宣威火腿”的窄木板，因此被叫作“火腿凳”。条件虽艰苦，但师生努力做学问报效祖国的精神从未停歇。清华校长梅贻琦所言“所谓大学者，非谓有大楼而谓也，有大师之谓也”。教室不够用，他们就移步至南湖边，“老师在哪，课堂就在哪”，即有名的南湖诗社。

随后我们又前往中共云南一大会址所在地查尼皮村。微雨飘飘，山雾蒙蒙。曾经秘密举办一大会议的茅草屋隐匿在苍翠青山中，见证了无数革命先烈舍生忘死英勇赴义，现在聆听着我们庄严的告白：“强国有我，请党放心！”这是红色基因的传承，是责任与使命的交接，更是每一代团员党员的理想信念。

桃花红雨英雄血，碧海丹霞志士心。“国已不国家何家，萍踪浪迹走天涯。一片丹心为革命，誓将头颅报中华。”这是中共云南一大代表杜涛烈士生前所作的诗。当年的 17 名代表中，有 6 人被国民党杀害。其中，胡成是云南第一位女共产党员，主持了中共云南第一次会议，最后被反动派抓获。彼时的她已怀有身孕，仍坚定地奔赴刑场。李鑫是中共云南党组织的创建人，为争取到工人的力量，他进入矿区和工人们打成了一片。烈士的鲜血染红了滇南，查尼皮村成为云岭高原革命圣地。

读史可以明智，知古方能鉴今。我们参观这些历史遗迹后，心中感慨万千。上海财经大学常务副校长徐飞教授以及元阳县的各位领导组织了两场座谈会，大家畅谈着自己的所思所感。徐飞教授结合大家实景参观的体验，上了一堂生动的现场情境党史教育主题课。徐教授以“传承红色基因，赓续奋斗精神”为主题，从“学史明理”“学史增信”“学史崇德”“学史力行”四个方面阐释。“一个能懂多久的历史就能看多久的未来。”学习历史，使人明白更多的道理、哲理、事理、法理，让人变得深厚，具有纵深感。你播种一种思想，就收获一种行为。“船到中流浪更急，人到半坡路更陡。”中国处于世界百年未有之大变局，更应坚持“四个自信”，坚持走中国特色社会主义道路。“革命理想大于天。”学习革命斗士舍生取义的精神，学习党员干部一心报国、清正廉洁的品质；明大德、守公德、严私德，理想之光不灭，信念之光不灭！“空谈误国，实干兴邦。”为革命事业牺牲的，最小的只有 19 岁，和我们差不多大呀！这深深地触动了我，“青春是用来奋斗的”，我要身体力行地去建设祖国，竭尽全力将平生所学奉献给我热爱的这片故土！

岁月如诗吟旧社，乡村振兴换新颜。第二场座谈会有关元阳县乡村振兴发展。元阳县于 2020 年 5 月成功退出贫困县序列，大家就如何巩固脱贫成果，预防返贫问题展开谈论。徐教授提出“升维思考，降维操作”；从宇宙看地球，从全球看国内，用工业化、信息化、智能化、城市化反哺农业；并且为大家讲述了阿尔卑斯经济学，即打造第三空间。听了这些内容后，我耳目一新、思维更加开阔。徐教授又全面而深入地解读了“五位一体”的方针政策，并回答了县长关于“没有机械化的农业现代化怎么实现”的疑问。我第一次感觉思政课那么有意思，真的可以解决实际问题。

访深山处阿者科，脱贫攻坚西北勒

走千村，访万户，读中国。深入中国农村，走入乡村家庭，一对一、面对面用心去交流，倾听村民们对乡村生活的描述、对党和政府的感激、对美好未来的憧憬。令我印象最为深刻的两个村落，一个是阿者科村，另一个是西北勒乡。

“山有梯田坝有海，谷有红河岭有泉。”哈尼梯田被列入世界文化与自然双重遗产。一年四季，梯田皆有其美。哈尼族人习惯在每年 6 月插秧，因此夏天的元阳到处是青葱稻浪。到了十月，随着作物的丰收，山野也变为金黄色。但看梯田最美的季节永远是冬天，因为注水后的梯田会闪现银白色的光芒，从而凸显梯田的婀娜曲折的轮廓。哈尼梯田更是体现了“天人合一”的智慧，建立了森林、村寨、梯田、水系“四素同构”的循环生态系统，是先民农耕文明的智慧结晶和农业文明文化景观的杰出范例。

一路艰辛坎坷，一路情怀砥砺。阿者科的村民居住在传统的哈尼民居中，一层堆放木柴、饲养家畜，顶层铺设茅草。房屋面积不大，却也干净整洁。穿着哈尼民族服的阿姨不会说汉话，家中的弟弟为我们担任翻译。弟弟告诉我们，家里爸爸和哥哥姐姐都在外地打工，妈妈和爷爷奶奶留在村里，照顾家中的几亩地，自给自足，有时还会帮忙洒扫村子的街道。他还向我们介绍，旅游产业经营利润由村集体公司与村民三七分成，在村民分红利润中，包括传统居民分红、梯田分红、居住分红、户籍分红，一家人每年能获得一万多元的旅游分红。弟弟说：“高中毕业后，想出去闯荡一番，看看外面的世界！”他们憧憬着未来美好的生活，其乐融融。西北勒乡原是一片不毛野地，村子里全是土坯房、茅草房，是偏僻、闭塞、贫穷、落后的代名词，贫困面广、贫困程度深，贫困发生率最高时达 94%，是典型的深度贫困乡。结合当地存在的问题，党和政府从水利建设、电力建设和公路建设三个方面入手进行基础设施建设，又采取“党组织＋村集体＋合作社＋企业”的模式，成立了山里红合作社带动大家一起种植苹果。目前，全乡已种植苹果树五万余亩，村民的收入从以前单一的种植玉米、蚕豆等农作物发展成“租金＋薪金＋股金”的多渠道模式；同时建立西北勒苹果电商冷链物流分拣中心，开发苹果产业核心、关联、衍生业态和产品，整体推进乡域内各类资源的开发利用。西北勒的农民百姓共同谱写了一则“石头缝里刨穷根、奋斗脱贫奔小康”的感人故事。

满载收获乡愁追，心系家乡学成归

万里河山万家灯，往事如烟浪淘沙。在最后一天的分离送别局，很不舍；短短七天的相处，很感谢相遇，我很喜欢遇到的这些质朴的农民，他们热情、善良，眼里又闪烁着自信的光芒，他们对这片泥土地的热爱，对美好生活的向往深深地触动了我。是啊，我们每一天都要认真对待——过着最朴素的生活，怀着最遥远的梦想，愿明朗、坦荡、纵情、豁达。还喜欢同行的老师和校长，他们不仅平易近人，是良师，掏心掏肺地和我们说了很多，告诉我们一些人生道理；还是益友，可以开玩笑，一起吃饭一起说笑。跟着他们长了不少见识。最难忘的还是云南这方美丽的土地，独特的哈尼族、彝族、傣族的乡土风俗，村民唱着哈尼族民歌，然后让我们对唱一首，校长也用一首气势磅礴的《我爱你中国》表达内心的感动。要哭了，实在太美好了。多撒（哈尼语的“干杯”）！

人归落雁后，思发在花前。作为大学生，常常想着去北京、上海这样的发达城市并且留下来，那里有更好的环境、更好的资源、更好的收入，这样的追求并没有不对，每个人都有追求幸福的权利，经济发达的地区需要有学识、有才干的新一代人来继续建设。但是在那些积贫积弱的地方同样需要有学识、有才干的新一代青年深入基层建设。它们太缺人才了，奔走于脱贫攻坚工作的一线干部不时总会提起一句，“希望大学生们能够回来，去基层用其所学帮一帮农村的建设，真的太缺人才了”。江若曦学姐在学成之后，义无反顾地回到家乡，投身农村建设中。大家无不为她的事迹所感动，纷纷立下鸿鹄之志，希望有朝一日能为家乡的发展贡献自己的一份力，将青春书写在祖国的大地上。就像我在面试中承诺的那样：“经风雨见世面，吃过苦，到重大工程中去，到最艰苦的地方去！”也愿如徐教授最后寄语的：“人情练达即文章，世事洞明皆学问。去看，去听，去想，去悟。”

最甜家乡水，最美是乡音。乡村是承载乡愁的独特载体，是离乡人的魂之所归、心之所向，是在外游子最深的羁绊。每个人都在生命的旅途中行走，寻找生命的意义和价值。然而，不管走多远，家乡都是人生唯一的起点，记住乡愁是每一个人的心灵需求。无论是李白“举头望明月”的凝眸，还是杜甫“月是故乡明”的偏爱，总能快速唤醒乡思乡情，唤起心灵深处最美好的回忆。

纸短情长，将这份回忆悄悄珍藏；前路漫漫，一往而深且行且珍惜。元阳的景情人，将是时光里的不变！

走千村，访万户，品读百态人生

陆思婷[①]

自十八大以来，党和国家坚持把解决好“三农”问题作为全党工作的重中之重，并在十九大报告中明确提出要实施乡村振兴战略，力求从乡风文明、治理有效、生活富裕、产业兴旺、生态宜居五个方面彻底解决农村产业、农业就业和生活等问题。上海财经大学积极响应号召，将2021年千村调查的主题定为“中国乡村产业振兴调查研究”，旨在深入走访各乡镇地区的产业发展状况，总结规律并制定出针对性较强的政策建议。2021年，笔者有幸成为上财庞大的调研队伍中的一员，跟随大部队来到贵州省遵义市——一座承载着无数革命先烈赤诚忠勇的城市。在这座城市里，笔者看到了很多质朴纯真的面容，也倾听到了很多扣人心弦的故事……

故事一：从大山到安置房，是一条康庄大道

杜女士是一位三十岁出头的家庭主妇，育有两个孩子，丈夫在外地打工，自己则在家里照顾孩子和老人，平时通过小规模种植庄稼来帮补家用，前几年刚从大山顶山搬到山下镇上的安置房中。杜女士介绍道，过去住在山上时，山路崎岖难行，山上住户也不多，要置办生活用品是很困难的，自从搬到镇上的安置房以后，就方便多了，想买什么都可以到镇上的商铺购买，当地居民也会热情接待。当谈及就业方面的话题时，杜女士更是热情高涨。她讲述道，在山下有很多的就业机会，不仅可以种地种菜、养鸡养鸭，还可以到附近的南瓜生产基地和包菜种植基地去打临时工，这都是在过去所不敢想的。在谈及有关生活质量方面的话题时，杜女士同样热情洋溢。她说道，搬到安置房之后生活质量有了很大的提高，交通更方便了，家里老人看病也更加便捷了，而这一切都得益于党和国家的关怀。跟杜女士的访谈结束之后，我不禁陷入了沉思。未来可期，但仍需努力。在杜女士眼里，从大山到安置房，是一条通往幸福美好生活的康庄大道，并对当前生活品质的提升感到十分满意。然而，杜女士所不知的是，镇上的生活水平依旧很清贫，各项生活物品和生产资料也不够完善，诊所里的医疗设备不够先进，学校的教育环境也不尽如人意。这一条通往幸福美好生活的康

① 陆思婷，女，上海财经大学金融学院2019级保险学博士研究生。

庄大道上仍然存在很多需要改进的地方。从脱贫攻坚到乡村振兴，党和国家及各级地方政府都付出了巨大的努力，因此也取得了喜人的成效，人民的生活水平实现了质的飞跃。但是，乡村振兴之路依旧险阻且漫长，如何推进农业现代化发展，如何有效地缩小城乡差距，如何在谋求金山银山的同时保住绿水青山等，无一不需要一代又一代的有志青年持续奋斗。

故事二：纵有千般不幸，依然努力生长

邓大叔是一位身患残疾但依然乐观向上的中年大叔。都说幸福的人是相似的，而不幸的人各有各的不幸，邓大叔的不幸起源于他的青年时代。那时候山路崎岖难行，一不留神便摔断了手臂，加上当地医疗条件不好，又没有足够的资金到外地就医，因此错过了最佳救助时机，他便成了一位独臂少年。虽然上天折断了这位少年飞向大山之外的翅膀，但邓大叔并未从此一蹶不振。在问及家庭住房情况时，大叔一脸自豪地介绍说，自己虽然断了一条手臂，有所不便，但是靠着多年的勤勉劳动，也挣下了一些家当，盖了房子，娶了媳妇，还生了两娃，房子虽不大，但温馨和睦。在谈及家庭成员的基本信息时，大叔更是满眼欣慰。他介绍道，两个儿子都很孝顺，大儿子现在已经成婚，在家里照顾他和老伴，而小儿子则在外地打工，代替他去看看外面的世界，追逐他年轻时未了的梦想。在谈及就业工作时，大叔还说，虽然行动不便，但种种庄稼、养养鸡鸭也能维持生计，过去比较艰难，现在日子好了，政府不但补贴购买庄稼种子的钱，还教授种植技术。如是种种，尽是对当前不断变好的生活的满意以及对党和国家给予帮助的感激。在我们看来万般不幸的人生，在大叔的眼中却都是生活变好的迹象，以及对生活的感恩。我感慨于大叔的豁达开朗，也羞愧于当今社会中越来越多年轻人的轻生事件。过去看到这种新闻时，我甚至觉得自己好像可以理解他们的过激行为，认为这些人一定是经历了非人的折磨才会万念俱灰。现在想来，经历非人折磨或许不假，但真的需要踏向深渊吗？其实也未必吧，纵有千般不幸，只要努力生长，也能像大叔这般书写出一段平凡而温馨的人生。

故事三：学成归来，只为报效家乡

向姑娘是一位乐观健谈的女生，去年刚大学毕业便从外地回来加入了村委会，成为一名光荣的“大学生村官”。向姑娘的家庭条件在村里算得上是优越的，爸爸和哥哥都在外地打工，这几年家里买了小汽车，也在城里置办了房产。在谈及受访者的学历时，向姑娘回答说自己是一名大学生，学的是行政管理。出于好奇，我问了一句，为什么不留在大城市发展而选择回乡呢？她解释道，主要出于三个方面的原因：一是因为在外求学期间，切实感受到了大城市的繁华和便捷，每每想到家乡的落后，总是暗自忧伤，就想着要为家乡做点什么。向姑娘还介绍道，自己现在就在村委会里负责管理各项乡容乡貌和乡风文明的建设工作。看到村民的居住环境变好、邻里相处和谐、大家生活条件慢慢变好，她就觉得自己的回乡之路没走错。二是因为像她这样的大学生在大城市里不胜枚举，但是在家乡则屈指可数，家乡的建设需要她这样的大学生。三是因为爸爸和哥哥的外出导致妈妈一人在家，向姑娘表示不放心，所以要回到家里陪伴母亲。是的啊，更好地实施乡村振兴战略确实需要更多像向姑娘这样的拳拳赤子从五湖四海回到家乡去，扎根于家乡的基础建设之中，怀着满腔热忧，共同创建更加美好的家乡。家乡永远是我们魂牵梦绕的地方，无论走到哪里，家乡始终是当我们午夜梦回时，心中依旧牵挂的那块热土地。回到家乡，用所学的知识为家乡的经济发展奉献自己的全部力量，是何等自豪且伟大的壮举啊！

故事四：因病致贫，白手起家

姚先生是村里仅有的两大富户之一，他从事畜牧业以及饲料生产工作，年净收入高达20万元以上。想到竟有幸采访到如此成功的人士，我的心情多了几分激动；而听完姚先生的故事，内心更是多了几分敬佩之情。原以为姚先生的成长之路必然一帆风顺，没曾想竟也这般坎坷波折。在谈及就业经历时，姚先生讲述道，他年轻时一直在外打工，从事修路和修桥方面的建筑工作，在那个工资水平很低的年代，月薪达到5 000元左右，虽然是体力劳动，但在当时的村里也算得上是高收入群体。奈何命运在他意气风发之时却给了他当头一棒，一场大病花光了家里所有的积蓄，因此，他家也被打上了建档立卡贫困户的标签。好在最终是把病治好了，但这病留下的后遗症也意味着再也不能回到原来的工作岗位。谈到这里，姚先生黯然神伤，后又很快从容一笑，好似在讲述别人的故事一般平静。他补充道，他当时不甘心，同时也坚信“上帝在关上一扇门的时候，也定会为你打开一扇窗”的这一句励志名言。他认为，既然自己已经侥幸活下来了，就不会让后半生这么含糊地过下去，于是四处打听，寻求致富之道。终于功夫不负有心人，姚先生了解到当地还没有大型的牲畜养殖场，这或许是一条出路。说干就干，他开始上上下下跑银行申请贷款，四处奔波去听养殖技术讲座、联系供应商和收购商等。谈到此处，姚先生有点欣慰。他继续讲述道，刚开始的时候很困难，四处碰壁，但好在自己没放弃，也有当地政府的大力支持，所从事的养殖业和饲料加工生产产业逐渐有了起色，三年前实现了脱贫，两年前把贷款还完了，现在日子是越来越好了。虽然2020年疫情对饲料原料的购买和生猪的销售都产生了一定的不利影响，但总体尚可。听到这里，我再度陷入了沉思。向来成功都不是一件容易的事情，更何况是姚先生这种突遭危机，家道中落后又白手起家再创辉煌的，就更加艰难。无论是身心的打击，还是转行的不易，都没能打倒这位意志坚强的中年男子。我又问道，是什么让您一直坚持？姚先生笑了笑，回答说，一方面是生活的压力，要养家；另一方面是不相信那就是命，即使是又怎样，哪吒不也能逆天改命吗？是的呀，成功的路上从来都是荆棘丛生的，要是没有克服困难的魄力和勇气，谁又能轻易制胜呢？如果命运不公，那便与它斗争到底吧！

走千村，访万户，品读百态人生。都说千村调查的意义在于让广大上财学子“察民情、长才干、献良策”，又说在于为科研立项和政策制定收集数据和题材，其意义之重大，前人之述备矣。在我看来，千村调查又何尝不是一场心灵的洗涤盛宴呢？透过他们最真实的面貌，聆听他们最真切的声音，这就是广大人民群众最真实的生活写照啊。他们平凡而普通，但生活得那般真切、那般热烈。他们的人生也有好多遗憾，也曾经历不甘。或许这就是人生吧，难得圆满，但只要坚定不移、勇敢而无畏地走下去，也能终得圆满。

盼古寨新貌　望永宁振兴

祁子力[①]

“走千村，访万户，读中国。”我们用脚步丈量乡野，体会风俗民情，看村落历史今朝。

站在永宁寨村的前阁上远眺，南面层叠的农田绿野，延伸到最远处起伏的丘陵；东面是村落新貌，家家户户的房子整齐排布。正值夏末，又恰逢晴朗的好天气，满目阳光、蓝天、白云、绿野、黄土、古村，伴有高亢有力的蝉鸣，一种逃离城市、回归乡野的亲切感占满心头。

山西省高平市河西镇永宁寨村依山势东西延伸，村里主路多是东高西低的陡坡，极具山寨风貌，因此俗称“寨上”。村西边是古村旧址，由四座阁连接，每座阁连接寨墙，中有门洞，上建阁楼，寨墙上错落插着红旗。远处看来阁虽不算大，但颇有雄伟庄严的山寨风貌。

永宁寨村古村遗址

① 祁子力，女，上海财经大学法学院2020级经济法专业本科生。

走近寨墙，能看到是由大小不一的石砖垒建而成，经年累月的风雨侵蚀使其更显凹凸不平、斑驳古老。阁与阁之间相隔较远距离坐落着一户户年代不同、结构不同的老宅子，宅门外都挂着文物局统一定制的古铜色牌子，标明了是“某某某宅”，门上都落了锁，无人居住。整个古村旧址安静无声，只有热烈的阳光变换着光影，显示着时间并未停滞。走遍古村旧址，只有一位老人坐在敞开门的老屋门前，她凝视着路上的影子，感受着夏天微微的清风，仿佛和古村融为一体，凝滞在时间里。

前阁是分割古村与新村的界线，村民大多住在村东边整齐的新村内，一走出前阁，就能听见热闹的人声。一群老人排坐在阁前的长条石上，用地道的山西方言畅谈家长里短，用齐刷刷的目光检阅我来回走动，看我录制视频、拍照取景，并告诉我可以上阁看一看。孩子们飞奔呼啸，邻里间招呼寒暄，人们都坐在外面纳凉，热闹的场面与我晌午刚到时的静谧大不相同了。

村委会的大院就在村口不远处，大院里有大片空地和新舞台，每次赶集赶会，这里都会有当地“上党梆子”的演出，可以想象到这里有戏团演出时台上台下的欢闹场景。在村委会的办公室里，我见到了村支书、村主任和会计。我介绍来意并表示谢意后便展开了有关村整体情况的问卷调查。关于村整体的问卷细致详尽，很多问题使三位村干部展开了热烈的讨论，他们耐心的解答使得调查进展顺利。随后，在村主任的带领下我走进一户户院落。因为正值中午，村民们都很悠闲，他们会请我坐下慢慢问。从柴米油盐的日常问到村庄的产业状况，各类问题都需要我用口头用语和山西方言表达出来。虽然问题很多，也有许多难以衡量的情况，但大部分村民很耐心地等着我继续问下去。在走街串巷的过程中，太阳渐渐西斜，照在古阁上更显庄重古朴。

在村委会做问卷调查

随着走访的逐渐深入，永宁寨村的特征逐渐清晰起来。永宁寨村是一个典型的山西农村，在村的村民基本上是依靠旱地种植业维持生计。全村土地主要是丘陵黄土地，几乎全部种植玉米、小麦等粮食作物，没有种粮大户，也没有大规模养殖业或乡村企业。家家户户的土地不少于5亩不大于20亩，住房大多是一栋五间大的两层自建房和一个小小院落，收支情况也大抵相同。如今村里很少有超过7口人的大家庭，年轻家庭多与老两口分户生活，家里的年轻人多在外打工或上学，中老年人留在家里照顾庄稼。因为前些年的乡镇学校合并，村里如今没有学校，孩子们都统一去镇上读书。调查时正值暑假，所以村里孩童都在家里，我才得以见到村口孩子们热闹的玩闹场面。我在询问的过程中发现大部分村民性格比较朴实，大多努力经营好自己的土地，照顾好自己的小家庭，鲜见冒险做生意或带头建乡村企业的村民。

虽然在自然资源方面永宁寨村并无超常的优势，但其实永宁寨村有其独一无二的特点。2016年，永宁寨村被评为“中国传统村落”和“山西省历史文化名村”，因其悠久的历史和以古寨堡为首的古建筑群而在附近众多村落中独树一帜。在政府的帮助下，永宁寨的古村旧址得以维护整顿，古寨堡、古院落、古窑楼都挂上了介绍的标牌，村内也铺上了与古堡风格相近的砖石道路，村口等地方有大面积鲜艳有趣的彩绘。在古村旧址中走走看看，历史的庄重感油然而生，令人不禁想象这个山寨中曾发生哪些风云故事。国家和政府对传统古村落的关注和帮助使永宁寨村大为受益，曾被忽视的古建筑幸免被拆除的命运，它们的价值在村民心中发生了天翻地覆的变化，村内珍贵历史文化资源得到了合理的保护，为未来永宁寨村因地制宜发展历史文化产业、餐饮旅游产业，实现乡村振兴提供了丰富资源。现在提起这些，村民们对自己独一无二的村寨深怀热爱，被评定为传统古村落成为他们颇为自豪的谈资。

“要是咱们这儿也能发展那种农家乐该多好啊。”村支书感叹道，这句话正点出了永宁寨村历史文化产业发展的一些瓶颈。在农业或工业方面，永宁寨村的特殊地形使其不太具备大规模发展的资源，所以历史文化资源是其不断在开拓发展的方面，历史文化产业成为其实现“乡村振兴”的独特路径。但是就目前的情况来看，历史文化产业并未给村子带来可观的收益。每年仅有近千人来此游览，人数有限。其次，因为宣传力度有限，来的游客大部分是附近的城镇居民，少有外地游客的踪影，因此游客并不会留在村内用餐，更不会住宿，大部分游客是上午或下午来村内游览过后在饭点前离开，使村子失去了从中受益的机会。而且除了古村遗址内主要的古建筑外，附近缺少其他成规模的景点，可供游览的区域较小，加大了留客的难度。同时，村民考虑到收益难的问题，不愿经营以旅游为主导的农家乐等生意，即使游客有餐饮住宿需求也无法满足。在这样的双向循环下，永宁寨村的历史文化旅游产业发展不得不减缓脚步。

鉴于此，依我拙见，永宁寨村若要进一步通过历史文化产业实现乡村振兴，需要从以下一些方面做出改变：其一，加大永宁寨村历史文化旅游的宣传力度，动员村里年轻人组建本村的新媒体小组，通过新媒体如微信公众号、视频号和各大媒体平台积极更新永宁寨村动态。其二，根据当地种植业特点，结合发展体验式农场、果园，丰富永宁寨村的旅游资源，拉长游客在村内停留的时间，增加营收的机会。其三，鼓励村民在自家已有条件下发展农家乐，完善旅游基础设施，发掘山西、高平特色美食，发展旅游餐饮，打造当地特色农产品如玉米、小米等品牌，使其成为旅游产业的附属收益来源。

当我们真切地踏上乡村的土地，看民生、访村户，就是用脚步翻开中国乡村的大书，所谓“读中国”的意义便在实践的过程中渐渐浮现。掌握知识、解决难题是我们青年一代的责任，而在乡村振兴的路上，我们应当从深入了解乡情开始，读懂乡村，为乡村献力，让家乡的土地焕发新颜，让家乡的人民幸福安乐，让中国的乡村实现振兴之梦。

寻产业振兴路　访“三色住龙”乡

陈蕴洁①

碧波浩渺，烟云缭绕，峰峦叠翠，万顷林涛，我们的千村调查之行就在浙江龙泉的诗情画意中掀开帷幕。历经风霜的红色旧址，仿佛将昔日的热血豪情重现；清奇俊秀的湖光山色，似要把今朝的富美故事诉说；热诚淳朴的风土民情，展现着乡村振兴一线的欣欣向荣。返乡调查的时光匆匆，却足以让我感受到“三色住龙”的独特魅力，感慨于产业振兴的傲人成效。

走千村：用脚步丈量美丽乡村

行走在住溪村的街道上，古色古香的民宅伫立两旁，只觉得空气清新，景色宜人。曾经的明清商旅繁华之地，如今以红绿融合的景致重焕荣光。

遍布红色遗迹的红军街傍水而居，百姓家门匾上的“革命到底”“不断革命”等标语依然清晰可辨，铁门上的弹孔无声地讲述着那一段传奇岁月。浙西南革命期间，红军就是利用这里错落复杂的地形开展革命斗争，粟裕将军还曾在此指挥过战斗。正值七一建军节前，街巷红旗猎猎，不由把人带入那段风云激荡的历史。整洁的街道两侧，盆栽林立，百花争艳，街边一渠清流绕村而过，五彩锦鲤畅游其中。阳光漏过屋檐散落于青石板间，将历史硝烟散去后特有的安详与宁静定格。

乌溪江畔，山林掩映，鹭鸟栖宿，各色民居落座岸边。江面碧波荡漾，山间飘浮的云团与水纹相映成趣。

村委会的杨阿姨自豪地告诉我们，在全镇居民的共同努力下，住龙镇已经成功被评为国家3A级旅游景区，并且通过了创4A的资源评估，4A景区的荣誉指日可待。赞叹秀美风光之余，我对美丽乡村规划者和建设者的尊敬也油然而生。复古的一砖一石是对往昔峥嵘岁月的还原与致意，栽植的一草一木是对“绿水青山就是金山银山”的深刻认同与践行。红绿融合发展的旅游业态将缅怀革命经典与守护绿色生态相结合，彰显着住龙镇的独特魅力。

---

① 陈蕴洁，女，会计学院2019级ACCA(会计学)专业本科生。

访万户：用交流感受乡土民情

除了发展“红色”和“绿色”，“三色住龙”还意在护养村民“本色”。在住溪村调研走访的几天里，感触最深的就是当地村民对待生活热情洋溢的态度。从村委会干部到娃娃鱼与蜜蜂的养殖户，从客栈前台到五金店和小超市的老板娘，不同行业的人们为建设共同的家乡各司其职，都能在自己的岗位上找到付出的喜悦与收获的满足。在与我们交谈的过程中，村民们会很自然地流露出对家乡建设成就的自豪感。

小周主任是我们进村后见到的第一位村民，精神的马尾、朴素的白 T 恤和牛仔裤是这位年轻的大学生村官留给我们的第一印象。正值建军节前夕，村里各项党建活动都需要她参与操办。“忙且充实着”是她工作生活的真实写照，她一会儿组织晚会排练，一会儿通过电话安排党建活动工作，一会儿接待办公室来访的客人。尽管忙得“脚不沾地”，却从未看到她有厌烦的神色，工作可谓有条不紊、忙而不乱。村内的行政工作琐碎复杂，如果没有足够的热情，就很难坚持下来。小周主任却始终秉持初心，在国家最需要的基层一线勤勤恳恳地为乡村振兴奉献青春，展现出大学生村官最美的模样。

住溪村的廖阿姨是红色记忆客栈的“大管家”，客栈的住宿餐饮工作都由她总负责。红色记忆客栈是龙泉市第一批集体经济增收示范项目，在盘活闲置资源、创造经济收益的同时更是住溪村生动鲜活的名片，廖阿姨的工作也显得格外重要。“4 月到 8 月是这边的旅游旺季，13 桌酒席、24 间屋一直都是满的”，廖阿姨在给我们介绍客栈的情况时露出欣慰的笑容。“今年建党 100 周年，来龙泉的游客好多是冲着这里的红色景点来的，正好可以住在我们红色客栈”，言语间闪烁着廖阿姨对家乡建设满满的自豪感。

返乡创业青年叶大哥也给我们留下了深刻的印象。年纪轻轻的他现在已是当地小有名气的娃娃鱼养殖大户，从创业伊始的“一穷二白”到如今七万尾以上的养殖规模，叶大哥用实践证明了青年返乡创业的可行性。在我们表明了来意后，叶大哥热情地带我们参观了娃娃鱼养殖基地。漆黑的环境、悠长的甬道、青石铸造的水池，就是娃娃鱼的“家”了。叶大哥打着手电筒在前面带路，不时向我们介绍不同年龄的娃娃鱼的养殖方法。叶大哥告诉我们，平时想来看娃娃鱼的游客很多，他干脆就专门开放了这条甬道作为体验区，真正的养殖基地要比这大得多。在回答“为什么选择返乡”的问题时，叶大哥的脸上闪过一丝羞涩，“当时主要是看准了市场机遇，想给家里增加点收入，也是想回馈故土，用实体产业支持家乡建设吧”。朴素的话语中包含着积极阳光的生活态度和对故土的情牵梦绕。

村民们的小日子之所以能越过越红火，住龙镇之所以能把红绿产业融合的品牌越做越响亮，正是因为扎根在这里的人们用热情和实干把乡村振兴的道路走得自信而踏实。

读中国：用实践体悟时代新风

自从党的十九大提出“乡村振兴战略”以来，各级党委、政府带领群众围绕“产业兴旺、生态宜居、乡风文明、治理有效、生活富裕”的总要求不懈奋斗，享有“浙江井冈”美誉的住龙镇可以说是认真贯彻落实时代新要求的带头模范。

入户调研

百年风华，伟大征程，在中国共产党百年华诞之际，此次千村之行更像是对祖国建设的深切体察。行胜于言，“人民有信仰，民族有希望，国家有力量”的口号不是仅仅喊在嘴边的，而是落实到每一处红色旧址的修缮、每一株生态绿意的栽植、每一个“路不拾遗，夜不闭户”的香甜清梦的守护。人民的获得感与幸福感从何而来？不正是通过勤劳双手的努力，不断丰富物质与精神生活，共同把家乡产业发展好、环境治理好、文明养护好吗？如果为革命不惜抛头颅洒热血的英雄先烈可以看到今日中国蒸蒸日上的发展势头，该会多么欣慰呀。

作为一名即将加入党组织的青年学子，行走在住龙的田头巷间，内心是汹涌澎湃的。一方面感慨于祖国乡村振兴建设的卓著成效，对一线基层建设有了切身的体会；另一方面也更加坚定了为祖国建设奉献青春的初心，期待日后成为光荣的共产党员在人民群众中发光发热。“读万卷书”，也要“行万里路”，在实践中时代的新气象就在错落有致的村落间铺展。或许，无言的红色遗迹与山色湖光带来的不经意的一触，正是千村调查的初衷所在。

走千村，访万户，读中国，千村调查之行就像是一个走入乡村、了解社会、思考未来的起点，引导着我们把视野扩展到祖国广阔的大地上。历史车轮滚滚向前，时代潮流浩浩荡荡。一代人有一代人的使命，一代人有一代人的担当，希望我们今后不管从事什么行业，都能做历史洪流中的坚定者、奋进者和搏击者，坚定地行走在中国特色社会主义的道路上，朝着实现中华民族伟大复兴的中国梦奋勇前进！

走千村万户　品乡土本色

武潇乐[①]

费孝通先生于《乡土中国》的首篇“乡土本色”中提到，从基层上看，中国社会是乡土性的，我们的民族是和泥土分不开的。确实，“土”“土地”在我们的文化中占据着重要地位，那现在的乡土对于农村人而言，其本色是否随时代变化而发生改变呢？对于怀抱崇高理想的青年而言，土地还意味着什么呢？

一生耕耘，一生坚守，犹存乡土本色

老农阿青（化名）是一位土生土长的农民，六十余载，他忠实地守着“向土里去讨生活”的传统，中国传统农村的乡土性在他身上得到了淋漓尽致的展现。黝黑粗糙的皮肤，饱经风霜的脸庞，朴素破旧的穿着，质朴慈祥的神情是老农阿青爷爷给我的第一印象。又想到了费老的这句话：“我们说乡下人土气，虽则似乎带着几分蔑视的意味，但这个土却用得很好。土的基本意义是指泥土。”这位老农浑身上下都散发着这种“土”气：手上的青筋清晰可见，多年务农让手指也染成了略带泥土的颜色，指甲盖里还残留着黑黑的泥巴，几十年如一日地投身于自己家的六七亩地，我想农民们的血液里也会掺着些许泥土气吧。

访谈结束后，阿青爷爷同意带我们到他的那片小天地去看看。他主要种植的是些时令蔬菜，平日里供自己和老伴的日常饮食，收成好了也很少拿去菜场卖，多余的就送给街坊邻居。我们扛上了老农平日里锄地的锄头，再跨上一个竹畚箕，去往花生地里。映入眼帘的是浓郁的一片绿，不太熟练使用农具的我们小心翼翼地将花生一株株锄起，是一阵扑面而来的泥土的清新。接着我们把根上的一粒粒花生择下，顺便帮它们脱去外面包裹着的芳香的泥土外衣。看到满满一筐的劳动成果，我心里也满是自豪的滋味，这其中更凝聚着老农阿青耕耘的汗水与执着的坚守。

“阿拉农务人也没啥别的本事，就种种家里的地，拿些养老补贴过过日子，守着老祖宗的地啊，一辈子就过去了……”阿青爷爷如是说。在现代化的进程中，我们的这种社会特性

---

① 武潇乐，女，人文学院 2020 级经济社会学专业本科生。

入户调查

曾经是阻碍社会发展的因素。但同时也正因为这种对“土”的依恋与凝聚，我们的文化才不容易被外来文化同化，一直保持自我的特色与本真。

一份共享，一份包容，新生第二故土

阿法(化名)师傅算是村里的一名“斜杠中年”。他是村里的网格员，主要工作就是联系群众，起着党员的先锋模范作用；他是村里的水电工师傅，同时也经营着自己的几十棵橘子树；他还是个“包租公”，以较低的房租接纳一些外来人口。阿法师傅的农村自建房有四层，他就将其中的两层租给那些外省来浙打工的外来家庭，一栋小别墅里住着三四户人家，共享空间，互帮互助，其乐融融。“之前村里人大多有点排斥外地来的这些人，但我们出去不也是外地人吗，只要是靠自己劳动干正当营生的，没什么外地不外地的。”阿法师傅这一番话触动了我。这份愿意包容和接纳外来人口的情怀，超越了传统乡村的熟人社会模式，打破了《乡土中国》里描绘的传统乡村中乡下人与非本村人口的孤立和隔膜，初步实现了村内外来人口的融入与资源共享。这里也渐渐成了那些外来居民的“第二故乡”。

一颗真心，一路践行，脚踏祖国大地

作为一名社会学专业的学生，这次的千村调查是一次很好的下田野的机会。从高楼大厦到农家院落，从柏油马路到田间地头，走千村，访万户，方可读中国。我们在课堂上学习的“价值中立”、参与式观察法、问卷法、访谈法等，这些丰富的理论知识并不是我们学习的终点，在某种程度上说，而是一个起点，正可谓“厚德博学”后才有“经济匡时”。知行合一，经世致用，应是我们大学生求索的信条。立足中国，扎根田野，把我们的青春书写在祖国大地上，也可称作是中国青年应有的“乡土本色”吧。

我们仰望星空，我们也脚踏实地。

我们眼中不只是诗和远方，也有脚下的土地。

我们新时代的青年，宝贵的不仅是一颗怀抱理想的赤子之心，更是扎根祖国大地的践行之志。

步履牵绊，旅途未停

马靖淳[①]

"一帘鸠外雨，几处闲田，隔水动春锄"，这是儿时记忆中农家人辛勤劳动的动人画面；"梅子金黄杏子肥，麦花雪白菜花稀"，这是朴实乡村人用勤劳双手创造的丰硕果实；"田夫荷锄至，相见语依依"，这是脱贫攻坚为千村万户带来的活力与新声……千村调查，让我与"乡村"再一次相遇，走进她，读懂她，也让我紧随上财学子们的脚步，去学习，去成长。

缘起——情系千村

永远记得小时候住过的乡村。那时与邻居家的好朋友待在老屋里，清晨花开的清香扑鼻，午后鸟儿的歌唱婉转，傍晚殷红的夕阳璀璨……我们在如此良辰美景中谈笑风生，嘻嘻而乐，听院落间的鸡鸣犬吠，看屋顶上的袅袅炊烟。即使过去很多年，尽管现代生活给我带来了很多新奇与享受，但乡村的情与景仍历历在目，吸引我去走进她，了解她瑰丽外表背后最真实的模样。

我和朋友于 2021 年 7 月 17 日来到辽宁省凤城市兰旗镇镶白旗村，开展"千村调查"暑期实践。提到镶白旗村，我总会有无限的联想。镶白旗村曾经是凤城市有名的贫困村，位于凤城市最南部，自然资源匮乏，村民人均纯收入不足百元；这里也曾是乡村空心化的典型地区，青壮年流入城市，村中只剩妇女孩童。作为曾经的贫困地区，这里发生的扶贫与振兴故事深深牵动着我的心。镶白旗村位于凤城市最南部，距离市区相对较远，交通较为阻塞。这里的发展水平在一定程度上可以代表凤城市脱贫攻坚的真实图景。

感谢千村调查给我机会，让我有幸看到：村庄内，村民全部住上了崭新的现代砖瓦房，喝上了经过消毒的自来水而非河水、井水；街道上，崭新的柏油路经过硬化、亮化、绿化，人们在小广场欢唱跳舞，强身健体，不再只追求温饱；田野里，大棚种植秩序井然，一副生机盎然的画卷。村支书胥英家说："这些巨大变化得益于抓党建打基础、精准扶贫谋发展的'三农'好政策。"我深切地感受到，在城市化进程逐步加快的今天，处在中国版图内零零星星的

---

① 马靖淳，女，上海财经大学统计与管理学院 2020 级统计学专业本科生。

落后乡村并没有被社会抛弃或遗忘，政策支持在惠及千家万户。

我走进乡村，感受到了脱贫攻坚与乡村振兴带来的崭新的乡村风貌。

足迹——踏遍万户

在镶白旗村的几天，我们深刻感受到了脱贫攻坚与乡村振兴战略给这里带来的新生与巨变。我和朋友用心丈量大地，力图还原当地脱贫与振兴事业的宏大面貌。

我们走访了农户，力图还原乡村振兴事业中的真实故事。我们采访了镶白旗村草莓种植的发起人王奎生，了解其从最初自家试验种植到成为惠及全村产业的故事。他提及："之前村中的姑娘只往外嫁，村里的小伙子因为太穷都找不到媳妇，而现在，城里的银行主动贷款给我们，我们自己的钱够用，根本不需要贷款。"老百姓的腰包鼓了，精神面貌也焕然一新，掌握了更加多样的技能和本领，也对外面的世界充满了憧憬，期待通过勤劳致富改变自己的命运，家家户户都对未来充满了信心。

我们参观了草莓大棚，产业复兴的画卷正徐徐打开。当前正处于夏季，气温过高，不适宜种植草莓。而大棚却没有被闲置处理，而是选择种植草菇，不仅填补了种植空挡，而且取得了不菲收益，其生产废弃物还能做肥料以改良大棚土壤。草莓产业是劳动密集型产业，不仅生产环节需要雇工施肥、摘叶、采收等，分拣包装环节也需要大量雇工，这为当地创造了就业岗位，吸纳了劳动力人口，吸引了人才回流，又给当地经济发展的可持续性创造出新的活力。

我们拜访了当地政府，同奋战在基层一线的广大干部进行了一系列访谈。我们了解到，村书记自上任以来，一直在村组调研，通过集思广益，新一届班子提出了依托镶白旗村草莓特色产业优势，实施乡村振兴战略的方案。我们看到村中欣欣向荣的景象，也感悟到中央政府高瞻远瞩，为脱贫攻坚与乡村振兴战略提出了顶层设计，而政策具体执行的重担则落在了每一个基层工作者的身上。能否将政策红利、扶贫红利真切落实到每一个百姓身上，考验着基层工作者们的工作能力与智慧。幸运的是，有这样一批有责任、有能力、有情怀的基层工作者奋斗在脱贫与振兴工作的一线，为当地的新生与发展布局谋篇，为老百姓的幸福生活努力奋斗。

我走访万户，感受到了脱贫攻坚与乡村振兴政策落实的细节。

心路——未来可期

从吃不饱、穿不暖到住进"花园洋房"；从人均收入不足百元到普通农民成了"百万富翁"，镶白旗村人的生活在变，朴实的奋斗精神却永不会变。脱贫攻坚的成就固然可喜，然而想要实现乡村振兴依然道阻且长。令人欣喜的是，人们都对美好的未来充满了憧憬。政府与民众同心，一起期待着美好的未来。美好的未来究竟在何处？可能不同的人会有不同的答案。

镶白旗村的农户林庆胜积极学习种植蓝莓技术。相比草莓，蓝莓一年四季都可种植，并且蓝莓的保温要求不高，可以减少保温管理投入。蓝莓中富含花青素与果胶，可以延缓衰老，防止视力降低和退化，对血管硬化、减缓衰老、增强记忆都有积极作用，兼具食用价值和药用价值，销售范围更广。依托现在成熟的大棚种植技术，村民们相信未来会更好。

村中的年轻人依托现代媒体技术要将草莓销售到更多地方。一方面，应用如今发达的自媒体软件进行直播带货。他们在网络直播平台上虽然是新人，但是好口才加上好产品，让他们底气十足。他们也在持续学习，用更专业的方式吸引更多客户。另一方面，如今网购发展迅猛，镶白旗村已解决“快递最后一公里”的问题，从这里发货出去，新鲜的瓜果可以到达更多更远的地方。

村书记胥英家依旧在村里到处奔波，处理各项事务。这一年间，他解决了困扰居民多年的问题，拉来资金和技术改善当地农业发展状态，组织文艺表演以丰富当地居民生活……一个个感人瞬间的剪影，一段段温馨的扶贫故事，凝结着村书记的心血。乡村发展初具规模，百姓笑口常开，振兴事业的大幕缓缓拉开，村书记同镶白旗村的羁绊还会延续。

作为旅人，我们只能在这片热情的土地上留下匆匆一瞥。但我们始终相信，我们与这里的故事远远没有结束。面向发展与振兴，会有越来越多的“我们”永远在路上。

有出发，才能更好地到达

陈玉飞[①]

曾经常想，作为一个从农村走出来的学子，我该以怎样的方式去反哺农村呢？心里埋着一颗种子，希望带着希望的种子回到农村，播撒热情和青春。而这次“千村调查”给了我一次很好的机会，换个大学生的身份，回到家乡展开乡村调研。我坚信，这次主题调查活动是出发，乡村振兴的美好明天一定会如期到达。

乡村振兴是一个大命题，我们的调研像翻开书的封面一样，看到的只是其中的冰山一角。而在调研的过程中，让我感受更多的是老乡们为了改变贫困现状的决心和努力，我们只是借助“乡村振兴”这个名词来做一些真真切切的实事。

有目标，才会朝着方向出发

要振兴乡村经济，我们就得找准一个目标，朝着这个既定的目标出发。

石溪村是我在调研中留有深刻印象的小村子，本是远近有名的贫困村，最近几年在村委会以及上级主管部门的带领下，因地制宜，有目标地发展了荷塘经济：莲花开放吸引周围游客前来观赏，莲蓬、莲藕采摘、食用以及加工，荷塘养鱼养虾，形成了一个闭环的产业链。该村村干部主动与贫困户结对子，把种植的技术传给建档立卡贫困户，先富带后富，有方向，有计划，有方法。

经了解，该村村支书张恩辉是一个有着深厚家乡情怀和教育情怀的南昌大学高才生，毕业之后曾在深圳创业，发展得很不错。后来，他父亲在家生了一场大病，被送到上海长海医院住院，他也离开了深圳。在交流中得知：其父亲在上海住了两年的院，他也在上海脱产照料了两年。他在上海财经大学附近租了一间小房间，在他父亲病情稳定些后，偶尔会来五角场的几所学校走走。那两年，他花完了所有的积蓄。他提到，自己当时的选择是：回到家乡，做一番事业，在照顾父亲的同时，发挥所学和才干，助力家乡的发展。的确，他是按照自己设想的去做的，回到家乡之初，他就找准定位，因势利导地发展本村的荷塘经济。此

---

① 陈玉飞，男，上海财经大学国际文化交流学院2020级汉语国际教育专业研究生。

外，他还带领村里主要的干部，到一些经济发展较好的地方参观学习，学习乡村产业发展的做法和先进的管理经验。例如，当时提到的浙江省东阳市南马镇的花园村，这个村子的致富带头人邵钦祥当时来过上海财经大学参加“千村调查”出征仪式，发表了共同富裕的讲话，花园村还是上海财经大学首批劳动教育基地。在张书记提到花园村的时候，顿时感觉大家有很多想说的、想表达的，我们的话题都围绕着如何学习花园村的做法加快实现家乡产业的振兴，如何实现产业振兴的目标。

在发展乡村产业的同时，张书记也非常注重村里的教育事业，每年村里的高考情况他如数家珍。在说到村里大学生的时候，他激动地把我带到村委会立的一块很耀眼的光荣榜前，这是他觉得为这个村子做的最有意义的事情之一，光荣榜的大标题为：“庆新中国七十华诞，盼石溪人才辈出。”我顿时被感动到了，为石溪能有这样一位实干的村书记感到欣慰。看完了光荣榜，张书记还把我拉到另外一块小牌子旁，上面写的是 2020 年和 2021 年考取大学以及被录取为研究生的学生名单。

看着村内田野和住宅相向而望，干净的住宅彰显着生活的美满。再看着村内的文化活动中心的戏台，仿佛在演映着一台戏，连着过去，向着未来，演的是村里的大小琐事，映的是新农村的美好前程。

有方向，才会往前努力奔跑

对于一个村来说，选定正确的发展方向，才能带领村民勤劳致富；如果选错了方向，那勤劳就被定义为顽固。

万潭村，原来是当地的电信诈骗重点整治村，当地政府在打击电信诈骗的同时给村民找准方向，探索出了一条直播带货的致富之路。万潭村从远近有名的电信诈骗村转变为知名的网红村。

之前，村里面的“重金求子”的诈骗套路，从写剧本，扮演富商、富婆，群发虚假短信宣传，就连骗取资金后又如何把钱转入合法账号和律师的扮演都有明确的分工，这些诈骗的套路，诈骗团伙都烂熟于心。但是诈骗是国家法律所不允许的。很快，村里面有一位叫叶兵华的能人发现，这些诈骗团伙对网络营销非常熟悉，只要改个方向，向正道走，就是一个很好的转变。于是他把之前在外地学到的直播带货技术和购买的设备带回来，先自己尝试，成功之后，就开始向村民推广，带领村民做直播带货。村民直播带货挣钱后，就把原来的那套诈骗的劲头用在了合法直播带货上面。大家纷纷从事电商销售，现在预估有三百多位村民在做抖音带货直播，大多数是夫妻共同创业。自从电商短视频直播带货之后，村民的收入提高了，原来远近有名的电信诈骗村摇身一变成了如今名声远传的网红村，余干县其他乡镇的村民都慕名前来交流、学习。

最近，当地的乡政府还在筹划建造电商大楼，成立当地的电商产业孵化基地。等电商大楼建好之后就朝着这个正确的方向走专业化的直播带货，带领当地的村民奔跑在发家致富的康庄大道上。

有行动，才会最终到达前方

谨身事一言，愈于终身之诵。(韩婴《韩诗外传》)要振兴，重要的是付诸实践，做到先众人而为，后众人而言。

尧咀村起初定了很多的发展方向，但很多计划仅仅停留在了纸面上。2017年，时任尧咀村党支部书记汤青海在调研中了解到养殖鸵鸟效益不错，且鸵鸟以食草为主、精饲料为辅，又因江埠村地处鄱阳湖湿地，信江绕城流过，提供了大量的食用草，在这里养殖鸵鸟生长快。鸵鸟养殖属于新兴养殖行业，市场前景非常好，汤青海便萌生了养鸵鸟的想法。想好了就立马开干，做好详细的安排计划之后就付诸实践，并亲自到河北省正定县鸵鸟养殖基地考察。当年10月就与村里8名愿意投资的村民一起筹了八十余万元，成立奔富鸵鸟养殖专业合作社，引进了大小鸵鸟236只，开始探索养殖鸵鸟的实践。

目前，该合作社有种鸟220只，每年可孵化雏鸟500只，2020年，其年产值超过150万元。2018年至2019年，合作社连续两年给302户入股的贫困户分红。“脱贫后就调整了分红的方式，开始为六十多名脱贫户提供就业岗位，2020年给没有劳动能力的脱贫户分红二十余万元，分红之后的剩余资金转入村集体，用于村里其他事业发展。”江埠乡党委书记胡耀明介绍，鸵鸟养殖成功，为村民增收、壮大村集体收入奠定了产业基础。

在奔富鸵鸟养殖专业合作社的带动下，2020年6月，江埠乡山背村、龟山村、大港村三个村相继成立了合作社，养殖鸵鸟的总数达到了400只，技术由专业合作社提供，并签订了包销合同，产值每年可达200万元。

随着养殖鸵鸟业逐步走上正轨，后期发展规划也在汤青海的脑海中形成，“我们要以鸵鸟养殖为核心，发展鸵鸟上下游产业链条，打造以鸵鸟为主题、特色显著的生态农业公园，从而真正提高综合效益，带领乡亲们走向共同富裕”。

我在书写这一个一个故事的同时，心中的种子发了芽，让我懂得了学校“千村调查”这个品牌要培养的是怎样的一种新时代的大学生。我打开的不仅仅是“乡村振兴”这本大书的封面，我还认真阅读了这本书，看到了这些内容：我们的乡村振兴要有明确的目标和方向；在目标和方向明确之后，就要脚踏实地，付诸实践。

我们是大地的孩子

李延丽[①]

缘起：乡愁乡忧两深种

我的童年是在老家的乡村度过的，对村庄模糊的记忆，除了夏天震耳的蝉鸣蛙叫、串村卖果子饼的大妈、傍晚炊烟升起空气中好闻的味道之外，还有深切的对贫穷、对无知、对乡村的担忧和迷茫。上大学之后，我远离家乡，来到了一千多公里外的上海，乡愁是不断的，乡忧是日益增长的。随着学习内容的丰富，我越来越意识到，除了和谐的自然秩序和密切的人际关系外，农村还存在不少潜在的危机，如空心村以惊人的速度蔓延，农业人口流失，年轻人缺乏，留守老人和留守儿童遭受困难甚至不幸，大量耕地被遗弃……我虽深感自己力量弱小，但总是踌躇满志地想为村庄做些什么。所以，当看到学校组织的千村调查活动时，我毫不犹豫地报了名。

发现：乡村振兴的密匙

返乡前，我首先去了上海市的乡村振兴模范村庄——连民村，学习其先进的发展理念，探究它是如何在几年间从“养在深闺无人识”的偏僻农村发展为“连农富民”的美丽乡村。

通过对连民村的调研，我对农村有了深刻的认识和了解，看到了其发展兴旺的原因：一是更多有想法、有能力的年轻人愿意到乡村“大展拳脚”，他们大胆探索、开拓创新、抱团发展，开辟了新的经营渠道和营销手段；二是政府与国家对农村的重视，因地制宜，在大力发展整改的同时加强村庄风貌规划设计保护，保留村庄肌理。

调研连民村前，我以为年轻劳动力短缺会是村庄的大问题，然而调研结果恰恰相反，村庄内务工人员有相当一部分是二三十岁的年轻人。留住年轻人，村庄有其独特的密匙。记得采访一位在民宿打暑期工的大学生时，他说乡村其实也像一个城市，但它的包容性可能比城市还要强一点，相比高楼大厦，自己更喜欢小桥流水的乡村，更喜欢过粗茶淡饭的平淡

---

① 李延丽，女，上海财经大学商学院 2019 级工商管理专业本科生。

生活。或许，这种包裹着“诗与远方”的乡愁，依山傍水的美景，日出而作日落而息的节奏，反而成为乡村在留住人才方面的优势。

政府合理规划，青年锐意创新，宏观规划与微处落实相结合，才有了乡村振兴。带着这把打开乡村振兴库门的密匙，我踏上了返乡的火车。

行动：我的土地我的家

“续一把蒙山柴，炉火更旺；添一瓢沂河水，情深意长。”这句民谣常常流转在村间小巷，在我生活了 19 年的家乡——山东省滨州市惠民县，山东最后 30 个贫困县之一（根据 2019 年公布的资料）。

7 月份的惠民县正是山清水秀。漫步乡野，一望无际，古木参天，古朴民居错落有致，道路两旁的房屋干净整洁，合欢树粉嫩嫩的花苞在风中摇晃。你很难想象五年前的这里是鸡鸭遍地跑、垃圾随处倒、污水乱排放的“空心村”，青壮年都在外谋生，留守的老人根本没心思收拾自家门前这点地。自五六年前镇里开展生活污水垃圾处置治理行动、厕所革命、提升村容村貌等活动以来，村里安装了专门的污水管道，生活垃圾也倒在垃圾站点内由专门的清理人员来处理，道路硬化、绿化美化、休闲场地等基础设施建设加快。村委会还定期开展观影活动，也会通过发放报纸、广播等宣传最新的惠农政策和红色精神。对于镇上收入较低的农户，则采取“一对一”形式进行结对帮扶。帮扶干部上门走访，了解情况，制定针对性的帮扶措施，促进低收入农户持续稳定增收，共享高水平全面小康成果。

“开展环境整治以后，村里整洁了很多，不像以前那么脏乱，环境变得非常好，特别是臭烘烘的旱厕现在都没有了。”

“在这儿生活了大半辈子，眼瞅着这小村子从原来的脏乱差变成现在整齐的模样，政府花了很大力气做这件事情。”

在我的家乡，这样可喜的变化还有很多很多。自 2017 年以来，在村委会的帮助下，农户大多建起了蔬菜大棚，避免了因冻灾引起的经济损失。同时，一些年轻农户在参加 2019 年 8 月的“淘宝村高峰论坛”后，受到互联网经济的启示，通过一些电商负责人在购物网站中售卖以绿色健康为卖点的农产品，将特色产品产业化、品牌化。虽仍是贫困县，但相比五年前的破旧、萧条，现在的整洁有序的乡村已经有了极大的进步，而所有这些可喜的变化都离不开党的带领。现在的村民们也更加有信心，继续在党的带领下早日摘掉贫困县的帽子，解决村中尚待解决的青壮年劳动力不足、老龄化空心化、村民就业难等问题，向更加美好的新生活迈进。

“我们走遍村庄喧闹或者冷清的大街小巷，老店的招牌在阳光下已泛黄；我们感受着乡村每一处跳动着的红色，心中满是澎湃与感激。”深入基层，不仅是对能力的提高和检验，更是对精神的升华，对信念和使命的实践。

通过这次调研，我对乡村、对家乡有了更新、更广阔的认识，我知道了什么是征地和土地流转，什么是深翻土耕作技术，什么是社会化服务，明白了民主选举村干部的重要性，感受到了留守儿童和孤寡老人的酸楚……最终千流汇海，勾画出一副完整的乡村面貌。而我自己，在此次调研后，不仅更加清楚家乡需要什么，而且知道我能为家乡做些什么，对于“经济匡时”的校训也有了更深的理解。

入村调研

展望：乡村振兴，离不开青年的行动

走进乡村，用自己的脚步丈量农村发展目标与现实的距离，用自己的心与农村的点点滴滴进行碰撞，我们感受到村民们向上向善的正能量，也切身担忧村庄难以解决的发展问题。我们看到了村庄蓬勃的生命力，也体会到了这一切的来之不易。

从古至今，乡村人面朝土地背朝天地劳作一辈子，和土地渊源深厚，土地养育了庄稼，更是养育了庄稼人，所以人们愿意顶着烈日寒霜日日劳作，享受日出而作、日落而息的节奏，所以当面对“一刀切”的合村并居时会难抑悲伤，宁愿守着门前的两棵枣树也不进“洋房”。“此夜曲中闻折柳，何人不起故园情”，我相信对于像我一样走出乡村的青年来说，乡愁总是斩不断的，它潜伏于平日，却可能会在某个时刻悄悄浮现。

我来自华北平原莽苍的黄土地，我的根深扎于那里。我是农民的女儿，是土地的孩子，我真真切切地明白乡村究竟需要什么，我们想要为乡村做些什么。我认为，对于发展乡村振兴，需要每位青年的努力，尤其是对于那些与乡村本就联系紧密的青年来说，这份责任就显得更重、更有必要，这不仅仅是因为我们更了解乡村、更了解乡村人，而且是因为那份挥之不去的乡愁需要通过行动转化成源源不断的力量。感谢学校组织的千村调查活动，为我们这些从乡村、从大山走出的青年提供了一个平台，将丝丝乡愁转化为行动的力量，为乡村振兴添柴加薪。

“青年之目光，不应只驻足于朝堂之上、象牙塔内、方寸网络；乡野之间，也有广阔风光。”其实我们没有任何资格去定义中国的乡村应该什么样、百姓的生活应该怎么样，他们有他们自己生活的逻辑和生活美学，但我们或许可以在这个年纪作为“他者”来反思，看看土地的样子，闻闻泥土的气息。我们都是大地母亲的孩子，都应该懂得回馈、感恩、成长。

访故村，寻乡愁，望发展

江涵可[①]

2021年的暑假，是我迄今为止过得最有意义的一个暑假。在这个暑假里，没有精彩有趣的外出旅游，没有城市里的灯红酒绿和热闹嘈杂。我因为“千村调查”这一暑期实践项目而回到了我的老家——湖北省十堰市房县红塔镇高碑村，这是我外公祖祖辈辈生活过的地方，在这里我度过了我的幼童时期。

高碑村对我来说无异于“最熟悉的陌生人”，我对村里好玩的山山水水的地形和路线了如指掌，却从未了解过山上种植了哪些农作物和经济林；我和周围的小伙伴天天摸鱼捉虾，却不熟悉他们家人的工作情况、家庭情况；我每天走路时都要经过村里大大小小的企业，却对它们的产品和具体生产方式知之甚少。对高碑村来说，童年时期在此长大的我已然成为一名客人，村庄给我看到了它体面和有趣的一面，却从未让我看到它的发展困境；村民们会热情地招待我，却仍然和我保持着村外人的距离。

因此，当返乡调查的地点选在高碑村时，我的心情是激动的、忐忑的、充满期待的，千村调查是一次我全面、深入了解高碑村风土人情、经济发展等的机会，让我得以揭开这个村庄披着的朦胧面纱。

我的外公曾任高碑村的村长一职，所以在村委会调查中他给予了我们很大的帮助。开始千村调查的这一天清晨，外公把我们带到了村委会，我们向村主任和村支书请教了这个村子的具体情况，并完成了入村问卷。“这个问卷简直比精准扶贫的问卷还要详细！”年轻的村支书一边翻阅具体材料一边惊叹道。作为一个返乡的大学生村官，村主任赵俊峰一直是着重培养的年轻骨干。

通过返乡调查，我对高碑村有了更深入的认识，作为一个典型的中部地区村庄，这里多山地丘陵，村庄规模不大，村民数量只有两千多人，有两百多人外出打工，即1/4的家庭只有老人和孩子留在家中。其他年轻的村民们主要半工半农，有的选择在村里的企业工作，工作辛苦且工资较低，有的选择以自己的手艺为生，他们在工作之余都会从事农活，粮食基

---

① 江涵可，女，上海财经大学法学院2019级经济法专业本科生。

本自给自足。同时，近年来村里的农业、工业、教育、卫生和环境都大有提高，镇里将几所村办小学合并成一所小学初中一体化的学校，师资力量大大增强；村庄不断引入科技含量高、环境污染少的新兴企业，促进了村庄经济发展，解决了劳动力就业问题……

在做入户调查时，我们有意选择了不同的访问对象，有土生土长的本村村民，也有外地搬迁而来的村民；有青壮年在外打工的空巢家庭，也有在本村企业解决就业问题的家庭；有主要从事农业生产的供销农户，也有从事小规模商业（在本村开小超市）的村民……

但是，其中给我影响最为深刻的是任高兰一家。当时我们小组来到九方魔芋科技公司的生产车间，想找一位在本村有固定工作的典型代表来填写问卷，当我上前问道可不可以给我们十几分钟的时间填写一份调查问卷时，任大姐手中的活没停，头都不抬地对我们说就这样问吧，手中的活不能停下来。于是，在那个闷热的车间，我们汗流浃背地一问一答。在询问中我得知，他们是从外地来的搬迁户，原本的村庄因水库放水淹没而被政府安排到了高碑村，补偿了宅基地和农地。她在食品加工厂工作，丈夫在本村的汽车零部件加工厂工作，工作属于政府介绍。她每个月工资 2 500 元左右，要养育一个儿子，生活除了辛苦一点也很美满幸福。令我惊讶的是，他们一家在搬迁之前还是贫困家庭，只有丈夫一个人在家乡四处打零工，到了高碑村之后，夫妻俩的就业问题得到了解决，因而脱贫并达到了小康水平。

入车间调查

因为在校期间学习了“劳动法与社会保障法”这一课程，我重点询问了她的劳动合同签订情况和社保缴纳情况，得知她已经签订正式的劳动合同并按时缴纳了社保，我又松了一口气。看着任大姐黝黑的脸颊、纤细却有力的手臂，再看看她旁边堆放整齐的食品包装盒，我仿佛看见了他们一家人温馨且稳定的生活。虽然现在来看她已成为村里的一员，而我则变成了偶尔回村探望的客人，但我不由地为高碑村感到由衷的自豪！

在千村调查期间，我们走访了多家农户，并帮助他们打扫院子、擦灰尘等，他们也用自家种植的蔬菜水果热情地招待我们。在那绿油油的菜园中，我们采摘了黄瓜、茄子、番茄、辣椒等蔬菜，看到了正茁壮生长的玉米、铺满棚顶的葡萄和果实尚小的桃子……到了午饭时间，虽然家家户户都用上了液化气，但外公为了让我们对农家生活有更深刻的体会，动用了逢年过节才使用的土灶，我们在柴火的热浪和铁锅的滚烫中用菜园里的瓜果做了一顿久违的农家饭。

千村调查暑期实践的时间虽然不长，但让我收获了很多，我对高碑村有了更深刻的了解，高碑村的村民对我又何尝不是一种新认识呢？我惊叹于这个小村庄茂盛的生机与经济的发展，惊叹于村委会年轻骨干的兴起与村民关系的和谐友善，他们想必也对我的印象有所改观，我已经从只会玩闹的孩童成长为一个有责任、有担当的大学生、成年人，村里的学生们是否会对上海财经大学心生憧憬呢？“千村调查”项目是指整个学校师生访千村进万户，可对我来说，“村”就是我的高碑村，回想起在高碑村的美好时光和那些质朴的村民，不知怎的我总会热泪盈眶。

行在千村，思启前路

秦川林[①]

7月，我与我的队友们一同来到位于云南省玉溪市红塔区的瓦窑社区。接下来的一个月，我们将在这里开展千村调查。

瓦窑社区位于红塔大道下半段，距离市中心仅3公里。其名称来源于这里是玉溪古窑遗址所在。其间居民多年以前常以烧陶卖瓷为生。这里曾经是城中村，现如今村中还有许多农业户口居民，宅基地也并未收回，居民生产生活方式也并未发生较大变化，正处于农村向城市由表及里转变的重要阶段。

在过去的几十年内，瓦窑社区经历了翻天覆地的变化。过去因为农田资源的不足，这里的绝大多数居民以烧陶为生。散户聚集，虽有规模，但不成体系。并且，随着时代的发展，工业化产品的入侵，这样的生产方式产出的陶瓷在质量和生产效率上都落后于工厂。玉溪土陶不得不逐渐退出市场。许多人选择封填自家窑口，进城务工。瓦窑村陷入人丁凋敝的困境。然而玉溪陶瓷厂的建立打破了这一局面。村里召集组织各家烧陶散户，建立起归村集体所有的玉溪陶瓷厂。得益于市政府的大力扶持，玉溪陶瓷厂在之后的几年内不断发展，现今，瓦窑的陶瓷在整个玉溪市乃至周边县城已经是颇有名气。近年来青花街陶瓷产业创意园区的建立更是将瓦窑社区的经历带上另一个台阶。青花街紧邻玉溪古窑遗址，上接红塔山，附近旅游文化资源丰富，地段交通便利。发展初期定位是城市夜市，通过吸引城市居民和本村劳动人口在下班后在此地享受玉溪特色小吃宣传瓦窑社区青花历史，为大规模引进推销玉溪青花瓷做人口引流和宣传准备。现今这里是红塔区居民夜间休闲娱乐首选之地，人民群众对于玉溪窑青花瓷文化也更加了解，人民的文化认同与城市归属感也得到了提升。瓦窑社区呈现一片繁荣之景。

我们走近瓦窑社区的邻里小巷。随着调研过程的不断深入，我们发现在城市一片繁荣的背后，并不是每位瓦窑社区居民的生活水平都像我们想的那样实现了质的飞跃。

在我们调研的12户村民中，对于生活质量没有获得提升的部分人而言，瓦窑村的不断

① 秦川林，女，上海财经大学数学学院2020级数学类专业本科生。

发展与他们的生活似乎没有太大干系。跟他们相同的许多居民大多仍保留着几十年前的创收方式。过去的瓦窑村，家家户户都有83.5平方米的宅基地。而许多村民选择在宅基地上建立四五层的小楼房，自家人住一层，其余层出租。更有部分临街村民将自建房一层改为铺面，自己开店或出租，以获取收益。因为前几年玉溪有大量的外来人口，所以这样的方式让许多瓦窑村村民仅这项收入就已十分可观。只有部分居民自产自销陶瓷。还有部分村民会选择进城务工。对于选择进城务工的瓦窑村村民，一部分凭借高学历、高技术在城市中扎下了根，而大部分是靠付出自己的劳动力获取短暂的收益。我们了解到大多数进城打工的村民，很少在一家企业待好几年，更多是做工几个月，领到足够工资后就辞职赋闲在家，等到积蓄消耗殆尽之时再去市场上寻找工作，周而复始。

反观生活质量得到了提升的家庭，几乎每户都是通过将各人小家的发展与城市和社区相关联，积极响应政府号召，坚持努力奋斗，最终才实现了经济的创收、生活的富足。瓦窑社区居民中，有创业思路的通常会选择在现在瓦窑社区兴建的青花街项目中着手试水自己的创业项目，传承着家族制陶制瓷技艺的也会选择向青花街项目组递交入驻意向。创业人在经历前期阵痛以及疫情打压能坚持到现在的，前景便是一片大好。紧跟时代潮流，不断打磨技术，制陶技艺获得承认的优质匠人也可以入驻青花街，与优质同行同台竞技。他们通过自己脚踏实地的奋斗，不畏艰险的奋斗，最终不仅生活水平获得提升，幸福感也得到增强。

我曾经以为，一个城市一个地区的繁荣发展无论如何都是与我们每个人有关的，不论是我们通过自己的奋斗创建更加美好的城市，还是城市的繁荣助力每个奋斗的人更加容易地实现自己的梦想。然而，这次的经历让我突然意识到，很多时候，并不是人人都能参与城市建设中或者公平地获得城市发展的红利。绝大多数人在自己的能力范围内择业时，首要目的虽然是为了养活自己和家人，但这都有可能被动或者阴差阳错地参与城市的建设和发展。他们获得的回报放在微观层面是他们付出的劳动力的回报。这样多劳多得的社会风气，有助于实现社会的整体进步，因为人是动起来的。但如果一个人把他的钱用于建房、出租，那么，对于他个人而言，一方面他可以不用付出劳动就获得收益，但另一方面，这样的被动收入很容易受市场波动的影响。以玉溪市前几年因修建防空设施，流动人口大量出走，租房市场迅速冷却为例。对于社会而言，人民劳动所得的大部分收入流入房东手里，容易加大贫富收入差距，不利于社会情绪稳定；而且，房东轻松的创收方式可能导致想买房的人越来越多，致使房价持续上涨，而其扎实的经济基础也使他们能比其他人更易买到商品房。而“房子”对于中国人而言，一向是被看作安身立命之所，难以想象如果它被掌握在少数人手里会发生什么。

后来想想，我发现瓦窑社区的问题在某种程度上也是全国范围内普遍存在的问题。通过本次千村调查，对于国家和各个地区此前出台的相关方面的大政方针我也有了更加深刻的理解。“房住不炒”是为了让更多人拥有买房的可能。限制住房贷款可以通过减少住房交易来降低房屋流通性。建立公租房，一方面可以减轻年轻人购房的压力，另一方面也可以增强年轻人在外漂泊时对异乡的归属感。我相信，中国住房市场的前路一定是光明的。

千村调查是我校历史悠久意义重大的调研项目。在调研过程中，我与我的队友们共同经历了被社区工作人员质疑身份、索要相关数据被拒绝、居民拒绝接受问卷、找不到适龄的居民等问题，但最后，总归是办法总比问题多，我们都将它们圆满解决了。比起旅途中的艰辛，我更珍惜的是这次能够睁开眼睛观察社会的机会。

最迷人是人间烟火。青花夜市中摊贩们的举手投足中对美好未来的期许是最动人的街景。沸腾翻涌的小锅米线，吱吱作响的炭烤豆腐，喷香焦鲜的江川烤鱼，还有笔走龙蛇的糖画和古朴典雅的玉溪青花瓷。地域特色与传统文化在此地交汇融合。走进青花街，就是一场令人目不暇接的盛宴。美食、美景，都不可辜负！

人生短暂。虽然生活中有许多艰辛，但比起调研过程中叔叔阿姨爷爷奶奶讲述的那些过去吃不饱穿不暖的生活，我觉得都太渺小了。少年风华正茂，建功立业正当时！

在追求美好生活的过程中，一帆风顺很少，大浪险滩难免。又想起高中老师的教导："任何困难，都害怕毅力与时间。"青花街的小摊贩，刚把店开起来，就遭遇疫情寒冬。可即便是这样，他们也坚强地挺了过来。当榜样的力量在前方，我们的行为也就有了标杆。

在这场旅途中，我看到了生活真实的一面，无论是城市居民，还是乡野农户，他们都有平等的追求美好生活的权利与能力。在开创事业方面，相比他们，我还缺少了一些勇气和魄力。在以后的学习和生活中，我应该更加磨炼自己的意志与品质。

在这场人生的旅途中，我们都有光明的未来！

行洱海：感受多彩小康

蒋瀚燊[①]

千村调查是上海财经大学的特色项目，已经运行十二年多，取得了丰厚的成果。习近平总书记指出，当代中国青年生逢盛世，肩负重任。广大青年要爱国爱民，要锤炼品德，要勇于创新，要实学实干。响应习近平总书记和学校的号召，我们此次千村调查的地点选在了大理白族自治州大理市湾桥镇上阳溪村。上阳溪村距市区较近，且离洱海也很近，村里的产业以第一、第三产业为主，农业主要种植烤烟和大蒜，在大理属于比较富裕的村落。作为成立了烟草合作社且位于洱海边的村子之一，此次考察的主要目的是了解土地流转和烟草合作社对乡村全面小康的作用，了解烟草产业是否会对洱海边环境产生影响。

第一日，我们到达大理，受到了来自大理同学的盛情款待。在城中休息一晚后，第二日我们便启程来到了上阳溪村。来到村里感觉不一般，我们第一眼就被镇公安局旁边一栋独特的建筑吸引了，原来是湾桥镇烟站。在与工作人员联系之后，我们被允许进入了烟站，一个白族小哥接受了我们的采访。在采访完小哥之后，他便带我们来到了烤烟房。不到早上10点，烤烟房里已经是热火朝天。七月份正是烤烟收获的日子。随着摩托发动机的轰鸣，一车一车的烟叶被拉进烤烟房里堆积。熟练的村民们将拉进来的烟叶进行捆绑，小心整齐地放入烤烟房中。“烤烟可不是那么简单的事，不同地区有不同地区的技术规格，”小哥介绍说。从旁边的宣传栏里，我们了解到大理采用的是K326烟叶烘烤技术，烤烟要分六个阶段，均有不同的温度和时间要求。看到一位村民正在旁边休息，我们便正好采访了他。根据他的叙说，我们了解到种植一亩烟叶大概可以获利2 000～4 000元，相比种植其他经济作物，获利较多。下午，在与负责人联系之后，我们来到上阳溪村村委会，村委会副支书接受了我们的采访。我们先了解了上阳溪村的基本情况，总的耕地面积有1 650亩，60%种植经济作物，即烟叶。在此过程中，烟草公司也发挥了作为公有制企业的社会责任，帮助村里修建水渠和烤烟房，帮助村子产业升级。经副支书讲述，改革开放的时候他也曾出门务工，那时候经济收获很丰富，赚了一小笔钱。但后来由于工资的下降，并且家里的老人和

---

① 蒋瀚燊，男，上海财经大学信息管理与工程学院2019级电子商务专业本科生。

孩子也需要人照顾，他还是回到了村子里。之后，他被选上了村的副书记，村民们希望他能带领村庄致富。

入村调查

第二日，我们来到村子里进行采访。洱海的风轻轻吹过，苍山的水缓缓流过，我们沐浴着阳光，感受着村庄的气息。上阳溪村的确是一个能让人安居乐业的村子，家家基本上住的是砖混的房子，很少看到过去的土坯房。将采访结果汇集之后，我们通过小程序将数据进行汇总。

第三日，我们继续进行未完成的工作，还去参观了红色纪念地周保中将军纪念馆。

经过三天的实地调查，我们对上阳溪村有了基本的了解，也看到了乡村小康建设多年的变化。各种家电进入家家户户，想吃什么，想看什么，想穿什么，都不是问题。人们的农作环境也发生了很大改变，之前人们在烤烟收获的时候只能靠人力将烟叶背到烤烟房，十分艰苦。今天，利用机械化的动力和便利的交通，各种拖拉机、摩托都可以到田间地头，减轻了负担，提高了劳作的效率。

全面建成小康社会不是终点，而是开启全面建设社会主义现代化国家新征程的起点。我们青年人更需要深入田间地头，了解中国大地的农业基础，为实现中华民族伟大复兴的中国梦而不断奋斗。

人与土地

刘芮孜[①]

“为什么我的眼里常含泪水？因为我对这土地爱得深沉……”

我曾走进田间地头，于农忙时节帮家里耕地、采摘；曾游走在乡野阡陌，感受微风送来的阵阵稻谷清香；曾和表兄妹一起爬上高高的果树，品尝最新鲜的甘甜佳果；也曾在院子里与家人席地而坐，共同仰望中秋佳节那一轮金黄的圆月……在我最初的认知里，乡村，宁静而生动，裹满了丰收的糖浆，蕴含着田园牧歌式的浪漫。然而，这并不是乡村的全部。我与千村调查的邂逅，让我深刻明白了，在这看似岁月静好的景象和滤镜下，是一个个真实鲜活的人与土地的故事。

刚进村，迎接我们的是一位十分热情、亲切的“85后”村支书——黄支书。毕业后他放弃城市工作机会，毅然选择回到家乡，用心“耕耘”、建设这片生他养他的土地，带领全村人踏上了追梦致富的道路。走村入户、修道铺路、访问贫户……着眼“村里村外”，办好百姓“家常事”，真正把村民的利益和情感放在第一位。令我们惊叹的是，面对我们提出的问卷上的任何问题，小到村子里每家每户的用电量、伙食费，大到村子的旱地水田面积、农作物年产量，黄支书都记得一清二楚，对答如流，仿佛整个村子都氤氲成缕缕花香揉化在他的记忆里。当我们问及“您觉得把青春时光都倾注在这片山野之间值不值得”时，黄支书用力地点点头，“当然值得了，这是我的家，我的根啊！”我感到无比欣喜，如今的村干部组织已经渐渐由年轻人挑起了大梁，新鲜的血液正源源不断地输入乡村。他们充满干劲，有着为乡村振兴而奋斗的抱负；拥有激情，装备了一定的科学知识和工作理念。无数的年轻人将自己日益丰满的羽翼挥向自己家乡的土地，在挥汗如雨的岁月中，感受土地的温情和冷峻，将自己的根越扎越深。

我很享受和村民填问卷的过程，与其说这是一次调查，不如说是一次漫长而轻松的拉家常。黄爷爷是一位土生土长的农民，他的子女外出打工，家里仅有他和老伴儿“留守”在村里，平时生活靠养老金和子女带回的少量家用，种一些水稻和蔬菜以节省伙食开支。在

① 刘芮孜，女，上海财经大学会计学院2020级财务管理专业本科生。

回答我们的问题的过程中，爷爷总是笑意盈盈的，眼角边的皱纹因为笑而变得更深，仿佛道道沟壑里沉淀着积年累月的沧桑。一年种地收入不多，生活节俭而简朴。可当问及："爷爷奶奶最近过得咋样?"他们都说："好得很，过得挺好的。"不只是爷爷奶奶两人，村里很多老人是一样的回答。我不禁想起熊培云曾说过的一句话："没有比生活更古老的过去，也没有比生活更高远的未来。"在生活中追求幸福是一个永恒的主题，幸福从来不是外在条件的堆砌，而是源于自己的内心。知足的人，无论贫穷还是富足，内心都丰盈无比，自成宇宙。守着自己的一亩三分地，用最简单的知足应对最不易的生活，我想这也是中国农民最大的不幸与幸福。这一刻我突然明白，千村调查的对象是村民，影响的可能是我们自己。带着情感和温度，善于体察与共情，去聆听这些色彩斑斓抑或灰白惨淡的故事，我们会重新审视自己的生活态度与习惯——这是一种真正而独特的反思与成长。

夏日炎炎，烈日悬空，我们走在田间的小路上，正巧碰上准备去地里打捞田螺的刘婶儿。稻田里养殖田螺、石螺，是村民们的一次新尝试。在这种稻螺共养模式下，螺蛳在肥硕的水稻下遮暑乘阴，水稻又能享用螺蛳的排泄物提供的有机肥，实现了循环生态共养。近年来，村子里土地整合加上网红基地的建立助力旅游业发展，播撒了大量的就业机会。刘婶儿正好借了这次东风，在家门口找到了工作——养殖螺蛳。"不用出远门打工就能赚钱，也能补贴一些家用，挺好的。"刘婶儿手里捧着一大筐田螺，脸上洋溢着幸福的笑容。大量工作机会的出现也吸引了更多年轻人回到这片熟悉的土地大展风采。整个园区装备了智能害虫诱捕监测系统，采用智能喷洒设备浇灌农作物，真正实现了"智慧农业"，并且通过电子商务让村民足不出户就把产品卖向全国。2021 年拉开帷幕的"十四五"是实施乡村振兴战略的重要阶段，这个村子让农业现代化落地开花，为农业注入了新的生命。正如袁隆平爷爷曾说："现代农业是高科技的农业，不是过去面朝黄土背朝天的农业。"我想，推进乡村振兴，不应该只是单纯地在土地上按照经验复制粘贴一座城市，而是应该明白这片土地、这片土地上的人们适合什么，顺应乡村的发展规律，尊重乡村的文明，找到一条与乡村生产、生活、文化情况相契合的发展道路，走出立足于这一片土地而又追求创新的发展轨迹。

面朝黄土背朝天是我们上一辈的写照，我们这一辈不甘与土地为伍，纷纷逃出土地，沉溺于城市的繁华之中，却不知自己已经被热闹和快节奏产生的欲望、贪婪束缚在无形的囚笼中，拖着沉重的枷锁，日渐掉入浮华世界背后的陷阱而沦为物质的奴隶。我们对土地是淡漠和轻蔑的。但奴隶的生涯终究是由失望垒成的城堡，有的甚至是由绝望筑起的荒漠。也许等我们慢慢成熟，看尽虚名浮利、钩心斗角，直到繁华落尽、烟火散去，才能回过头来寻找乡村土地的那一方清净。乡村的土地教会了我们现代人类走出麻木不仁的心态，保有一份体察自然的惊喜与悲悯之情。

中华民族是土地的儿女，我们民族的生生不息依赖土地的恩赐，我们在土地的舞台上演绎着一个又一个传奇，从土地里长出骄傲与荣光。这种深沉的土地情怀流淌在中国人的血脉里，无论身在何处，土地都是我们永恒的家园。时光流转，中国社会由乡土社会逐渐转变为现代社会，许多人已远离乡土，甚至"土气"一词也带了些藐视的意味。但是流淌在中国人血液里的土地情怀不会改变，它使我们在长久的羁旅中潸然泪下，使我们看得见山、望得见水、记得住乡愁，使我们坚定信念“起而行之”报效祖国，更能使我们成为一个大写的人！世界再广阔，不忘身后的乡村与土地。

远处夕阳映红晚霞，近处炊烟袅袅升起，乡间阡陌土路缠绵，麦浪翻滚溢香心旷，农家小院黛瓦白墙，村民享受悠闲时光……袁隆平爷爷曾说：“与大地贴得更近，看天空才会更远。”是的，千村调查拉近了我们与乡村的距离，让我们细嗅土地的芬芳，也在大学生的群体中传播了希望的火种，深耕希望的田野。愿千帆过尽，我们对土地的深情与热爱不改。

访白云深处，读大好河山

胡珂嘉[①]

大学不是用来度过的，而是用来绽放的；青春不是用来度过的，而是用来燃烧的。

——上海财经大学常务副校长徐飞

百年老树的枯藤下、千年梯田的小路旁，有着潺潺清澈的流水声和勤劳热情的老百姓。在中国共产党成立一百周年的2021年，我们怀着理想与热情走千村，深入白云深处的元阳人家，去感受中国边疆村落里的民风民情，去见证我国在实现百年奋斗目标里的一步一个脚印。这是我们的荣幸，更是我心目中的千村调查。

入村调查

① 胡珂嘉，女，上海财经大学会计学院2019级会计学专业本科生。

遇见千村——心生向往

“千村调查”是上海财经大学加强国情教育、社会实践、劳动教育、科学研究、学科建设五位一体人才培养模式的品牌项目，它是上海财经大学（以下简称上财）的特色，更是见证我国乡村发展的一项重要实践活动。自 2008 年该项目启动至今，数万名财大学子走千村、访万户、读中国、增才干、献良策，将青春和理想书写在了祖国的大地上。2021 年是“千村调查”项目顺利开展的第 14 个年头，今年的主题是“中国乡村产业振兴调查”，鼓励学生探求中国乡村产业振兴的脱贫致富之路。云南省红河哈尼彝族自治州元阳县作为上财的重点帮扶地区，无论是在教育还是在脱贫致富方面，学校一直给予了高度的关注和扶持。因此，元阳县也是本次千村调查的九大重点调查地区之一。

对我而言，千村调查不仅是一项社会调研活动，更是我和我的家乡云南相互连接的一个重要纽带。作为一名土生土长的云南人，入学以来，我一直期待着能参与和家乡有关的实践项目，以当代大学生的眼界和热情去深入家乡，为家乡的发展贡献自己的价值。于是，在今年项目通知发出后，我立刻就报了名，并积极认真地完成了各项准备工作，如参加学校组织的培训课程、查找调研村落的相关资料、提前熟悉调研问卷等。面对即将开启的千村之行，我的心中满是期待——期待着第一次以“读中国”的心境深入家乡村落，第一次以调研者的身份了解百姓生活，第一次从实践中体会我国乡村振兴的发展成果……

走进元阳——山河巨变

一路向南，沿着崎岖的盘山公路，我们朝着远处高山的白云深处驶去。阳光和乌云在半山腰的树林间交替地变幻着，前方的哈尼梯田和村落若隐若现，仿佛在等待着我们的到来。

位于云南南部的元阳县背靠哀牢山脉南段，红河南岸。由于地处山区，因此全县海拔和气候差异明显：最低海拔 144 米，最高海拔 2 939.6 米，有着“人间四月芳菲尽，山寺桃花始盛开”的奇景。2020 年，元阳县入选了“2020 中国春季休闲百佳县市”，被全国爱国卫生运动委员会确认为“国家卫生乡镇（县城）”。2013 年被列入世界遗产名录的哈尼梯田中心区便在元阳，而我们即将走访的村落便是坐落于山间梯田之中的乡村，即将会面的村民便是这千年梯田的耕作者和养育者。

盛夏之时走进元阳，涌上心头的第一个感受是震撼。清晨入村，山间的云雾尚未散去，它们笼罩着漫山碧绿的梯田、黄色的瓦房和百姓。我站在山上，耳机里循环播放着哈尼族民歌《长街宴》，放眼望去是一片片阶梯状的绿油油的水稻。“高田如楼梯，平田如棋局。白鹭忽飞来，点破秧针绿。”层层水稻如绿色地毯般铺满大地，阡陌之上，层叠交错，云雾缭绕，蜿蜒起伏。它们不仅是元阳百姓的衣食保障和一千三百多年前人类为了生存而展现的智慧和希望，更是一种人与自然和谐共处的写照和直击心灵的震撼。

两座高山、10 个行政村、200 份入户问卷、上千个调研问题勾勒出了我们和村落村民之间的点点滴滴。坐在黄色的瓦房里，快乐、淳朴、勤劳和真诚是他们带给我的最直接的感受。虽然收入不高、耕作辛劳，但每一位村民都非常热爱他们的生活和土地。有的村民世世代代劳作于梯田之间，质朴地享受着自给自足的生活乐趣；有的村民感慨于近年来乡村的巨大变化发展，外出打工后仍选择回乡生活；有的村民甚是感激政府补助为他们建造的房屋和提供的助学贷款……

产业振兴，共同富裕。因地制宜发展乡村产业是元阳县巩固脱贫成果的必经之路。由于10个村落相距较远，所处的海拔、水源等地理环境也不尽相同，因此，不同行政村的产业发展重点也有所区别。海拔较低的黄茅岭乡戈它村始终坚持发展其传统产业——热带水果和橡胶树；没有相对气候优势的新街镇主鲁村正积极拓展产业振兴新路径，如筹建米线加工企业等；自然资源丰富、地形险陡的攀枝花乡保山寨村正在发展小黄姜、梯田红米、草果等产业。元阳县政府一直狠抓产业培植，使精优产业保持了良好的发展势头。2020年，元阳县划定粮食生产功能区和重要农产品保护区面积63万亩；发展水果15.66万亩，生物药材5.95万亩，茶园2.57万亩；累计培育新型经营主体400家，无公害农产品基地面积4万亩；认证无公害农产品2个、绿色食品2个、有机产品11个，“绿色品牌”逐步形成；全年完成农村经济总收入28.1亿元，同比增长30%。虽说现在各村的产业发展仍处于起步阶段，有的村落甚至尚未形成自己的差异化产业，但是因地制宜发展产业、相邻村落之间相互促进、互帮互助的发展模式给元阳县的致富之路注入了源源不断的动力。

梯田之上，党和人民心相连。从绝对贫困到脱贫摘帽，近年来元阳县的高速发展离不开全心全意为人民服务的好党员、好干部。“百姓需要什么，我们就应该努力为他们创造什么。”这是在新街镇主鲁村担任了八年第一党支部书记的李世祥叔叔回答调研问题时和我说的话。入户调研时，让我印象颇深的一位受访者，是元阳县攀枝花乡勐品村的党支部副书记李俊杰。他出生于1994年，是村里占比不到1%的本科生。毕业后，李俊杰最初选择了去省城打工。“那个时候吧，我在昆明的一家房地产公司上班，每月大概会有11 000元左右的收入，日子过得还不错。”他说道，“但我总觉得，是勐品村的山和水养育了我，我应该为它做点什么。”我点点头问道：“所以您选择了回乡？”“是的，2020年我辞去工作回到了这里。说实话，刚开始的时候心理落差和压力都挺大的，每个月大概只有两千多元的工资，还需要照顾家里的老人。但在日常的工作中，我发现村民们不仅非常信任我，而且十分配合我的工作。无论是每个月的例行走访，还是挨家挨户劝说他们购买城乡居民基本医疗保险的工作，我都能切切实实地感受到因自己的努力而给整个村庄带来的变化和价值。我发现我越来越喜欢待在这里了，为村民们服务，我感到非常幸福。”他激动地向我描述着回村后的工作经历，热情和骄傲从他的眼睛里溢出。金色的阳光穿过梯田映在他的身上，黝黑而青春的脸上绽放着光芒。我站在他的身旁，静静地听着他的讲述，一种感动和敬佩从心中油然而生。放弃待遇优厚的工作，选择行走于田埂和百姓之中，这是一种选择、一种境界，更是当代青年应有的时代抱负与担当。

脱贫攻坚，山村巨变。从过去满是泥泞的马路到如今的水泥路和沥青柏油马路，从过去的茅草屋和公共茅厕到如今家家户户的钢筋混凝土房屋和独立卫生间，从过去村民们不愿参加村民讨论会到如今大家积极主动配合村干部工作的改变……这是元阳山河之巨变，更是脱贫攻坚之成果。2019年，元阳县全年完成地区生产总值83.6亿元，同比增长6.3%；规模以上固定资产投资达74.25亿元，同比增长10.1%；地方一般公共预算收入2.27亿元，同比增长3%，地方一般公共预算支出35.9亿元，完成州级下达任务数；城乡居民人均年可支配收入分别为34 217元、10 251元，分别增长3.5%、8.3%。这一系列耀眼的数字让我第一次深深地体会到在乡村振兴战略中，我党带领元阳百姓打赢脱贫攻坚战时的一步一个脚印，他们是最可爱、最可敬的人。

读懂中国——心怀理想

返程途中，我的心情久久难以平复。十年来，元阳之所以能从绝对贫困走到脱贫致富，一是因为我国乡村振兴战略的实施和当地政府、村干部的重视、负责，二是因为乡村经济健康发展的源源动力——产业振兴。

2017年，习近平在党的十九大报告中提出了乡村振兴战略，报告指出，农业农村农民问题是关系国计民生的根本性问题，必须始终把解决好"三农"问题作为全党工作的重中之重。从绝对贫困到脱贫致富，千村之行让我深切感受到了我国在乡村振兴战略下的发展成果。红河州作为云南省脱贫攻坚的主要战场之一，2019年的全县脱贫摘帽，既依靠自治州领导的高度负责，更离不开党和国家的高度重视。面对"新冠"肺炎疫情冲击和决胜全面小康的繁重任务，在州委、州政府和县委的坚强领导下，元阳县人民政府紧紧团结，依靠全县人民，全力以赴抓落实，持之以恒谋发展，奋力夺取了疫情防控和经济社会发展的双胜利。乡村振兴战略的实施极大地提高了当地干部的工作积极性，为元阳县发展注入了鲜活的血液。同时，产业振兴作为乡村振兴的动力，是活力的源泉，更是发展的根基。对于相对贫困的农村来说，发展的模式和方向是多种多样的，但是"授人以鱼不如授人以渔"，要实现中国乡村的可持续发展，我们必须发展乡村产业。

赓续红色基因，传承奋斗精神。这次千村调查带给我的不仅有行走于阡陌百姓之间的亲身体会，还有通过党史学习教育活动如参观西南联大蒙自分校纪念馆、中共云南一大会址查尼皮村等地方带给我的启示。联大学子"三下云南"的刚毅坚卓激励着身处和平年代的我为理想而奋斗；查尼皮村简陋的茅草屋和纪念馆里青年党员们为国牺牲的英雄事迹，让我真切地感受到了中国共产党艰苦奋斗、牢记使命的精神与担当。"学史增信，学史明理，学史崇德，学史力行。"学史，即学习历史、以史为鉴。历史永远是现实和未来的一个重要维度，一个人能懂多久的历史，就能看多远的未来。明理，即知晓道理、哲理和法理。理是万物发展之规律，明理意味着学习规律、尊崇规律、发展规律。增信，不仅是增强我们生而为人的自信，更要增强我们身为新时代中国青年骨子里的道路自信、文化自信和强国自信。崇德即崇尚大德、公德和私德，德不仅是一种精神，更是一种信仰和方向。

理想之光不灭，信念之光不灭。离开理想与信念，何谈光明和未来？

身为新时代的青年，我们要学习和弘扬联大精神的刚毅坚卓，始终坚定信念，不忘初心，牢记使命。生逢和平与盛世，我们是幸运的；我们也是肩负重任的，实现中华民族的伟大复兴是我们的责任和使命。铭记时代使命，在努力学习科学文化知识、增强思想道德素质的同时身体力行，用实践去检验知识、丰富阅历、开阔眼界是我们的必修课。

作为一名云南人，这次千村之行让我更深爱我的家乡，看到家乡日新月异的发展变化，山河巨变、国泰民安之盛景让我心生幸福与骄傲。虽说元阳县已脱贫摘帽，居民收入和生活质量得到了大幅提高，但巩固脱贫成果的路还任重道远。如何提升村民整体素质、如何提高教育质量等问题仍有待我们思考和解决。我的家乡需要我，我想这便是我学习知识、提高素质、开阔眼界的意义所在。如果有一天我能用所学的知识报效家乡，为家乡的建设和发展贡献自己的力量，让家乡美丽、人民幸福，这就是我的荣幸，更是我此刻和未来奋斗的信念和方向。

走千村，访万户，读中国；知民意，明乡情，懂担当。从遇见千村调查时的心生向往，到走进元阳见证山村巨变的百感交集，再到读懂中国大好河山的心怀理想，这就是我心目中的千村调查——它带给我的不仅仅是人文风景，更是信念、理想和远方。

寻觅青山皆不腻，寸心仍念泥瓦间

左静茹[①]

初遇千村调查，我心中便涌起一阵来自田野的共鸣，下定决心要参与其中，用自己的脚步去度量那记忆中故乡的土地，去聆听那熟悉乡语的家常，去寻觅自己的初心。

我是西南山区的孩子，童年便在外婆家的乡野里野蛮生长，乡村留给我的记忆远远不如大都市的明媚繁华，但每个人的身躯中或多或少都流淌着泥土的血液，离不了土，断不了根，心更是如此。借着千村调查的机会，父亲带着我来到他熟悉的村庄——贵州省贵阳市偏坡村。

听父亲说，偏坡村以前就是个黄土朝天、穷山烂路的"空心村"，村里青壮年大多外出打工，留下没有人打理的荒田与石房，人均收入在贵阳市居低下水平。但当我远远望着青山之下的木制油雕所刻着的"醉美偏坡"与一旁精巧的木制鼓楼时，我便知道，它变得不一样了。

走进偏坡村，你很难想象它曾经的贫瘠面庞。在这个布依族少数民族村中，穿着布依族蓝色服饰的大娘们在街边吆喝卖菜，广场上人来人往，连绵青山围着这个小山村，隔岸荷花连连，游人如织，蓝白色打底的布依壁画蔓延一路，硬化的水泥路、装修典雅的民宿、一街花帘木壁所装点的农家乐令偏坡村充满生机与新意。

由于家里人的帮忙，我很快就与当地村委会取得联系。在与村支书交谈的过程中，我才了解到如今的偏坡村已是国家重点的旅游乡村之一，村民早已不是以农业为主，而是大多经营餐饮业和民宿业。村支书给我看了村里近年来的各项数据，值得一提的是全村人均年可支配收入在 2019 年达到了八千多元，全村 32 户贫困户都加入了村党委与乡政府创建的"萍萍合作社"，2020 年偏坡村实现了全面脱贫，多个项目获得省旅委的高度评价。

手拿问卷，头顶酷暑，我和组员分头完成任务。我好奇村里的农家乐为何那么火爆，便借着亲人的介绍，来到村里有名的一家店，踏着青石阶梯，木制吊脚楼与中式古亭的风格相得益彰。老板娘正忙着招呼客人，店里到处是端菜、炒菜的伙计和聊天的客人，我有点紧

---

① 左静茹，女，上海财经大学公共经济与管理学院 2020 级财政学类专业本科生。

入村调查

张，心中不断地想着调研报告该注意的事项、老师的叮嘱、学长学姐的建议……等老板娘闲下来后，赶紧走上前说明来意，老板娘爽快地答应下来。在交谈的过程中，我渐渐放松下来，问及老板娘经营情况时，她大笑，用熟悉的贵阳话说道："哎哟，我们家生意算村里好的啦，每个礼拜都有客人预订嘞，平时还有人抢不到座，一年收入都有个四五十万元咯。""呀，生意这么好!"我顿时惊讶，又问："您家这几间客房，装修下来大概要多少钱呀?""嗨，少说有个两三百万元，不过村里有评选星级的活动，选上了银行还有额度给你哝。"看着老板娘朴实的微笑和农家乐的热闹生意，我心中也充满暖意。

告别农家乐后，我遇到一个老大爷在阶梯上乘凉，我虽有点羞涩，但还是鼓着勇气上去问了话。一问才知道，老人家是村里刚脱贫的贫困户，被他邀请参观他家老屋时，我发现这里虽然没有刚刚的农家乐那么精致华美，但屋里水泥墙、瓷砖地板、沙发、电视、洗衣机等一应俱全。跟老人访谈就像拉家常般随和，老人告诉我，他的儿女以前都出去打工，只留他和小孙子在家，他做农活，一年也赚不了多少钱，家里没车没房，只有一个传下来的老屋。前几年在村里的帮扶下，全家脱贫，有了钱翻修老屋。可由于家里积蓄不多，没钱做生意，儿女也只好继续打工，孙子也只能让他照顾。当访谈结束，我问及老人的电话号码时，"这个手机咋看电话哦？我记不住嘞。"老人拿出他的翻盖手机时表情茫然，我心里一涩，便耐心地教老人如何查找他的手机号码。看着他佝偻的背、布满粗茧的黝黑双手，我不禁想象他在烈日之下辛勤劳作、布衣锄禾、沧桑持家的场景。我知道，我们要做的仍有很多，祖国脱贫大业之后仍需再接再厉，努力消除相对贫困，实现每个人的幸福与富裕。

寻遍千山皆不腻，存心仍念泥瓦间。十张入户问卷加深了我对乡村的印象，村民尽管职业不同，但都透露出一种踏实、热情的精神气，望着他们真切的眼睛和面对相机时腼腆的微笑，让我感受到一种不同于城市快节奏生活的平凡朴实，他们每一个人身上都沉淀着人间烟火气，杂糅着喜怒酸甜、百态岁月，努力把自己的小日子过得风风火火。与他们的对话，让我看到了不同的人生态度，就像翻过不同的书本，读着主角是他人的书籍，让我对自己的生活也多了一份审视。

烈日炎炎，夏风微拂，夕阳之下的偏坡村变得柔美而纯朴，青山围绕下的她不再像以前那般漆黑贫苦，而是在万家灯火照亮之下拥有着光明的未来。走进千村调查，我们不仅锻炼了自己，也真正听到了来自田野的百姓心声。

我在夜风中沉思，在认识国家乡村振兴政策的重要性之时，在继承和发扬伟大中国梦之时，我们身为青年人，又能为这些乡民做些什么呢?

这些问题让我深思自己的未来，也思考国家的未来。我们的根深扎于土地之中，我们的文明也因土地的存在而延绵传续。走进千村，将那些访谈中无数感动人心的时刻记录下来，重新唤醒我们灵魂里对土地的敬意。乡村振兴的重任仍需我们青年人紧握接力棒，为了更好的明天继续前行。

知政者存于草野，为国者奋于当下。参加千村调查的同时，也是寻觅自己报国为民的初心，为你我共同的梦想描绘上青春的颜色，将人民的牵挂化作肩上的责任，让我们行方思远，从土地和乡村中度量我们的祖国。

螺蛳粉背后的乡土智慧

陆　盛①

炎炎夏日，我们一行三人来到柳州市太阳村镇山湾村进行千村调查，太阳村镇是远近闻名的“螺蛳粉小镇”。作为广西人，我在大学期间到过柳州三次，但此前无论出行目的为何，最终都变成寻觅好吃的螺蛳粉；而这次我们因对螺蛳粉的喜好而组队，去了“乡村振兴试点村”山湾村，来探索乡村振兴的秘密，寻求其中可借鉴和推广的智慧。

千村调查小组成员入镇留念

山湾村离市区二十千米。启程之前，我们就在公开报道中对这一村的产业和环境有所了解，而初入村时，就觉得不一般。步行在村口的硬化道路上，一望无际的稻田尽收眼底，

① 陆盛，男，上海财经大学信息管理与工程学院2019级数据科学与大数据技术(工)专业本科生。

荷花田里的荷花含苞待放，稻田养螺是柳州农业的一大特色，村门口的小溪很明显经过了一定的整治，后来我们知道，这些都是政府部门策划的乡村景观提升方案的一部分。

入村后我们没有留恋于美景，而是即刻对村内基本情况开始调查。在入户调查中，我们接触到了村支书和村民组长，了解了他们基层治理的工作经历：他们在山湾村的土地治理中积极向村民宣传政策，反映民意，与土地流转公司对接。我们也到访了广西农投集团田园党校、螺蛳粉规划展览馆，对现代化农业建设、螺蛳粉产业前后的发展有了一定的了解。我们还深入农户家中调查基本情况，了解他们对于土地综合治理的看法。

在山湾村的两天，“土地综合治理”一词反复出现。根据广西壮族自治区统计局 2019 年的数据，第一产业在广西 GDP 中的占比较大，达 16.0%（上海不及 1%）。另外，劳动人口从事第一产业的比重也很大，在广西有将近一半的劳动力在从事农业生产；而广西还存在大量的闲置、低效土地，如何释放乡村闲置土地产能，改善农业收益情况，促进乡村发展，是自治区亟待解决的一个问题。

十九大报告指出促进“三产”融合，旨在弥补农业收益不足的问题。有学者指出，“三产”融合应先在土地上做文章。山湾村作为广西乡村产业振兴的试点村，和所在的太阳村镇一起，在土地问题上得到了上级部门的大力支持。广西自然资源厅和柳州市各级相关部门共同策划了太阳村土地综合治理和乡村景观提升方案，太阳村镇所属的柳南区政府也组织和完成了多项关于城乡建设用地和第一产业示范区规划的研究。

这也就有了后来我们看到的：整齐划一的联排小屋，水质清澈的涓涓溪流，配合养螺的万亩稻田；在土地流转工程下，山湾村将原来农户手中的土地资源集中起来利用，才有了水稻、螺蛳和豆角等螺蛳粉原材料的规模化生产；螺蛳粉小镇得到了规划建设，配合田间路网的改造，为农业向机械化和产业化方向发展奠定了基础；而配套良好的建设用地吸引着一批批企业的入驻，提供了大量的二、三产业就业机会，螺蛳粉小镇正焕发着前所未有的活力。

告别了山湾村，我们一直在思考一个问题：螺蛳粉是如何“扶摇直上”成为国民网红美食的？山湾村所在的螺蛳粉小镇又是如何抓住机遇实现乡村振兴的？

我想对这两个问题给出一个系统的答案，但是很难，因为螺蛳粉产业的崛起是偶然的也是必然的。一碗闻起来臭、吃起来香的米粉，因为它奇怪的“粉设”而走进大众视野，在疫情期间一度荣登淘宝宅家食物第一名。连习近平总书记在视察柳州的时候都感叹，“这碗螺蛳粉儿居然征服了大家的胃”。在这背后，有着质检人员对其粉质的严格把关，有着电商服务的大力推广，更有着财政部门扶持做大的螺蛳粉产业园。全产业链上的每一环都为百姓餐桌上的那碗粉做出过贡献。

在调研过程中，我总结了几点来自柳州的“乡土智慧”：

首先，也是最重要的一点即把握机遇，努力发掘自身特色。正如习近平总书记视察柳州的时候指出的，发展实业要抓特色产业。而柳州螺蛳粉证明，地方特色产业有着巨大的发展潜力，可为乡村振兴持续注入动力。

其次就是用工业思维来发展食品轻工业。柳州是广西老牌工业城市，也是广西最大的工业基地。早在 2014 年，柳州民营企业就开始在流水线上生产袋装螺蛳粉。随着产业的发展壮大，2015 年起市场监督局开始为袋装螺蛳粉进行质量把关，而相应的工业化技术也在慢慢成熟。借用了这样的工业思维，螺蛳粉逐渐实现了标准化和规模化生产，并且成为走进全国百姓餐桌的国民美食。

最后便是治理土地的智慧。土地流转促进“三产”融合，山湾村可谓典型。这一方面需要政府支持，另一方面需要基层肯想肯干。山湾村乘着政策的红利，一步一个脚印践行着“三产”融合政策，将原材料供应到螺蛳粉的产业链上，助力这个百亿产业做大做强。

我们在严格遵守疫情防控的基础上结束了这次千村之行，而我的脑海里仍是那万亩飘香的稻田，还有那一碗碗惹人爱的螺蛳粉。这次的千村调查锻炼了我的调查和研究问题的能力，通过实地走访，我对国家政策有了更深刻的体会。我们从一碗感兴趣的米粉出发，接触到的也只是螺蛳粉产业链在原材料上的一环，如果有机会，欢迎你亲自来看看，顺便到柳州来品尝一碗螺蛳粉吧！

脚踏淤泥，遥望彩云

卢　冉[①]

我想很多年后，我都还会记得那个群山环绕的乡村，那条鲜花簇拥的小路和那群可爱善良的人。

2021 年 7 月 21 日，一路辗转火车、客车和汽车，我们调查小组终于风尘仆仆地踏上了这片土地。在这里，大片绿油油的稻田被水泥铺就的大道分割开来，牛车羊群和汽车共驰，精美的文化亭与平瓦房毗邻，新与旧交织，现代与古老碰撞，乡村正在矛盾和冲突中蜕变出新生——这便是我对禄劝县彩云村的第一印象，我相信这也是云南大多数乡村的缩影。

“一碗麻酱撒香蕈，三盘肥羊酒满盅。”农村的牛羊肉有着区别于城市的浓郁鲜美，给人以贴近乡土的妥帖感。滚烫的羊肉下肚后，对陌生环境的不确定和组员间的距离感全都消失殆尽。穿上印有“千村调查”的 T 恤，戴上帽子，拿起问卷和手册，我们精神抖擞地站在“感恩党，跟党走，奔小康”的横幅标语前，按下此次调查活动的第一个快门键。

作为主要的访谈员之一，我提前认真研究了问卷，将问卷的内容拆开掰碎，内化于心，寻找每一个合适的契机来提问。比如，看见羊肉馆老板家墙上挂着身着军装、戴着勋章的照片，“您家中有人是现役军人吗？原来是军属家庭啊！”这样的问题便脱口而出。看到马云成家的房屋高大气派，便自然而然地问出：“您家的房子看着崭新气派，是哪年建的啊？估计是钢筋混凝土吧？指定不便宜吧。”走进陈凤仙家发现她正在择菜，立刻前去帮忙，边择菜边问：“这菜好新鲜，镇上买的还是自己种的呀？”看到老人便关心健康情况，收集医保信息。看到孩子便询问学费，关注其父母是否在外地务工……

采用这样的访谈方式，不仅完成了问卷填写的任务，而且拉近了我们与村民之间的距离，还让我掌握了沟通的技巧。一板一眼的问答变成了拉家常式的闲聊，冷冰冰的信息收集变成了对一个个家庭深入的了解和关切，千村调查在我心中开始有了温度。

除了沟通艺术，千村调查还教会我细致入微地观察事物。我们看到道路两旁各式各样的鲜花，深入了解和收集资料后，发现观赏性花卉是彩云村的特色产业；我们观察到个别村

---

① 卢冉，女，上海财经大学公共经济与管理学院 2020 级财政学类本科生。

入村调查

民使用简陋的净水器净化河沟里的水，一番打探询问后，得知彩云村的水质净化和生态循环尚未形成规模；我们注意到居住的宾馆提供完备的垂钓工具，才知道垂钓是彩云村吸引游客、发展旅游业的主打项目；我们很少看到中学生和青壮年，从而挖掘出村里文化水平低、劳动力外流的真相；我们看到厕所革命的日期标语，仔细阅读墙上有关政策的公示和财务状况的明细……

“见一叶落而知岁之将暮，睹瓶中冰而知天之将寒。”每一个微不足道的细节都隐藏着庞大的信息。细致观察，不断挖掘，我在千村调查中学到了很多。

调查的过程是漫长坎坷的，村民不信任的目光、随意的姿态和遮掩的言辞总让人心生挫败；酷辣的阳光，还有总是对我们汪汪乱吠的看门犬，快要将我们最后一丝耐心耗尽。再加上在村委会的屡屡碰壁，大家一度沮丧到想要敷衍了事、草草结束。但是，强烈的责任感和对村民的同情心让我们坚持到了最后。“走千村，访万户，读中国”不仅是一句简单的口号，它要求我们贴近乡村的土壤，倾听广大农民最真实的声音。无数扶贫干部牺牲在前线，我们的难处又怎值得一提？因此，我们严谨记录，严谨分析数据，期待能给学校对祖国千村情况的研究提供一份好的调查，为发展乡村做出一份微不足道的理论贡献。

产业振兴是我们此次千村调查的主题，让我们透过这面放大镜看到了彩云村的发展困境。访谈过程中，最让我感受深刻的便是彩云村的“慢”。这种“慢”体现在人们生活的节奏里，更体现在他们的思想和心态里。相对安逸的环境滋生怠惰疲懒的习性，相对封闭的信息渠道助长“随遇而安”的“躺平”价值观。彩云村治理良好，村内和平安定，村民遵守村规，对村干部满意度极高，但是他们都缺少一股“劲”——探索未知的闯“劲”、奋斗致富的冲“劲”。我认为这股“劲”是产业发展动力的活水，是乡村振兴必不可少的助推器。缺少这股“劲”，彩云村的发展必定受阻。

除此之外，调查过程中还有很多看得心焦却又无可奈何的地方，比如被污染的水源和土地，人们外出务工导致的空巢老人和留守儿童，还有产业单一致使农民收入水平低的现状。调查前总怕自己不能做太多，调查中却只恨自己做得不够多。直到这一刻，才真正理解国家推进乡村振兴战略付出的心血、前线扶贫干部难以言说的心酸。中国的短板在乡村，发展的潜力也在乡村。是多少代人前赴后继、牺牲付出，才将短板变成潜力，潜力变成动力？

乡村振兴亟须人才，亟须注入新鲜血液。经此调查，投入乡村事业也进入了我的未来生涯规划选择中。身为一名上海财经大学的学生，为国家事业添砖加瓦是我义不容辞的使命；解决“三农”问题，改善城乡不平衡不充分发展的现状，才无愧“厚德博学，经济匡时”的深刻校训。

离开这片村庄让我非常地不舍。虽然这里条件简陋、生活不便，但彩云村村民身上乐观坚强、质朴善良的气质深深地吸引了我。他们表面像是田间根根严肃直立的玉米，包起防备的躯壳，内心却如彩云村年年盛放的玫瑰，璀璨绚丽。我渴望调查的时间久一些，再久一些，这样就能和他们在月光洒满的院中开怀大笑，在四处蛙鸣的坝塘边垂钓，继续观察他们斑斓的内心，倾听他们真实的声音。当然，我也会更努力一些，跑得更快一些，留住村庄的一草一木，为他们争取更加美好富足的明天。

不走寻常路：航民村

万朗雯[①]

在我或者大多数人的印象中，农村总是离不开农业，离不开如辛弃疾所描绘的“稻花香里说丰年，听取蛙声一片”的丰收场景。层层麦浪，枝枝硕果似乎成为农村的代名词。除此之外，诸如“土味”“贫穷”“落后”也构成了某些对农村缺乏了解的人的刻板印象。但当我们离开自己架构的“信息茧房”，才发现在中国，大多数农村已经走上乡村产业振兴的道路，沿海地区的部分农村更是已经积累一些可行的经验。

在我去过的杭州周边村庄中，典型的有富阳场口镇东梓关村。一座郁达夫笔下“恬静、悠闲、安然、自足的江边小镇”，通过古宅收储、系统性维护，将创新融入古村，发展起了旅游业，从而焕发新生。桐庐荻浦村、深澳村，也各自依托当地的古建筑与传统民俗发展起了规模不小的第三产业，吸引了大批游客。乡村游、农家乐在绿水青山之中，创造出了“金山银山”。这些村庄依托历史资源、环境资源发展第三产业，从而形成了一个个特色服务型村落集群。随着深入了解，我心中对农村的刻板印象逐步被打破：农村也可以干净整洁，村民也能是学识渊博的时代弄潮儿。而这次我们调查的航民村与这些村庄有所不同——她是一个以工业为主体的集体经济高度发展的村庄。

这一集体经济便是指浙江航民实业集团有限公司。集团旗下的航民股份有限公司，以及多家印染公司、织造公司、首饰有限公司，还有建材公司等分布在航民村的各个区域，使得占地面积只有 2 平方千米的小小航民村能够在 2020 年实现工业总产值 102.65 亿元，创造综合经济效益 9.65 亿元。当地的职工在 2020 年的人均收入达到 66 000 元，村民人均收入也有 61 000 元。

这些良好的经济数据正表现在航民村的街道建设中。当我走在航民村的街道，最为吸引我的便是成片的员工宿舍。不同于传统印象中农村一户一院且种满了蔬菜水果，也不同于新农村政策下拆迁新建后整齐划一的连排(航民村的村民住处大多为此类)，航民村的员工宿舍周围的街景或许更类似于城市中的住宅小区，由错落分布的小高层居民楼以及明显

---

① 万朗雯，女，上海财经大学经济学院 2020 级经济学专业本科生。

有日常养护的景观植物组成。

再在航民村走一走，一个一个的工厂就会在你不经意间“冒出头来”，提醒着你航民村发达的工业背景。一位当地的村民老伯更是拿手指了一圈又比画了一下远处后，操着一口方言大笑着说：“这一块儿工厂，我们后面这工地（厂房正在修建），还有过了河的那一片儿都是航民集团的嘞！”如果说工业园是规划得横平竖直的小方块，每一座都嵌在固定的位置里，那么航民村的工厂似乎又多出了一些自改革开放以来两代人拼搏创业的历史印记。

在上班的时间段，小区附近是很难见到年轻人的，但当到了下班的时段，整条街道似乎就被唤醒了。如果说在航民村的田园广场能体会到航民作为乡村的最淳朴的挚诚，那么在航民工业区的马路边，在夕阳的余晖下，则能见证年轻人满满的热血与活力。有个小伙子来到我们刚刚结束调查的小商超给一起下班的女工友带了一根冰棍，又有人找到老板替工友还上午买烟没带手机赊下的债，还有一车赤膊大汉停在路边下来买烟……航民村的工业发展是充满活力的。在航民村，我们确确实实地看到了“全村没有困难户，家家都是富裕户”目标下的社会图景。

这些美好的街景，幸福的村民、职工其实都离不开以朱重庆为领导的两代人的努力。村委会便设置在航民集团的一座办公楼旁边，村委会的大楼内部甚至设有与航民集团共用的员工食堂，航民村真是处处与航民集团息息相关啊！村委会妇联的负责人接待了我们。当我们问起航民村创业的故事时，她从一旁的柜子里拿出了两本文学记录，分别是陈崎嵘先生的《航民，一个共富的村庄》以及陈继光先生的《有一个村子叫航民》，并邀请我们在党员大会时再来一趟听听航民村的故事：一位六十来岁的漂染厂的老人是这么形容的，她说过去生产队干一年的活，也就只有一百元不到，甚至还要买黑市粮食来吃。现在啦，退休以后拿个社保，年终股份分红有近四五万元，用用是足够了。和旁边村子一比呀，实事求是地说，航民村是好的。而这也是航民村许多从厂里退休的老人的心声。另有一位老爷爷说，从前航民村比周边村都差，在生产队劳动赚不到多少钱，现在则是这一带最好的村子。那么，航民村、航民集团究竟是怎么发展起来的呢？村民们说，这都离不开朱重庆。是朱重庆做出了关键的抉择，又在村委会的支持下一趟一趟地跑上海淘机器，同时改造旧工厂，然后进一步发展扩大，可谓是一步一个血脚印拼上去的，是切实的人民的、集体的实业。一位今年已近七十岁的老奶奶回忆起三十年前，依然记得朱重庆当时因为两家人生儿子时间差不多，又住得近，所以将妻子的食补带给她一份的经历。

航民村、航民集团自1979年航民漂染厂投产以来，经历了艰苦创业、快速成长、优化提升、转型创新等阶段。现如今航民集团已经是强大的农村集体经济组织，航民村“已成为以纺织、印染、热电、黄金饰品相配套的现代生产项目集聚区”。正如航民村宣传册上所写的：“一次选择，一片希望，几十年创业艰苦，几十年成就辉煌，小村庄拥抱大时代，小染缸飞出金凤凰。”这么一个将工业作为经济发展主体载体、以集体经济作为立村之本的村庄实在是独具特色的，而探索乡村产业振兴的千村之行或许也非常需要这么一个“不走寻常路”的航民村。

从象牙塔尖到山水之间

——我心中的千村调查

刘怡萱[①]

大学生活是站在遥远的象牙塔尖，所见是“莽昆仑，阅尽人间春色”，所感是“危楼高百尺，手可摘星辰”，所谈是“指点江山，激扬文字”，所思是“太平世界，环球同此凉热”。少年策马，意气风发，仿佛可以执笔仗剑行天涯，也可以一日看尽长安花。

而乡村生活则截然不同，是行于山水之间，是落回土地表面，所见是“面朝黄土背朝天”，所感是“一身力气百身汗”，所谈是“相见无杂言，但道桑麻长”，所思是“耕而食之，织而衣之”，是一年三百六十五天的勤勤恳恳挥汗如雨，换来的万亩良田、乡土平原。

象牙塔尖与山水无论在地理上还是在文化上，分明都相距甚远，一个好似飞扬于九重天外，一个好似寂寂于深山古林，是“千村调查”项目将它们紧紧联系在了一起。书卷气与乡土气的交流与碰撞，就像中西文化的冲突与融合一般，激烈而生动，那样令人向往——这便是我心中的“千村调查”，它所代表的，绝不是身居象牙塔里的孩子下到田间地头去拍照片、发问卷、摆样子，它真正的含义在于让我在现代高等教育与传统农业文明的交流、冲撞与融合中，洗去象牙塔尖俯视苍生的“疏离感”，增添行走山水、荷锄而归的“接地气感”，不再是傲慢地“指点江山”，而是谦卑地俯身田园、忘却浮华，去追寻一个民族安身立命的本源。在这样的层面上，“千村调查”更像是一场庄严的寻根之旅。

而我的寻根之旅便开始于实地调研前一天那个查找资料的晚上，开始于一种不起眼的植物——连翘，开始于一个不知名的景区——屯留县老爷山。

我选择的调研对象是家乡周边的山西省长治市屯留县余吾镇前后庄村。临行前的晚上，我便着手在网络上查找相关资料。在网上我了解到，前后庄村第一、第二、第三产业三足鼎立，互为补充。在第一产业方面，村里的粮食作物有玉米，经济作物有连翘。第二产业则是以煤炭为主。第三产业是屯留县老爷山旅游风景区……无数的“纸面”信息通过网络简单而直白地展现在我眼前。其中，令我印象最为深刻的有两项：一是前后庄村第一产业中的经济作物连翘，二是距离该村仅 20 分钟车程的老爷山风景区。

连翘，又称上党连翘，“上党”就是我的调研村所属区域的简称。相传神农炎帝便是在

---

① 刘怡萱，女，上海财经大学经济学院 2020 级经济学专业本科生。

此用连翘叶泡水,发明了茶。因此,说连翘茶是“始祖之茶”“天下第一茶”并不为过,而称前后庄村是“连翘之乡”也当之无愧。我很惊讶,看似不起眼的连翘竟隐藏着如此传奇的神话,这也意味着,只要通过适当的宣传,连翘的附加值便能迅速走高,销售价格自然也会水涨船高,进一步,我产生了“依托历史传说,建立本村特有的连翘品牌”的想法,按照我的设想,前后庄村可以抓住“连翘之乡”的大好机遇,建立几百亩、几千亩甚至几万亩的连翘种植基地,通过互联网销售,发展为一方特色,从而可以解决无数村民的就业问题,推动产业振兴,使全村物阜民丰。一幅美丽的产业振兴宏图长卷就这样在我的脑海里徐徐铺展开来……

而老爷山的前景就更令人神往了,网页上显示老爷山是“省级文物保护单位”和“山西省爱国主义教育示范基地”。在古代老爷山曾是后羿射日之地,同时也是佛教文化圣地;在近现代则是八路军、游击队抵抗日寇的天然屏障,是解放战争时期的上党战役主战场遗址。时至今日,老爷山的西峰顶仍有一座唐代的九层舍利塔,塔身弹洞遍布,是抗战血火的见证者。

坐拥如此丰富的历史资源是一件何等幸运的事情!在我的设想中,老爷山可以成为红色主题旅游胜地,服务业从业人员需求旺盛,将进一步推动村民就业,提高他们的收入水平,带动本村经济发展……这又何尝不是产业振兴?在想象中,我仿佛看到无数的游客慕名而来、络绎不绝的场景,旅游业的兴旺发展指日可待……

可事实真的如此吗?

我兴致勃勃地利用所学知识,为故乡的村子勾勒出了无限美好的愿景,然而这一切如同一个精致易碎的肥皂泡,在接触到实地调研的一瞬间便“啪”地破灭了。

先说连翘,行走于田间地头,我观察到,相比其他经济作物种植面积可达百余亩,连翘的种植面积很小,走遍了整个村子也只有十亩左右,且地段偏僻,产量也很少,显然未能形成有规模性的产业,未来发展前景也不容乐观。

“村里为什么不发展连翘产业呢?”在采访中,我向乡镇书记提出了这样的疑问。

了解后我才知道,原来在前几年,连翘产业便已有广阔的发展前景,周边村镇有不少人都发现了商机,于是,谁能抢占产业发展先机、率先占领市场,谁就能在激烈的竞争中脱颖而出。前后庄村虽然贵为“连翘之乡”,是真正意义上的发源地,但缺乏创业创新意识,在市场竞争中行动迟缓。结果,邻近的晋城市陵川县的村民敏锐地发现了商机,抢先注册了“晋之翘”商标,开发了十余种茶叶产品,并迅速得到了县政府的大力支持,建立起了117万亩连翘茶基地,结合线上线下多渠道打开销路,成功实现了脱贫致富。而前后庄村便就此与连翘产业的发展失之交臂,令人惋惜不已。

到访老爷山风景区时,情况也完全出乎我的预料:在“新冠”疫情的影响下,老爷山客流萧条,山脚下的停车场车辆稀疏,门票售卖窗口无人问津;同时我观察到,景区的配套设施也极不完备,仅仅一座山、一个停车场、一个门票收费处就构成了景区的全部,农家乐、餐馆、观光车等全都不见踪影。这一切与我设想中的风景区完全不同。在景区内,我采访了五队上山的游客,当被问及是否了解老爷山的历史渊源时,仅有一队表示了解,其余四支队伍均表示完全不了解，来游玩只是因为山上树木繁茂，是一个“夏季消暑好去处”。在来村里的途中，我同样采访了本市市民，得到的也是相同的答复——“不了解”。老爷山有着无比厚重的历史渊源，可显然，就连当地的人们都对“家门口的历史”一无所知，推而广之，何况全省、全中国、全世界呢?

村外通向老爷山的公路，路的尽头是老爷山

“政府不能为老爷山的旅游业发展做些什么吗?”在采访中，我向乡镇书记提出了这样的疑问。

乡镇书记说，老爷山不归政府管，其所有权在山西潞安郭庄煤业公司，而其经营模式并不科学——这一点，乡镇政府作为旁观者，所见比谁都清楚，却对此无能为力。在采访中，乡镇书记轻易举出了景区管理的几大不足之处。譬如，景区宣传力度没跟上(在我的实地采访中，80%以上的游客不了解老爷山的历史)，而且公司为谋取利润对景区实行门票收费制度，提高了游玩门槛，导致客流量稀少。其实，利润点未必要来自门票，还可以来自景区的衍生产业，如旅游纪念品商店、特色农产品直营店、特色菜馆等，而这些正是老爷山景区所缺乏的，再加上宣传工作几乎为零……一来二去，老爷山就逐渐沦落到了如今的局面。

多么令人遗憾啊，那是曾经得天独厚、养育于我们的故土，那是曾经在中华民族历史上闪耀出无数璀璨光华的故土，作为子孙后代，我不愿它珍珠蒙尘。

多么令人感动啊，当我看到基层的乡镇干部从清晨工作至深夜，一年不间断地为乡村产业振兴而奔波，用行动书写着“先利人利国，后利己利家”的誓言——这些纯真质朴的乡土情怀，哪是在象牙塔里能见到的场景呢? 在采访中，他们热切地将问题反馈给我，无比真诚地希望我把调研报告写好，尤其让我印象深刻的是采访终了时道出的那句:“同学啊，我今天一小时采访中对你说的话，比我这一年来对自己的孩子说的都多。”我便知道，无论是在田间还是在塔尖，我都永远不要辜负那样的目光。

调研完毕之后，我行走在夏日的田垄间，来时的轻快一扫而光，面对更为严肃、复杂的实际问题，有无数的想法争先恐后地冒出来，催促着我动笔书写自己的思考。在离去前，我最后看了一眼这里：稻田碧绿，向阳生长，鸟雀呼晴，穿梭其间，如千万游鱼洄游入海，黄土高原的风无休无止地吹着，太行王屋的充沛日光永不停歇地照着，这千百年来，日日如此。

站在其中，我想，当所有在象牙塔尖引以为傲的"计划"从纸面落到地面，落到具体的乡村田园、一砖一瓦、一餐一饭，落到手心攥紧的那一把故乡黄土时，年轻的一代才会明白，象牙塔中的乡村产业要怎么振兴不过是一纸空谈，是毛主席的"没有调查就没有发言权"；若想真正寻找乡土中国振兴的题中之义、破解之道，就要真正下到田间地头，方可得出答案——那个完全出乎年轻人的意料，却能精准地戳到古老乡村痛处的答案。

"写作是为了改变，改变是为了实现。"我回到电脑前，花了七天时间，结合课堂所学，针对前后庄村里第一、第二、第三产业的弊病，提出了自己深入的思考与建议。写好千村调查报告从来不是一件容易的事情，但在键盘的敲敲打打中，我唯愿尽我所能、用我所学，为家乡农村的产业振兴尽自己的绵薄之力。

这就是我心目中的"千村调查"，由俯瞰大地转为抚摸大地，由象牙塔尖走进山水之间。进千村——进那个和照片画报上不一样的千村，访万户——访那个居庙堂之高而无法触及的万户，读中国——读和在象牙塔里侃侃而谈时不一样的中国。在一页页的调查报告里，我洗去塔尖的浮华，心怀田间的谦卑，用文字为基层农村发声，期望反哺故土、回报家乡，能不负家乡的栽培与厚爱、基层干部的日夜辛劳、父老乡亲的辛勤汗水，将来自故土的那一份质朴和真情，在以后的学习生活中，永远落实、贯彻下去。

心有蓝天，兼怀乡梓

倪靖茹[①]

无数的远方，无尽的人们，都与我有关。

——题记

对于“乡村”的记忆，大概是儿时为数不多随父母回到母亲老家的时候。一栋又一栋的平房，相对原始的居住环境，慈祥的外婆，和我一样扎着两个羊角辫、穿着红棉袄追逐打闹的伙伴。还记得满眼的翠绿，远山如黛，水声潺潺。正月十五的晚上，村里异常热闹，人们敲锣打鼓，走街串巷。年幼的我，只知道听着鞭炮哐哐的响声，跟在大人们后面跑来跑去，连走错了家门都不自知……

再次遇见，是在今年的盛夏。这一次，我好像才真正读懂了她……

初见的那一天还是小雨淅沥，雨后的村庄里，空气弥漫着青草和泥土的清香。下了车，我们走在路上，对所见所闻的一切都充满好奇与惊喜。远处的山峦是青黛色的，近处屋舍俨然，在青山的掩映下显得错落有致。家家户户的自建房上都贴着手写的对联并挂着灯笼，有的在远处便可以看到墙上张贴的广告。邻家农场的鸡犬声仿佛让人置身于桃花源一般，没有行色匆匆的行人，只有路旁盛放的野花，颜色各异，争奇斗艳。鸭子在池塘中嬉戏，成群结队，憨态可掬。走过一户人家，空酒壶和水罐排列整齐地放在门外，厨房里飘来牛肉粉和炒面的香味。植物长势喜人，在石墙上映出它长长的影子。这一切与我记忆里的乡村有些相似，又有些模糊。

来之前便做过功课，西片村的村民大多是客家人，以热情好客著称，事实的确如此。闽人嗜茶，我们这趟旅程拜访的每一户人家都为我们备好了茶水，让我们有些受宠若惊。在第一个入户调查中，接待我们的是李阿姨。她留着干练的短发，交谈之中流露出与众不同的智慧、沉静的气质。她应当是许多那个时代“知识改变命运”的年轻人的代表。当时，她考上了大专，于 1998 年拿到了城市户口，现在是一名“上班族”。在那个充满机会的时代，

① 倪靖茹，女，上海财经大学会计学院 2020 级会计学专业本科生。

她凭借自己的学识走出乡村，来到另一片同样广阔的天地，创造了不一样的人生。环顾四周，房屋窗明几净，一家人居于其中，其乐融融。

入户调查

从上一户人家出来，我们走进了一条小道，越往深处走，越能闻到浓郁的酒香。原来，这一户户主是酿酒厂的大叔，深处的房屋就是他贮存酒的地方。大叔皮肤黝黑，脸上也因为农事的辛苦而布满了皱纹。一开始，大叔不苟言笑，话也不太多，于是我有些拘谨，问问题的声音一直很轻，担心自己是否说得足够通俗明白，是否过于书面化而可能导致冷场。大叔察觉到了我的紧张，改变了原先有些戒备的语气，提高了说话的音量，而我也不再对着问卷念题，而是尽可能地像邻里聊天一般交流，这样不仅提高了调查的效率，而且使调查的过程充满了愉悦。我听他认真地说着酿酒的过程，说着作为村里唯一的"供应商"，他把一壶壶酒卖给村民的故事。看着他沟壑纵横的脸上露出些许笑意，我感觉自己仿佛在分享一段我不曾参与却十分令人向往的人生。

快到中午，烈日炎炎，我们走在回去的路上，正好碰上了坐在自己店铺里的李叔叔。店铺里横七竖八地堆着许多钢材，看起来有些许凌乱。李叔叔坐在柜台前面，抽着烟，一边是为我们泡好的茶。我们还未开口，他先笑着打趣说了一句："尝尝我新买的茶吧！"在谈话中我们才知道，原来他是做门窗生意的，2007 年的时候外出打工赚钱，在双方没有签订劳动合同的情况下干了五年，几乎每天都在工作。到 2012 年的时候为了照顾家庭才回到村里。问到是否担心在外工作不安全、拖欠工资时，他豁然一笑："都是为了增加收入嘛！有活我一两个小时可以赚好几百呢！"我们走的时候，他还特意从抽屉里拿出几片桂花糕分给我们。我想起早先时候采访的那位留守家中照看孩子的母亲，她的丈夫应该也是如此；想起在查阅资料时看到"村民大多数外出打工，基本可以满足温饱"的语句，心里不禁泛起一丝丝心酸。"纵使前路多坎坷，何妨悠然苦作乐"，那些或是色彩斑斓或是灰白黯淡的时光，从来都意义非凡。

走在回去的田埂路上，我想起在这里遇见的每一个人、每一个细节。年逾古稀的爷爷在说起儿子患病时紧蹙的眉头，孩子在妈妈身边嬉笑时天真无邪的眼睛，承包果园的叔叔提起自己的果树时不经意露出的骄傲神情，土楼里耄耋之年的奶奶弯腰驼背却清晰地说出晚辈的姓名……那是村民的朴实。一个个饮尽又注满的茶杯，一个个普通而平凡的家庭故事。我怀着敬意询问，小心翼翼地落笔，生怕笔下的文字无法记录他们的一言一笑，生怕自己的疏忽造成不可挽回的信息错误。

“风雨多经人不老，关山初度路犹长。”时过境迁，今日中国之乡村已不再是以往之乡村。如果说曾经的乡村给人的感觉是贫穷与落后，那么如今的乡村便是淳朴、清新和自然。自从 2020 年我国全面实现小康社会以来，“脱贫攻坚战”已取得全面胜利。伴着蝉鸣入睡的夜晚，曾经在土地上辛勤打拼的前辈们是否能感受到如今时代的进步、家乡的变化?

我突然发现，原来每一个乡村都曾如未经雕琢的璞玉，期待着每一位劳动者用真诚和热爱去将其雕琢；又如默默无闻却沁人心脾的花，盛放在每一个不为人熟知的地方。而今，老一辈劳动者们无疑用真诚和热爱、用所学知识或用双手的劳动绘就了美丽乡村的新画卷、新图景。

我同新时代的每一位青年一样，生逢盛世，心怀着蓝天的梦想，心系着无穷的远方。这一次千村调查之行虽然短暂，却让久居城市的我完成了一次心灵的洗礼。作为基层的乡村，无疑是国家的根脉，是我们每一个人最原始的归属。唯有将梦想与乡梓共刻于心中，方能初心不忘，与祖国同呼吸、共命运。毋庸置疑，对于乡村，我们要做的还有很多。我们的任务绝不只是“我来，我见”，更是亲手捧黄土、与乡村共成长，达到“我实践”的最高境界。

为者常成，行者常至。千村，我们一直在路上……

由村委看农村发展

——记一位实干的基层干部

王之乐[①]

临走之前，当我望向那一片被晚霞映衬得赤橙而绚烂的江面，恍然又想起出征仪式的那个上午，千村调查的宣传片一遍又一遍地播放，教授们介绍自己往年的成果，眼神里流露出被天空和大地洗礼过的沉毅和坚定，台上做报告的村支书操着浓重的浙音，令一个江苏省的孩子也听得一知半解，村支书如同玩一款基建游戏似地一纲一目地罗列着村里的各种产业，他的语气如此平淡而舒缓，像极了高中地理老师讲产业布局的简答题时的语气。"这不就是做题嘛"，我小声嘀咕着，汇报者和教授的神采与我依然不知道该做些啥的茫然形成了巨大的落差。

"还有什么需要我们做的吗?"江都区化市村村支书打断了我的回忆。"没有了，没有了！今天收获满满!""那我们现在就回去把最后的入村问卷给填了。"沿着江岸，踩着铺设在泥土上的石子路，从堤上往下走，农田向远处延伸，一直到一排排的乡村小楼，那是我们出发时的地方，伴随着思绪漫延，回溯着来时走过的痕迹。

七月下旬的扬州逐渐进入长江沿岸最热的时节，从梅雨季刚走出的太阳还缺少些狠劲，虽然天空澄澈没有一丝云彩，但阳光洒在身上更像是一种希望。生怕会影响工作人员办公，我们提前与村委会进行了联络，这也应验了我的担心——村支书上午仍然要忙于村里事务，下午才能顾得上我们的调查。"会是一个怎样的村支书呢?"我只能想象办公室的模样。

好巧不巧，当我们迈入村委会管理中心的大门时，这位村支书正从身后迈进来。"你们就是要来做社会调查的学生吗?""是的。""好，那先跟我来。"我跟在这位村支书身后，他的后背已经被汗水浸湿，手臂外侧和内侧的肤色对比十分明显，想必刚从外面回来，还没有歇脚的时间。跟着村支书上了楼，办公室里又有几个文书等着他签字。

"一个下午如果 3 个人都一起行动，12 户想弄完有点够呛，我们这样，一个人 4 户，分头行动，我再给你们找两个人，这样一人带一个，做起来更快。"我刚好跟着村支书，心里稍微

① 王之乐，男，上海财经大学 2020 级经济学院经济学专业本科生。

宽慰了些，不用太担心居民的刁难。

接受调查的第一家就在隔壁，在家的就老头老太两个人。村支书进门便大声与老爷子打起招呼：“老书记！下午好啊！”我暗暗一惊，这位老爷爷竟然是老干部。村支书把凳子搬好，帮老爷爷收拾好桌子，招呼我过来填问卷。

我心想也许得用蹩脚的方言来跟老爷爷交流，但村支书看出了我的顾虑，直接将问卷上的官方用语转换成了日常聊天的谈话模式。

“老书记没有报养老保险吧，那个时候还没得这个项目。”“老书记家里除了这个房子镇上还有一套的吧，记得多少个平方啦？”“老书记肯定支持乡村志愿服务咯，这个东西不晓得参加了多少次嘞。”村支书一边跟老书记唠着家常，比如聊到子女收入的时候也多聊了两嘴工作情况，一边又顺着调查问卷一项一项地问着，遇到有老书记自己也算不清楚的问题，比如一个月的食品支出，村支书甚至可以当场替他把每周的菜钱、肉钱算个大概。在这样的引导下，我的第一份问卷很快就填完了。

入户调查

接着我跟着村支书走到下一家，这家也是农村家庭的常态，家里只有老年人在家，子女都在外上学或是上班。这家与上一家就像是农村两种家庭的对比：上一家家境更殷实，大院子里都铺上了瓷砖，老两口在家开着柜机空调，也没有因为要省电费而抠着，环境显得明净些；而这家则要从简很多，院里和客厅还是水泥地，家具也显得上了年代，板凳的木头间也有了缝隙。接待我们的爷爷一眼可以看出有白癜风的症状，看着也比实际年龄老。村支书还是一样的语气跟他唠起家常。

“小儿子是在外面上班的吧，一年到头回不来几次哦？”

“可不是，家里就我们老两口、大儿子和儿媳妇。”

"儿子和媳妇去厂里上班骑的电瓶车是吧?"

"是,家里没车……"

……

我在旁边如同来做客的样子,村支书一把揽去了我要问的问题,就像闲来无事唠唠嗑似的。正是下午最热的时候,爷爷也不舍得开空调,只见村支书脸上豆大的汗珠子一颗一颗地流下来,也并没有说一句嫌烦的话语。

在农村里走着,最大的感觉就是宁静,一种因为没有喧嚣、没有过剩的精力而生发的宁静。路过的很多家,年轻人都出去上班了,留在家里的基本上是老年人,日复一日地做着生活所需要的事,但又不像刘亮程笔下的农村透露出的年迈。夏日的麦田在微风中荡起麦浪,绿茵茵的古树中藏着数不清的鸣蝉。你随意走进开着门的一家,试着去了解他们的生活和家庭,就会知道他们的子女在外边儿上班,孙子辈在上中小学或在某处上大学,老两口在家每日打扫、做饭、休息。前一秒你还会觉得这样单调循环的日子没有什么希望,后一秒又会不自禁为他们勾勒出一幅未来的人生旅途。我不由地想起我的奶奶来,大半辈子活在农村,因为我的学业陪读,从农村住到镇上,再住到区里,后又住到市中心,或许未来还会因为什么原因住到别的城市。只能说在农村里与这些老人交谈,不经意间就轻松了很多,不用顾虑未来发生什么,一切都会有很好的安排。

我本以为这家采访完后直接就走入下一家进行调查,哪知村支书摇摇手让我回到村委会大厅。"这会儿有个大娘要来办保险,你去采访采访她吧。"这不问不知道,一问把我弄得有些不知所措了:这位大娘家是贫困户,她住的还是30年前砖瓦盖的房子。孙子刚上高一,儿媳妇租了一间小车库陪读。家里的收入全靠儿子打工。老伴十年前因病去世了。大娘自己也因为直肠癌开过刀,并且在持续治疗的状态,每年需要不菲的医药费。老两口因为治病几乎花光了家里的积蓄,还欠了亲戚们7万元,亲戚也知道她家还不上,不打算要这笔钱。大娘与其说是在回答我的问卷问题,倒不如说是倾诉自家的家事,每一个问题都牵涉了不少难处。在调查的过程中,我们也得知大娘每日的出行是靠一辆已经有问题的电动三轮车,除此以外平时几乎不花电费、煤气费,都是烧柴火来烧水,灯也几乎不开。相比一般的家庭,大娘的家庭确实可以说很凄惨了,但大娘自己虽然是在诉苦,却没有抱怨什么,她觉得自己能吃饱穿暖就已经很感激了。"都是书记(村支书)好,这个书记真的为人民办事,每个月都要来我这儿了解情况,有个什么政策都记得叫我来,我就没见过比他好的书记。这不是办保险那个人还没来嘛,书记叫我先把个人信息告诉他,等人来了再给人家。啧啧,这个书记真的是为人民办实事。"

采访完这个大娘,村支书开车带我们去了最后一站——化市村江边的养殖区。去江岸堤上的路很窄、很颠簸,但村支书早已驾轻就熟,带着我们采访了一家养殖户。女主人虽然很热情,但由于主管养殖的是她男人,她不大清楚细节,面对我们的问题便有些束手无策。这时又是村支书接过话题,从养殖种类到养殖经验再到扩展的销售渠道、政策解读等多方面为我们做了详尽的解读。虽然村支书并不从事水产养殖,但他对个中细节掌握得清清楚楚。而当我们出门的时候,女主人问他钱怎么办,村支书回了句"我来处理",女主人就放下心来不再多问了。

在深入农村以前，我一直理想化地认为，村委会村支书理应是人民的公仆，为人民办事，但我从没想过现实的情况并不容易，他需要走遍村子的每一个角落，走入每一户家庭，走进每一位村民的心。我开始明白基层干部的辛苦也是不平凡的，甚至开始明白为什么会有懒政怠政的现象，谁不愿坐在办公室里听听汇报、签签字呢，谁真的能够去解决村民的切身要事呢。起码在我身边的这位村支书做到了。在他的身上，我不仅看到了尽职尽责，更看到了希望，一种渗入村民骨髓中的希望，无论是家庭殷实还是因病致贫，每个村民都希望自己未来的生活更好，都在为了明天过好自己的今天，而村支书自己不多言语，只是用自己的行动支持着村子的发展。

我相信，随着千村调查的日益深入和完善，乡村振兴建设会有更多的年轻学子加入其中，中国大地也将有更多兴起的乡村！

以青春挥洒热血　用脚步丈量中国

——慈溪市五镇十村调研有感

杨能盛[①]

江浙的七月，酷热的头伏天总能如约而至，白昼的烈日、午后的阵雨以及傍晚的热风是夏季常见的元素，期待的千村调查之行就在这热烈的气氛中开始了。经过两小时的车程，我们跨越了钱塘江，从北岸繁华的上海都市来到了南岸静谧的慈溪村镇。慈溪对于久居江浙的我而言并不陌生，这片自然资源贫瘠、交通偏于一隅的滩涂盐碱地上铸就了高质量经济发展的慈溪神话，城乡基础设施建设和人民生活富裕程度均处于全国领先地位。坐在飞驰在浙北平原的高铁上，望向窗外沿线鳞次栉比的别致农村小阁楼，我在欣喜过后便陷入了沉思：经济发达地区的富饶、美丽的新农村还需要产业振兴吗？在这一周时间里，我们行走在夹杂着泥土芳香的田埂间，深入农户和干部家中聆听他们的心声，近距离、全方位地感知这陌生又熟悉的慈溪农民、农村和农业，而我的困惑也在实践中逐渐被解开。

走千村："富美乡村"绘就幸福生活

每日清晨七点，我们迎着朝阳的初辉，沿着乡村小道驱车前往调研目的地，并不宽阔的柏油路双车道宛若一条游龙徜徉在无垠的绿波中，徐徐微风时而送来稻香和瓜果的芬芳。尽管不同乡镇的道路别无二致，但是各个乡镇区域都能因地制宜地错位发展特色种植业，沿途呈现各具特色的自然景致。新浦镇的葡萄架上缀满了紫色玛瑙般的巨峰葡萄，周巷镇千树万树压枝低的金黄色蜜梨静待丰收，匡堰镇丘陵遍布享誉中外的慈溪杨梅，崇寿镇滩涂地种植中药植物麦冬，坎墩街道的大学生农业众创园巧借科技手段让热带作物在慈溪落地生根。土地不仅是村民生活居住的和美家园，也承载着农民养家糊口的使命。慈溪的农民深谙土地是乡村命脉的道理，在维持其涵养一方水土的自然功能基础上，充分解读土地的内在基因，开展特色种植业以挖掘土地的生产功能，实现了生态保护与经济增收的双重土地效益。

当我们还流连于窗外景色时，大巴已悄然入村，到达了首个目的地。眼前的这栋楼可

---

① 杨能盛，男，上海财经大学法学院2020级法律硕士（法学）专业硕士研究生。

谓是村庄最具有特色的建筑，也是平日村里人气最足的场所，墙上“文化礼堂”四个大字表明了它的“身份”。我们所调研的十个村落都建有专门的文化礼堂，而令我印象最深的是傅家路村文化礼堂。当地的村干部热情地带领我们参观了这栋青砖黛瓦的文化礼堂，如数家珍般地介绍馆内的每件展品以及乡村故事。他们谈及“镇馆之宝”（由少数民族村民捐赠的五十六个民族服饰和精美剪纸）时，眼里满是自豪。傅家路村作为万人大村，本地村民不到两千人，多元的外来新村民成为参与村落建设与治理的主力军。农村文化礼堂由全体村民聚力共建、共治、共享，充分彰显了本村的乡土人情与精神面貌，也能唤醒每一个村民内心的归属感与荣誉感。农村的小康生活不仅体现在村内硬化路面和照明设置全覆盖、生活垃圾和污水集中处理、冲水式公共厕所建设等物质基础设置相对完善方面，而且体现为村民能在文化礼堂中享受非遗文化、文艺演出以及参加法治教育、体育活动等各种丰富的娱乐活动，实现其精神世界的富足。

访万户：“酸甜苦辣”彰显人生百态

人作为构成社会的最小因子既具有相对独立性，又在关系网中联结形成特定的集合，而以亲属关系连接而成的户则是微小、稳定却复杂的社会集合，它生动地演绎着人类社会的悲喜。尽管慈溪地区的村庄建设层面已基本达到小康水平，但是在共同富裕的道路上，党中央始终强调一个也不能少，脱贫攻坚的任务就是于细微处见真知。只有每户都能脱贫致富，每个村民都真切感受到幸福，这才是向社会主义远大理想靠近的小康社会。因此，我们的千村调研没有止步于村落，而是入户深访农民，因为人民群众满意度是衡量一切工作成效的根本标准。通过近二十户的走访，当地农户家中的生活陈设与城镇居民家中的并无二致，空调、冰箱、电视以及电脑等已成家庭必备电器，半数家庭拥有了至少一辆机动车。总体而言，当地农户的基本物质生活有了明显的提升，即使是少数的孤寡老人家庭或贫困家庭，在各级政府的帮扶下也能保障基本生活质量，这些打破固有认知的乡村生活巨变让我们感到欣喜。

然而，正如俗语所言的“家家有本难念的经”，每个被调研者的独特人生经历编织了不同的故事，我非常有幸能作为他们短暂的“阅读者”分享不同身份下的人生百态。虽然慈溪的新农村建设卓有成效，村镇企业能够为本地村民提供较为充足的就业机会，但是大多数人仍然选择前往城镇工作，居住在村内的多为长期从事传统农业的老农民。这些老农的文化程度较低，难以在城镇找到合适的高薪工作，只能选择留在村内从事种植业或者临时劳务，收入勉强能维系养家糊口的生计。子女的求学和结婚费用、老人的赡养和医疗支出以及购房的贷款按揭，任何一项对于普通农户家庭而言仍然是不小的压力。而对于农村家乡的态度，他们的情感是复杂的。农村日新月异的变化吸引越来越多漂泊在外的游子返乡生活，但是他们仍然希望自己的子女走出农村，前往更大的城镇生活和发展。我们行走在村庄里，纵使在假期里，也很少看到适龄儿童的身影，更多的是留守在家的空巢老人，农村养老问题也成为基层治理的核心难题。在多数村民眼中，静谧优美的农村是适合颐养天年的落叶归根之所，但并不是能容纳年轻人多样化生活和工作需求的沃土。

入户调查

读中国:“两山理论”指引振兴之路

在短暂的一周里,我们团队的足迹遍布了慈溪的多个村镇,不仅入村访户开展了实地调研,而且通过走访乡村企业、与村镇干部座谈等形式全方位地获悉慈溪乡村发展的创新做法与发展症结。经过调研,再次审视调研前的困惑,我想慈溪乡村的产业振兴不是从无到有初级阶段的问题,而是如何从弱到强高级阶段的问题,尤其是需要提升乡村产业层次以留住和吸引更多的年轻人。与城镇相比,乡村振兴的资本和优势又是什么呢?事实上,这个答案就潜藏在这片土地里,我们苦苦寻求的“金山银山”就是乡村得天独厚的绿水青山。位于南部山区的匡堰镇曾经是慈溪最落后的区域之一,连绵不绝的低矮丘陵是村民致富路上的拦路虎,但这也是匡堰镇最独特的财富。匡堰人将靠山吃山的智慧发挥到了极致,各村结合自身特点开展组团式发展,山脚的青瓷文化产业、半山的杨梅种植产业和高山的旅游休闲产业,以及特色旅游线路盘活了乡村的资源,也实现了区域性的农村产业转型升级和农民增收致富。

乡村产业振兴不是简单的经济命题,应当考虑保护乡村生态与环境的大前提,只有与乡村生态环境相协调的产业才能真正持久发展。乡村产业振兴有别于城镇的招商引资,脱贫致富并非是几个乡村企业就能轻易解决的问题,若是罔顾当地生态环境环境的承载能力,过度开发和引进低层次的乡村企业,从长期来看,这势必对乡村生态环境造成不可逆的损害后果。在民营经济发达的慈溪,农村家庭作坊或者小微乡村企业随处可见,尽管富裕了部分的创业者,但是未能带动全村农民实现可持续的共同富裕。慈溪农村产业升级凸显的问题是我国经济发达地区农村转型阵痛期的缩影,而我们通过调研也发现了农村基层治理的独特智慧。在象牙塔学习的我们,应多去一线看看,到人民最需要的地方感知我们的祖国。作为踏上中华民族伟大复兴奋斗征程的新青年,我们应当志存高远,无论是在乡村还是在城市,都可以大有作为。

在浙江台州体悟乡村振兴

陆倪萱[①]

鲁迅先生曾言，专读书也有弊病，所以必须与现实社会接触，使所读的书活起来。因此，当接触到千村调查这一项目时，我义无反顾地报名参与，想在实践中追随党的脚步，运用自己的学识，将调研报告写在祖国的大地上。千村行伊始，我既兴奋又担忧，兴奋于能看到祖国不一样的风貌，担忧的是调研只停留于问卷加报告的模式。但在随后的一周，我们参加了党史教育、劳动教育，学习了调研地独特的经济发展模式，深入农村与村民进行沟通交流，可谓是不虚此行。

入户调查

千村行，我深受触动。千村行首站，我们参观了一江山岛登陆战役纪念馆。一江山岛登陆战是人民解放军陆、海、空三军首次联合登陆作战，当时新中国刚刚经历抗美援朝战争，亟待恢复与发展。面对危机，我党展现出极高的前瞻意识，发动三军解放了浙东沿海全部岛屿，为祖国统一迈出了重要一步。参观过程中，我们深情缅怀了革命先烈不怕牺牲、不

① 陆倪萱，女，上海财经大学会计学院 2020 级会计学专业本科生。

怕困难、前赴后继、英勇奋战的革命精神；更深刻体会到，是历史和人民选择了中国共产党，只有中国共产党才能带领中国人民实现中华民族伟大复兴。作为当代大学生，我们要坚决拥护党的领导，听党话、感党恩、跟党走。

千村行，我深受教育。如果未参加千村调查，在漫长的暑假，我应该会躺在床上无聊地看剧，或者在各种考证培训班中沉沉浮浮。而炎炎夏日，走出空调房，戴上小草帽，手握一把小锄头，埋首田地间，是我从未想过去做的事情。劳动初始，我有些许不适应，要忍受汗滴从脸颊垂落，手臂举着农具而感到酸胀。但慢慢地，在掌握正确的劳动姿势后，脚踏土地，我反而感到一种真切的踏实。认识了作物初始的模样，我幻想不久后能品尝到丰收的喜悦。能在养育我们的土地上劳作，这是一种美妙而光荣的体验。回想我党的初心和使命，是为中国人民谋幸福、为中华民族谋复兴，根本宗旨是全心全意为人民服务。江山就是人民，人民就是江山。习近平总书记对“人民”二字的深刻见解，饱含着人民领袖对人民的真挚情怀。抗战时期 359 旅自力更生，艰苦创业，战胜了重重困难，把一个荒无人烟的南泥湾，变成了到处是庄稼、遍地是牛羊的“陕北的好江南”。我们老一辈中央领导以身作则，带头参加劳动，与战士们同甘共苦走出延安，解放全中国。但随着科技的发展，越来越多的人忘记了劳动的滋味，也逐渐远离了包含生气的土地，甚至忘却了我党通过艰苦奋斗为人民创造未来的这段历史。而这次的劳动教育蕴含学校让我们体验劳动艰辛、尊重劳动人民的良苦用心，也让我明白美好的未来需要靠自己的劳动、通过自己的双手来创造。

千村行，我深受启发。我们有幸前往人民银行台州支行学习小微企业信用信息共享平台。基于信用评估机制建立的金融服务信用信息共享系统让我看到了台州良好的金融生态环境。该平台“加”强了试点成效、“减”少了银企间信息不对称、“乘”倍提升了为小微企业服务的效能、“除”去了信贷风险的隐患，有效缓解了中小企业融资难。政府和金融机构通力合作，与小微企业互信互利，这种模式对其他地区具有深刻的借鉴意义。而具体到如何推广应用，更值得我们财经人反思与研究。在台州银行了解小微金融服务的具体运营后，我认识到了在运用所学时，也要具有社会责任意识。今后推动金融改革发展要做到利民惠民，真正将经济发展成果与民共享。另外，黄岩智能模具小镇让我见识了台州实体经济的活力和创造力。我先前认为模具生产是简单的、低成本的小事，却未想到其中也蕴涵了大数据等先进技术，是“智造”而不仅仅是“制造”，这其中饱含台州人民的智慧和对品质的追求。我们也应坚守实业，及时关注市场需求，在即便是最基础的产业上也要做出及时的更新与调整。同时我也感悟到，调研地台州是我们国家改革开放的一个缩影，正是因为台州的创新拼搏才带来民营企业的巨大发展。我们生在红旗下，长在春风里，站在“两个一百年”奋斗目标的历史交汇点，为能参与百年新征程而倍感自豪。“经济匡时，厚德载物”，一如我们校训所言，我们不仅要为己学习，更要为国学习，胸怀宽广格局，方能有所作为。

千村行，我深感自豪。在参加千村调查前，我对农村的印象还停留在以农业为基础、老年人居多、缺乏劳动力的画面中。然而在本次调查过程中，我看到了农村不一样的面貌：良好的乡风村貌、完善的社会保障体系、富有本村特色的产业模式，尤其是各村落，往往在村干部的提议和带领下，全村人民发展特色旅游业、农业，共同致富。如今的农村正散发着满满的活力，吸引着年轻人甚至外乡人，为推动实现共同富裕做出重要贡献。令我记忆最为深刻的是我在采访一位伯伯时，他所流露的神情并非是对养老的担忧，而是对退休生活满满的向往。此刻，我切实看到了人民对党和国家满满的信任和国家的富裕强大。习近平总书记强调，民族要复兴，乡村必振兴。十四五规划也提到应走中国特色社会主义乡村振兴道路，全面实施乡村振兴战略。如今乡村振兴成果初现，但这只是新阶段的起点。作为新时代的接班人，我们要学习基层老百姓在乡村振兴的首创精神和生动实践；践行为民宗旨，立足自身学习岗位，不断增强能力、学习更多本领，将来多为人民做“好事”，多帮人民解“难事”，真正成为“以人民为中心”的青春践行者，打造农村更美好的明天，努力创造出无愧于党、无愧于人民、无愧于时代的新业绩。

在祖国大地上走一走，心中满是感动与期许。作为新时代的新青年，吾辈当奋发图强，怀鸿鹄之志，练成事之能，将党和人民的殷切期望化为前进的动力，用实际行动回应党的召唤和嘱托。为天地立心，为生民立命，为往圣继绝学，为万世开太平！

第二篇　乡村振兴发展报告

以“产业发展型”为导向的农村人口老龄化问题解决方案

——上海市浦东新区坦东村调研报告

陈芊睿[①]　吕珏玉[②]　张　壮[③]

摘　要：本文实际考察上海市浦东新区坦东村，采用AHP层次分析法分析其各方面的资源特点，认为坦东村应以“产业发展型”作为发展方向。由此对坦东村进行规划：根据坦东村实际情况绘制平面设计图，并采用哈密顿回路模型，设计接驳车路线；采用SWOT分析法全面分析新场镇发展潜能，为新场镇整体制定了发展战略。最后以在村子里经营民宿的沈自清先生一家作为农户案例，分析坦东村当前的治理成效与不足之处。本文旨在探究农村老龄化问题的解决方案。

关键词：乡村发展　老龄化　AHP层次分析法　哈密顿回路　SWOT分析法

一、引　言

初到坦东村，对这个位于上海郊区的小村庄的第一印象就是“静”。相对市区，地广人稀的坦东村中一些没有住户的地方甚至显得有些荒凉。“年轻人都去城里了”是中国乡村地区普遍存在的一个痛点，坦东村也不例外。而要把年轻人留在家乡，首先就应当建设家乡，充分贯彻国家“乡村振兴”的战略，满足年轻人对生活质量的要求，总体可以归结为“发展”两个字。因此，我们决定找到适合坦东村乃至新场镇的发展模式，并提出村庄建设以及乡镇建设的参考思路。

在“乡村振兴”这一主题下，国内已有许多学者进行了研究，得出了涉及各方各面的研究成果。譬如以上海郊区为例，研究发现发达地区的农村由于城市在规划、土地、生态三方面的约束，限制了集体经济的发展，村庄需要寻找新的发展方式突破发展困境（姚梦肖，2021）；在政策激励影响下的农村产业组织模式，由于“互联网＋”的逐渐深入和全面铺开，提供技术支持的促进效果更为显著（蔡晓琳等，2021）；大力支持鼓励农民进行农业电商创业，符合乡村振兴发展大局的需要，而农业劳动力的年龄、受教育程度是影响农民电商创业

---

① 陈芊睿，女，上海财经大学金融学院2019级本科生。
② 吕珏玉，女，上海财经大学金融学院2019级本科生。
③ 张壮，男，上海财经大学金融学院2020级本科生。

的重要因素(叶咏梅等,2021);以上海市崇明区华西村等为例,得出的国内乡村文化振兴的经典模式之一"集聚提升型",其特点为强化主导产业支撑,支撑农业、工贸、休闲服务等专业化村庄发展,并总结出乡村振兴的经验——"规划先行、思路清晰、文化振兴、融合发展"(周莉,2021)。我们对于坦东村发展战略、建设思路的规划,也是在借鉴已有研究成果的基础上,选择合适的模型分析,确保结论的合理性、可行性。

在此次调研中,我们还走访了距坦东村不远的新南村,与村委会工作人员进行了交流。新南村名列上海市第三批乡村振兴示范村,其探索实践的"乡创新南模式"正焕发活力,也成功吸引了不少年轻人回到家乡。在坦东村的规划建设上,我们参考了新南村的建设思路,结合坦东村实际对基础设施进行了完善,也为下一步的发展进行布局,希望能够有效改善农村老龄化问题。

二、调研基本情况介绍

(一)坦东村基本信息介绍

坦东村是上海市浦东新区新场镇的一个行政村,2002 年由自然村坦东村和连南村合并而成,地势平坦,距 16 号线新场地铁站仅 4.8 千米,沪芦高速贯穿全村,交通便捷。全村面积 4.3 平方千米,以种植水稻为主,还有茼蒿、豌豆、大葱、樱桃等农产品,保留了较好的农田风光。

(二)问卷调研结果综述

本次调研集中在坦东村进行,通过对村委会主要成员的访谈,完成入村问卷,大致了解了村整体情况,并收集了村集体基本信息、乡村产业发展以及乡村振兴三个方面的信息;另外,我们实地考察了坦东村不同区域,根据农户住宅状况、位置等因素的不同,发放 12 份入户问卷,问卷完成度较高。此外,采用访谈形式记录了其余农户的数据,提高了样本的可靠性。

(三)新场镇—坦东村区域考察分析

1. 农业资源

(1)农业户数、人口和从业人员

坦东村总人口 4 702 人。其中:本村户数 1 380 户,本村人口 3 346 人,农保人口 1 959 人,镇保人口 760 人,城保人口 627 人;外来人口 1 356 人。其他人口 0 人。务农人口占本村人口 58.55%,受农业外包和规模化大生产影响,务农人数处于递减趋势;根据入户访谈结果,越来越多的家庭成为非农户口。

(2)农作物播种面积

坦东村总务农土地面积 6 520 亩。其中:耕地 3 260 亩,粮田 1 270 亩,常年菜田 1 115 亩,林地 525 亩,鱼塘 300 亩,畜禽场 50 亩。

(3)农业合作与规模化生产

据上海发布 2021 年"安全优质信得过果园"披露,浦东新区共计 24 家农业合作社,新场镇共有 2 家农业合作社,分别为上海御郊农业专业合作社和上海田歌农业专业合作社。

这两家农业合作社距离坦东村中心直线距离约为 10 千米，驾车耗时 20 分钟，公共交通耗时 70～80 分钟，且需一次以上的公交线路换乘，交通便捷程度一般。

2. 工业资源

(1)新场工业园区颇具规模

新场工业园区涉及产业广泛，主要包括机械、生物科技、塑料制品、电气。其中，重点公司有长顺电缆、三洋电梯、上海巴克斯酒业有限公司(锐澳鸡尾酒)、张江创新药产业基地。工业园区与坦东村中心直线距离仅 3 千米，且可通过 1132 路公交车直达，交通通勤便利。此外，新场工业园区人文关怀完善，职工服务站自 2018 年推出，专为职工提供以困难帮扶、权益维护、就业创业、文化体育、综合服务为一体的区域化、专业化、项目化、菜单化服务，其中的重点项目“爱心暑托班”能解决年轻家长看管孩子的难题，对于年轻员工而言无疑是一大亮点。

(2)上海高分子功能材料研究所为高科技产业赋能

上海高分子功能材料研究所原为上海化工厂有限公司下属的独立科研开发机构，承担公司内新品开发、试产及产业化工作，参与和开发的新产品多次获得上海市优秀新产品奖、科技进步奖。2000 年研究所改制为股份制企业，以全新的机制参与市场竞争。该研究所与坦东村中心直线距离仅 4 千米，且可通过 1132 路公交车直达，交通通勤便利，对高科技产业青年而言颇具吸引力。

3. 旅游业资源

(1)自然景点

东村周边自然景点主要为新场古镇，直线距离仅 5.3 千米。新场古镇内有文化陈列馆、江南第一楼等主要景点，另有名气颇大的“古镇十景”，早在 2015 年就被誉为“上海最有发展潜力的古镇”，在区委的发展规划中，明确提出“要围绕新场古镇的保护与开发，加快推进整个区域经济发展”，发展潜力巨大，对坦东村的辐射作用明显。

除古镇外，坦东村自身也保持了较好的农田生态和自然风光，在上海这个国际性大都市里，宁静的田园生活成为村子的明显优势，村子周边五千米以内已有民宿数十家，发展农家乐等旅游产业的潜力巨大。

(2)人工景点

迪士尼度假区距坦东村仅有 7.9 千米。2016 年迪士尼乐园开园后，立即成为上海的一大地标性建筑，对浦东的经济拉动十分明显，2016 年上海市旅游产业增加值 1 689.7 亿元，占 GDP 比重上升至 6.2%。临近迪士尼的坦东村周边，自 2016 年以后新增民宿十余家。除迪士尼外，还有上海野生动物园等景点，区位优势明显。

4. 经济条件

(1)数据对比(见表 1 和表 2)[①]

① 数据来源：上海市统计局官网。

表 1　　**收入和支出对比**

居民类型	年人均可支配收入(元)	年人均消费支出(元)
上海市农村常住居民	33 195	22 449
坦东村居民	34 390	28 756

表 2　　**耐用品数量对比**

每百户家庭耐用品数量	上海市农村常住居民	坦东村居民
家用汽车(辆)	32	111
助力车(辆)	130	100
洗衣机(台)	86	111
电冰箱(柜)(台)	104	122
彩色电视机(台)	170	233
空调(台)	156	300
热水器(台)	90	133
电脑(台)	40	67

(2)坦东村居民生活水平

数据对比显示,从年人均可支配收入、年人均消费支出以及每百户家庭耐用品数量三个指标来看,坦东村居民的平均水平优于上海市农村常住居民的平均水平。坦东村作为一个农业、工业基础都比较好的村子,居民收入有保障,生活水平在上海农村地区处于中上位置。

5. 城镇化程度

(1)交通便捷程度

坦东村位于轨道交通16号线沿线,距16号线新场站5千米,距6号线野生动物园站5.5千米;公交1132路专门有一站设为莲航路坦东村居委,是村民出行最常使用的交通方式。此外,得益于打车平台的快速发展,坦东村打车便利,经调研体验,平均响应时间小于1分钟。坦东村内村路全线联网,即使是非常不起眼的小路,也能通过高德地图、百度地图等常用导航软件精准定位。

(2)至镇中心距离

新场镇中心以上海新环广场为定位标志。坦东村距上海新环广场直线距离7千米,驾车约16分钟;也可通过浦东53路公交直达,用时40分钟。

(3)至市区中心距离

上海市中心以人民广场为定位标志。坦东村距人民广场直线距离35千米,驾车约55分钟;也可通过轨道交通16号线转2号线到达,用时90分钟。

(4)周边配套设施

坦东村周边配套设施齐全,包括基础设施、娱乐设施等。坦东村附近医疗设施包括坦东村中心卫生室、解放军第八五医院(新场临床部)、祝桥镇光明医院等;坦东村附近生活服务机构包括新场派出所、瓦屑邮政支局、新场奶站、利民水站、移动联通电信营业厅、中国邮政储蓄银行坦直营业所、中国农业银行坦直支行等。

6. 教育条件

(1)高中教育资源

坦东村周围10千米以内的高中仅有新场中学一所,该中学是浦东新区建设的区实验性示范性高中。新场中学在当地的升学率较高,有良好的师资、优良教风和学风,有一大批学生毕业后进入上海知名高校就读;但整体而言,对于浦东新区以及上海市,新场镇的教育资源较为匮乏。此外,坦东村周围距离相对较近的还有南汇中学、周浦中学、上师大附二外等各具特色的高中,通勤时间在1小时左右。其中南汇中学为市属实验性示范性高中,周浦中学为区属实验性示范性高中。

(2)升学压力

浦东新区整体的中学教育资源与其他几个距上海市中心城区较远的区的比较如表3所示。

表3 中学教育资源对比

行政区划	高级中学(所)	四校/八大①(所)	市重点(所)	区重点(所)	考生人数(个)	招生数(个)
嘉定区	8		2	2	4 522	2 875
浦东新区	28	2	11	15	21 212	14 101
金山区	7		2	3	4 500	2 305
松江区	6		2	2	5 554	3 435
青浦区	5		3	1	3 768	2 089
奉贤区	7		2	2	4 522	2 142
崇明区	5		1	3	2 380	1 424

数据显示,浦东新区整体教育资源最丰富,但是由于考生众多,竞争压力较大;对于教育资源不够充足的新场镇而言,升学压力更为严重,大多数有能力的父母为争取优质教育资源替子女选择镇外的学校就读。

三、调研分析

(一)方法介绍

1. AHP层次分析法概述

AHP层次分析法②旨在解决复杂的多目标决策问题。根据目标内容的不同,可将目标分解为多个方案;再通过若干准则,采用定性指标模糊量化方法算出层次权重和排序,选出最终方案。

---

① "四校"指代上海市综合排名前四位的高中;"八大"指代上海市除"四校"外综合排名前八位的高中。

② 该方法是美国运筹学家匹茨堡大学教授萨蒂于20世纪70年代初提出的一种层次权重决策分析方法,英文全称为Analytic Hierarchy Process。

2. 建模基本思路

依托中国农业部中国“美丽乡村”十大创建模式指导战略[①]，结合坦东村自身基本情况与实际调研结果，挑选出与坦东村关联度最高的五大发展方案，即产业发展型[②]、生态保护型[③]、城郊集约型[④]、休闲旅游型[⑤]、高效农业型[⑥]，根据六大评价准则，即农业资源、工业资源、旅游业资源、经济条件、城镇化程度、教育条件，通过AHP层次分析法建模并加以实证研究，得出最适合坦东村的发展方向，为缓解农村老龄化问题提出具有实际意义和运用价值的解决方案。

（二）层次分析法构建评价体系

1. 划分层次结构（见表4）

表4 层次结构划分

目标层 O	准则层 C	方案层 P
选择坦东村最佳发展方向	农业资源 $C1$	产业发展型 $P1$
	工业资源 $C2$	生态保护型 $P2$
	旅游业资源 $C3$	城郊集约型 $P3$
	经济条件 $C4$	休闲旅游型 $P4$
	城镇化程度 $C5$	高效农业型 $P5$
	教育条件 $C6$	

2. 建立判断矩阵（见表5）

表5 判断矩阵

标度 b_{ij}	定　义
1	因素 i 与因素 j 同样重要
3	因素 i 与因素 j 稍微重要
5	因素 i 与因素 j 明显重要
7	因素 i 与因素 j 重要得多
9	因素 i 与因素 j 极端重要
2,4,6,8 因素 i 与因素 j 介于上述两个标度之间	
标度值的倒数，因素 i 与因素 j 的反比较，$b_{ij}=b_{ji}$	

① 2014年2月24日，在第二届中国美丽乡村·万峰林峰会——美丽乡村建设国际研讨会上，中国农业部科技教育司发布中国“美丽乡村”十大创建模式。

② 产业发展型：主要在东部沿海等经济相对发达地区，其特点是产业优势和特色明显，农民专业合作社、龙头企业发展基础好，产业化水平高。

③ 生态保护型：主要在生态优美、环境污染少的地区，其特点是生态环境优势明显，适宜发展生态旅游。

④ 城郊集约型：主要在大中城市郊区，其特点是经济条件较好，是大中城市重要的“菜篮子”基地。

⑤ 休闲旅游型：主要在适宜发展乡村旅游的地区，其特点是设施完善齐备、交通便捷、距离城市较近。

⑥ 高效农业型：主要在我国的农业主产区，其特点是农业基础设施相对完善，农产品商品化率和农业机械化水平高，人均耕地资源丰富。

(1)坦东村自身情况

结合第一部分“调研基本情况介绍”，对坦东村六大评价准则进行打分，见表6。

表6　坦东村的基本情况得分

项目	农业资源	工业资源	旅游资源	经济条件	城镇化程度	教育条件
*C*1	1	1/9	1	1/7	1/5	1/3
*C*2	9	1	9	3	5	7
*C*3	1	1/9	1	1/7	1/5	1/3
*C*4	7	1/3	7	1	3	5
*C*5	5	1/5	5	1/3	1	3
*C*6	3	1/7	3	1/5	1/3	1

(2)根据方案层打分(见表7至表12)

表7　农业资源的打分结果

*C*1	*P*1	*P*2	*P*3	*P*4	*P*5
*P*1	1	1/3	1/5	3	1/7
*P*2	3	1	1/3	5	1/5
*P*3	5	3	1	7	1/3
*P*4	1/3	1/5	1/7	1	1/9
*P*5	7	5	3	9	1

根据打分结果，就农业资源而言：高效农业型＞城郊集约型＞生态保护型＞产业发展型＞休闲旅游型。

表8　工业资源的打分结果

*C*2	*P*1	*P*2	*P*3	*P*4	*P*5
*P*1	1	9	5	3	3
*P*2	1/9	1	1/5	1/3	1/3
*P*3	1/5	5	1	3	3
*P*4	1/3	3	1/3	1	1
*P*5	1/3	3	1/3	1	1

根据打分结果，就工业资源而言：产业发展型＞城郊集约型＞高效农业型＝休闲旅游型＞生态保护型。

表9　旅游业资源的打分结果

$C3$	$P1$	$P2$	$P3$	$P4$	$P5$
$P1$	1	3	5	1/3	7
$P2$	1/3	1	3	1/5	5
$P3$	1/5	1/3	1	1/7	3
$P4$	3	5	7	1	9
$P5$	1/7	1/5	1/3	1/9	1

根据打分结果，就旅游业资源而言：休闲旅游型＞产业发展型＞生态保护型＞城郊集约型＞高效农业型。

表10　经济条件的打分结果

$C4$	$P1$	$P2$	$P3$	$P4$	$P5$
$P1$	1	9	4	7	7
$P2$	1/9	1	1/7	1/4	1/4
$P3$	1/4	7	1	4	4
$P4$	1/7	4	1/4	1	1
$P5$	1/7	4	1/4	1	1

根据打分结果，就经济条件而言：产业发展型＞城郊集约型＞休闲旅游型＝高效农业型＞生态保护型。

表11　城镇化程度的打分结果

$C5$	$P1$	$P2$	$P3$	$P4$	$P5$
$P1$	1	7	1/3	3	5
$P2$	1/7	1	1/9	1/5	1/3
$P3$	3	9	1	5	7
$P4$	1/3	5	1/5	1	3
$P5$	1/5	3	1/7	1/3	1

根据打分结果，就城镇化程度而言：城郊集约型＞产业发展型＞休闲旅游型＞高效农业型＞生态保护型。

表12　教育条件的打分结果

$C6$	$P1$	$P2$	$P3$	$P4$	$P5$
$P1$	1	9	5	9	5

续表

C6	P1	P2	P3	P4	P5
P2	1/9	1	1/5	1	1/5
P3	1/5	5	1	5	1
P4	1/9	1	1/5	1	9/5
P5	1/5	5	1	5	1

根据打分结果，就教育条件而言：产业发展型＞高效农业型＝城郊集约型＞休闲旅游型＝生态保护型。

3. 一致性检验

(1)计算一致性指标 CI

$$CI=\frac{\lambda_{MAX}-n}{n-1}$$

式中，λMAX 为矩阵的最大特征值，n 为矩阵阶数。

(2)查找对应的平均随机一致性指标 RI（见表 13）

表 13　　平均随机一致性指标

n	1	2	3	4	5	6	7	8
RI	0	0	0.52	0.89	1.12	1.26	1.36	1.41

(3)计算一致性比例 CR（见表 14）

表 14　　一致性比例的计算

项目	坦东村	C1	C2	C3	C4	C5	C6
CI	0.055 5	0.082 8	0.073 6	0.059 4	0.068 2	0.059 4	0.042 6
CR	0.044 1	0.073 9	0.065 7	0.053 0	0.060 9	0.053 0	0.038

根据计算结果，7 个判断矩阵的一致性比例 CR 均小于 0.1，满足一致性检验要求。

4. 权重计算与方案层排序

(1)算数平均法（见表 15）

表 15　　算数平均法计算结果

项目	权重指标	P1	P2	P3	P4	P5
C1	0.034 3	0.066 4	0.130 3	0.275 4	0.034 4	0.493 5
C2	0.462 5	0.476 5	0.042 6	0.241 0	0.120 0	0.120 0
C3	0.034 3	0.260 2	0.134 4	0.067 8	0.502 8	0.034 8
C4	0.255 0	0.546 5	0.034 1	0.242 6	0.088 4	0.088 4

续表

项目	权重指标	$P1$	$P2$	$P3$	$P4$	$P5$
$C5$	0.140 3	0.260 2	0.034 8	0.502 8	0.134 4	0.067 8
$C6$	0.073 6	0.565 0	0.043 6	0.173 9	0.043 6	0.173 9
结果		0.449 0	0.045 6	0.268 4	0.118 5	0.118 5

（2）几何平均法（见表 16）

表 16　几何平均法计算结果

项目	权重指标	$P1$	$P2$	$P3$	$P4$	$P5$
$C1$	0.033 2	0.062 5	0.127 2	0.277 1	0.032 3	0.500 8
$C2$	0.469 2	0.490 0	0.044 4	0.228 9	0.118 4	0.118 4
$C3$	0.033 2	0.263 8	0.129 6	0.063 6	0.510 0	0.032 9
$C4$	0.259 8	0.556 6	0.031 3	0.243 0	0.084 6	0.084 6
$C5$	0.135 8	0.263 8	0.032 9	0.510 0	0.129 6	0.063 6
$C6$	0.069 0	0.571 6	0.042 2	0.172 0	0.042 2	0.172 0
结果		0.460 6	0.044 9	0.263 0	0.116 0	0.115 8

（3）特征值法（见表 17）

表 17　权重计算结果

项目	权重指标	$P1$	$P2$	$P3$	$P4$	$P5$
$C1$	0.032 5	0.061 6	0.124 9	0.277 4	0.032 6	0.503 5
$C2$	0.475 0	0.507 5	0.041 1	0.227 7	0.111 8	0.111 8
$C3$	0.032 5	0.261 5	0.129 0	0.063 4	0.512 8	0.033 3
$C4$	0.257 3	0.562 8	0.032 3	0.240 1	0.082 4	0.082 4
$C5$	0.134 6	0.261 5	0.033 3	0.512 8	0.129 0	0.063 4
$C6$	0.068 1	0.581 5	0.041 5	0.167 7	0.041 5	0.167 7
结果		0.471 2	0.043 4	0.261 5	0.112 2	0.111 7

根据上述权重计算结果，通过三种方法，即算术平均法、几何平均法、特征值法进行检验，可以得出一般性排序结果：产业发展型＞城郊集约型＞休闲旅游型＞高效农业型＞生态保护型，且该排序结果符合前文“二、调研基本情况介绍”的定性描述。以特征值法为例，六大评价准则对于坦东村发展方向选择的影响权重（见图 1）分别为：农业资源（3.25％）、工业资源（47.50％）、旅游业资源（3.25％）、经济条件（25.73％）、城镇化程度（13.46％）、教育条件（6.81％）。

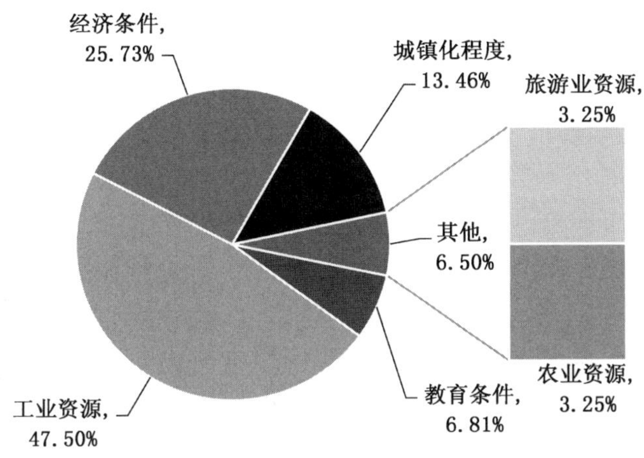

图 1　六大评价准则对坦东村发展方向的影响权重

5. 结果分析

结合农业部“美丽乡村”发展方向的指导思想,根据坦东村实际情况,最终确立以“产业发展型”作为坦东村的发展方向。分析过程中,上述判断矩阵的一致性比例 *CR* 均小于 0.1,满足一致性条件,可用于对权重的定量描述。从准则层对目标层的特征向量来看,工业资源影响程度最大,经济条件次之,农业资源和旅游业资源影响程度最小,这也与“产业发展型”方向的理论需要和坦东村自身比较优势相符。从方案层对目标层的权重来看,“产业发展型”权重接近 50%,经三种权重计算法校验,均位列第一,可以认为“产业发展型”是最适合坦东村的发展方向。

中共中央《十四五规划建议》①重点强调新时代下乡村振兴发展,要求全面实施乡村振兴战略,强化以工补农、以城带乡,加快农业农村现代化。结合坦东村发展现状,提出优先发展产业、加强工业园区辐射、带动农村经济发展、缓解老龄化问题的社会主义新农村发展道路,依靠农村探索当中自发形成的模式和经验,实现以产业兴旺为核心的突破性建设目标。

四、思考与建议

(一)坦东村内部建设

1. 加强基础设施建设,拉动第二产业发展

(1)坦东村基础设施现状概述

坦东村内部房屋分散,耕地面积占比较大,道路复杂,多为乡间小路,较为狭窄,地势崎岖;而沪芦高速公路与下盐公路贯穿坦东村,进一步加大了村民出行难度。村口建有公交站,可以直通新场镇中心,村民出行除了使用私家车和电动车之外,主要依靠公交车,但公

---

① 上海市人民政府,https://www.shanghai.gov.cn/nw12344/20210720/046782b10d2145c0b201c41aca762196.html。

交线路与班次都较少，难以满足村民基本需求。村内设有老年活动室，但使用率不高，人流量少。一是由于娱乐设施较少，不能充分满足老年人锻炼及消遣需要；二是距离部分村民家较远，对于老年人而言出行不易。另外，面向年轻人的基础设施较为缺乏，如健身广场、交流社区等；经现场调查，坦东村休闲场所人迹罕至，且年久失修。

（2）内部区域规划概述

针对老龄化现状，要想推动村子产业发展以吸引年轻人留乡，首先应当改善基础设施。第一步，规划村内道路建设。先设立主干道，连通不同区域的居民，重点建设使用率高的主干道，保证基本交通通畅；再建设乡村小道，改善目前“行路难”的现状，便于各农户出行。第二步，选择合适的位置建设健身娱乐广场、文化广场以及青年返乡创业基地，展现出美丽、宜居的家乡风貌，满足年轻人的日常生活需要。第三步，村内设置接驳车，连通各个重要点位，既方便村民出行，又增加村民交流的机会，增进邻里感情，营造和谐融洽的村风。

（3）坦东村建设规划平面图

依据卫星地图并结合实地观察获取的信息，绘制出坦东村平面示意图，基于当前示意图按上述思路进行规划建设，新增了青年返乡基地、文化广场、健身娱乐广场、果园观光体验区、生态示范田以及民宿区，见图 2。

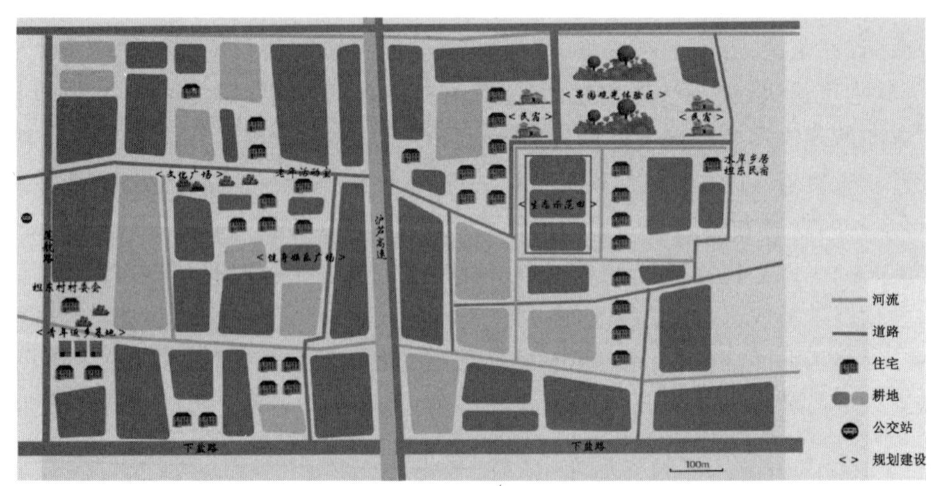

图 2　坦东村内部规划示意图

2. 以第二产业为本，多产业协同发展

（1）多产业协同发展的优势

坦东村发展第二产业的区位优势明显。距其不到 5 千米的新场工业园区对坦东村的辐射作用使其具备了良好的工业基础；同时坦东村本身耕地众多，还有果园种植水蜜桃等水果，有建立生态试验田、观光果园等观光性产业的条件。原始的田园生活是乡村旅游中最具吸引力的因素，坦东村的生态环境保护较好，自然风光优越，生活节奏慢，适合发展乡村旅游产业，又能与周边的新场古镇形成联动。这些因素共同决定了坦东村适合走多产业协同发展的道路。

(2)多产业协同发展所面临的困境

一是人力资源不足。老龄化始终是坦东村发展面临的最大问题，不管是要发挥当地良好的工业基础，还是要立足优越的农村风貌发展旅游业，都需要大量的年轻劳动力，而坦东村目前的劳动力状况不足以支持产业态势的良好发展。

二是缺乏特色文化。坦东村具备优越的乡村环境和靠近新场古镇的区位优势，这是发展乡村旅游的基础，但其缺陷在于没有形成特色的文化要素，在与其他村庄的竞争中不能形成独特的吸引力，因此在发展中要注意打造特色文化。

三是观光季节性明显。发展农村旅游业，果园、农田观光都具有季节性，乡村风光与农作物的生长周期息息相关。如何保证不同季节乡村旅游的平稳态势，保证旺季与淡季的相对平衡，是坦东村发展面临的难题。

(3)多方着力促进产业协同发展

一是全方位鼓励年轻人返乡。着力于基础设施建设，满足年轻人健身、娱乐等需要；设立青年返乡基地，供年轻人交流对家乡建设的建议等，并对有志返乡创业的青年进行政策扶持；打响“美丽家乡，你我共同建设”的口号，激发年轻人的归乡热情。

二是打造特色乡村文化。乡村旅游产业的痛点问题在于同质化，解决的重点在于发掘本村特色、建立自身竞争优势，从而形成特色文化并融入产业发展，推动乡村旅游以良好的态势向前发展。

三是互联网推动乡村振兴。借助互联网平台对本村的特色旅游进行宣传，开通自媒体账号，成立宣传团队进行运营管理；鼓励游客上传照片、视频等至社交平台。

3. 坦东村内部路线规划

(1)设立接驳车的优势

设立接驳车连通村内重要点位是坦东村规划中的重要一环。其优点如下：

一是方便村民出行。老年人腿脚不便，接驳车的存在能给他们的出行带来便利，增加他们前往活动中心的可能性；对于年轻人来讲，上下班都能通过接驳车到达村口公交站，也方便了在村内的出行。

二是推动旅游业发展。观光接驳车连通坦东村几个观光体验景点及民宿区，为游客在村内的游玩提供便捷；同时连接通往新场古镇的公交站，促进坦东村与古镇旅游业联动发展。

(2)坦东村内部路线具象化

根据内部区域规划图，重点标识可供大型车辆通过的主路，并做以下初步准备：

一是选出 11 个村民日常生活需要频繁光顾的节点，包括村委会、村内工作点、村内休闲点、主要住房区。

二是以 3∶200 的比例缩小比例尺距离(100 米)[①]，以单位距离为尺度，测量每一节点之间的距离。

(3)通过哈密顿回路[②]模型构建便民接驳车路线

① 该比例缩小方式是为了更好地进行距离测量。

② 哈密顿图是一个无向图，由天文学家哈密顿提出，由指定的起点前往指定的终点，途中经过所有其他节点且只经过一次。

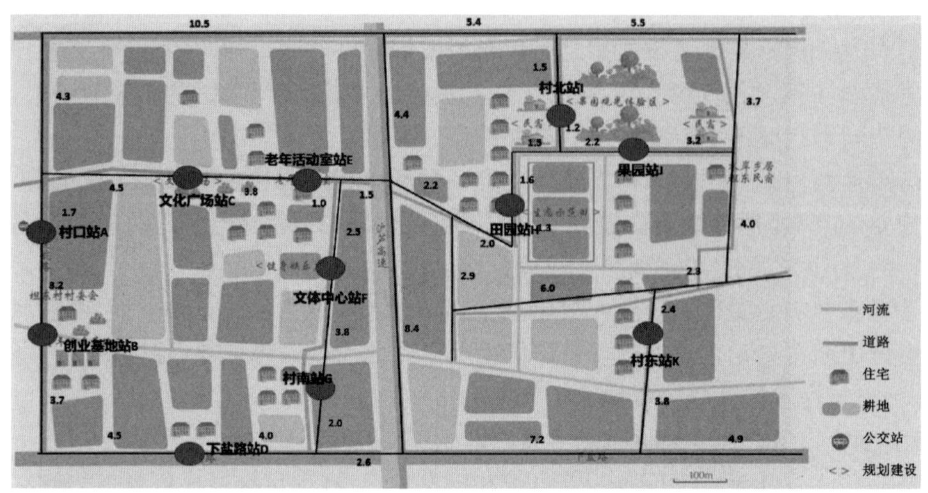

图 3　便民接驳车路线主要节点

基于对行车便捷程度以及最大化覆盖村民日常生活需要的考虑，引入哈密顿回路模型，该模型需满足以下几个要求：

第一，需要形成一个回路。坦东村作为一个聚集程度较高、有明显边界线的村落，适合构造一条环形接驳车路线，该模型的设计与实际需求相符。

第二同，必须经过每一节点，且仅能经过一次。从规划图中选取的 11 个节点将被设计为接驳车停靠站点，出于效率最大化和最大限度满足居民生活需要的考虑，这 11 个停靠站点都需要被经过且最好只经过一次，该模型的设计与实际需求相符。

第三，连接每一节点构成的路径之和最短。出于效率最大化的考虑，接驳车路线行程距离越短越好，行车总时长越短越好，该模型的设计与实际需求相符。

综上所述，抽象出下图（见图 4）及相应矩阵（见表 18）。

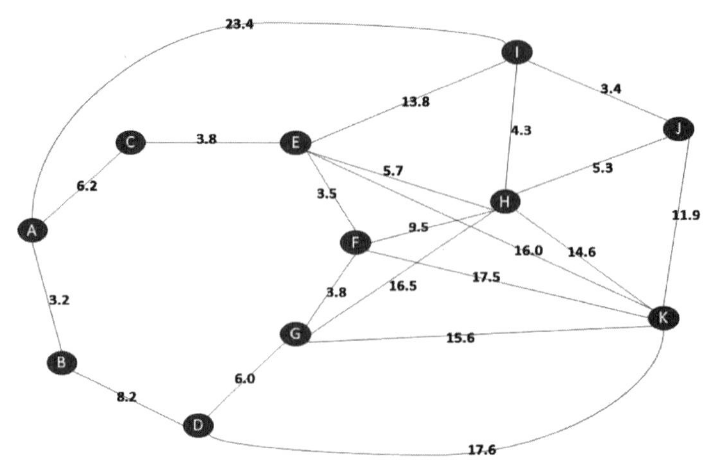

图 4　便民接驳车路线抽象化回路

表 18 相应矩阵

	A	B	C	D	E	F	G	H	I	J	K
A	0	3.2	6.2	∞	∞	∞	∞	∞	23.4	∞	∞
B	3.2	0	∞	8.2	∞	∞	∞	∞	∞	∞	∞
C	6.2	∞	0	∞	3.8	∞	∞	∞	∞	∞	∞
D	∞	8.2	∞	0	∞	6.0	∞	∞	∞	∞	17.6
E	∞	∞	3.8	∞	0	3.5	∞	5.7	13.8	∞	16.0
F	∞	∞	∞	∞	3.5	0	3.8	9.5	∞	∞	17.5
G	∞	∞	∞	6.0	∞	3.8	0	16.5	∞	∞	15.6
H	∞	∞	∞	∞	5.7	9.5	16.5	0	∞	∞	∞
I	23.4	∞	∞	∞	13.8	∞	∞	4.3	0	3.4	∞
J	∞	∞	∞	∞	∞	∞	∞	5.3	3.4	0	11.9
K	∞	∞	∞	∞	16.0	17.5	15.6	14.6	∞	11.9	0

注：

(1)矩阵中的数字代表两节点之间的直接单位距离，如1行2列“3.2”代表节点A到达节点B的直接单位距离为3.2。

(2)∞代表两节点之间不能直接到达，如1行4列“∞”代表节点A无法直接到达节点B。

(3)0代表两节点之间的直线单位距离为0，适用于矩阵对角线。由于图中没有环，因此认为某一节点不能直接到达其本身。

(4)由于路线设计为环形，因此该图为无向图，该矩阵为对称矩阵，如1行2列与2行1列数字均为“3.2”，代表节点A到达节点B的直接单位距离为3.2，且节点B到达节点A的直接单位距离为3.2。

(4)通过DFS算法①得出便民接驳车路线最短路径

DFS，即深度优先算法，是指通过递归搜索图或树的所有节点。图5为深度优先算法在本例中的应用。

由此获得最短路径，依次经过：A→C→E→H→I→J→K→F→G→D→B→A，形成一个闭环，总路径之和为72.7千米。

由此获得便民接驳车路线，依次经过的站点为：村口站→文化广场站→老年活动室站→田园站→村北站→果园站→村东站→文体中心站→村南站→下盐路站→创业基地站→村口站，形成一个环形路线，总行程距离折合为4.85千米(见图6)。

① 深度优先搜索属于图算法的一种，英文全称为Depth First Search。简要来说，其过程是对每一个可能的分支路径深入到不能再深入为止，而且每个节点只能访问一次。

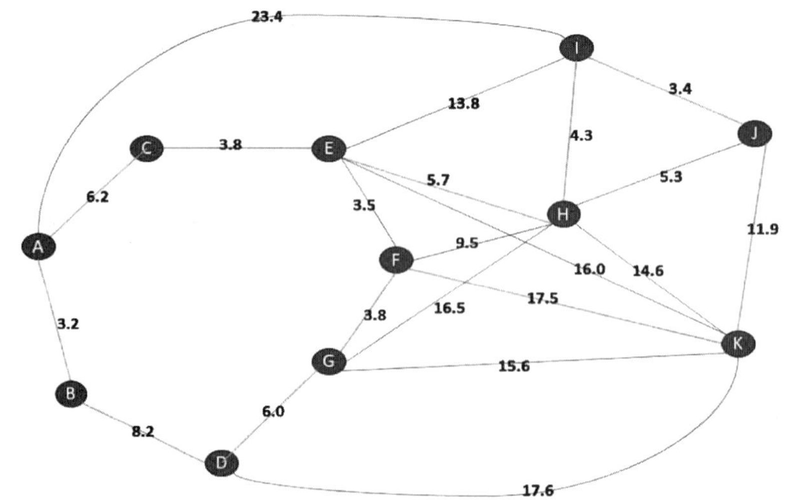

图 5 便民接驳车路线最短路径

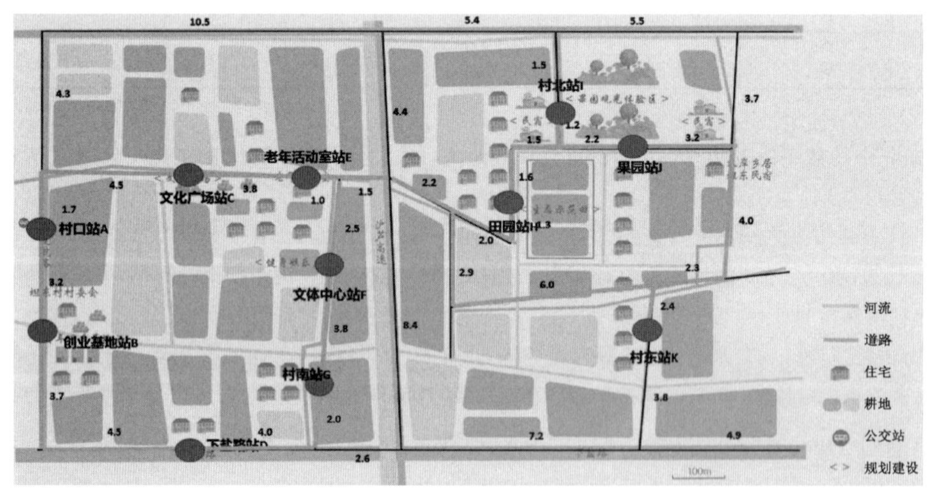

图 6 便民最短路径实际路线

(5)观光接驳车路线规划

基于内部路线规划图，主要观光点包括返乡青年基地、文化广场、生态示范田、果园观光体验区、民宿等，都在一条主干道周围，故观光接驳车路线设计较为简单，可以返乡青年基地站为初始站、民宿为终点站，设置 7 个站点，依次经过创业基地站→村口站→文化广场站→田园站→民俗西站→果园站→民俗东站，总行程距离折合为 1.98 千米(见图 7)。

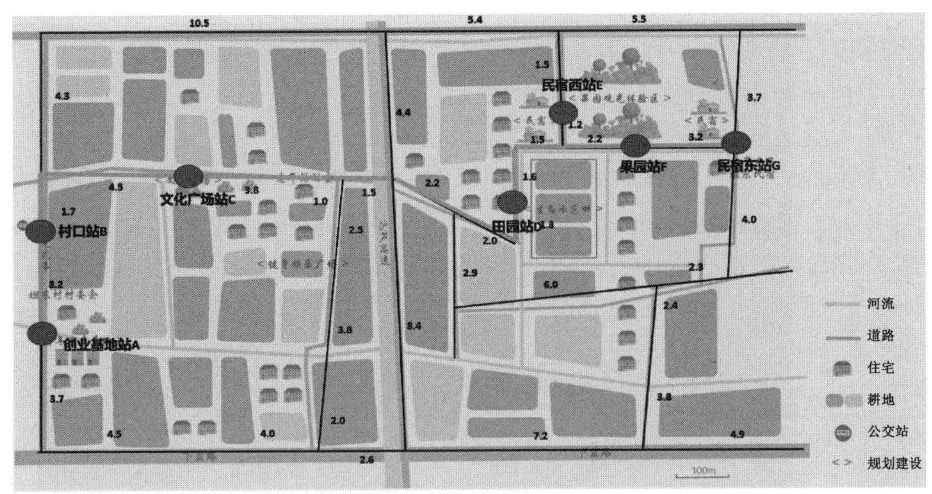

图 7　观光接驳车路线

(二)区域联动—新场镇建设

1. SWOT 分析法[①]下的新场镇整体发展方向

我们随机抽查了新场镇的农户并对其进行访谈,通过村庄和农户之间的对比,对新场镇的总体要素分析如表 19 所示。

表 19　SWOT 分析法下的新场镇发展策略[②]

优　势	劣　势	机　遇	威　胁
• 优越的自然条件 • 相对便捷的交通 • 发达的工业园区 • 正在兴起的旅游产业(如示范村建设、古镇建设等) • 村落构成的集聚效应 • 乡村振兴的政策支持	• 古镇文创缺乏创新性 • 地域宽广、公交班次少 • 乡村建设与年轻人需求不匹配 • 缺乏知名度 • 人力资源不充足 • 现代化建设有待提高(如基础设施等)	• 少数年轻人创业吸引游客拉动经济 • 示范性乡村进行“古镇—乡村体验”一体化旅游联动 • 电商平台的兴起为年轻人创业提供空间	• 供需不匹配导致资源浪费 • 乡村相比城市就业机会少 • 村与村之间恶性竞争 • 外部竞争者威胁

新场镇的平原地形和充足光照非常适合水果种植,目前小部分村落利用“种植—加工—销售”一体化模式吸引游客采摘与参观,并联合新场古镇这一 4A 级景区形成一条观光旅游线路,增加其旅游产业元素的多样性;在新场镇西北部的工业园区集聚了电子、制造、建材等细分产业,为新场镇基础设施建设提供了良好条件,同时为周围居民提供了部分就业机会;早在 2016 年颁布的《关于支持返乡下乡人员创业创新促进农村一、二、三产业融合发展的意见》[③]鼓励创业与年轻人返乡,通过简化市场准入推动各产业发展;2020 年 1

① SWOT 分析法是在内外部竞争环境下,列举其优势(Strength)、劣势(Weakness)、机遇(Opportunity)和威胁(Threat)而形成分析矩阵,进而通过不同要素的联结分析未来发展策略的一种科学手段。

② 根据对农户和村委的访谈进行总结归纳。

③ 中华人民共和国中央人民政府,http://www.gov.cn/xinwen/2016-11/29/content_5139802.html。

月，相关部门进一步加大政策力度，发布《关于进一步推动返乡入乡创业工作的意见》[①]，通过增加创业补贴与降低税收吸引青年返乡。

然而，当前新场镇所面临的问题包括古镇主题的单一性、交通单一、知名度缺乏等，从而难以完善"旅游＋乡村体验"一体化的产业发展模式；即使有政策的支持，乡村的生活节奏和生活方式也难以满足当今年轻人的需求，其中包括娱乐设施的匮乏、基础设施不完善等，从而导致人力资源的缺失，进而加深老龄化对整个乡镇的影响。

当然，新场镇的发展也面临着新的机遇。部分创客[②]通过线上线下结合的宣传模式，利用电商平台与互联网 App，比如抖音、微博、快手、微店等，售卖或展览经过加工处理并重新设计后的融入当地特色的文创产品，这一新兴发展思路能广泛应用于乡镇整体发展的其他方面。不仅如此，在实现统一发展规划的同时，还应考虑对发展产生负面效应的潜在威胁，比如不在管制内的恶性竞争，以及与市中心横向对比而产生的显著落差，包括对就业机会和未来发展等的考量。

2. 立足第二产业，实现区域联动

(1)SO－L 战略(杠杆效应)

新场镇应当利用其优越的地理位置与气候条件，以其现有的果园建设与农产品种植为基础，结合周边文创产品与创业产物的推广打响乡镇知名度，准确把握当前存在的少部分创业与示范村旅游联动领导力的新机遇，积极发展区域性杠杆效应，撬动当地经济发展以改善民生。

一是应充分结合新场古镇和乡村农家乐与采摘水果等新奇体验，推出"美丽乡村行，古镇赏名胜"的旅游指南，根据"1＋n"[③]的旅游模式，为游客打造最宜人的居住环境与最舒适的居住条件，提高游客对乡镇民俗的文化意识，通过拉近人与自然、人与人文的关系，综合提高游客满意度。二是利用当地发达的工业条件集聚高科技人才，通过电子商务、信息科技、互联网等技术发展为古镇创业之名奠定基础，比如当地的土布文化[④]，能够通过再设计、再制造，改进土布产物的材料、样式、工艺，在大数据支撑下根据消费者需求和偏好对品牌进行推广，通过第二产业的振兴拉动细分产业发展以及新兴产业转型。

(2)WO－C 战略(劣势抑制)

新场镇整体劣势可分为对内与对外两部分。对于旅游受众而言，交通与旅游元素同质化问题显著；而对于当地居民而言，如何完善基础设施以匹配大众需求应当被广泛关注。两种不同对象的劣势对立统一，通过攻克旅游业发展的部分障碍能抑制内部不足，而内部建设的改善与相关问题的解决能进一步促进旅游业的发展。

一方面，新场镇规划应注重消费者体验，准确把握"古镇－乡村体验"一体化联动旅游攻略大方向优化当地交通便捷程度，针对旅游业的发展程度动态设计旅游线路专线，考虑

---

① 中华人民共和国人力资源和社会保障部，http://www.mohrss.gov.cn/SYrlzyhshbzb/dongtaixinwen/buneiyaowen/202001/t20200108_353035.html。

② 其中之一指的是新场土布，通过"文创新场"公众号进行线上宣传，其中一家工作室位于上海市浦东新区新场镇新南村内。

③ "1"即一个古镇，"n"即多个村庄。

④ 土布染织技艺是流行于上海郊区及相邻江浙地区的全棉手工纺织工艺。

消费者舒适度、年龄范围等因素以细分群体需求。就细分群体而言，中老年群体偏好农家乐等休闲旅游形式，而青年人偏好新奇、刺激、有趣等旅行模式，因此新场古镇建设应就其不同需求精准匹配相应设施、文创产品与文化表现形式，从而扬长避短，甚至将劣势转变为优势。

另一方面，针对当地居民，由于老龄化趋势蔓延导致古镇缺乏创新性，只有当旅游业兴起并拉动地方经济时，多产业共同发展、呈百花齐放之势才会吸引外出务工青年人的目光，一定程度的民生改善与配套设施的建设以及就业岗位的增加与对创新性人才或综合性人才的需求也会促进新场镇城市化改造，缩短城乡之间的差距，进而解决人力资源匮乏的问题。

(3)ST－V 战略(威胁弱化)

新场镇的一大优势在于村落的集聚效应，大面积的种植区与工业园区的明确分工对于整体发展具有战略性意义。然而，不容忽视的问题在于未来旅游业兴起后村庄之间可能存在非良性竞争：目前南北村庄之间的收入、现代化程度、管理协调性存在巨大差异，未来可能导致一家独大的垄断局面或者互相抬价导致的旅行成本急剧上升，这无疑与统一发展、共同建设的理念相背离。

面对竞争带来的负面效应应进行及时审查与管理，由上至下进行垄断干预，在鼓励良性竞争、互相借鉴的基础上对不同区域的资源与游客需求进行及时监控与匹配，一方面能降低运营成本和减少资源浪费，另一方面能加深旅游业集聚效应，建立完善管理下的游客社区。

新场镇的果园种植种类繁多，南汇水蜜桃①的招牌更是有极大的知名度，因此，在这一方面能弱化外部竞争者(如同类型古镇与乡村)或周边大型娱乐场地(如迪士尼等游乐场)的竞争力。此外，新场镇能依靠独特的地理位置与周边竞争者形成联动，将威胁弱化甚至转为发展新思路，以提供优质住宿环境与优惠价格为依托，分散迪士尼等其他景点的人流，进一步扩大新场镇的知名度。

(4)WT－P 战略(问题解决)

新场镇在发展第二产业的同时应将其作为首要经济命脉实行产业联动并促进产业升级，从而提高旅游业专业化与标准化程度的高质量优质服务，在基建方面注重古镇建设，其中包括店铺整改、巷道整修、食品安全检测等；在创业方面注重信息化商务发展，利用现有资源发挥其最大作用，进而拉动各行各业的发展。

就基建而言，一方面应注重乡村建设，目前乡村道路的平整度与舒适度还有待提高，部分路口缺少指示牌，区域规划不明确。乡村建设以优化居住环境与出行便捷度为目的，根据不同村庄各自的特点进行个性化定制，以新场镇整体文化为指导核心，坚持各自的特色化发展道路。另一方面应注重景区建设，目前古镇内部商铺大多为周边村民经营，商品通过批发进行集聚和分销，区域划分不明确，商品混杂而缺乏特色，且经营者大多为中老年群体，销售手段与经营模式单一；建筑群需要大面积整修，应加入特色文化元素，专门为年轻

① 2019 年 11 月 15 日，南汇水蜜桃入选中国农业品牌目录。

人打造融合古朴与新奇的网红打卡景点，同时增加古镇的教育元素，通过对历史遗迹等展览传播当地文化，从而对不同的受众都有吸睛之处。

基建不仅应当为旅游业的兴起服务，更应注重当地居民生活的改善从而真正解决老龄化问题严重的社会痛点。当地经济的发展进一步推动教育设施、医疗设施、娱乐设施等的发展。目前，新场镇建有幼儿园、小学、初高中等学校，但教育资源有限，学校数量少且最高等级为区重点，相比市区的教育资源有明显不足。只有促进新场镇多方面综合性建设，才能真正增加青年返乡人数，重视居民需求，从根本上解决城乡差距大、老龄化难以改善等问题。

五、农户家庭案例

（一）家庭基本情况

1. 住户信息

我们调查的沈自清先生一家居住于上海市新场镇坦东村，常住人口3人，总人口7人，沈先生在村内经营一家名为“水岸乡居”的民宿，同时照顾父母的衣食起居；父亲88岁，母亲86岁，都属于高龄老人；沈先生55岁，妻子张太太54岁，育有一女；女儿已成年，常年与丈夫居住于市区，从事教育行业工作；孙子5岁，工作日居住于市区，假期偶尔于坦东村小住。

2. 收入情况

沈先生一家年收入约35万元。沈先生经营的民宿为坦东村内唯一一家民宿，年净收入约为8万元，在小镇的店铺经营净收入为5万元；其女儿家庭总收入在20万元左右，在坦东村内较为可观。相比在小镇经商以及经营店铺，市区教育行业的收入更高，且工作稳定。经沈先生介绍，民宿共8间房，经营状况视旅游淡旺季而定，工作日鲜有人至，节假日游客较多而周末偶有空房，店铺经营模式采用“批发＋销售”模式，差价收入并不高。

经参观，民宿整体装修良好，系自住房加门锁改造，具有正规营业执照。具有桌游等简易室内娱乐项目；房屋内部设施与城市住房差距不大，能保证方便舒适的生活起居。民宿距离村门口1.9千米，距离新场古镇7.2千米，可通过“浦东35路”公交到达，约一个小时车程。沈先生表示，从地铁站到民宿这段路程没有便捷的公交，且进入村内没有明显的指示牌，考虑到这一点，民宿往往提供专车接送服务。

3. 土地使用情况

沈先生家宅基地面积90平方米，从事农业生产用地3亩，现将原先承包的土地外包。经介绍，大部分农户对土地做外包处理，一方面考虑到年龄及身体原因，另一方面便于村庄建设统一管理；部分农户自留了部分土地，大部分生产物用于销售，小部分自留。

（二）坦东村治理成效

1. 村委组织架构及成效

沈先生并非党员，其女系共产党党员。沈先生一家对坦东村党务公开、财务透明、财务支出合理度、财政补贴信息透明度以及村干部工作能力等十分认可。经透露，村内管理理念为

"高效透明",人员分工明确合理,村干部选举公平公正,有专门的负责人解决民事纠纷调解问题,乡风相对和谐。然而,村内并无集资修水渠、举办集会、修建幼儿园及养老院等举措。

2. 产业发展方向及成效

在农业方面,坦东村整体实现"农业 2.0"战略,大部分农户不以种植为单一收入来源,其发展的副业为农产品加工、农产品物流运输、乡村旅游等。目前,为实现绿色环保的农业发展目标,化肥使用量急剧减少;使用农药时对农作物保护实现全覆盖;现已进入应用的农业绿色生产技术包括测土配方技术、农残膜回收技术以及深翻土耕作技术,目前无公害农药技术以及节水灌溉技术还未进入应用阶段。

在产业联合方面,农户生产正向乡村旅游转型。沈先生表示,经营民宿就是以发展旅游业为先导,以坦东村强大的工业建造为基础,以种植业转型为契机,根据坦东村老龄化现状以及收入情况及时调整家庭收入结构的举措。沈先生一家对未来坦东村乃至新场镇优先改善基础设施、发展第二产业,后带动种植业与旅游业联合发展的目标持积极态度,并希望乡村老龄化问题能因此有所改善。

参考资料

[1]詹琳,张华. 攀枝花市康养旅游产业融合发展 SWOT 分析及策略研究,2021.7.

[2]姚梦肖. 郊区农村集体经济的发展困境与新型实现形式——以上海郊区经验为例[J]. 周口师范学院学报,2021,38(03):47—54.

[3]蔡晓琳,方凯,张倩秋. 乡村振兴背景下农户产业组织模式的选择[J]. 统计与决策,2021,37(15):161—165.

[4]叶咏梅,杨冬梅,刘滨. 乡村振兴背景下农民电商创业产业选择行为影响因素分析[J]. 北方园艺,2021(13):163—170.

[5]周莉. 中国特色社会主义乡村文化振兴的理论逻辑与实践路径研究[D]. 西南科技大学,2021.

[6]赵瑞明. 关于农村一、二、三产融合发展的几点思考[J]. 中国集体经济,2021(26):9—10.

[7]李钰. 乡村振兴背景下农村产业发展研究[J]. 农业开发与装备,2021(08):26—27.

[8]王金. 农村数字经济发展存在的问题及对策分析[J]. 山西农经,2021(15):40—41.

[9]王庆生,贺子轩. 基于层次分析法的天津市乡村旅游资源可持续发展评价及对策[J]. 天津商业大学学报,2021,41(04):45—51.

[10]高遵海,陈倬. 图的路径运算矩阵与哈密顿回路等路径问题[J]. 华中科技大学学报(自然科学版),2021,49(02):32—36.

[11]徐拓远,张云华. "十四五"时期积极应对农村人口老龄化的思路与举措[J/OL]. 改革,2021(08):1—10.

[12]江丽,李琳,傅娟. 乡村振兴背景下农村老龄化问题的成因、挑战及对策[J]. 农村·农业·农民(B版),2021(07):33—37.

乡村振兴视角下返贫风险度量体系的构建与实证

——基于云南省红河州元阳县十村的调研数据

何永琦[①]

摘　要：如何进一步巩固脱贫攻坚的成果是当下乡村振兴战略实施的重要基础，而使用科学的方法对返贫风险进行测度与比较是维护脱贫工作果实的重要一环，为部署乡村振兴工作提供依据。本文基于生计能力、成长能力、风险应对能力、治理能力、环境可持续能力5个主要返贫成因，选取了20个细化指标，运用因子分析法与BP神经网络算法相结合的分析方法，以上海财经大学2021年千村调查云南省红河州元阳县十村的调研数据为依据，对每个行政村的返贫风险进行了量化评价和排序比较。分析结果表明：模型分析的结论与调研小组现场调研、采访县干部的情况基本相符，影响云南省红河州元阳县各行政村返贫风险的关键指标主要是年人均纯收入、劳动力人均负担人数、教育保障情况与患病带来的财产损失程度等；元阳县十村中保山寨村和勐品村为重度返贫预警状态，果期村为中度返贫预警状态，新城村为轻度返贫预警状态，整个元阳县返贫风险相对较高。

关键词：乡村振兴　返贫风险　因子分析法　BP神经网络

一、引　言

自2018年乡村振兴的总体目标要求提出，乡村振兴战略的制度和政策框架基本形成，并进入全面深化实施阶段，但部分边远、贫困地区仍存在民族、地域之间发展不平衡的问题。我国目前处于巩固脱贫攻坚成果与乡村振兴的过渡阶段，面临一定的返贫风险。由此看来，在乡村振兴视阈下，客观描述当前农村脱贫风险，并从微观视角准确把握各户脱贫预警影响因素，对于部署乡村振兴下一步工作，优化乡村振兴工作资源配置，进而有效减少农户返贫发生的概率，具有重要的理论意义和实践意义。

在对返贫成因的研究中，杨龙和汪三贵（2015）认为冲击性事件（如婚丧嫁娶、大病治疗）是农户脆弱性的主要影响因素。万国威和高丽茹（2016）对少数民族特困户群体致贫成因进行了系统性分析，得出主要致贫成因为结构性致贫和文化性致贫。何华征和盛德荣

---

① 何永琦，女，上海财经大学金融学院银行与国际金融（中外合作）专业2019级本科生。

(2017)提出，在返贫的各种现象中，断血式贫血、狩猎式返贫、失敏性返贫、转移性返贫和传递性返贫这五种返贫模式需要引起高度重视。范和生(2018)则从另一角度将返贫预警分为政策环境预警、自然环境预警、主体自身预警三种类型。蒋和胜等(2020)指出，在乡村振兴背景下巩固脱贫攻坚成果的关键在于阻断返贫现象，构建必要的阻断返贫长效机制。张学敏等(2021)通过层次分析法得出，影响返贫的关键性指标是年人均纯收入、义务教育保障情况等因素。

已有文献大多围绕致贫因素的宏观分析展开，较少涉及乡村振兴战略视阈下返贫因素的微观分析，并且缺少返贫风险预警机制的设计与实证环节。即使已有部分文献涉及乡村振兴战略实施效果的评估，其侧重点和返贫因素所考虑的主要因素仍有较大出入。基于此，本文以国家重点扶贫县云南省红河州元阳县为例，采用现场实地调研的方式进行数据收集，分层次、客观地、科学地构建返贫风险度量体系，并利用因子分析法和BP神经网络算法建立评价模型，为降低农户返贫的概率和政策的实施提供一定的数据和理论参考。

二、返贫风险度量指标体系构建

(一)构建原则

构建科学的、具有内在结构的评价体系，需要遵循一定的根本原则，对评价对象全方面进行客观的、相互联系的考量：

1. 系统性原则

上下各层级之间的指标设立应当有一定的逻辑，使用由大到小或者由内到外等结构，多层次、多角度地反映出评价对象的内在联系。

2. 典型性原则

评价体系中选取的各层级指标应当是具有代表性的，最大限度地反映对象的不同特征。

3. 可比、可操作、可量化原则

由于指标选取的多样性，不同指标的量纲会有所不同，因此要求每个指标的量纲必须处理一致，尽量简洁明了、能被客观量化、便于整理收集。

4. 数据可得性原则

指标体系的建立是为了运用模型、各种分析方法进行规范、实证研究，因此，选择的数据应能通过调查问卷获得，以便研究。

(二)指标体系的构建

本文基于已有学者对返贫成因的研究和对云南元阳县十村200户家庭及10个村委会关于返贫成因调查的统计数据(见图1)，提取出生计能力、成长能力、风险应对能力、治理能力、环境可持续能力5个主要返贫成因，并在此基础上选取20个细化指标，构建了返贫风险度量指标体系，具体指标及指标性质见表1。

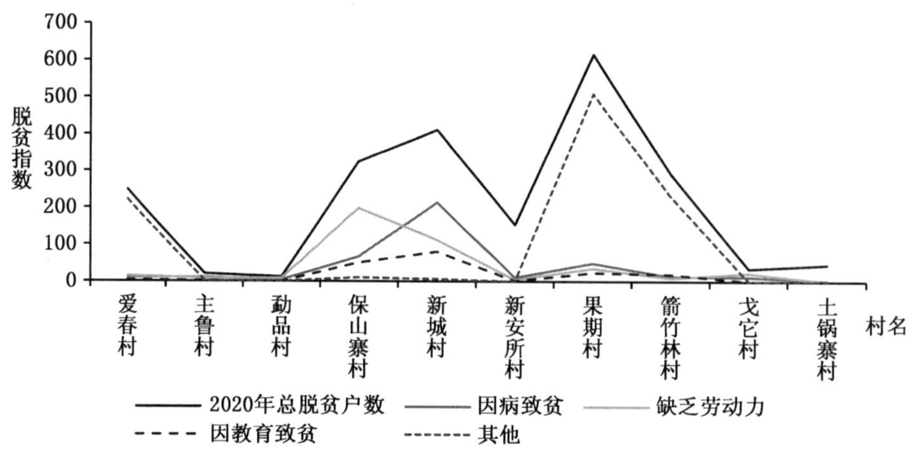

图 1　2020 年云南元阳县十村脱贫户中不同致贫因素户数

表 1　返贫风险度量评价指标体系

目标	一级指标	二级指标	指标性质
返贫风险度量	生计能力 A	年人均纯收入(*A*1) 住宅保障情况(*A*2) 耕地保有率(*A*3) 劳动力人均负担人数(*A*4)	正 正 正 负
	成长能力 B	过去 5 年村民人均收入增长率(*B*1) 农业绿色生产技术使用情况(*B*2) 教育保障情况(*B*3) 互联网普及率(*B*4)	正 正 正 正
	风险应对能力 C	基本医疗保障占比(*C*1) 患病带来的劳动力损失程度(*C*2) 患病带来的财产损失程度(*C*3) 平均借款占年人均纯收入比重(*C*4)	正 负 负 负
	治理能力 D	农民对政务村务公开的满意度(*D*1) 对村干部满意程度(*D*2) 村民参与程度(*D*3) 婚娶及社会陋习支出程度(*D*4)	正 正 正 负
	环境可持续能力 E	饮用水保障情况(*E*1) 村内路灯覆盖情况(*E*2) 农村卫生厕所普及率(*E*3) 生活垃圾处理程度(*E*4)	正 正 正 正

三、数据与变量选取

(一)数据来源与筛选

笔者作为上海财经大学“千村调查”重点调查组员到云南省红河州元阳县调研 10 个行

政村(分别为爱春村、主鲁村、勐品村、保山寨村、新城村、新安所村、果期村、箐竹林村、戈它村和土锅寨村),共调查了 200 户家庭以及 10 个村委会,剔除 26 户相关回答不完整的入户问卷,本文将主要以 174 份有效入户问卷以及 10 份有效村问卷作为分析样本。云南省红河州元阳县作为国家级乡村振兴重点帮扶县,民族及地域发展差异化明显,以其作为研究样本具有较强的典型性与实用性。

(二)变量说明与描述性统计

在选取的 20 个微观指标中,住宅保障情况采用的是人均住宅面积(平方米);农业绿色生产技术使用情况是根据每户采用免耕少耕、休耕、秸秆还田、种植绿肥、测土配方等 10 种农业绿色生产技术的情况综合打分;教育保障情况采用的是在本村劳动力中小学及以上毕业占比;互联网普及率采用的是每村有线宽带及网上购物综合比例;农民对政务村务公开的满意度、对村干部满意程度以及村民参与程度均为农民对每项指标进行打分,最后选取相关项取均值分数;婚娶及社会陋习支出程度选取自 2018 年以来村民的人情礼金数额;生活垃圾处理程度则是根据每村采用的生活垃圾处理方式,如转运至城镇处理、村内小型焚烧炉处理、村内卫生填埋(有防渗消毒)等方式综合打分。各变量数据的描述性统计见表 2。

表 2　　描述性统计

指　标	N	最小值	最大值	均值	标准偏差	方差
年人均纯收入($A1$)	174	0.00	75 000.00	7 389.115 6	10 260.898 12	105 286 030.258
住宅保障情况($A2$)	174	2.50	93.33	26.522 8	16.211 60	262.816
耕地保有率($A3$)	174	0.41	1.00	0.881 3	0.173 73	0.030
劳动力人均负担人数($A4$)	174	1.08	1.95	1.256 4	0.203 03	0.041
过去 5 年村民人均收入增长率($B1$)	174	5.00	60.00	26.007 7	16.746 93	280.460
农业绿色生产技术使用情况($B2$)	174	0.00	4.00	1.040 2	0.79274	0.628
教育保障情况($B3$)	174	0.30	0.97	0.675 5	0.249 89	0.062
互联网普及率($B4$)	174	0.20	0.65	0.417 0	0.165 74	0.027
基本医疗保障占比($C1$)	174	0.85	1.00	0.958 0	0.043 92	0.002
患病带来的劳动力损失程度($C2$)	174	0.04	0.52	0.222 0	0.184 59	0.034
患病带来的财产损失程度($C3$)	174	0.00	25 000.00	625.287 4	2 958.351 30	8 751 842.402
平均借款占年人均纯收入比重($C4$)	174	0.00	454.55	6.752 4	37.439 25	1 401.698
农民对政务村务公开的满意度($D1$)	174	−3.00	5.00	2.281 6	2.429 59	5.903
对村干部满意程度($D2$)	174	−1.00	2.00	1.304 6	0.849 54	0.722
村民参与程度($D3$)	174	0.00	7.00	5.770 1	1.237 20	1.531
婚娶及社会陋习支出程度($D4$)	174	20.00	500.00	103.764 4	65.023 75	4 228.089
饮用水保障情况($E1$)	174	1.00	5.00	4.172 4	1.237 25	1.531
村内路灯覆盖情况($E2$)	174	1.00	4.00	2.310 3	0.935 00	0.874

续表

指　标	N	最小值	最大值	均值	标准偏差	方差
农村卫生厕所普及率($E3$)	174	0.40	0.95	0.720 7	0.138 65	0.019
生活垃圾处理程度($E4$)	174	0.00	5.00	3.178 2	1.601 08	2.563
有效个案数(成列)	174					

四、实证设计

(一)模型构建:基于因子分析法和 BP 神经网络算法

本文采用因子分析法与 BP 神经网络算法相结合的方法对云南省红河州元阳县返贫风险度量进行建模评价,通过基于因子分析法分析后的元阳县返贫风险得分结果,塑造 13 层神经网络,以二级指标归一化后的值作为 BP 神经网络的输入向量,以对因子分析法计算得出的综合评价结果进行归一化后的值作为期望输出,并通过 BP 神经网络算法完成仿真。

(二)因子分析法

1. R 的特征值与贡献率

收集整理的数据共有 10 个村 20 个指标的相应数值。各指标的量纲不同,为使其具有可比性,需要将各指标的原始数据进行无量纲化处理,本文采用的方法是标准化方法(Z Scores)。公式为:

$$x'_{ij}=\frac{(x_{ij}-\overline{x}_j)}{\sigma^j}$$

其中:

$$\overline{x}_j=\frac{1}{n}\sum_{i=1}^{n}x_{ij},\sigma=\sqrt{\frac{(x_{ij}-x_j)^2}{(n-1)}}$$

根据标准化后的数据建立相关系数矩阵 R 并得到其特征向量。采用统计软件 SPSS 26.0 进行分析,运用主成分分析法的提取方法,得出 R 的特征值和贡献率(见表 3)。

表 3　总方差解释

成分	初始特征值			提取载荷平方和			旋转载荷平方和		
	总计	方差百分比	累积(%)	总计	方差百分比	累积(%)	总计	方差百分比	累积(%)
1	5.230	26.148	26.148	5.230	26.148	26.148	3.371	16.854	16.854
2	4.403	22.016	48.164	4.403	22.016	48.164	3.322	16.611	33.465
3	3.110	15.551	63.715	3.110	15.551	63.715	3.229	16.144	49.609
4	2.552	12.761	76.476	2.552	12.761	76.476	3.140	15.700	65.309
5	1.621	8.107	84.583	1.621	8.107	84.583	2.673	13.363	78.672
6	1.138	5.691	90.274	1.138	5.691	90.274	2.320	11.602	90.274
7	0.990	4.948	95.223						

续表

成分	初始特征值			提取载荷平方和			旋转载荷平方和		
	总计	方差百分比	累积(%)	总计	方差百分比	累积(%)	总计	方差百分比	累积(%)
8	0.641	3.205	98.427						
9	0.315	1.573	100.000						

变量相关系数矩阵共有六大特征根:3.371、3.322、3.229、3.140、2.673、2.320。它们在一起解释了变量标准化方差的 90.274%。因此,再根据碎石图(图 2),前六个主因子提供了原始数据所能表达的足够的信息。

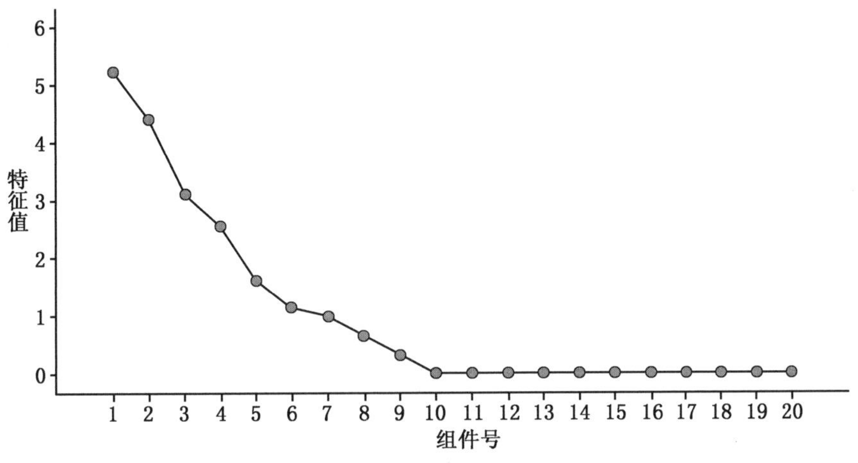

图 2　碎石图

2. 因子载荷矩阵

对所提取的六个主因子 $F1$、$F2$、$F3$、$F4$、$F5$、$F6$ 建立因子载荷矩阵(见表 4)和旋转后的空间中的组件图(见图 3)。提取方法:主成分分析法。旋转方法:凯撒正态化最大方差法。旋转在 9 次迭代后已收敛。

表 4　旋转后的因子载荷矩阵

指　标	成　分					
	1	2	3	4	5	6
年人均纯收入(A1)	0.863	0.289	0.087	−0.091	0.087	0.074
住宅保障情况(A2)	−0.795	0.236	0.172	0.138	0.346	0.128
耕地保有率(A3)	0.777	−0.167	0.145	0.519	−0.098	−0.094
劳动力人均负担人数(A4)	0.116	−0.968	−0.122	−0.027	−0.016	0.078
过去 5 年村民人均收入增长率(B1)	−0.194	−0.864	0.005	0.237	0.179	0.043
农业绿色生产技术使用情况(B2)	0.096	0.613	−0.458	−0.563	0.101	0.210

续表

指　标	成　分					
	1	2	3	4	5	6
教育保障情况(B3)	−0.210	0.045	0.930	0.148	−0.075	−0.083
互联网普及率(B4)	0.479	−0.110	0.815	−0.027	0.116	−0.227
基本医疗保障占比(C1)	−0.093	0.524	0.703	0.327	−0.105	0.037
患病带来的劳动力损失程度(C2)	0.490	−0.013	0.685	−0.043	−0.267	−0.345
患病带来的财产损失程度(C3)	0.115	−0.076	0.266	0.910	0.020	−0.023
平均借款占年人均纯收入比重(C4)	0.136	0.043	0.059	−0.871	0.070	0.245
农民对政务村务公开的满意度(D1)	−0.068	0.258	−0.111	−0.367	0.853	−0.102
对村干部满意程度(D2)	0.103	0.397	0.043	0.257	−0.759	0.161
村民参与程度(D3)	0.093	−0.145	0.078	0.411	0.700	−0.246
婚娶及社会陋习支出程度(D4)	−0.383	−0.126	−0.264	0.422	0.686	0.253
饮用水保障情况(E1)	0.034	0.138	0.390	0.288	0.177	−0.832
村内路灯覆盖情况(E2)	−0.489	−0.290	−0.346	0.065	0.008	0.654
农村卫生厕所普及率(E3)	0.408	0.357	−0.007	−0.314	−0.260	0.610
生活垃圾处理程度(E4)	−0.445	0.556	0.131	−0.130	−0.149	0.588

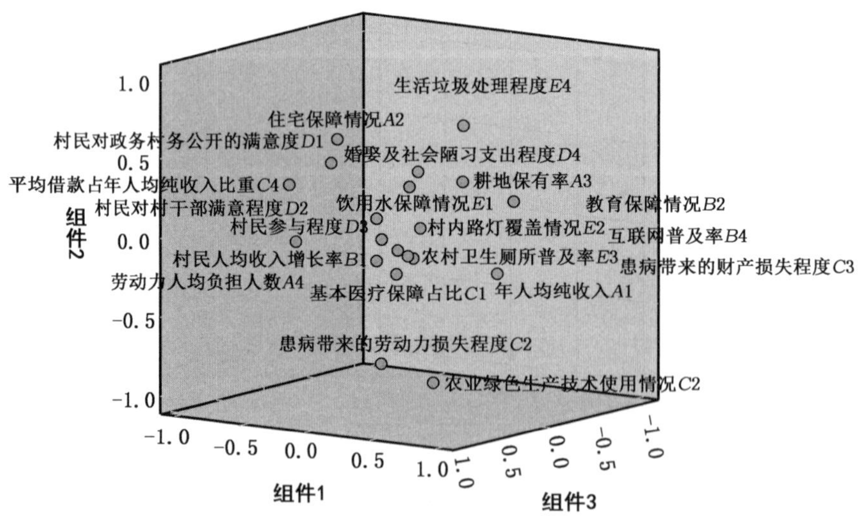

图3　旋转后的空间中的组件图

由表 4 和图 3 可以看出：

第一主因子由年人均纯收入($A1$)、住宅保障情况($A2$)、耕地保有率($A3$)决定，均属于一级指标“生计能力”的二级指标，可将其命名为“生计因子”(方差贡献率为 16.854%)。

第二主因子由劳动力人均负担人数($A4$)、过去 5 年村民人均收入增长率($B1$)、农业绿色生产技术使用情况($B2$)决定，体现了一个村庄劳动力、劳动方式的发展现状，可将其命名为“劳动因子”(方差贡献率为 16.611%)。

第三主因子由教育保障情况($B3$)、互联网普及率($B4$)、基本医疗保障占比($C1$)、患病带来的劳动力损失程度($C2$)决定，大体体现了一个村庄在保障医疗前提下的发展潜能，可将其命名为“发展因子”(方差贡献率为 16.144%)。

第四主因子由患病带来的财产损失程度($C3$)、平均借款占年人均纯收入比重($C4$)决定，均属于一级指标“风险应对能力”的二级指标，可将其命名为“风险应对因子”(方差贡献率为 15.700%)。

第五主因子由农民对政务村务公开的满意度($D1$)、对村干部满意程度($D2$)、村民参与程度($D3$)、婚娶及社会陋习支出程度($D4$)决定，与一级指标“治理能力”的四项指标重合，可将其命名为“治理因子”(方差贡献率为 13.363%)。

第六主因子由饮用水保障情况($E1$)、村内路灯覆盖情况($E2$)、农村卫生厕所普及率($E3$)、生活垃圾处理程度($E4$)决定，与一级指标“环境可持续能力”重合，可将其命名为“环境因子”(方差贡献率 11.602%)。

3. 成分得分系数矩阵

通过计算可以得到各因子所占权重即各自方差贡献率占累计方差贡献率的比重，并由此得到返贫风险评价的综合指数 I：

$$I=0.2897I_1+0.2439I_2+0.1723I_3+0.1414I_4+0.0898I_5+0.0630I_6$$

将标准化的数据代入前式可得出 10 个行政村返贫风险评价得分及排序。一般来说，综合得分越高，该村脱贫风险就越低；得分大于 0，意味着该村脱贫发展水平在 10 个行政村平均水平之上，反之则在平均水平之下，需要积极调整发展思路以防止返贫情况的发生。最后通过计算得出元阳县 10 个行政村的得分，综合得分以及排序结果见表 5。

(三)BP 神经网络仿真

1. 方法介绍

BP 神经网络是一种被广泛应用的人工神经网络算法模型，其仿真信息处理的过程主要模仿人脑神经元网络对外部激励信号的反应过程，并基于各种串接方式形成多种类网络。它属于利用信号正向传播和误差反向调节的多层次前馈神经网络，各层次的作用关系见图 4。通过多次迭代学习，BP 神经网络可以按照误差信号满足精度要求的标准对神经元间的权值、阈值进行优化，当整个输出信号最大限度接近期望结果时，停止学习。

表 5　　因子得分及排名

行政村		爱春村	主鲁村	勐品村	保山寨村	新城村
因子得分及排名	I_1	0.988 1	0.947 8	−1.224 3	0.014 3	−1.222 6
	排名	2	3	9	5	8
	I_2	0.980 5	−1.396 0	−0.546 4	−0.214 6	−0.647 3
	排名	3	10	7	6	8
	I_3	−1.498 0	0.608 9	−1.467 6	−0.837 1	0.001 3
	排名	10	4	9	8	6
	I_4	0.576 5	−0.935 6	0.165 2	−1.432 5	1.481 1
	排名	3	8	5	10	1
	I_5	−0.547 8	0.702 1	0.119 8	−0.204 3	1.215 7
	排名	7	3	5	6	2
	I_6	−0.463 4	0.951 0	1.802 2	−1.424 7	−1.263 6
	排名	7	2	1	10	9
因子总得分		0.270 4	0.029 7	−0.593 0	−0.503 1	−0.272 9
排名		4	5	10	9	7
行政村		新安所村	果期村	箐竹林村	戈它村	土锅寨村
因子得分及排名	I_1	1.407 0	−1.336 1	−0.119 0	0.592 0	−0.047 1
	排名	1	10	7	4	6
	I_2	0.067 8	0.189 3	1.434 9	−1.202 6	1.334 4
	排名	5	4	1	9	2
	I_3	−0.005 4	0.882 7	1.444 6	0.813 2	0.057 4
	排名	7	2	1	3	5
	I_4	−0.081 5	−1.356 0	0.488 7	1.193 8	−0.099 7
	排名	6	9	4	2	7
	I_5	1.300 7	−0.648 4	0.648 6	−1.923 8	−0.662 5
	排名	1	8	4	10	9
	I_6	−0.181 6	−0.484 5	0.454 2	−0.110 7	0.721 2
	排名	6	8	4	5	3
因子总得分		0.517 0	−0.469 3	0.720 3	0.007 3	0.293 6
排名		2	8	1	6	3

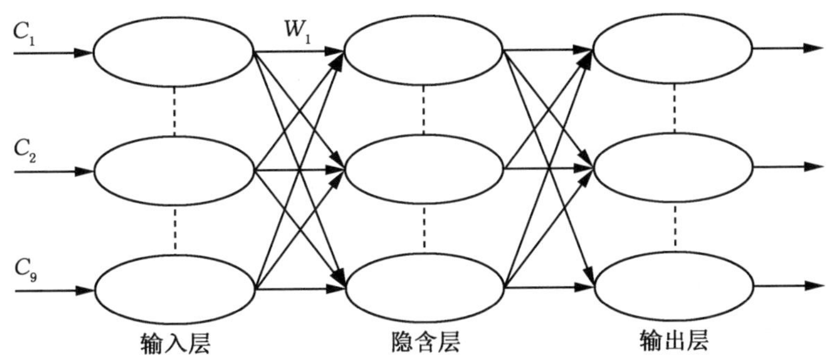

图 4 BP 神经网络单隐层结构

但 BP 初始网络算法在处理过程中存在精度较低及训练速度较慢等问题，相关研究在对此进行改进时发现采用数值优化算法可起到一定作用。因此，本文考虑引入 Levenberg-Marquardt(LM)算法来提高训练速度并减小训练误差。

与基于误差函数一阶导数信息的 BP 算法不同，LM 算法不仅利用了目标函数的一阶导数信息，而且利用了二阶导数信息。算法的迭代公式为：

$$w(n+1)=w(n)-[J^T(n)J(n)+\mu I]^{-1}J(n)e$$

式中，$J(n)$是包含网络误差对权值和阈值一阶导数的 Jacobin 矩阵，I 为单位矩阵，μ 为阻尼因子，e 是网络的误差向量。LM 算法根据学习结果动态地调整阻尼因子，即动态地调整收敛方向，以保证误差在每次迭代中都有所下降。它是梯度下降法和牛顿法的结合，收敛速度较快。

2. 仿真结果

运用 Matlab2019b 软件进行 BP 神经网络仿真训练，将经因子分析法分析后的 20 个指标数据作为输入节点，综合评价得分作为输出节点，隐藏节点数为 12，训练样本数为 128(见表 6)，参数设置：训练次数为 1 000 次，学习速率为 0.01。训练结果见表 7。

表 6　部分样本训练结果与期望输出误差比较

样本	样本 1	样本 20	样本 39	样本 58	样本 77
仿真得分	0.270 37	0.029 70	−0.592 97	−0.503 06	−0.272 90
真实得分	0.270 37	0.029 70	−0.592 97	−0.503 06	−0.272 90
误差	9.138E−09	−1.270E−08	−6.030E−08	−3.270E−09	3.631E−08
样本	样本 96	样本 115	样本 134	样本 153	样本 172
仿真得分	0.516 99	−0.469 25	0.720 28	0.007 27	0.293 58
真实得分	0.516 99	−0.469 25	0.720 28	0.007 27	0.293 58
误差	−8.073E−09	−2.200E−08	9.703E−09	−2.482E−08	1.388E−08

表 7　　训练结果

结果	MSE	R
训练	6.431 46E−16	9.999 99E−01
验证	1.121 82E−10	9.999 99E−01
测试	2.762 19E−16	9.999 99E−01

从误差数据结果看，该预测模型具有较高的精确度。由图 5 可知，网络训练目标误差在第 18 步的时候满足设置要求，由图 6 也可清晰地看到测试样本期望值与预测值相差无几，且该误差在可接受范围内。

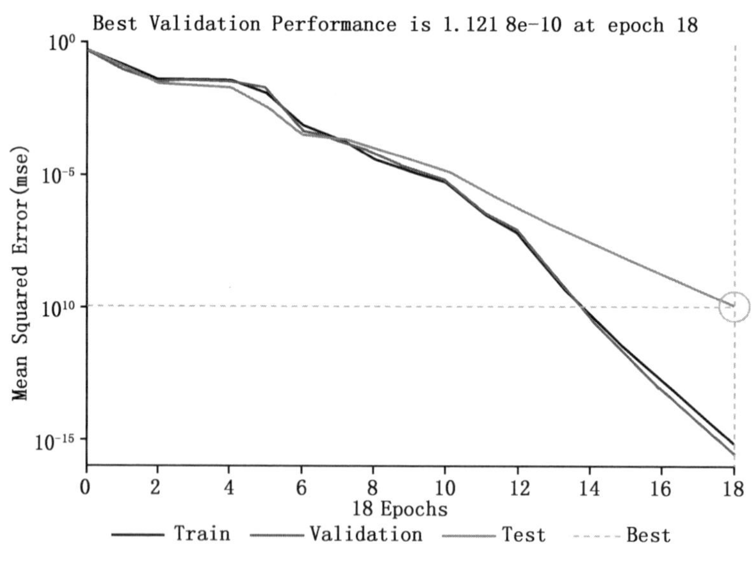

图 5　神经网络训练结果图

综上所述，用 BP 神经网络进行返贫风险度量具有一定的可行性、有效性。

(四)结果分析

1. 总体情况分析

从因子分析法结果看，每个变量与公因子间的相关系数绝对值均属于(0.5,1.0)，表明变量与公因子间的关系密切，为公因子贡献了足够多的信息，是公因子的代表性变量。六大主成分的方差贡献差距较小，表明六大主因子(生计因子、劳动因子、发展因子、风险对应因子、治理因子、环境因子)对解释各村庄返贫风险得分均有重要作用，向某一因子倾斜度高的情况未存在。在组成主成分的因子变量和初始设置的一级与二级指标高度重合的情况下，说明本文设立的各指标在全面性、均衡性、科学性方面有一定参考价值，该返贫风险预警模型具有一定的准确性、可靠性。

由表 5 可以看出各行政村的综合得分情况：共有 4 个村处于返贫预警状态，占调研总村数的 40%。其中，勐品村、保山寨村处于重度预警状态，果期村处于中度预警状态，新城

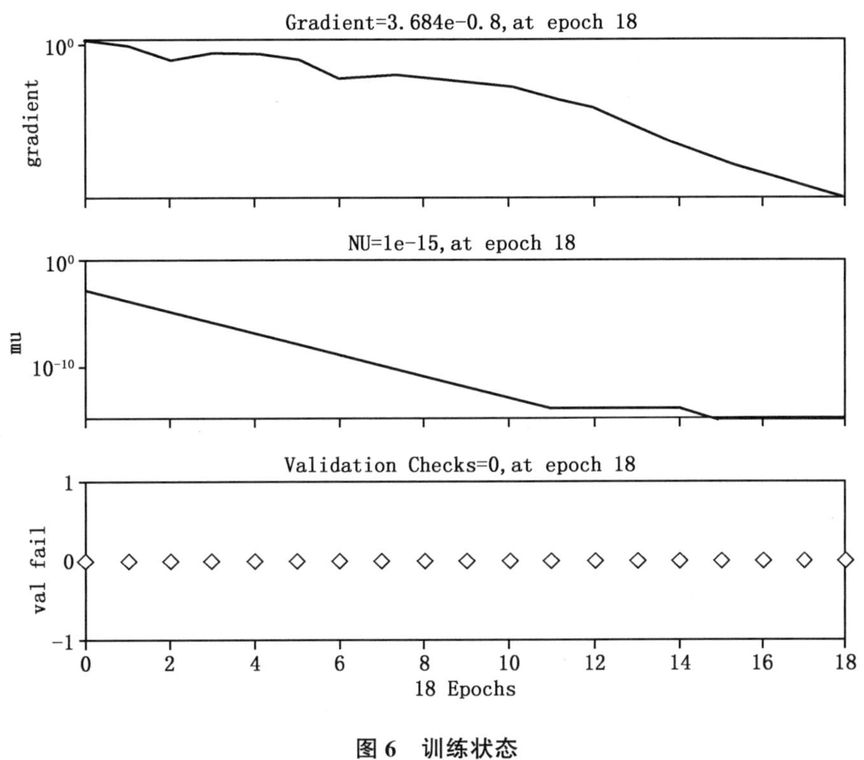

图 6 训练状态

村处于轻度预警状态。箭竹林村的得分最高,成为元阳县返贫预警最小的村。从评价分数结果来看,元阳县返贫预警高的村占比较高,由此可见其生活质量状况较脱贫前虽有所提高,但仍处于较低水平,返贫风险较高,需重点关注。基于上述分析结果,并且系统地分析调研地区的实际情况,发现二者情况基本相符。

2. 各因子比较

从生计因子来看,其方差贡献率最大,对返贫预警的评估起重要作用,4 个返贫预警强的村在该因子上的得分大多低于平均水平。在因子载荷较大、有代表性指标的主要指标数据上,农业生产基本依赖粮食作物(如水稻)的村庄的得分低于已初步形成经济作物(如香蕉、橡胶)产业的村庄,例如:勐品村和果期村的年人均纯收入分别为 4 300 元和 4 500 元,大大低于戈它村(10 000 元)和新安所村(9 080 元),新城村和果期村的耕地损失率均大于 5%,休耕和抛荒面积大于平均水平。勐品村的住宅保障情况较低,其农户房屋危房改造比例最高,但居民的居住需求仍停留在最基本的满足水平,设施的配置仍待发展。

从劳动因子来看,“劳动力人均负担人数”指标解释能力最强,10 个行政村平均劳动力人均负担人数约为 1.273,勐品村是唯一一个该指标超过平均值的村庄,为 1.946,其 2020 年末村中常住人口 4 074 人,60 岁以上老人和 6 岁以下儿童共计 1 981 人,劳动力负担重。在“农业绿色生产技术使用情况”上,从入户调研情况看,元阳县农作过程中平均每户使用一种农业绿色生产技术,绿色生产意识不足,且大多为免耕少耕技术、休耕技术和秸秆还田技术,未有使用测土配方技术的村,其中箭竹林村基本普及深翻土耕技术,村民使用农业绿色生产技术情况最好，故劳动因子得分最高。

从发展因子来看，“教育保障情况”指标解释能力最强，元阳县十村的劳动力中，小学及以上毕业占比人数约占 68%，其中大部分为小学毕业文化水平，义务教育普及率低已成为元阳县巩固脱贫成果的一大绊脚石，其中新城村、果期村两村该指标占比均低于 50%，教育问题已经成为两村进入返贫预警状态的重大不利因素。10 个村的互联网普及率平均为 42.5%（有线宽带、Wi-Fi 及网购普及率），城乡差距较大，仍具有一定的上升空间，是电商与农产品、旅游业等新型发展行业的重要基础，在一定程度上体现了各村的发展潜能情况。其中，果期村虽综合得分第八，属于中度返贫预警状态，但其发展因子得分位居第二，表明其仍具有一定的发展潜能。

从风险因子来看，“患病带来的财产损失程度”和“平均借款占年人均纯收入比”这两项指标的解释能力均很强。元阳县十村在 2020 年平均患病带来的财产损失程度约在 670 元，表明基本医疗保障普及到位，减轻了患病村民在医疗费用方面的负担。“平均借款占年人均纯收入比”指标因子载荷为负，表明与风险因子呈现负相关关系，这可能与村民有着特定的借贷习惯有关。在调研借款成因的过程中，不难发现元阳县十村的民生金融业发展基本处于萌芽阶段，村民贷款原因基本为盖房、结婚事件，这要求村民本身具有一定的资产基础，因此贷款程度伴随着一定的风险，但与此同时表明了村民们经济情况的改善，对提升生活幸福指数使用了必要的融资方法。

从治理因子来看，元阳县十村村民对党务、政务和村务的公开满意度高，对公费使用分配的合理性均表示肯定，与此同时，与当地村干部、驻村干部、“村官”之间的关系和睦，超过 90%的农户表示“非常满意”，乡村之间干部治理差距较小。但村民参与程度仍具有很大的提升空间，箐竹林村村民对各项表演活动、活动室活动以及乡村会议的积极性高于其他乡村，对乡村干部开会通过的决议的执行程度也高于平均水平，值得其他村落学习借鉴。“婚娶及社会陋习支出程度”指标直接反映村干部对各项政策的宣传、落实能力，自 2018 年以来元阳十村村民的人情礼金数额控制在 103 元，且方差较小，呈现逐年递减的趋势。

从环境因子来看，该因子方差贡献率最小，元阳县各村环境发展水平接近，并不能构成一个行政村返贫风险是否大的决定性因素，但其对改善民生问题，促进环境可持续发展具有重要作用。十村在饮用水质量、路灯安装情况方面表现优秀，但是卫生厕所普及率较低。十村仅有 60%的村庄普及了冲水厕所，其中爱春村、保山寨村村民主要使用的仍为旱厕，主鲁村和土锅寨村村则为公厕，“厕所革命”仍需进行。在生活垃圾处理方面，十村仅有爱春村和土锅寨村会将生活垃圾转运至城镇处理，其余大多将生活垃圾在村内焚烧、填埋处理，而新城村处理方式为集中收集后露天堆放，戈它村更出现无集中收集，各家各户自行解决的原始处理情况，此类卫生面貌已成为各村庄返贫风险的最直观预警。

五、结论与建议

（一）结论

本文在梳理返贫成因的相关文献基础上，结合乡村振兴战略布局的背景，基于上海财经大学 2021 年千村调查云南省红河州元阳县十村共计 200 户的调查数据，利用因子分析法、BP 神经网络算法对元阳县十村的返贫风险进行了度量及排序，研究结果如下：

返贫是多层次、多因素综合作用的结果，系统地、深入地剖析返贫成因，并且科学地、合理地设计返贫风险预警的一级指标、二级指标是确保该预警评价体系运行的重要基础。构建返贫风险度量体系是合理评估乡村发展情况、有针对性地实施乡村振兴战略以巩固脱贫攻坚成果的重要一步，有一定可行性、客观性，当地政府及相关部门可以通过对返贫预警高的乡村及其脱贫户进行及时、全面的检测，以对返贫风险进行及时、科学、有效的反馈，在事后及时补救的基础上，有针对性地采取事先预防的策略来防止返贫现象出现。

村民的生计、劳动和发展情况在返贫风险度量体系中所贡献的权重较大，细化后村民的年人均纯收入、劳动力人均负担人数、教育保障情况、患病带来的财产损失程度等指标是元阳县巩固脱贫攻坚成果进程中返贫风险的关键性影响因素。

（二）建议

笔者在对元阳县进行实地调研后，结合其存在的问题，并且针对不同程度的脱贫人群提出以下建议：

(1)针对诸如勐品村、保山寨村的重度预警脱贫人口，该群体的生计能力、劳动能力、成长能力处于极落后水平，政府应立足农业之本，建立以帮扶贫困户提升自主生存能力为主的扶贫机制。应鼓励该贫困群体发展农产品生产、加工、养殖业，走出“自给自足”的经济形态，不再完全专注“低保”，有效改善村民收入情况。与此同时，政府应当加强社会保障力度，确保该贫困群体在劳动力负担重的情况下有抵御患病风险的能力，重点解决“就医难、就医贵”的问题，不断完善贫困户重大疾病的医疗保障、救助体系。保山寨村因地制宜，发展种植小黄姜、梯田红米和草果等作物的种植业，但由于地形陡峭、交通不便、基础设施落后，与外部市场的经济交易仍被限制。该村已探明的自然资源矿种丰富，但由于零星分布、交通不便等因素尚未开采，因此改善交通基础设施成为经济发展的重要措施，在此基础上，更好地引导、帮助农户打开市场，提高收成。勐品村降水丰沛，耕种条件优渥，但主要作物仍为水稻等粮食作物，在元阳县“一海拔一群落”的分布情况下，勐品村可参考同海拔村所推广的经济作物，以更有效地发展农产品生产的种植业。

(2)针对诸如果期村的重度预警脱贫人口，该群体的生计能力、风险抵御能力和治理能力较弱，政府可以采取以鼓励发展为主、兜底为辅的策略，由“社保兜底”到“扶智增收”。在完善医疗保险、养老保险，给予日常生活补助的同时，重点保障义务教育政策的实施，关爱留守儿童的教育情况，提升劳动力素质，为发展当地特色农业、旅游产业提供人才基础，与此同时，提高互联网普及率，克服因地理位置偏僻而出现的信息闭塞问题，在一定程度上可以用电商模式为教育程度较好的村民提供就业机会，所带动的附加产业也能为农村留守老人、妇女提供合适岗位。果期村原有建档立卡的贫困户较多，现已全部脱贫，实现通电、通水，但村中缺乏特色支柱产业，经济有待发展，可以利用“农业＋旅游模式”不断提升村民经济水平。

(3)针对诸如新城村的轻度预警脱贫人口，该群体风险应对能力、治理水平较强，但生计能力和成长能力仍有所限制,政府应由"输血式"向"造血式"转变,充分利用当地特色农业与旅游资源,大力发展旅游业、养殖产业等特色产业,如"稻鱼鸭"产业。与此同时,政府应当完善配套软硬设施,给村民提供职业教育培训等机会,使其掌握一定技能,并且推进相关帮扶政策,如税收减免优惠、无息贷款优惠等,形成鼓励创业、积极创业的乡村振兴风貌。新城村以种植业、养殖业为主要经济来源,在引进外来资源发展加工企业的同时,仍然受到气候、地质等自然条件的限制,成本投入较大,收入不稳定。该村可利用当地自然景观与特色农业融合,利用作为人民解放军滇桂黔边纵队第十支队暂编五十一团和滇越边区游击队支队建立地的红色资源,积极带动旅游业,给当地注入发展动力,积极培养和引进掌握一定专业技术的人才。

参考资料

[1]杨龙,汪三贵.贫困地区农户脆弱性及其影响因素分析[J].中国人口·资源与环境,2015(10).

[2]万国威,高丽茹.结构、文化抑或排斥:西部民族地区特困农牧民的致贫机理[J].人口学刊,2016,38(5).

[3]何华征,盛德荣.论农村返贫模式及其阻断机制[J].现代经济探讨,2017(07):95—102.

[4]范和生.返贫预警机制构建探究[J].中国特色社会主义研究,2018(01):57—63.

[5]蒋和胜,李小瑜,田永.阻断返贫的长效机制研究[J].吉林大学社会科学学报,2020,60(6).

[6]张焱,赵鸭桥,周铝,王奇,冯璐.基于改进TOPSIS法的乡村振兴评价及地区比较[J].中国农业资源与区划,2021,42(02):207—217.

[7]王磊玲,邢琪瑄.乡村振兴综合评价指标体系构建与评估[J].河南牧业经济学院学报,2021,34(02):29—35.

[8]张学敏,史玲燕,薛艳,吕新发.乡村振兴视阈下返贫预警评价指标体系构建与实证[J].统计与决策,2021,37(13):58—62.

[9]王文通.基于AHP—BP综合评价模型的人才测评研究[J].统计与决策,2010(7).

[10]刘天舒.BP神经网络的改进研究及应用[D].东北农业大学,2011.

[11]黄天炎,唐莲.L—M优化改进的BP网络模型在水环境承载力评价中的应用研究[J].中国农村水利水电,2019(05):47—51.

[12]Fruchter B. Introduction to factor analysis[J]. 1954.

[13]Kim J. O. ,Ahtola O. ,Spector P. E. ,et al. Introduction to factor analysis:What it is and how to do it[M]. Sage,1978.

[14]Jin W. ,Li Z. J. ,Wei L. S. ,et al. The improvements of BP neural network learning algorithm [C]//WCC 2000—ICSP 2000. 2000 5th international conference on signal processing proceedings. 16th world computer congress 2000. IEEE,2000,3:1647—1649.

乡村振兴背景下农村劳动力就业选择及其影响因素研究①

——基于浙江省台州市十村的调研数据

王美知②　林伟芬③

摘　要:就业是最大的民生,也是经济发展最基本的支撑。在乡村振兴背景下,城乡就业创业选择条件发生了变化,农村劳动力城乡就业决策出现了新局面。本文基于上海财经大学2021年"千村调查"台州定点调研组10个村庄200个家户的田野调研数据对乡村振兴背景下农村劳动力就业选择现状及其影响因素进行了探究。研究发现,具有外出务工经历的农村劳动力选择务工和经商的概率增加了4.5%～6.8%;家庭人均收入水平和家庭人均耕地面积的提高能显著降低务工和务农的选择概率,使其更偏向于经营农家乐和民宿产业。居住在城郊的农村劳动力更偏好务工就业,而山区的劳动力选择经商的概率较平原农民增加29.24%。这是山区生态环境对创业的推动力。最后根据研究结论提出稳定和保障农村劳动力就业的政策建议。

关键词:就业选择　农村劳动力　返乡

一、研究背景和意义

就业是经济发展的基本支撑,是新时期经济工作的重点任务。在经济增速放缓的背景下,就业问题多次在指导文件中被提到重要地位。从2018年中共中央政治局会议首次提出经济工作的"六稳",稳就业位列首位;到2020年的中央政治局会议在"六稳"的基础上提出"六保",保居民就业依然居于首要地位;再到2021年8月国务院印发《"十四五"就业促进规划》,旨在稳定就业形势,提升就业质量,增强创业动力和抵抗就业风险能力,均体现了居民就业问题的根本性和紧迫性。然而自2020年以来,"新冠"疫情持续多轮席卷全球,中国经济因国内贸易和国际贸易都受到负面影响,国内稳就业保就业的难度不断加大。农业作为弱势产业,农民作为直接的利益群体,在复杂多变的宏观环境下,做好稳就业保就业工作的核心和难点在于稳定农民就业。

---

① 本文获得上海财经大学2021年研究生创新基金资助项目(CXJJ—2021—437)的资助。

② 王美知,女,上海财经大学财经研究所农业经济学专业2020级博士生。
③ 林伟芬,女,上海财经大学财经研究所城市经济与管理专业2020级博士生。

面临复杂的宏观环境和微观环境，农民就业机遇和挑战并存。农村劳动力就业挑战一方面来自劳动力需求缩减。外部环境不稳定不确定因素产生的经济下行压力直接冲击吸纳就业较强的制造业和服务业对劳动力的需求，农村劳动力在城镇搜寻工作的难度增加；另一方面来自劳动力技能水平要求提高。制造业产业技术升级和互联网平台经济的崛起提高了对学习能力强和社交能力强的劳动力的需求，而从事重复性操作的产业工人和学习能力降低的老一代农民工将面临被机器替代的风险，同时对新一代农民工的技能结构有了新的要求。除此以外，劳动力面临着老龄化问题，劳动力人口结构变化将进一步推动“机器换人”的进程，农民工城镇就业挑战更加艰巨。但是，农村劳动力同时也拥有两个就业机遇：一是户籍制度的不断改革逐步降低了农村劳动力在城镇的生活成本和就业壁垒，扩展了就业选择范围；二是乡村振兴战略的深化使城乡发展格局显著变化，在优惠政策的支持下，返乡创业或者就近就业逐渐成为农民工的重要选择。

那么，在复杂的宏观形势下，在加快新型城镇化和乡村振兴战略协同发展政策的支持下，在劳动力市场需求和供给发生深刻变化的背景下，就业流动性最强的农民工的微观就业决策将直接影响城乡劳动力的分布格局和劳动力市场的就业稳定性。因此，探究新形势下农村劳动力如何根据所处经济环境、自身技能水平和资源禀赋条件进行就业决策及其影响因素是进一步研究农民收入水平、城乡劳动力资源有效配置以及中国经济增长的重要环节，对了解中国产业发展协调性、区域发展差异性和推进城乡经济协同发展具有重要意义。

二、相关文献梳理

新古典经济学认为劳动力迁移取决于迁入迁出地的工资差异大小和预期收入水平（Lewis，1954；Todaro，1969），因此，劳动力的回流被认为是一种迁移失败的经历。然而以Stark（1991）为代表的新劳动迁移理论认为劳动力迁移决策是以家庭收益最大化和风险最小化为目标的理性决策，劳动力返乡是一种成功的迁移。基于这两种理论，当前研究多认为劳动力回流主要取决于个人、家庭和环境等方面的因素。

个人层面影响劳动力回流的因素包括性别（张丽琼等，2016）、年龄（林善浪，2011）、婚姻状况（Bijwaard and Van Doeselaar，2014）、健康状况（秦雪征等，2014）、教育水平（石智雷，2011）、社交网络（罗明忠，2008）。有文献认为，年龄较大的劳动力、低受教育水平的劳动力、离婚状态的劳动力的返乡意愿更强。但是性别对返乡决策的影响产生分歧，张丽琼等（2016）认为男性劳动力的回流意愿要强于女性，石智雷和杨云彦（2009）则认为女性在中国传统观念的影响下在经济形势发生动荡时更愿意返乡。社会网络的作用表现为两个方面：一方面，在迁入地社会融合程度低时会对劳动力回流产生推力（罗明忠，2008）；另一方面，在迁出地拥有较为完整的社会关系网络时将对外出劳动力产生拉力的作用（盛亦男，2017）。

家庭层面影响劳动力回流的因素有家庭人口结构和家庭资源禀赋。家庭人口结构主要是指家庭中老人和幼童的数量。Fabian and Straka（1991）发现土耳其家庭的回流概率与其家庭在学儿童数量成正比。相反，Zhao（2002）通过对中国家庭流动的分析，发现 6 岁以下的幼童数量、6～12 岁的初学儿童数量和 65 岁以上老人数量越多的家庭，主要劳动力更愿意外出务工而不是回流。家庭资源不仅指的是经济资源，而且包括家庭拥有的社会资本。石智雷和杨云彦(2012)认为家庭人力资本越丰富，劳动力越容易选择留在农村就业或者回流农村，但是家庭人力资本值高到一定程度时，农村劳动力又倾向于外出就业。

环境层面的经济发展水平、政治稳定性和制度安排等都会影响劳动力的迁移选择。当流出地经济衰退时(许斌，2009；石智雷和杨云彦，2009)，比如金融危机时，劳动力会因为就业机会的流失而返乡就业或者在农业中寻求保障。政治因素指的是，当一个地区政治政权稳定、法律公平性和治理有效性提高时，会吸引劳动力流入，反之则对劳动力产生“推动”的作用，促使其回流(Ariu et al.，2016)。在中国，学者们认为，因二元户籍制度而导致的城乡医疗制度差异会对劳动力的流动产生锁定效应，吸引外出劳动力在年老时回流(秦雪征等，2014)。

对于农民工返乡后的发展问题，学界研究结果有消极和积极两种。持有消极态度的一方认为，返乡农民工是城镇劳动力市场中的被淘汰者，返乡后存在明显的就业困难现象，将继续从事农业生产(Bai et al.，2002；李后健等，2010；马芒等，2012)。更多学者则持积极态度，认为外出经历有助于农民工在家乡创业和在本地或就近从事非农就业。已有研究发现农民工的外出经历促进了农村劳动力能力的发展，使其返乡后就业选择范围扩大、农业生产率和收入水平提高(石智雷和杨云彦，2011)。农民工的回流创业甚至促进了县域经济的发展(王西玉，2003)。还有一部分学者对农民工返乡创业的影响因素进行了研究，认为家庭因素如家庭净财富水平(蔡栋梁，2018)、个人因素如风险偏好(陈波，2009)、社会资本(王春超和冯大威，2018)、人力资本与企业家才能(Démurger and Xu，2011；周广肃等，2017)、环境因素如创业扶持政策(朱红根和解春艳，2012)、户籍制度改革(宁光杰和段乐乐，2017)等都会影响农民工返乡创业的绩效。

综上所述，当前文献对劳动力返乡决策的影响因素和返乡后的就业选择、创业影响因素进行了较为深入的研究，但是在城镇就业不稳定的推力和乡村战略推进的拉力下，农民工在进行返乡还是就地就近就业决策时所权衡的城乡势力也发生了变化，这种新背景下农民工返乡决策和就业的影响因素却鲜被研究，而这将是未来较长时间内农民工就业决策所需要考虑的因素。因此，本调研报告将基于台州市十村的田野调查数据，对农业劳动力返乡影响因素和返乡后就业行为选择的影响因素进行研究。

基于已有文献和鉴于样本的选取，我们将研究主题聚焦乡村产业振兴区域农民劳动力(包含返乡农民工和未外出务工农民)就业决策行为研究。主要研究内容为：首先，对调研区域乡村振兴发展现状进行描述，并总结农村劳动力返乡就业和本地创业的中宏观吸引力与推动力。接着，分析产业振兴区域农村劳动力就业现状，提炼影响农村劳动力就业选择的微观因素。然后，实证产业发展、乡村振兴和个人禀赋对劳动力就业决策行为异质性的影响。再进一步探究这些宏观因素和微观因素对于农村劳动力就业和创业收入水平的影响。最后，根据所得结论提出稳就业、保就业和提高农村劳动力收入水平的政策建议。

三、调研区域乡村产业发展现状

本次调研选择的是浙江省东部城市台州市的十个村庄(见图1)，这十个村庄分布在台州市的三个区县，分别是：沙滩村、后庄村、山前村，位于中部市辖区之一的黄岩区；北山村、上栈头村、垟根村，位于台州东南部的玉环市；安科村、塔后村、张思村、后岸村，隶属于台州市北部的天台县。十个村庄依靠区位优势和自然禀赋发展各具特色的乡村产业。

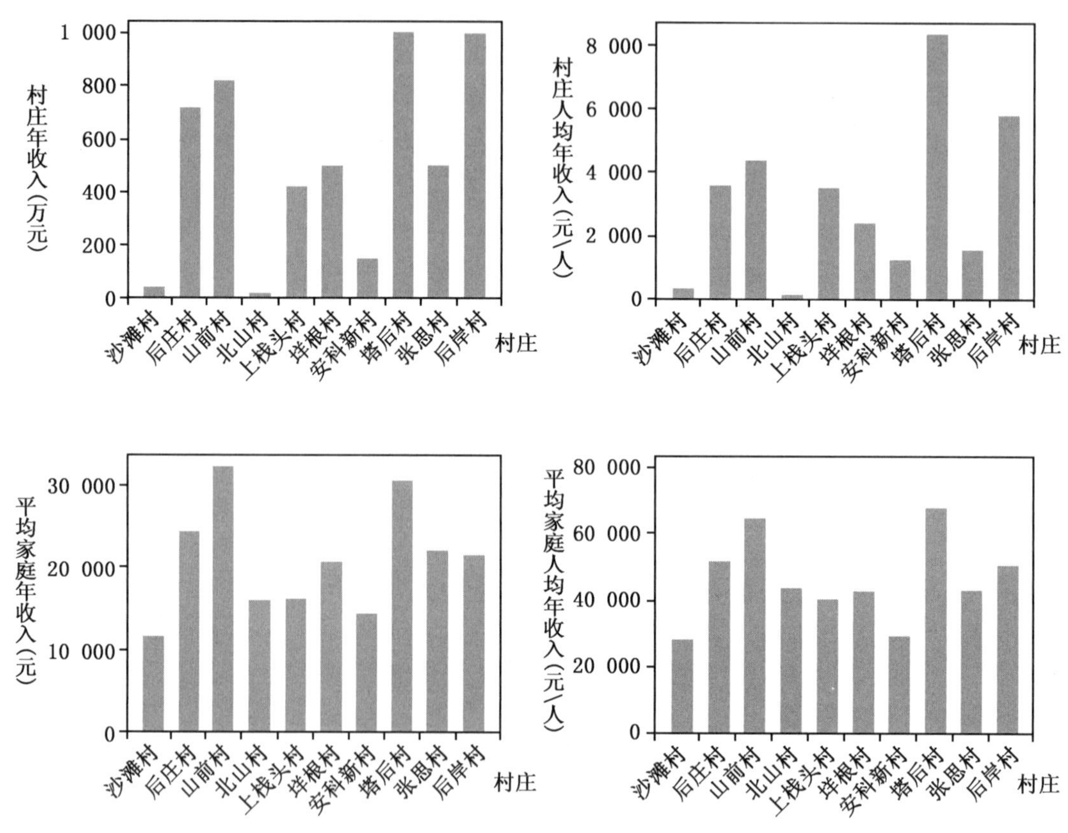

图 1　调研村庄和家庭收入情况

（一）制造业

后庄村和山前村依靠黄岩区的模具产业群，扩大集体经济发展租赁零售业。台州市黄岩区是中国的“模具之乡”，区内共有模具行业企业 2 200 家，从业人员 5 万多人，模具生产总量约占全国的 1/10。山前村和后庄村依托周围的制造业中心，转换思路，将集体留地通过改造扩建成商铺，出租给汽摩城、4S 店和小微企业，两村每年分别能从商铺租金中获利 300 万元和 500 万元的经济效益。除此以外，在模具产业的带动下，山前村家家开办私营企业从事塑料日用品和服装鞋帽的加工制造，村小组个体户“抱团”闯市场，村小组年销售收入近 5 000 万元。2020 年，后庄村实现家庭人均年收入达到 51 941 元，村庄人均年收入达到 3 595 元①；山前村高于后庄村，分别对应为 64 781 元和 4 378 元。调研家庭的人均年收入均高于台州市 2020 年农村居民可支配收入水平。

① 村庄人均年收入等于村庄年总收入与村庄户籍人口的比值，可衡量村集体经济的发展情况；家庭人均年收入等于家庭年总收入除以家庭户籍人口数量，可衡量平均家庭经济水平。

(二)生态康养业

天台县的安科村、塔后村和后岸村充分利用山区优势,发展特色农家乐、生态康养业和乡村民宿产业。塔后村位于赤城山下,依托国清寺和桐柏宫景区的游客资源和优美的田园风光,结合中草药花园和中医养生理念,形成集民宿、农家乐、观光旅游为一体的生态康养度假村,平均每年接待游客 10 万人次,2020 年村庄年总收入达到 1 000 万元,家庭年人均收入 67 905 元,居十村之首。后岸村之前以开采石头为生,很多村民因为恶劣的开采环境患了石肺病。后在村里外出返乡人员的带领下转变思路,进行了从“卖石头”到“保生态”的探索,靠着优美的自然风光发展农家乐,村民看到成功案例后纷纷效仿。经过 5 轮的发展,后岸村目前有农家乐超过 70 家,现在由村办旅游公司统一宣传、统一服务标准、统一内部管理、统一分配客源,并在 2021 年被列为第三批全国乡村旅游重点村。农民的年人均收入水平从 2011 年的 6 000 元增长到 2020 年的 50 683 元。安科新村也依靠自然生态实现了村民共同富裕。不同的是,安科新村走“体验式”农家旅游路线,每年接待游客达 10 万人次,平均每年餐饮旅游活动纯收入为 310 万元。

(三)渔业和海岛旅游

北山村和上栈头村依赖傍海的优势发展海岛海岸休闲旅游。北山村和上栈头村东临东海,渔业资源丰富,是古老的渔村,居民主要以渔业捕捞为生。从“两山”理念提出后,北山村突出海岛渔业文化特色,重视海岛农村生活垃圾处理,统筹规划全村布局,设计了码头 3D 彩绘、海鲜街景观小品、渔韵风情小巷以及环岛游步道等海岛渔业景观,发展以休闲娱乐、度假养生为主题的特色海岛旅游。渔业和海岛旅游产业的发展使当地居民的年人均收入水平从 2008 年的 1 000 元每人增加到 2020 年的 2 万元以上。上栈头村以“村民 49%+村集体 51%”的股份众筹方式,村庄整体规划,把村内保存较为完好的石屋建筑、古牌坊和栈台船坞等传统建筑的厚重历史积淀与玻璃吊桥、天空之镜、时空隧道代表的网红旅游项目结合,打造出集文化和休闲于一体的乡村旅游产业,成为远近闻名的“网红打卡村”,每年吸引 15 万人次游客游玩,村庄旅游年净收入达到 200 万元。

(四)乡村民俗文化旅游

沙滩村和张思村在古村落的基础上统筹开发,发展民俗文化乡村旅游。沙滩村沿溪而建,具有典型的江南水乡特色。2013 年,利用美丽乡村和乡村振兴的契机,沙滩村充分利用既有建筑,将废弃的兽医站、粮仓、村公所等建筑改造为旅游集散中心、民宿、茶亭和酒坊。修旧如旧的建筑,既保留了古村落、古建筑并使其重焕生机,又秉持了绿色、环保、可持续的理念。发展至今,沙滩村每年累计吸引外来游客 30 万人,旅游年产值达 2 700 万元以上。同样,张思村也主打乡村文化旅游。张思村迄今有七百余年的历史,村中有十三幢被列为文化保护单位的建筑;依托现有历史遗产,村庄发扬穿蓑衣、编斗笠、穿草鞋、木雕、舞龙舞狮等民俗工艺,发展农家乐和民宿,现有规模 18 家;同时建设了开心农场、儿童乐园、百果长廊和果树采摘等深度体验项目。在乡村旅游业不断发展的同时,农民收入也逐渐提高,2020 年张思村家庭人均年收入达到 43 141 元。

(五)农业与农产品文化旅游

垟根村依靠得天独厚的文旦种植条件和悠久的种植历史,围绕文旦生产,开发文旦故事，发展文旦主题乡村旅游。垟根村凭借其独特的土质及温和的气候发展特色文旦产业，通过规模化、系统化的生产加工创收，创建“垟根文旦”农产品地理标志性品牌；同时开展文旦采摘、文旦文创产品开发等乡村旅游项目。垟根村发展模式在一定程度上已获得成功，2020年全村收入合计500万元，垟根村文旦种植面积达2 200亩，2019年实产文旦8 000吨，产值4 000万元，村民年收入为6万到30万元。

综上所述，台州市产业兴旺是在原有产业（制造业、农业和渔业）的基础上，进一步开发精神层面的现有资源，比如红色文化、农家工艺、农耕习俗、生态康养、体验互动等因素，并将其融入第三产业，发展农家乐、民宿和观光旅游，甚至创造出自己的特色。比如建设“乡村迪斯尼”的上栈头村，并没有被农业、渔业所禁锢，灵活引入城市时尚元素，创造出乡村旅游卖点。有了精神元素，乡村旅游产业就被注入了灵魂，才能真正长久持续地发展下去，才能真正带动村民共同富裕。而村庄的产业只有焕发希望并加以升级，外出务工人员才会逐渐返乡并加入乡村建设的队伍，在人才和劳动力充裕的条件下乡村才能实现真正的振兴。

四、产业兴旺乡村的劳动力就业现状分析

（一）乡村劳动力流动现状

我们用村庄常住人口数量和户籍人口数量的差值来描述村庄人口的流入和流出情况。当差值大于0时，表明村庄常住人口数量大于户籍人口数量，村庄表现为人口的净流入；当差值小于0时，村庄则表现为人口的净流出。调研村庄的人口流动情况如图2所示，可以观察到，仅有黄岩区的后庄村和山前村是人口净流入的。尤其是后庄村，常住人口约为户籍人口数量的3倍。其他村庄或多或少处于人口流出状态。其中张思村和北山村的流出人口数量较多，分别占户籍人口的43.75%和77.58%，存在一定的村庄空心化现象。

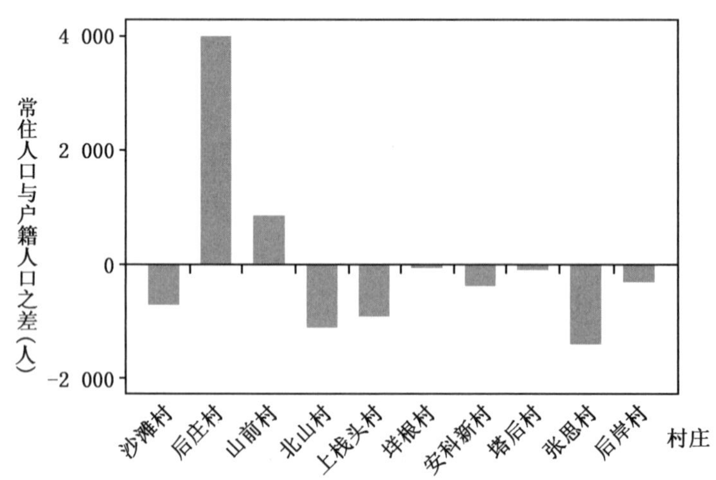

资料来源：作者根据千村调查台州市村庄问卷整理计算所得。

图2　调研村庄人口流动情况

现在我们初步探究一下村庄集体经济收入水平和平均家庭经济收入水平对村庄人口流动的影响，结果如图 3 所示。从上到下，从左到右分别是人口差值与村庄集体年总收入、村庄集体经济人均年收入、平均家庭年收入和平均家庭人均收入的散点图，可见，村集体经济越强大、家庭收入水平越高，外出劳动力越多返乡或者村庄可以吸引更多的外来务工人员。

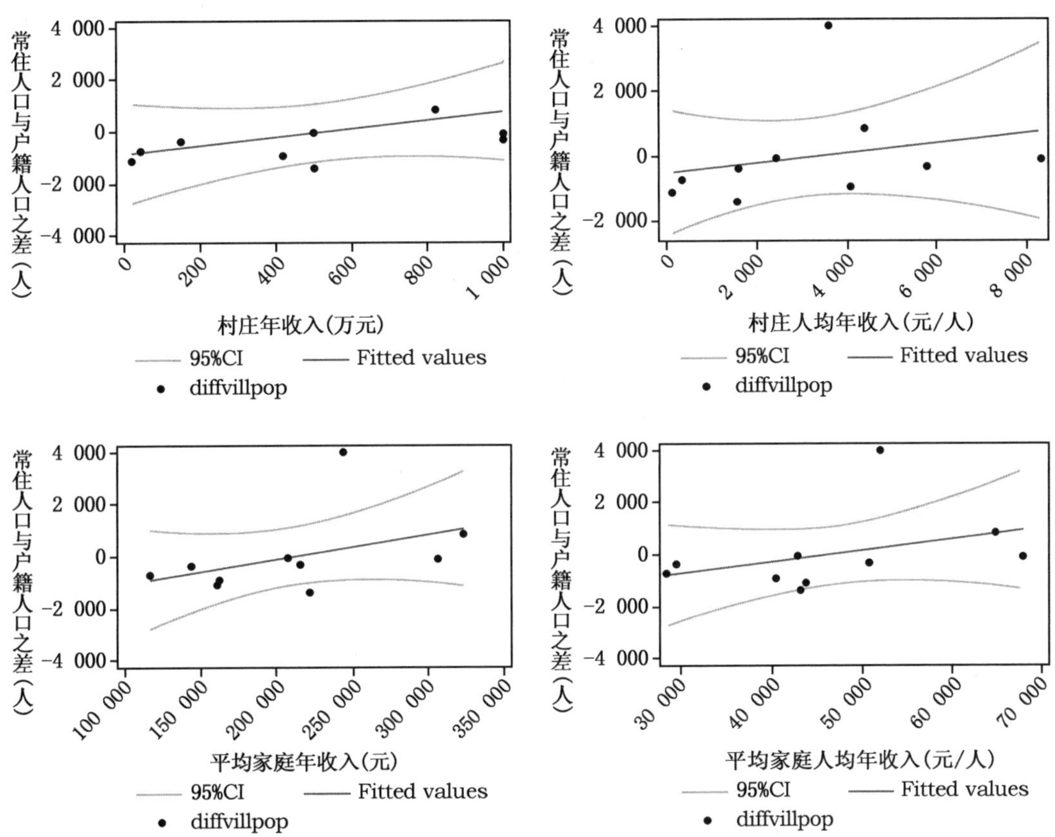

资料来源：作者根据千村调查台州市村庄和农户问卷整理计算所得。

图 3　村庄和家庭的经济收入水平与村庄人口流动关系分析

图 4 是有外出务工人员的家庭外出人口流出比例的分布情况。在所调查的样本村中，大多数家庭流出人口占本家庭全部总人数的 1/3，仅有很低比例家庭出现空心化现象。

（二）农村劳动力的就业选择

1. 村庄层面

农村劳动力的就业决策有务农、务工、经商、退休和失业五种可能。根据调研数据，不同村庄劳动力就业结构如图 5 所示。由图 5 可以看出，沙滩村、后庄村和上栈头村分别依托模具工业园区和“乡村迪士尼”得到了大量就业岗位，从而务工就业占比较高。北山村、塔后村和后岸村的村民更多选择经商，主要是渔业产品的批发零售和农家乐、民宿经营。垟根村和安科新村村民务农的比例较高，主要是两村具有经济效益较高的文旦种植和杨梅

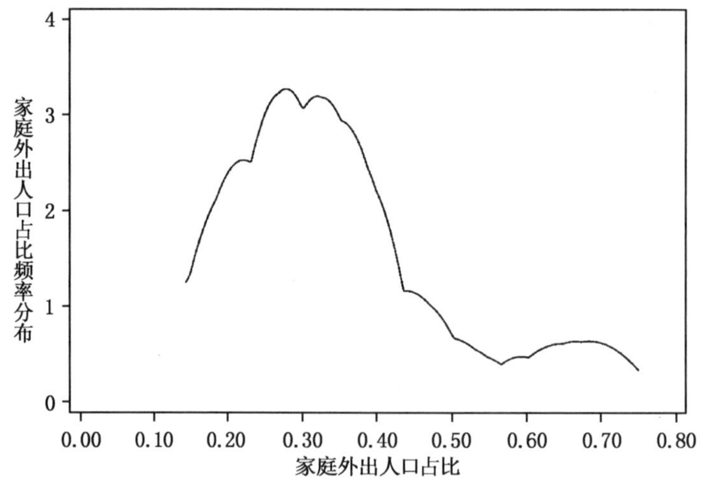

资料来源:作者根据千村调查台州市农户问卷整理计算所得。

图 4　样本中家庭外出人口占家庭户籍总人口的比例分布

种植产业。张思村和山前村村民处于退休状态的比例较高,但是在张思村乡村观光旅游发展的背景下和山前村集体经济壮大的背景下,即使选择退休,也能从旅游业和租赁业的集体经济中获得可观的分红。

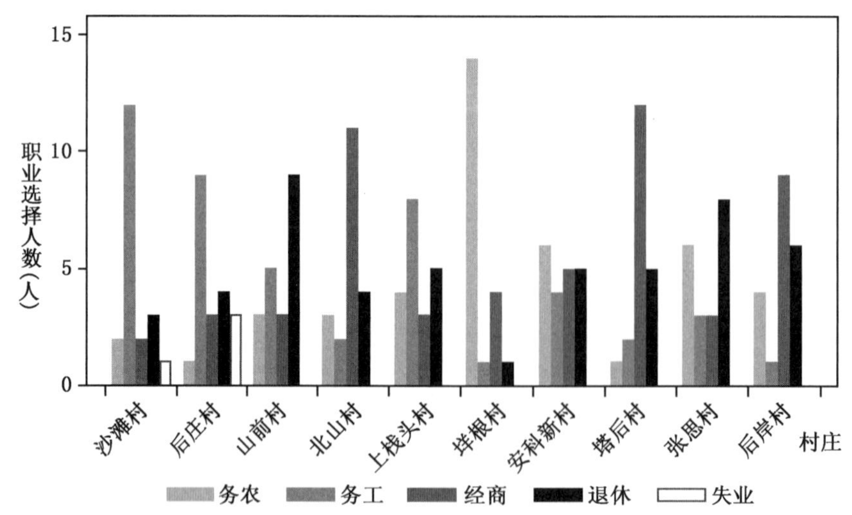

资料来源:作者根据千村调查台州市村庄问卷整理计算所得。

图 5　调研村庄劳动力就业选择情况

2. 家庭层面

我们将样本分为有外出务工经历组和无外出务工经历组,分别看农村劳动力的就业选择结构。首先可以看到有外出经历组没有失业的劳动力,说明外出经历能提高农村劳动力的就业能力,即使在突如其来的疫情的冲击下也获得了就业机会。其次发现有外出务工经历组中务工和经商占本组总劳动力的比重都高于无外出务工经历组，表明具有外出务工经历可以促进农村劳动力就业和创业。最后，分别从两组自身来看，有外出务工经历小组中务工占比较高，相反，无外出务工经历组中经商比例较高，其中是否有外出务工经历对于务工和经商的选择是否有影响需要进一步验证。

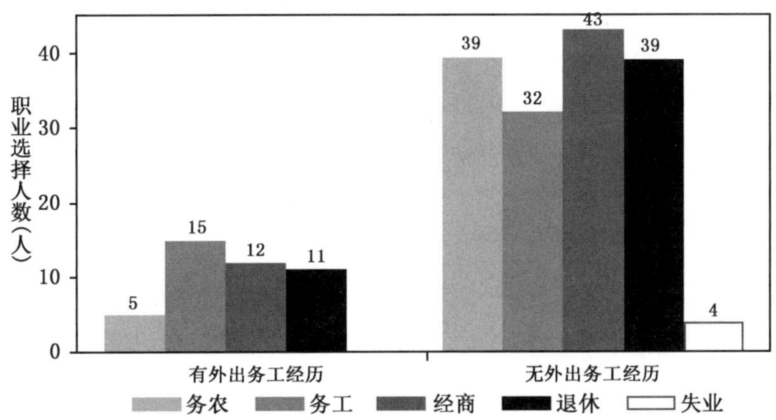

资料来源：作者根据千村调查台州市农户问卷整理计算所得。

图 6　是否有外出务工经历劳动力的就业选择

3. 个人层面

首先是就业决策选择原因的分析。表 1 展示的是个人层面是否外出就业原因和选择返乡原因。可以看出，当本地就业机会多、本地经商基础好和农业产业收入高时，农村劳动力是不愿意外出务工的，这三项占 64.29％的原因。家庭有幼童和老人要照看占 15.04％。个人层面的因素如年龄较大和在外地竞争力不足都归咎于个人能力，占 13.91％。其他因素比如社会网络（6.77％）的强弱也会影响农村劳动力外出就业的决策。

表 1　　农村劳动力是否外出就业原因分析

选项	原因 1	原因 2	原因 3	占比（％）
A：从未外出务工的原因分析				
本地就业机会多	62	28	8	36.84
照看本地生意	42	13	2	21.43
照顾老人/儿童	28	10	2	15.04
年纪大了	11	5	3	7.14
担心在外找不到工作	6	5	7	6.77
在外面没有认识的人	2	5	11	6.77
本地农业收入较高	6	9	1	6.02

续表

选项	原因1	原因2	原因3	占比(%)
B:曾经外出务工的原因				
增加收入	32			56.14
创业	6	9		26.32
为了子女教育	1	5		10.53
在家无事可做	2			3.51
想留在城市	2			3.51
C:选择回乡的原因分析				
生孩子或者照顾孩子	37	1		52.78
回乡工作机会多了			11	15.28
结婚	1	9		13.89
务农收入提高		7	1	11.11
配偶团聚		4		5.56
盖房子	1			1.39

其次是曾经到外地务工的原因分析。具体为:外地务工可以增加收入(56.14%),这是主要原因;创业需要外地市场,占26.32%;为了给子女创造更好的受教育条件,占10.53%;向往城市生活和本地就业机会少分别占3.51%。

而农村劳动力返乡的原因主要是家庭因素。其中,因为生孩子或者照顾孩子(52.78%)、回乡结婚(13.89%)、配偶团聚(5.56%)和返乡盖房子(1.39%)占了所选原因的73.62%。本地就业机会增加和农业产业收入提高解释了26.38%的返乡就业原因。

(1)就业选择变化

根据返乡前后农村劳动力就业状态,对于具有外出务工经验的农村劳动力,返乡前在城市创业的,返乡后则有50%选择退休。返乡前在外地务工的农村劳动力中,返乡后有45.45%选择继续务工,22.73%因年龄较大而选择退出劳动力市场,18.18%经商创业(见表2)。

表2　返乡前后劳动力就业状态变化

外出就业选择	返乡就业选择	人数(人)	占比(%)
创　业	务工	2	33.33
	经商	1	16.67
	退休	3	50.00
	小计	6	100.00

续表

外出就业选择	返乡就业选择	人数(人)	占比(%)
务　工	务农	3	13.64
	务工	10	45.45
	经商	4	18.18
	退休	5	22.73
	小计	22	100.00

(2)行业变化

农村劳动力返乡前后就业行业比较集中,返乡前主要在制造业行业工作,占所有外出劳动力的38.64%,其次是住宿餐饮业和居民服务业,两者均占11.36%,说明农村劳动力外出主要在低技能行业就业。返乡后,根据台州市乡村产业的布局,多数(36.36%)劳动力选择在住宿餐饮业就业,主要经营农家乐和民宿;18.18%的劳动力返乡后选择在制造业就业。可见,返乡后农村劳动力从事的行业对社交能力和社会网络要求更高,详见表3。

表3　　农村劳动力返乡前后从事行业变化

外出就业行业	频数(个)	占比(%)	返乡就业行业	频数(个)	占比(%)
农林牧渔业	1	2.27	农林牧渔业	3	6.82
采矿业	1	2.27	采矿业	1	2.27
制造业	17	38.64	制造业	8	18.18
建筑业	4	9.09	批发零售业	1	2.27
交通运输和邮政业	2	4.55	住宿餐饮业	16	36.36
批发零售业	3	6.82	租赁和商业服务业	2	4.55
住宿餐饮业	5	11.36	科研技术服务业	1	2.27
租赁和商业服务业	1	2.27	水利环境和公共管理业	1	2.27
居民服务与其他服务业	5	11.36	居民服务与其他服务业	4	9.09
缺失值	5	11.36	公共管理和社会组织	3	6.82
			缺失值	4	9.09

(3)月收入变化

通过对比非退休返乡劳动力返乡前后月工资水平,在村庄层面平均可得到图7。可以发现,调研村庄返乡劳动力的工资明显增加。尤其是上栈头村村民,返乡后平均工资增加了七千多元。垟根村和安科新村返乡后工资增幅均高于5 000元。张思村和沙滩村返乡农民工工资增加最少,低于2 000元。总体来说,从收入变化角度看,调研区域内返乡劳动力的返乡是成功的迁移。

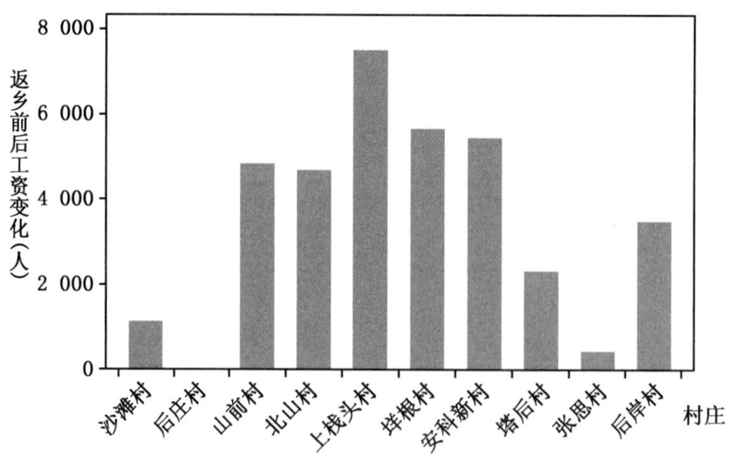

资料来源:作者根据千村调查台州市农户问卷整理计算所得。

图 7　农村劳动力返乡前后月工资水平变化

五、产业兴旺背景下农村劳动力就业决策影响因素分析

(一)模型选择

基于以上被调查区域产业发展现状和农村劳动力就业现状,根据效用最大化的理性假设,农村劳动力在乡村产业兴旺背景下所作出的就业决策受哪些宏观因素和微观因素影响呢?由于农业劳动力的就业选择有务农、务工、经商、退休和失业五种,并且这些选择互斥,因此我们选用多项 Logit 模型来分析问题。具体模型如下:

$$\ln\left(\frac{\pi_{ij}}{\pi_{ib}}\right)=\ln\left(\frac{P(y_i=j\mid x)}{P(y_i=b\mid x)}\right)=x_i'\beta_j \tag{1}$$

其中,b 为基准组,选取退休组作为基准组,$j=1,2,3,\cdots,J$,分别指务农、务工、经商、退休和失业五种返乡后的就业选择。x_i 表示个体 i 进行就业决策时面临的个人特征、家庭禀赋、村庄环境等影响因素,具体见表 4。通过求解 J 个方程,我们可以得到每种就业选择的预测概率和相对于基准组的胜算比:

$$\pi_{ij}=P(y_i=j\mid x)=\frac{exp\ (x_i'\beta_j)}{\sum_{m=1}^{J}exp\ (x_i'\beta_m)} \tag{2}$$

$$\frac{\pi_{ij}}{\pi_{ib}}=\left(\frac{P(y_i=j\mid x)}{P(y_i=b\mid x)}\right)=exp\ (x_i'\beta_j) \tag{3}$$

那么,第 l 个解释变量的变化引起的概率的相对变化可表示为:

$$\frac{exp\ (x_i'\beta_j+\Delta x_{il}\beta_{jl})}{exp\ (x_i'\beta_j)}=exp\ (x_i'\beta_j) \tag{4}$$

其中 β_{jl} 为第 j 组系数向量 β_j 的第 l 个元素。式(4)表示在其他解释变量不变时,解释变量 x_{il} 每增加一个单位,选择第 j 类就业选择相对于退休选择的胜算比变化为 $exp(\beta_{jl})$。

(二)变量描述

本文中的因变量是农村劳动力当前的就业选择,自变量包含个人因素、家庭因素和村

庄因素，具体指标和含义见表 4。

表 4　　　　主要研究变量的描述性统计

变量		定义和赋值	均值	标准差
因变量	就业选择	1 务农；2 务工；3 经商；4 退休；5 失业	2.62	1.14
自变量	**个人层面**			
	年龄(岁)	2021 减去出生年份	51.14	11.03
	性别	1 男性；0 女性	0.59	0.49
	受教育年限(年)	按照实际受教育年限	9.52	3.07
	健康状况	自评健康状况 1 非常好；2 较好；3 一般；4 不太好；5 很差	1.47	0.64
	婚姻状况	1 未婚；2 有配偶；3 离婚；4 丧偶	2.02	0.33
	党员身份	1 是；0 否	0.36	0.48
	是否有外出务工经历	1 是；0 否	0.22	0.41
	家庭层面			
	家庭人口数量(人)	家庭户籍人口数		
	家庭上学人数(人)	家中在校读书的人口数	0.23	0.55
	家庭人均耕地面积(亩/人)	家庭承包耕地面积与家庭户籍人口的比值	0.49	2.46
	家庭人均收入(元/人)	家庭总收入与家庭户籍人口数的比值	46 076.00	42 373.09
	村庄层面			
	是否是城郊乡村	1 是；0 否	0.30	0.46
	本村地势	1 平原；2 丘陵；3 山区	2.30	0.90
	本村经济相对发达程度	1 下等；2 中下等；3 中等；4 中上等；5 上等	3.60	1.20
	村庄人均耕地面积(亩/人)	村庄总耕地面积与户籍人口数量的比值	0.42	0.54
	村庄年内收入(万元)	村庄 2020 年总收入	517.43	349.27
	村庄人均年收入(元/人)	村庄上年年内收入总和与户籍人数的比值	3 223.00	2 427.0
	村庄产业	1 纺织业；2 建材业；3 家具制造业；4 电信产业；5 机器制造业；6 批发零售业；7 住宿餐饮业；8 观光旅游；9 种植业养殖业	6.30	2.24
	乡村振兴潜力	1 潜力小；2 潜力较小；3 一般；4 潜力较大；5 潜力很大	4.00	1.19

（三）实证结果

本文利用 Stata16.0 对调研数据进行多元 logit 回归，基准组选为退休组，所得结果见表 5。

表 5　　农村劳动力就业选择的多项 logit 回归结果

变量名称	务农 (1)	务工 (2)	经商 (3)	失业 (4)
个体特征				
男性	0.150	0.666	0.368	36.299
	(0.579)	(0.553)	(0.511)	(4 689.578)
年龄	0.197	0.175	0.129	64.113
	(0.191)	(0.156)	(0.165)	(3 741.545)
年龄平方	−0.002	−0.002	−0.001	−0.643
	(0.002)	(0.002)	(0.002)	(38.703)
受教育年限	−0.098	−0.234**	−0.101	10.308
	(0.119)	(0.114)	(0.098)	(2 634.550)
婚姻状况	−0.139	0.166	−2.182*	−20.375
	(0.963)	(0.662)	(1.118)	(34 182.341)
健康状况	0.286	−0.390	0.079	−13.815
	(0.413)	(0.407)	(0.376)	(3 843.322)
党员	−0.437	−0.736	−0.837	−86.488
	(0.639)	(0.606)	(0.597)	(10 456.029)
外出务工经历	−1.397*	0.110	−0.014	−67.269
	(0.752)	(0.574)	(0.583)	(7 656.226)
家庭特征				
家庭户籍人口数	−0.088	−0.268	0.054	7.824
	(0.178)	(0.186)	(0.162)	(963.050)
家庭人均收入对数	−0.593	−0.026	1.264***	23.988
	(0.443)	(0.394)	(0.384)	(3 379.875)
家庭人均耕地	1.132*	0.640	0.660	−175.260
	(0.670)	(0.717)	(0.662)	(16 132.040)
家庭在校学生数	0.150	−0.183	−0.052	−55.385
	(0.443)	(0.508)	(0.452)	(7 755.082)

续表

变量名称	务农 (1)	务工 (2)	经商 (3)	失业 (4)
村庄特征				
城郊	0.019	1.552*	0.249	43.805
	(0.813)	(0.806)	(0.704)	(12 217.176)
丘陵	3.428**	−1.338	2.282	−29.926
	(1.465)	(1.676)	(1.499)	(10 088.156)
山区	0.215	−2.236**	1.537*	−64.151
	(0.892)	(0.924)	(0.863)	(8 668.592)
相对经济水平	0.141	−0.371	−0.492	−6.029
	(0.411)	(0.381)	(0.341)	(4 446.709)
村民平均人均年收入对数	0.066	−2.137*	1.402	−120.708
	(1.263)	(1.250)	(1.109)	(17 720.902)
村庄产业	−0.149	−0.272**	0.012	4.309
	(0.127)	(0.125)	(0.135)	(1 456.101)
村集体人均分红	−0.195	0.005	−0.366	7.953
	(0.302)	(0.326)	(0.238)	(2 491.142)
常数项	2.196	26.907**	−23.194**	−717.004
	(13.157)	(12.218)	(10.988)	(164 772.034)
对数似然值	−187.606			
伪判决系数	0.325			
样本量	193			

1. 农村劳动力个体特征对其就业选择的影响分析

从个体特征来看，仅有受教育年限、婚姻状况和是否具有外出务工经历三个个体层面的变量会影响农村劳动力的就业选择。具体来看，从受教育年限的相对风险比与边际效应结果可以得出，与选择退休的概率相比，选择务工的概率是其 0.791 倍，且农村劳动力的受教育年限每增加一年，选择务农的概率下降 0.1%，选择经商的概率增加 0.1%。从外出务工经历的结果来看，与选择退休的概率相比，选择务工的概率是其 0.247 倍，且具有外出务工经历的劳动力相对于不具有无外出务工经历的劳动力而言，返乡后选择务工的概率增加 6.8%，选择经商的概率增加 4.5%。

2. 农村劳动力家庭特征对其就业选择的影响分析

从家庭特征来看，家庭人均年收入对数和家庭人均耕地数量会影响农村劳动力的就业决策。首先，从家庭人均年收入对数的估计结果可以得出，与选择退休的概率相比，选择务工的概率是其 3.54 倍，且农村劳动力的家庭人均年收入每增加 1%，选择务农的概率就下降 11.60%，选择务工的概率则下降 3.18%。估计结果符合我们的直觉。从家庭人均耕地数量的估计结果可以得出，与选择退休的概率相比，选择务农的概率是其 3.101 倍，且农村劳动力的家庭人均耕地数量每增加 1%，选择经商的概率也会增加 2.23%，这是因为调研区域选择的经商创业项目主要是农家乐和民宿，较多的耕地数量可以为经商的餐饮提供更多新鲜的原材料和体验式的田园乐趣。

3. 农村劳动力所在村庄特征对其就业选择的影响分析

从村庄特征来看，村庄地形特征、村庄平均人均年收入水平和村庄产业会影响农村劳动力的就业决策。首先，从村庄是否处于城郊的估计结果可以得出，与选择退休的概率相比，选择务工的概率是其 4.72 倍，且农村劳动力村庄在城郊比不在城郊的村庄，选择务农的概率下降 6.60%，选择经商的概率下降 5.65%。城郊村庄劳动力选择经商的比例相对下降，是因为台州所经营的农家乐主推生态安静、环境优美的"名片"，城郊制造业发达，在农家乐经营上不具有相对优势。同理可以解释在山区村庄的农村劳动力相对于平原地区村庄的劳动力更愿意选择经商，而务工的概率较低。除此以外，村庄平均人均年收入水平每提高 1%，农村劳动力选择经商的概率就会增加 26.80%，而务工的概率将降低 31.32%。由此可见，村庄的地理位置和经济发展水平直接影响劳动力的就业选择。

4. 就业选择对家庭人均收入的影响

以下我们将进一步探究就业选择对农村劳动力个人收入或者家庭收入的影响强度。结果如表 6 所示。由表 6 可以得出，务工与务农对个人月收入、家庭总收入以及家庭人均收入的影响没有显著的差异。经商能够显著改善收入水平。具体来看，经商的农村劳动力的平均个人月收入是相同条件下选择务农的劳动力的 1.46 倍，家庭总收入是 20.11 倍，家庭人均收入是 3.93 倍。除此以外，村庄地理位置和村庄集体经济收入也显著影响劳动力个人和家庭经济收入水平。非城郊、山区村庄和集体收入水平较高乡村的个人月收入更高。

表 6　　就业选择对个人收入或家庭收入的影响

变量	个人月收入 (1)	家庭总收入 (2)	家庭人均收入 (3)
务工	0.318	2.593	0.615
	(0.210)	(3.181)	(0.664)
经商	1.457**	20.107***	3.932***
	(0.578)	(4.562)	(0.968)
退休	0.514*	6.148*	0.979
	(0.280)	(3.576)	(0.698)
失业	—	8.758	2.995
	—	(6.446)	(2.080)

续表

变量	个人月收入 (1)	家庭总收入 (2)	家庭人均收入 (3)
男性	0.356	0.053	0.062
	(0.315)	(2.966)	(0.598)
年龄	0.019	−0.261	0.177
	(0.064)	(0.757)	(0.148)
年龄平方	−0.000	0.001	−0.002
	(0.001)	(0.007)	(0.001)
受教育年限	0.010	−0.354	0.060
	(0.061)	(0.646)	(0.126)
婚姻状况	0.407	4.657	0.913
	(0.313)	(5.301)	(0.760)
健康状况	0.580	1.417	0.522
	(0.413)	(2.392)	(0.480)
党员	−0.397	6.369	1.086
	(0.378)	(3.980)	(0.852)
外出务工经历	−0.447	−5.089*	−0.766
	(0.304)	(2.715)	(0.526)
城郊	−0.755***	−3.004	−0.946
	(0.249)	(3.272)	(0.658)
丘陵	0.317	−2.596	−0.032
	(0.374)	(5.981)	(1.129)
山区	0.618*	−5.403	−0.043
	(0.369)	(4.883)	(0.985)
相对经济水平	−0.149	−1.637	−0.479
	(0.188)	(2.047)	(0.378)
村民平均人均年收入对数	0.500	6.126	2.019
	(0.532)	(6.414)	(1.312)
村庄产业	−0.054	−0.050	−0.053
	(0.135)	(0.896)	(0.180)
村集体人均分红	0.323*	2.657*	0.359
	(0.164)	(1.563)	(0.384)

续表

变量	个人月收入 (1)	家庭总收入 (2)	家庭人均收入 (3)
常数项	−8.637	−58.889	−25.090**
	(5.773)	(55.844)	(11.390)
观测数	184	193	193
R^2	0.194	0.237	0.238

注：*** 表示在1%的显著性水平下显著，** 表示在5%的显著性水平下显著，* 表示在10%的显著性水平下显著。

六、主要结论和政策建议

本文基于上海财经大学2021年“千村调查”台州定点调研组10个村庄200个家户的田野调研数据，探究了乡村背景下农村劳动力决策选择现状及其影响因素。研究发现，具有外出务工经历的农村劳动力选择务工和经商的概率增加4.5%～6.8%；家庭人均年收入水平和家庭人均耕地面积的提高会显著降低务工和务农的选择概率而更偏向经营农家乐和民宿产业。居住在城郊的农村劳动力更偏好务工就业，而山区的劳动力选择经商的概率较平原农民增加29.24%。这是山区生态环境对创业的推动力。

根据以上结论，本文提出以下促进稳定农村劳动力就业的建议：一是注重乡村生态保护，用生态换金钱。充分践行“青山绿水就是金山银山”的乡村发展指导，把山水阻碍的劣势转变为经营特色，打造成农民切切实实的收入提高的保障。二是做大做强村集体经济，众人拾柴火焰高。农户们“单打独斗”很难实现乡村振兴，“抱团出海”才能发挥能人和乡贤的带头作用，带动村民共同富裕。三是经营乡村旅游业需要文化为灵魂。没有文化作为民宿、乡村观光旅游和农家乐的灵魂，这些产业就会千篇一律，会发展成恶性竞争。只有注入了文化的灵魂，才能使农业与旅游业深入融合，才能使乡村旅游业焕发不息的生机。

参考资料

[1]Ariu A.,Docquier F.,Squicciarini M. P.(2016). Governance quality and net migration flows. *Regional Science and Urban Economics*,60:238—248.

[2]Bijwaard G. E.,Van Doeselaar S.(2014). The impact of changes in the marital status on return migration of family migrants. *Journal of Population Economics*,27(4):961—997.

[3]Davies R. B.,Pickles A. R.(1991). An analysis of housing careers in Cardiff. *Environment and Planning A*,23(5):629—650.

[4]Démurger S.,Xu H.(2011). Return migrants:The rise of new entrepreneurs in rural China. *World Development*,2011,39(10):1847—1861.

[5]Lewis W. A.. Economic development with unlimited supplies of labour. 1954.

[6]Stark O.. The migration of labor. 1991.

[7]Todaro M. P.(1969). A model of labor migration and urban unemployment in less developed coun-

tries. *The American Economic Review*, 59(1): 138－148.

[8]Zhao Y. (2002). Causes and consequences of return migration: recent evidence from China. *Journal of Comparative Economics*, 30(2): 376－394.

[9]蔡栋梁，邱黎源，孟晓雨，马双. 流动性约束、社会资本与家庭创业选择——基于CHFS数据的实证研究[J]. 管理世界，2018，34(09)：79－94.

[10]林善浪，张作雄，林玉妹. 家庭生命周期对农村劳动力回流的影响分析——基于福建农村的调查问卷[J]. 公共管理学报，2011，8(04)：76－84＋126.

[11]罗明忠. 农村劳动力转移后回流的原因：逻辑推演与实证检验[J]. 经济学动态，2008(01)：51－54.

[12]马芒，徐欣欣，林学翔. 返乡农民工再就业的影响因素分析——基于安徽省的调查[J]. 中国人口科学，2012(02)：95－102＋112.

[13]宁光杰，段乐乐. 流动人口的创业选择与收入——户籍的作用及改革启示[J]. 经济学(季刊)，2017，16(02)：771－792.

[14]秦雪征，周建波，辛奕，庄晨. 城乡二元医疗保险结构对农民工返乡意愿的影响——以北京市农民工为例[J]. 中国农村经济，2014(02)：56－68.

[15]盛亦男. 流动人口居留意愿的梯度变动与影响机制[J]. 中国人口·资源与环境，2017，27(01)：128－136.

[16]石智雷，杨云彦. 家庭禀赋、家庭决策与农村迁移劳动力回流[J]. 社会学研究，2012，27(03)：157－181＋245.

[17]石智雷，杨云彦. 金融危机影响下女性农民工回流分析——基于对湖北省的调查[J]. 中国农村经济，2009(09)：28－35＋92.

[18]石智雷，杨云彦. 外出务工对农村劳动力能力发展的影响及政策含义[J]. 管理世界，2011(12)：40－54.

[19]石智雷，杨云彦. 外出务工对农村劳动力能力发展的影响及政策含义[J]. 管理世界，2011(12)：40－54.

[20]孙文凯，白重恩，谢沛初. 户籍制度改革对中国农村劳动力流动的影响[J]. 经济研究，2011，46(01)：28－41.

[21]王西玉，崔传义，赵阳. 打工与回乡：就业转变和农村发展——关于部分进城民工回乡创业的研究[J]. 管理世界，2003(07)：99－109＋155.

[22]许斌. 金融危机影响下的民工"回乡潮"[J]. 科学社会主义，2009(02)：119－120.

[23]张丽琼，朱宇，林李月. 家庭因素对农民工回流意愿的影响[J]. 人口与社会，2016，32(03)：58－66.

[24]张丽琼，朱宇，林李月. 家庭因素对农民工回流意愿的影响[J]. 人口与社会，2016，32(03)：58－66.

[25]周广肃，谭华清，李力行. 外出务工经历有益于返乡农民工创业吗？[J]. 经济学(季刊)，2017，16(02)：793－814.

[26]朱红根，解春艳. 农民工返乡创业企业绩效的影响因素分析[J]. 中国农村经济，2012(04)：36－46.

产业振兴背景下农村产业现状及村民的满意度研究

——基于浙江省温州市南田镇横山村的调查分析

王炳杰[①]　胡　佳[②]　郑金锦[③]

摘　要：产业兴则经济兴、农村兴，产业振兴是乡村振兴之本。横山村农产业结合自身地域特色与周边旅游资源转型发展，有代表性地体现了在国家农业政策支持下农村产业多元化、综合化的发展路径。本文在研究横山村产业发展现状以及面临困境的基础上，调查当地村民对产业振兴现状的感知状况与满意程度，总结出横山村因地制宜发展培育优势产业的创新举措，并针对突出问题提出建议，为各地区推进乡村产业振兴提供参考借鉴和启示。

关键词：乡村产业振兴　种植业　农村旅游业

一、研究背景及意义

党的十九大正式作出了实施乡村振兴战略的重大决策部署，这是新时代建设现代化经济体系的关键，为全面打赢脱贫攻坚战和全面建成小康社会提供了物质基础。2020 年年底，我国圆满完成脱贫攻坚工作，贫困县全部“摘帽”，历史性地消除了绝对贫困，全年贫困地区农村居民人均可支配收入 12 588 元，同比增长 8.8%，排除其他因素干扰后，实际增长 5.6%。[④] 2021 年 2 月 25 日，国务院扶贫办更名为“国家乡村振兴局”，标志着我国“三农”工作重心开始转移，乡村振兴将成为接下来一段时间内我国农村工作的重点。

乡村产业振兴是我国乡村振兴战略的重要内容。为实现工作重心从脱贫攻坚到乡村振兴的平稳过渡，2021 年中央一号文件对脱贫地区设 5 年过渡期，深化产业帮扶和就业帮扶[⑤]，各地区全面加快发展乡村产业，推动建设农业产业强镇小型经济圈、现代农业产业园中型经济圈、优势特色产业集群大型经济圈。但随着我国“三农”问题趋于复杂化，乡村产业发展面临更大的挑战。由于我国幅员辽阔，各地区“三农”问题皆有所不同，因此，实地考

---

① 王炳杰，男，上海财经大学公共经济与管理学院投资学专业 2020 级本科生。
② 胡佳，女，上海财经大学公共经济与管理学院投资学专业 2019 级本科生。
③ 郑金锦，女，上海财经大学商学院工商管理专业 2020 级本科生。
④ 具体参考国家统计局．中华人民共和国 2020 年国民经济和社会发展统计公报［EB/OL］。
⑤ 具体参考国发〔2021〕1 号文件《国务院关于全面推进乡村振兴加快农业农村现代化的意见》。

察、因地制宜显得尤为重要。

要实现全面高效的乡村产业体系建设，需要统筹安排人才、土地、资金等多种生产要素。就目前来看，我国乡村产业发展还存在产业链条延伸程度不够、产业融合发展程度较低、农业多功能扩展程度有限等问题，而这些问题都需要优秀的人才、充足的土地及资金在相应的政策帮扶下结合各地不同的生产情况进行改善与优化。

二、横山村的基本情况介绍

(一)村庄基本信息

横山村地处浙江省文成县南田镇西南线中部。横山村作为一个古村落，至今已有四百八十余年的历史，有保存完整三百余年历史的刘昆祠堂(县文物单位)。横山村原名恒山村，由刘基公第七代孙刘武(字恒山，号英勇)为其取名为恒山村。“恒山”与“横山”同音，后人就叫成横山村。新中国成立后，横山村隶属青田县，后改为隶属文成县，现称浙江省文成县南田镇横山村。

横山村西临西湖村西洋自然村，东临九都村，北临西湖村叶山头自然村，南临新南村。作为沿线公路村庄，横山村下通西坑镇，有安福寺、龙沉等名胜景区，上临南田镇、刘基庙旅游中心，交通便利，是旅游景区间的风景桥梁。

横山村下设外处、横山底、元桥、官庄、岗背五个自然村。全村面积大约 2.8 平方千米，耕地面积约 1 918 亩(园地面积不在计算之内)。全村 412 户，共 1 413 人，其中 60 岁(含)以上的 280 人，80 岁(含)以上的 35 人，90 岁(含)以上的 7 人。外出务工七百余人(含儿童)，出国 70 人，党员 39 人。村里有大学生二十余人。常驻村民大部分为老人和小孩，大多数青年选择外出务工、经商(见表 1)。

表 1　　横山村村民基本信息

性　别	人　数	所占比例(%)
男	899	60.88
女	514	39.12
合计	1 413	100.00
家庭成员数量	人数	所占比例(%)
2 人及以下	88	21.57
3 人	176	43.13
4 人	107	26.23
5 人及以上	41	9.07
合计	412	100.00

资料来源：作者依照千村调查入户调查问卷整理计算所得。

横山村的生活水平在逐年提高，目前，全村 50%的村民有一定的存款；无保户、低保户会收到政府发放的救济款，每人每月可领取八百余元；60 岁(含)以上老人每月可以领取补助费。

横山村的产业结构以农产业为主，村民主要的收入来源有种植经济作物，从事畜牧业、手工业，或选择外出务工和开办小企业(见图1)。从总体上看，每家每户全年收入约为5万元。

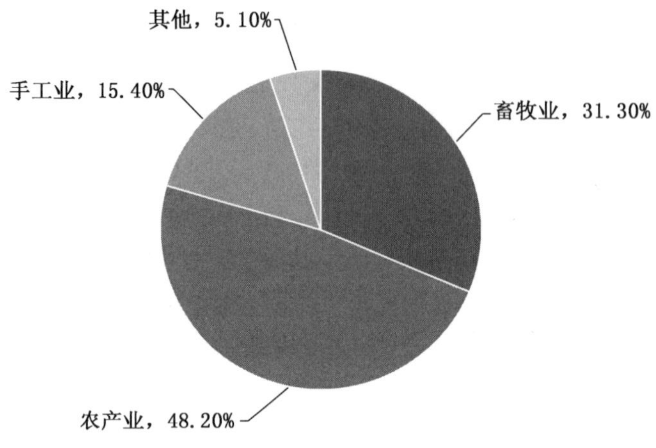

资料来源：作者依照千村调查入户问卷整理计算所得。

图1　横山村产业结构

（二）横山村各产业现状

该村整体的产业经济是以第一产业为主，第二、三产业发展程度较弱(见表2)。在第一产业中，农产品主要以农作物水稻为主，种植规模占比大但产值较小，还有杨梅、茭白、腰子豆、大豆等高产值的经济作物(见表3)。横山村的第二产业比较薄弱，仍处于起步阶段，尚有待开发。当地第三产业的发展前景十分广阔，目前仅有两家农家乐，存在待挖掘的潜力。

表2　横山村第二、三产业发展情况

产业名称	规　模
农副产品加工业	有待开发
乡村旅游	农家乐约2家

资料来源：作者依照千村调查入户问卷整理计算所得。

表3　横山村农业发展情况

产业	规模(亩)	产值(万元)
水稻	1 350	390
南瓜	260	73
大豆	240	26
腰子豆	268	93
总计	1 918	582

资料来源：作者依照千村调查入户问卷整理计算所得。

由于横山村的主要特色农产品是以水稻为代表的粮食作物和以杨梅为代表的经济作物，本次调查针对横山村农产业发展现状的研究以及村民对村中农产业发展状况的满意程度，主要集中在水稻产业和杨梅产业两个领域。

(三)横山村特色产业介绍

目前，横山村的杨梅种植面积约为 800 亩，全村杨梅树约有 5 000 多株，杨梅产业年产值约为 257 万元。横山村隶属于浙江省温州市文成县。文成杨梅是文成县极负盛名的特产，它此前不仅被认证为国家级无公害农产品，而且获得了“浙江省精品杨梅”的称号。

由于山区的昼夜温差大，加上横山村的水土好、空气质量高，横山村的杨梅产业具有得天独厚的发展优势，且横山村具有广袤而地势平坦的坡地，杨梅产业具有很大的发展潜力。1995 年，随着“兴山兴民”政策的提出，杨梅产业得到了文成县的大力支持，浙江省也增加了对农村发展杨梅产业的资金支持，这些措施极大地带动了横山村杨梅产业的发展。

三、调查对象的田野感知

(一)访谈内容的选取

笔者所在调研团队于 2021 年 7 月 10 日到达南田镇横山村开展走访任务，采取半开放式的访谈方式，选取村中不同类型的村民进行走访并选取具有代表性的访谈对象进行描述。访谈地点一般设在村民家中。内容包括：经济收入方面，了解受访者的总体收入和支出情况以及负债状况；社会生活方面，包括调查对象的文化程度、思想观念、居住环境等；产业交互方面，主要是村民在农村各产业中担任的身份和所处的地位（如特定产业的收入），以及在产业建设发展中的参与程度。

经调查发现，村民的年龄、受教育程度、在乡村产业中所处的地位不同，会影响其通过相关产业获得的收益，以及对当地产业振兴的满意程度。本文选取了其中几个典型性案例进行描述，探讨目前乡村产业发展基本情况以及一般村民的期望。

(二)对典型村民案例的分析

1. 村委书记的担忧

人群分类：教育文化程度高、乡村产业中地位高的村干部，对当地产业振兴的满意度较低。

村委书记是我们首位访谈对象，也是极具代表性的一类群体。这位在当地任职近 6 年的村干部的文化教育程度相对较高，是高中学历，且由于他在农村产业中担任十分重要的职位，与政策的接触更多，有更加深入的了解和思考。

他认为现今祖国成功脱贫，人民步入了小康社会，相比之前，横山村的生活条件已经有很大的改善，但仍旧有一些政策因素阻碍了横山村更好的发展。

在填写入村问卷的同时，村委书记也详细地讲述了横山村产业振兴受阻的情况。因为在其他一线城市就业岗位更多、薪水更丰厚，而农民依靠种植每月最多仅 2 000 元左右的收入，所以横山村的许多青年农户选择到外地务工赚钱。而留在家中的老年人体力跟不上，种不了地，就只能将土地流转给一些农业开发公司，但公司给出租的农户每亩地仅 300

元左右的租金，这与自己耕种所得的 2 000 元收入相比有很大的差距。近期国家政策方面强调要开发粮食种植功能区，所以很多土地只能种植水稻，不能种植像茭白、猕猴桃等经济作物，在收入本就不高的基础上，农民收入因经济作物的减产而变得更少了。

此外，村委书记提到横山村产业发展的另一大阻碍是可供开发和使用的田地减少。因为政策改革的背景下当地的住户基本上是一户一宅，没有多余的宅基地留出来，原先的很多土地被当地政府要求开发为资本农田，不允许盖房子或挪为他用。倘若当地的住户想要在自己的空地上盖房子、建厂房，就必须提交书面报告向政府申请并经官方批准，流程非常复杂。究其根本原因，可能是由于很久以前的村干部将所有的土地都划分为农田，且这项政策沿用至今，现在若想将这些农田改建为建筑用地则难度很大，耗时太久。这样的旧政策无疑是第二产业在横山村发展的“绊脚石”。

访谈中我们了解到当地的第一产业除了以水稻种植为主外，杨梅也是特色农产品之一。政府向当地村民传达了乡村产业振兴的理念，但是横山村也迫切期望实际的经营补助落实到农户的手中。就杨梅而言，由于没有相关机构来统一管理杨梅的种植销售等，因此这个特色农产品缺乏有效的市场营销渠道。而且没有标准的市场定价，很多时候外地商客前来购买杨梅，本地农户只能任由他们压低价格。同时，当地杨梅的种植缺少相关技术人员的指导和先进科技的支持，农民想要大批量生产杨梅也是心有余而力不足，更多时候还是“靠天吃饭”。但是相比而言，横山村所属的文成县是杨梅种植大县，其虽然会定期组织技术培训，但仅限于年产量超过 100 亩的生产大户，寻常的农民仍旧没有机会了解先进有效的技术。

这位受访者属于第一类访谈对象，由于学历、职位等各方面的原因对与乡村产业振兴有关的政策感知能力较强，更容易感受到产业振兴发展中的不足。虽然村委书记对于横山村当前的产业发展满意度不高，但是对于未来产业发展的期望值依然很大。村委书记表达了希望在我们此次千村调查的帮助之下，政府能够摒弃有缺陷的旧政策，落实更贴近农民困境的新政策，让更多具备科技知识、先进技术的人员来助推横山村的农业发展。

2. 看好乡村产业振兴前景的农户

人群分类：文化教育程度低而经济收入高的农户，对负面状况的感知较弱，参与农村产业的建设程度高，对当地产业振兴的满意度很高。

在当地以务农为主的家庭中，有一位姓王的农户接受了我们的采访。他在初中毕业后去了很多城市打工，如山东、江苏、温州、厦门等，现在约为 65 岁。他的家庭条件相对富裕：有两栋四层楼的房子、约 3 亩的水稻种植田、三十余亩的杨梅种植区，并且家里有两辆小汽车、一台小型拖拉机和农用排灌柴油机。在农产业经营者中属于收入较高、资产较多的群体。

他家中的水稻种植田曾流转给当地的农业开发公司，每月获得 1 000 元左右的租金，所以家庭经营的重点放在了杨梅的种植和出售上。访谈过程中，他谈到由于有客龄 7～8 年的老顾客和一些途经横山村的散客来光顾，杨梅的销量总体而言尚可。此外，他在从事农业生产之余也在对横山村的发展做出力所能及的贡献，在村里修路、建刘昆祠堂、同村人生重病募资时均有捐款，累计总金额近 2 万元。

这位受访者因为在农产业经营的收入高，所以对于我国产业振兴的满意度也较高，属于第二类访谈对象。他对自己、对整个横山村产业发展的状况很满意，但他也认为当地的杨梅产业还有很大的发展空间。同村委书记的想法一样，他认为村里种植生产技术落后，更多时候还是“靠天吃饭”，他今年所种植的杨梅就因为降雨量大而导致产量大幅下降；同时，只靠农民个体的力量而没有体系化的营销方式，使得当地杨梅没有好的推广渠道来进一步扩大销量。所以，他期望政府关注这些底层农民的困境，让更多的科研人员来当地考察土质并提供技术层面的指导，也希望建立更好的营销渠道来将当地的杨梅推向全国各地。

3. 阳光下的阴影

人群分类：特例人群，由于很多特殊原因，其经济收入很低，负债多，居住情况差，患有慢性疾病，对于农村产业发展的满意度低。

虽然脱贫攻坚战已经取得胜利，我国正处于巩固脱贫成果与全面推进乡村振兴的关键过渡时期，但仍然有一部分人群因为各种原因而造成了家庭贫困。这部分村民被我们归为第三类访谈对象。

在调查的过程中，我们采访了一些非常特殊的家庭。其中一个家庭的女主人姓王。在访谈中我们了解到，她经营着一家约 40 平方米的小店，做一些烟草和杂货的买卖，这是她家庭主要的经济来源。她与她丈夫的教育程度都较低，近几年由于很多特殊的原因，家中生活条件急剧下降：她患有癌症，之前的医疗开销除了耗尽家里积蓄的钱财之外，还让她的家庭背上了 24 万元左右的大额负债；其子女在外地务工，她的日常生活缺少子女的照顾。这家小店每个月只有 600 元左右的收入，基本上会被用来支付癌症的后续治疗，而其后的治疗还需要很大一笔钱。除了为治疗疾病而背负巨额负债之外，她家没有田地，又因为身体原因无法参与当地的农业生产，因此，她觉得横山村的第二、第三产业发展程度很低，对当地的产业振兴也并不满意。

笔者在调研中发现，在乡村振兴战略实施后，依然有很多因家庭原因而没有办法参与农村产业建设的农民。他们希望乡村产业能得到发展，并且自身有途径参与乡村产业的经营。他们是农村产业振兴路上需要我们格外关注的一类人群。

四、关于村民对乡村产业振兴态度的研究

（一）产业振兴对农民、农村发展作用的评估

要评价目前我国乡村产业振兴战略实施的效果，其能否增加当地村民的经济收入或改善村民的生活水平是很重要的一个考察角度。一方面，作为农村产业发展的主体，当地村民对产业振兴战略的感知程度能侧面反映目前政策落实的程度；另一方面，由于当地村民对农村产业振兴各项支持政策的关注程度在很大程度上由其经济利益决定（周芳苓，2006），因此调查村民对生活水平提升情况的满意程度能较好地反映当前农村产业振兴的真实情况。

基于以上原因，本次调研在南田镇横山村开展了问卷调查研究。根据2020年有关统计资料，横山村约有412户村民。考虑到人员的流动和研究视角，按照7%的比例选取29个样本进行问卷调查和相应的访谈（其中村干部3人）。最后有28组数据计入统计。

（二）调查结果统计分析

样本基本情况：对28份有效问卷中基本人口数据的情况进行统计，结果如表4所示。

表4　　调查对象基本信息

内容	类别	人数	所占比例(%)
性别	女	13	46.43
	男	15	53.57
家庭年收入水平	3万元以下	12	42.86
	3万～5万元	9	32.14
	5万元以上	7	25.00
受教育程度	小学及以下	20	71.43
	初中/中专毕业	8	28.57
年龄	18～29岁	4	14.29
	30～41岁	10	35.71
	42～53岁	7	25.00
	53～64岁	5	17.86
	65岁(含)以上	2	7.14

资料来源：作者依照千村调查入户问卷整理计算所得。

注：

(1)性别分布：选取的样本中男女个体所占比例基本相同，其中男性占比46.43%，女性占比53.57%。

(2)年龄：选取的调查样本以青壮年居多，其参与乡村产业经营活动的积极性一般较高，他们也是横山村主要农产业经营的主体。

(3)受教育水平：横山村整体的受教育程度并不高。这可能导致部分村民的思想观念依然比较落后。受教育程度高的家庭更有可能对乡村产业振兴现状进行过独立思考并有清醒的认识，这部分家庭对产业发展前景也具有更高的期望值。

(4)与乡村产业有关的家庭收入情况：在受调查的28户家庭中，有24户家庭参与从事横山村的基本粮食种植产业或具有地方特色的杨梅产业。这部分家庭的收入具有较大差距，部分家庭由于永久基本农田政策的种植作物限制、耕地面积过小或劳动者健康情况较差等因素的影响，因此，他们从乡村产业中获得的收益较低。

(三)横山村村民满意度的统计

村民对相关政策的感知程度是一个用来衡量乡村产业振兴政策落实情况较为直观的指标,但由于受个体文化程度、传统观念等因素的影响,它不一定能客观地反映乡村产业振兴战略实施后村民获得感的提升。因此,结合村民对收入增长水平和就业改进状况的调查分析,能够较为直观地反映乡村振兴战略的实施效果。

调查结果显示(见图 2),村民对“收入增加”的满意程度最高。受调查的 28 位村民中,有 15 人选择了“满意”,占总数的 53.56%;选择“不满意”“不了解”的总人数为 5 人。另外,在“就业机会增多”方面,有 13 人选择了“满意”,相比“收入增加”方面的满意程度有所下降。这部分是因为受调查的村民以务农为主,并且被调查村庄缺少农业合作社等组织。

但是村民对“政府政策效果”的满意程度较低,只有 6 人选择了“满意”,有 10 位村民选择了“一般”,3 位村民选择了“不满意”,对政策实施效果表示“不了解”的有 9 位村民。这说明农村农民没有很好地感知到当前产业振兴政策的执行情况,可能会导致村民未能广泛地参与乡村产业振兴相关政策的执行。造成村民对相关政策感知程度较低的原因有很多,除收入水平、受教育水平外,也有某些个体差异原因。

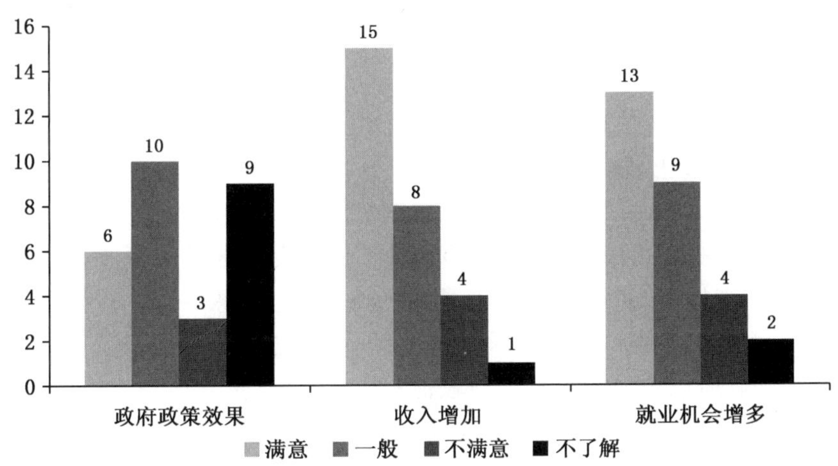

资料来源:作者依照千村调查入户问卷整理计算所得。

图 2 产业振兴效果满意度

可以看出,在乡村振兴政策实施以后,农村农民收入和生活水平普遍得到了提高。但是,村干部和相关单位需要加强与村民的交流沟通,让村民对产业振兴相关政策有更深入的了解,并在充分尊重村民意愿的基础上切实落实国家为推动农村产业振兴发展而出台的配套政策。

(四)影响满意程度的相关因素分析

1. 造成村民满意程度差异的因素

通过引导村民解释其选择相应满意程度的原因,并结合村民家庭的基本信息情况,可将相关原因归为经济收入水平、在产业中所处地位及受教育水平三个方面(见表 5 和表 6)。

表5 村民对农村产业发展政策的满意程度

满意程度	文化程度		家庭年收入水平		
	小学及以下	初中/中专	3万元以下	3万元到5万元	大于5万元
满意	4	2	2	1	3
一般	7	3	2	5	3
不满意	3	—	2	1	—
不知道	6	3	4	5	—

资料来源：作者依照千村调查入户问卷整理计算所得。

表6 影响村民对农村产业振兴相关政策满意程度的因素

因素	人数	百分比
经济收入水平因素	16	57.14%
生产经营所处地位	7	25.00%
受教育水平影响	5	17.86%

资料来源：作者依照千村调查入户问卷整理计算所得。

2. 影响村民满意程度的因素分析

（1）经济收入因素分析

从表5、表6可以看出，随着村民家庭年收入水平的增加，村民对乡村产业振兴整体状况的满意程度也相应提高，这表明能否提高村民的收入以及生活水平是影响村民满意程度最直接的因素。由于横山村缺乏能组织统购统销、促进发展的龙头企业或相应合作社，因此农户大多采取自产自销的模式。虽然当地的杨梅产业已积累一定的口碑，但因为农民的生产经营较为分散化并且组织能力不强，农民靠自身无法拓宽销售渠道，农产品销售依赖外地商户上门采购，所以农民的议价能力较低；并且由于永久基本农田政策对种植经济作物的限制，不少农民面临因土地资源不足而导致其经济效益过低的困境。

（2）与农村产业相关程度的分析

通过与受调查对象的深入交流可以发现，那些对当前农村产业发展状况持正面态度，并对有关产业振兴的新政策感知程度较高的村民，大部分是由于农村产业收入在其家庭的总收入中占绝大部分，即他们的家庭是经营村中农村产业的主体。与此相对的是，与村中农村产业生产关联度不高的村民更倾向于对当前农村产业振兴状况给出负面的评价。由此可以看出，村民在农村产业中所处的地位和环境会影响他们对农村产业的评价角度，进而影响他们对农村产业发展状况的整体评价以及对相关政策的感知程度。

（3）村民受教育水平因素分析

横山村虽然属于东部沿海地区经济发达省份，但由于山区乡村的限制，横山村与文成县县中心以及周边发达市县的交通极为不便，教育资源相对匮乏，因此横山村村民的受教育程度普遍较低。另外，由于横山村的青壮年村民大部分选择外出打工，造成村中的老龄化现象较为严重，年长的这部分群体因为思想观念比较保守，所以对新政策的感知与接受能力较弱。

(4)选择“不满意”或“不知道”的个体原因

在调查横山村村民对当前乡村产业振兴相关政策满意程度的过程中，调研小组通过充分阐明此次调研的目的和问答流程，引导村民对为推进农村产业振兴出台的相关政策给出自己的满意程度。

28位受访者中，有3位村民给出了“不满意”，其原因分别是：1位村民(村干部)认为当前出台的相关政策并未落实，县政府与市政府工作人员并未真实地统计农村基本情况，且永久基本农田政策阻碍了农民通过种植经济作物提升自己的收入水平，造成部分农民贫困；1位村民因其个人收入较低；还有1位村民出于个人家庭的特殊性原因。

另外，28名受访者中，有9位村民表示自己对当前为农村促进产业发展是否有出台相关政策“不知道”或“不了解”。造成这一现象的原因是多方面的，其中主要的两点原因是：(1)这部分村民的自身文化程度较低；(2)村干部并未及时对相关信息进行宣传公示，造成了信息的不平等。

五、乡村产业振兴中存在的问题

(一)规模较小，产业化水平低

横山村虽有杨梅树五千余株，但当地政府对农民售卖杨梅并没有给购买商户一定的财政补贴或给杨梅价格设置最低价等措施，加之地处偏僻、广告投放不足，没有标准化、成体系的营销渠道，因此每年除去老客户外，农民将杨梅卖给散客获得的收益较少。而种植技术的落后成为当地杨梅种植的另一大“痛点”，没有相关技术人员的指导，杨梅产业还处于“靠天吃饭”的初始阶段，它的产量受天气影响较大，一场暴雨就能摧毁刚刚成熟的一批杨梅，让农民前段时间的辛苦付之东流。尽管杨梅产量与杨梅价格成反比，但自然灾害对农民收成的影响仍旧是不可忽视的。

另外，只有少数农民家中有小型拖拉机，大中型拖拉机、农用排灌柴油机、农用机动车几乎没有，也就是说，农民仍旧以精耕细作的小农经营为主，村里并没有农业合作社等组织；而且大多数农民仍使用农药，有些人甚至断言没有不打农药的作物，农民喷洒农药时只是选择戴口罩做简单防护。

在畜牧业方面，村内许多人家养山鸡、乌鸡、鸭、鹅，少数人家养少量羊。这些肉制品一部分由农户家里自己消化，一部分在镇里市场上售卖，还有一小部分山鸡蛋、土鸡蛋由农户在村里以自己家为基地售卖。但本村畜牧业规模都不是很大，绝大多数是农户自己养殖，养殖管理粗放、水平较低，没有形成大型养殖场，因此带来的收入也较少，难以产生规模效应。

(二)缺乏足够的政策支持

横山村经济发展以第一产业为主，在农业生产方面，受永久基本农田划定的影响，村内大面积基本农田只能种植水稻，且有农田被流转给当地农业开发公司的情况，但政府只给予每个农民每亩地每年一百余元的补贴，而原来农民种植的利润较高的经济作物如茭白则不能种植。然而，农民种植水稻基本处于自给自足阶段，能用以售卖的较少，而原先一亩地能产生约 1 万元收入的茭白被禁止种植，导致农民的收益下降。除此之外，由于政府没有对当地主要的杨梅种植业出台相应的引导性政策，农村养殖用地的选择也受基本农田等用地计划的限制，农民增加收入的方法和途径较少，对当地农民的收入水平造成了一定程度上的负面影响。

（三）产业链条较短，市场层次低

从横山村农产品销售市场来看，水稻和杨梅作为横山村两大主要农产品主要用于农民自身消费，商品化率不高，加上缺乏农副产品加工设施，并且没有先进的储存、保鲜方法，因而农产品加工运输产业链难以发展，只能由外地商户采购售卖，农民议价能力弱，常处于被动状态。

此外，杨梅作为一种短保质期的时令水果，需要在成熟后尽快采摘。由于横山村缺少相应的加工设备和企业，杨梅生产产业链较短，若采摘期间遭遇梅雨天气或其他异常天气，则会增加杨梅采摘的难度并导致大量杨梅落果、发霉变质，从而给农户带来极大的经济损失。

（四）旅游业与农业融合创新营销不足

横山村的公路建设虽在不断进步，但交通的不便利仍阻碍着当地第三产业的发展。此外，因横山村地处偏僻，尽管村子内存在许多有开发潜力的景点，如刘昆祠堂、大片莲花池，且临近刘伯温故里 5A 级景区刘基庙，但景点周边配套设施并不完善。例如，莲花池边的长廊久未加固，只以“长廊危险，禁止通行”挂牌封路。其基础设施建设也不够健全，本村移动支付、共享经济不普遍，交通以自驾车为主，公交车班次极少且候车时间长，不够便捷；村内很多家庭有外出务工人员，因此部分房间在非春节期间闲置，但因没有平台介入难以发展成民宿。

横山村有五千余株杨梅树，此外还有一定面积的南瓜地，但村里并没有农家乐，农户也没有提供散客自行采摘的增值服务。另外，尽管村里虽有大大小小几十家杂货店，但销售的物品不够齐全，店面也相对较小，经营杂货店的村民表示商品价格越便宜，买的人越多，因此店面的盈利能力并不强。

现代优秀营销人才多集中在大城市，横山村营销人才匮乏，可利用的营销资源有限，因此农旅创新营销不足。

（五）其他

1. 青年劳动力缺失

横山村人口两极分化，以儿童与老人为主，青年劳动力多外出务工而留在本地的少，其中，60 岁以上老人和 18 岁以下儿童和青少年占比近 60％。

2. 农村产业发展政策后续支持缺位

农产品销售业政策引导少，“放羊式”的管理难以带动当地产业整体前进。

3. 干部缺乏清晰的发展规划

在 28 份调研数据中，有 11 人指出村干部部分工作落实不到位，26 人表示不清楚村规民约，村干部对村子未来走向没有明确目标与方向，更没有具体执行措施。

六、建议

通过剖析横山村在产业发展中存在的问题，为横山村的主要产业转型升级提供针对性建议，促使其借助杨梅产业和水稻产业带动经济发展、推动乡村振兴。

（一）提升管理水平，加强产品竞争力

政府对水稻、杨梅等农作物设置最低收购价格，在合理范围内提高农民收入；在天气预报气象灾害时，及时为杨梅树做好保护措施，尽可能降低风雨对杨梅产量的影响；在村里成立农业合作社等形式，进行资源整合，力求获取规模经济效益，并加强管理力度、提升管理水平（王倩等，2021）；同时引入更多数量的大中型拖拉机、农用排灌柴油机、农用机动车等设备，并由村干部牵头请专业技术人员指导农民更好地使用这些设备；着力宣传减少化肥、农药等的使用，使本地农作物转型为绿色有机蔬菜，通过增加有机肥的使用及生物防治达到增收与减害的效果，并组织教会农民完整配备喷洒农药的防护措施；此外，需要改进甚至废除一些阻碍产业振兴的旧政策，发布合适的新政策以给予当地产业资金补贴和人员支持，鼓励更多的技术人员到横山村帮忙检测土质，并提供一些因地制宜的农业种类的培训指导，创建“种植技术集成应用体系”（施向华，2021）。

（二）确立远景目标，完善第二产业

产业兴旺与任何排斥农民的农业、排斥乡村的产业相悖（朱启臻，2021）。在不破坏本村生态环境的前提下，根据本村生产情况适当发展农副产品加工业，如精加工大米、酿造高品质杨梅酒、制作杨梅干等；设立专门的仓库或机构，帮助村民更好地储存、保鲜农产品，让它们以更好的状态运到村外交易；加强农产品冷链物流技术建设，引入一站式冷链物流服务，降低农产品产后腐损率，带动农产品种植、加工、销售、休闲旅游等一系列产业发展。

（三）打造杨梅品牌，发挥品牌效益

借助“文成杨梅”地理标志带给本地农产品的知名度优势，加强对杨梅产业的宣传和推广。借助与互联网有关的新型营销模式，在本村发展电商，与阿里等企业合作推销农产品，丰富本村农产品的宣传方法和销售渠道。通过直播带货或者与特定营销公司签订协议，不断扩大本地农产品知名度，充分发挥“文成杨梅”的区域影响力，创建区域性品牌，打造横山村杨梅新“名片”，打造本地农产品特色品牌，注重宣传并加强市场推广力度与广度，以达到增加收入的效果。

（四）发展乡村旅游，带动产业振兴

因地制宜，发展“中国农民的第三大发明”——乡村旅游（胡鞍钢等，2017），当地政府为本地农民生产的杨梅进行宣传，力求获得品牌效益，村民配合村干部一起打造特色农家乐；政府及村干部着力整治当前村庄环境，在保持村庄基本样貌的同时使它整洁有序，修缮长廊并开放通行，设置救生设施等措施，引入莲子采摘等游乐项目；由政府牵头与去哪儿旅游、携程旅游等旅游类 App 合作，形成完善的民宿体系；增加来往公交车频次，组织专车接送服务；村干部组织教会本地农民使用支付宝、微信等收款方式，同时宣传防诈骗知识；此

外，还可以由村干部牵头，将便利店合并为超市，组织原来开便利店的村民进行相应的技能培训；不断加强乡村的衣、食、住、行、旅等方面的建设，提升农户的服务意识，提高顾客满意度，通过良好口碑打响品牌知名度（韩秀平，2021）。

（五）坚持以人为本，促进人才回流

人是乡村振兴的关键（钟静静等，2019），乡村产业振兴需以农民为本；以县或镇为单位，定期组织管辖区村干部进行工作总结汇报、能力提升培训；增加村民对村规民约的认同感。同时，村、镇、县需合力，通过一系列措施鼓励青年劳动人口回流，设立创新创业项目基金对返乡创业的新型人才进行资助，为大学生返乡创业者提供一系列资金、政策和技术支持，吸引在外人才回乡就业和创业，为乡村产业发展注入新的活力。

七、结论

杨梅产业作为横山村优势产业、特色产业和支柱产业，并借助温州杨梅的品牌效应逐渐发展为“产业兴旺”的状态，从而促进其他产业共同发展、城乡经济均衡发展。从整体情况看，横山村可以借鉴浙江省温州市杨梅产业科技创新、领导、生产、销售、规模经营等方面的成功经验，为实施农村振兴战略提供产业支持。加快杨梅产业和水稻种植业的升级改造，通过建立完整产业链、扩大规模、树立品牌、培育耦合文化，横山村可以在实现产业兴旺的过程中为其他地区因地制宜，走科学发展、符合自身实际的道路提供借鉴和启示。

参考资料

[1]国家统计局. 中华人民共和国2020年国民经济和社会发展统计公报［EB/OL］.

[2]周芳苓. 农民态度是新农村建设不可忽视的重要社会基础——农民如何关注、认知、评价、预期新农村建设[A]. 贵州省社会学学会、贵州财经学院. “科学发展观与贵州社会发展”学术研讨会暨贵州省社会学学会2006年年会论文集[C]. 贵州省社会学学会、贵州财经学院：贵州省社会学学会，2006：5.

[3]王倩，黄顺君，彭长林，梁成湘，周勇昊. 乡村振兴视域下特色农产业发展路径研究——以自贡市兔产业为例[J]. 科技与经济，2021，34(03)：36－40.

[4]施向华. 产业融合发展 助力乡村振兴——记福建省宁化县谷雨农业机械服务专业合作社发展[J]. 中国农民合作社，2021，{4}(06)：53－54.

[5]朱启臻. 乡村振兴背景下的乡村产业——产业兴旺的一种社会学解释[J]. 中国农业大学学报(社会科学版)，2018，35(03)：89－95.

[6]胡鞍钢，王蔚. 乡村旅游：从农业到服务业的跨越之路[J]. 理论探索，2017，{4}(04)：21－27＋34.

[7]韩秀平. 乡村振兴战略下农旅融合协同发展模式与路径研究——以浙江台州市为例[J]. 中国商论，2021(09)：150－152.

[8]钟静静，杨寅红. 乡村振兴视域下村庄内生力提升的理性思考[J]. 当代农村财经，2019，{4}(07)：8－11.

乡村振兴背景下文旅融合发展新路径研究
——以云南省元阳县为例

胡珂嘉[①] 王 靖[②]

摘 要：继脱贫攻坚任务完成后，乡村振兴战略的提出再一次加快了我国乡村建设的步伐。拥有千年梯田历史的云南省元阳县自完成脱贫以后，正走在成果巩固的致富道路上。乡村旅游是乡村发展的重要动力，而如何将乡村文化和旅游产业结合、如何为互联网时代下的乡村旅游注入新鲜血液是乡村旅游业发展的重点和难点。基于此，本文使用文献研究法、实地调研法、SWOT分析等方法对云南省旅游业发展现状、元阳县旅游业情况进行深入研究和分析，得出元阳旅游和其民族文化、梯田文化有待进一步融合发展的结论。据此，笔者提出以打造"城乡融合第三空间"为总体思路的发展对策，并围绕"衣、食、住、行、游、购"六个方面给出具体的参考建议。

关键词：乡村振兴 哈尼梯田 文旅融合 第三空间 SWOT分析法

一、引言

（一）研究背景

当下，发展旅游业已成为建设现代服务业的重要方面。加速推进我国旅游业的发展既能增加就业岗位，又能拉动内需消费、加速经济增长。因此，国家出台了诸多相关利好政策，以充分发挥旅游业优势，挖掘旅游业投融资和文旅产品消费的巨大潜能，全力推进旅游业的健康和可持续发展。

多年来，旅游扶贫在我国脱贫攻坚中扮演着重要角色。当下中国乡村旅游已经进入高速成长时期，乡村观光旅行的人次高达13.6亿，在旅游业中增长速度最快。在乡村振兴战略引导下，乡村旅游正进行着现代化转型升级，已经成为乡村经济发展的重要产业，在加快推进乡村特色产业布局、美丽乡村建设等方面发挥着重要作用。

随着各类产业融合现象的涌入和持续发展，文化旅游逐步成为我国旅游业持续健康发

① 胡珂嘉，女，上海财经大学会计学院会计学专业2019级本科生。
② 王靖，男，上海财经大学会计学院会计学专业2019级本科生。

展的一种新势头，越来越多的专家学者针对各类产业融合和文化旅游的关系进行了诸多方面的探讨，在其融合的机制、发展方向等各个环节上也有了更加完整的概念及框架。旅游业与其他多种产业的融合对经济、文化、民生都起到了重要作用，也因此得到了国家和各地政府的广泛关注。

对于一些工业经济不发达但又拥有大量丰富休闲旅游资源的偏远山区而言，通过文化旅游产品带动特色乡村振兴建设将是一条理想且可行之路，乡村文化旅游产品将成为发展特色乡村旅游经济的一项新要求。村庄作为一个相对较小的社区，其所属地带具有其固有的优势，在整个地区内能同时从事多种产业。从国家政策与市场需求的角度来看，中国的乡村旅游具备良好的前景与机遇。

云南省作为一个兼具少数民族文化特色及独特山地风貌的省份早已发展成为一个享誉中外的旅游目标地，各州市的自然旅游产业均因依托当地历史文化和特点而在其繁荣与发展的过程中逐渐形成独立的品牌，坐落在红河哈尼族彝族自治州的哈尼梯田也因此越来越多地受到旅游市场的青睐。元阳县景区位于红河州哈尼梯田中部地区，凭借着其拥有的丰富的自然生态旅游度假资源和深厚的文化底蕴，发展旅游业具有巨大的空间和发展潜力。①

综上所述，将文旅融合和品牌发展的理念融入乡村旅游和文化旅游产业，能有效地突破元阳县乡村经济发展的瓶颈，充分利用元阳县乡村的历史文化特色，开发乡村文化记忆载体，挖掘旅游品牌形象和文化内涵，是元阳县增强其核心竞争力的重要组成部分，也是元阳县实现乡村旅游健康和可持续发展的关键途径。

（二）研究目的与研究意义

1. 研究目的

（1）通过对元阳县乡村旅游品牌形象的研究，将品牌构建和乡村文化资源相结合，旨在关注、保护、继承和发扬元阳县乡村文化，对其研究有利于提升民众对元阳县乡村的关注和了解，进一步扩大元阳乡村旅游产业的经济效益。

（2）通过对元阳县乡村的实地调研，分析元阳县乡村品牌形象构建的现状，并结合文旅融合的时代背景，明确品牌形象构建及推广对元阳县乡村发展的重要性，体现元阳县乡村在旅游开发中与周边城市和乡村的差异化，防止丧失乡村本真。

（3）通过对元阳县乡村文化内涵和品牌形象的研究，提出文旅融合视角下元阳县乡村旅游品牌形象构建策略，通过品牌化方式创新元阳县乡村文化内涵，输出符合现代需求的乡村品牌形象，更好地为元阳县乡村振兴提供策略，同时，为其他地域乡村的发展提供参考和借鉴。

（4）通过对元阳县乡村旅游与文化旅游的深入研究，找出当下存在的矛盾和问题，探索更加适合元阳县乡村旅游发展的实施路径和办法，从而助力和加速云南省元阳县乡村振兴的步伐。

（5）通过对元阳县地理位置、气候环境、自然资源条件、发展阶段、经济和历史文化等多

---

① 许斌．文旅融合视角下的元阳哈尼梯田旅游品牌建设研究[D]．云南师范大学，2017.

种因素的研究，贯彻因地制宜的理念，制定出一套具有针对性的乡村旅游开发方案，做到目标精准、对象精准、方案精准、路径精准，最终为元阳县各村落量身定制乡村振兴的模式和路径。

2. 研究意义

(1)理论意义

①旅游业发展角度

目前我国梯田旅游业还处于观光、摄影等较为初级的阶段，而我国整个旅游行业其实已经涉及文旅融合、市场营销、品牌构建等多个领域，这些问题都是需要放在首位进一步探讨和研究的。因此，要使梯田旅游具备更大的经济效益和更良好的声誉，就必须充分发挥各种产业融合和创新改造的作用，建立起全新的梯田旅游品牌形象。

本文主要基于文旅融合与品牌战略发展理论，针对文化产业与旅游产业之间的融合问题进行了多方位的研究和分析，力求让二者在同一时空、同一视野和同一产业内部充分融合和快速发展。

②学术研究角度

现有的诸多关于乡村旅游的文献将重点放在旅游业的概念、发展模式以及旅游业对乡村振兴的成果上，学者们对旅游业推动乡村振兴进行了广泛的研究。但是，较多文献没有针对性数据，也没有提出较为具体的整套解决方案和对策。此外，现有的文献中对于在文化旅游领域的研究及其对策较少，而根据当下的发展状况，文化旅游行业仍然存在着巨大的市场空间和发展潜力。

文化的最大优势在于内容，旅游的最大优势在于市场。所以，笔者希望把传统文化和旅游艺术全面地融入"衣、食、住、行、游、购"，始终保持"以文促旅、以旅彰文"的发展思路，按照传统文化和旅游艺术融合发展的方式，以传统文化为主体做内涵和服务体验、以旅游艺术为主体做市场营销、以信息技术和旅游金融为主体做坚实支撑，从而不断地满足游客的多元化、个性化、人性化、家乡亲情化等文化需求[①]，打造一个以沉浸式旅游体验为导向的文旅交叉融合的风景名胜区，并借此为元阳梯田旅游产业品牌的构建和发展提供一些参考和启发。

(2)实践意义

第一，较为全面地总结了国内外对于乡村旅游与文化旅游的研究现状，进而深入地分析并探索如何利用元阳梯田文化遗产区更加科学、有效和可持续地推动乡村旅游与文化旅行的开发建设。

第二，发现并分析了目前元阳梯田文化遗产区在深入开展文化乡村生态旅游与梯田文化生态旅游综合开发工作过程中可能存在的一些突出问题与矛盾。

第三，通过深入研究云元阳梯田文化遗产区的乡村旅游与文化旅游的基本现状和发展情况，为元阳县和其他地方实施乡村旅游及文化旅游建设的工作提供借鉴与参考，促进云南省旅游业的发展，加快乡村经济振兴的步伐。

---

① 陈献春．推进新场景革命 深化文旅融合发展[N]．湖南日报，2020－01－04．

第四，通过深入研究颇具特色的元阳文化产业和旅游业，探索二者融合和共享发展过程中存在的一系列技术性问题和管理障碍。根据实际研究发现并提出相应的对策，取其所利而去其弊，解决二者融合过程中的矛盾，促进产业融合和共同融合发展。

（三）研究思路与框架

1. 研究思路

本文以提出问题、分析问题以及解决实际问题为根本研究思路，针对元阳县乡村旅游和文旅融合两大方面展开研究。本文的核心部分是笔者通过SWOT分析法对目前元阳县旅游产业的优势、劣势、机遇、威胁等因素进行了深入分析，得出目前元阳梯田旅游品牌建设中存在的两个主要问题，即基础设施建设薄弱和旅游资源开发程度较低。在此基础上，笔者对文旅融合的可行性和必要性进行了论证。最后，在文旅融合的背景下，针对元阳县旅游业发展现状展开了较为完整的描述，并从“衣、食、住、行、游、购”六个方面分别提出能保障乡村振兴战略和文旅融合顺利实施的具体对策。

2. 研究内容与框架

本文以乡村产业振兴战略和文旅融合理论为基础，对元阳乡村旅游与文化旅游融合形成的品牌建设模式进行了深入研究和探索。通过深入分析元阳旅游未来发展趋势、方向和潜力，以及目前制约其发展的关键因素，创新元阳旅游品牌建设体系，提出文化与旅游融合发展的战略及具体改进措施（见图1）。

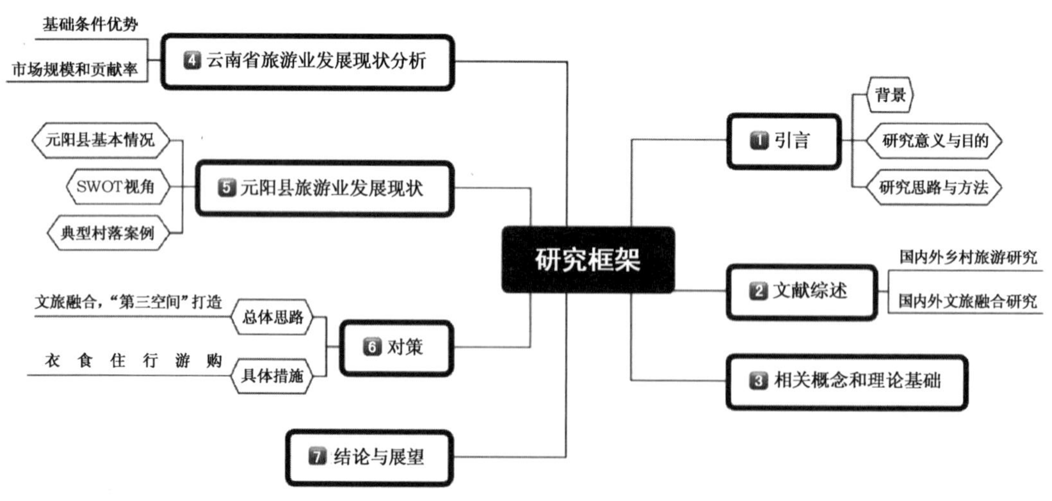

图1　文章研究内容与框架

（四）研究方法

1. 文献研究法

笔者访问了中国知网、中国乡村旅游网、中国云南乡村旅游振兴网、云南省人民政府门户网站等国内多家大型互联网信息平台，查阅了诸多与元阳县有关的文献资料，整理了国内外多位专家学者的研究结论，并进行了系统性的分类、分析和总结。这些都大大加深了笔者对有关乡村文化旅游产业发展的认识和理解。

2. 实地调查法

笔者主要采用了实地调查法中的访谈法和问卷法，深入了解元阳人民的真实想法和对乡村旅游的期望。实地调研的工作流程主要分为材料准备、现场调研和整理材料三个步骤。在实地调查中，笔者询问的主要问题包括一般的人口统计资料、家庭情况、收入状况，以及当地村民针对梯田文化遗产区开展旅游扶贫工作所提出的相关疑惑和意见等。

3. 数据研究法

本文通过录入调研所收集到的 200 份问卷数据，对相关问题进行了适当的数据处理从而获得了诸多有效结论，为本文的调查研究提供了充足的一手资料。

本文通过大量文献资料中数据的对比和综合分析，对元阳县的游客人数、旅行者类型等进行了详尽的统计和分析，为本文的调查研究提供了充足的二手资料。

4. 跨学科综合研究法

本文通过充分运用经济学领域的旅游产业融合理论和方法，深入分析元阳县旅游产业融合发展现状和所处阶段，并对目前普遍存在的问题做了更进一步的研究，这是从传统的经济学科、社会学科向旅游专业领域的一次新型跨学科性的探索和尝试。

5. SWOT 分析法

本文通过研究元阳乡村旅游产业未来发展的优势、劣势、机会和威胁等因素，做出了较为详细的分析，总结了影响元阳乡村旅游产业发展的核心问题，为后文关于元阳乡村旅游品牌建设与具体的发展对策提供了富有针对性的基础依据和理由。

（五）可能的创新之处

1. 研究视角的创新

当下文旅融合的研究视角大多在旅游企业或整体旅游行业未来发展趋势和发展方向，而本文主要从文旅融合的角度对元阳梯田文化遗产区的品牌建设进行深入研究。研究的重点是，在传统文化产业与旅游产业融合的时代背景下，建设元阳梯田旅游的传统产业和品牌，既要体现传统文化产业的核心思想，也要充分凸显其在旅游领域的核心价值，这也是本文最为可能的重点创新。①

此外，本文通过对元阳县乡村旅游和文化旅游的研究，从“衣、食、住、行、游、购”六个维度展开介绍并给出具体对策，角度更多元化，建议更具体实际，也是本文可能的创新之处。

2. 研究方法的创新

本文在深入研究元阳乡村旅游业的品牌创造与发展的过程中，所采取的方法是产业融合、SWOT 分析法以及品牌策略等理论，将社会学、经济学、市场营销学等学科知识融入旅游产业的研究，充分发挥其中的协同效应和联动相关性，为整个区域内各行业的经营理念和价值形象服务。

---

① 许斌. 文旅融合视角下的元阳哈尼梯田旅游品牌建设研究[D]. 云南师范大学，2017.

二、文献综述

(一)国内外乡村旅游研究

1. 国内乡村旅游研究

随着乡村振兴战略的提出,越来越多的国内外学者开始研究乡村建设和发展。乡村旅游作为推动乡村振兴的重要动力,受到了广泛关注。在乡村旅游起源方面,王琼英、冯学刚(2006)通过比较国内外乡村旅游的发展,提出国内外乡村旅游诞生的原因和驱动力有很大的差异:我国乡村是在急需调整产业结构下应运而生的,而国外的意义主要是改善乡村经济结构。冯清(2008)首次在国内提出乡村旅游的品牌化战略,指出乡村旅游在发展中还存在如品牌观念和形象较弱、基础设施严重落后等问题有待解决。在政府职能的作用发挥方面,孙书娟(2008)指出政府的介入如总体规划和宏观调控等方面在乡村旅游的发展中具有十分重要的位置。近十年来,非遗保护与乡村旅游的融合统一逐渐受到学术界的关注,田茂军、张湘华(2015)提出将"互联网+"模式融入乡村旅游,建设非遗主题文化村,挖掘乡村的文化价值。

2. 国外乡村旅游研究

国外学者对乡村旅游的研究越来越重视,尤其是在从事乡村旅游的主要动机这一话题上热度不断提高。如 Thompson(2004)对日本某乡村的研究证实,维护地方传统、增强地方认同是当地村民从事乡村旅游的主要动机。从政治经济学角度来说,发展乡村旅游是地方或政府适应新的政治形势所做出的一种政策选择(Heather,2006)。随着乡村旅游业的不断发展和建设,国外学者开始从乡村和村民、社区团体、利益分配和可持续发展等多方面对乡村旅游展开了细致的研究。Chris Ryan(2014)提出了关于新旅游业问题的观点,包括公平与正义、社会参与管理和共享权利以及可持续发展的观点。①

(二)国内外文旅融合研究

1. 国内文旅融合研究

自2010年以来,随着物质生活的改善,人们逐渐开始关注精神文明在旅游业中的发展和融合。刘国春、王晓霞、秦利民等(2010)以乐山文化旅游产业为例,指出文旅发展的内核是文化,丰富文旅经济内涵,增添文旅创新产品是发展文化旅游的深层次内在要求。张洁(2020)将文旅融合与扶贫联系起来,指出文化是乡村旅游的资源,村落应通过整合农业、文化和乡村旅游资源,全面优化文旅融合发展的路径,从而推动乡村旅游扶贫的进程。

2. 国外文旅融合研究

国外学者对文旅融合发展相关问题的研究和发表论文数量呈现逐年增长的趋势,从1995年至2005年,关于文化和旅游之间的关系及二者融合发展的论文数量仅为个位数,而从2006年起,该领域的研究论文迅速增长。特别值得关注的是,在2010年至2018年期间,共刊出相关论文228篇。这也反映了文化产业与旅游业在各国中的地位不断上升,同时文旅融合、二者互相促进发展已然成为全球区域经济发展的新亮点。国际上对于这一问

---

① 王素洁,刘海英. 国外乡村旅游研究综述[J]. 旅游科学,2007(02):61-68.

题的研究热度与产业发展实践有着较高的一致性。[①]

(三)国内外文献述评

通过阅读大量国内外关于乡村旅游和文旅融合的文献,可以发现,相比国内,国外的大部分代表性论文的发表年代较为久远,研究内容和研究领域更加广泛。通过对《旅游和研究年鉴》(*Annals of Tourism Research*)、《旅游管理》(*Tourism Management*)、《国际旅游研究》等国际旅游研究方面的权威期刊进行的梳理,发现国外乡村旅游研究的主要内容集中在6个方面,即乡村旅游供给、乡村旅游者及其市场细分、村民对乡村旅游的理解和态度、乡村旅游影像、乡村旅游营销和乡村旅游可持续发展。在以上6个细分领域内,第三个方面的研究是最为细致且数量最多的。反观国内,自2011年至2015年,从文献数量的年际变化上来看是呈现波动递减趋势,这似乎与国内朝气蓬勃的旅游业发展情况不太吻合。经过分析,大致推测可能的原因是当时我国文化产业边界不明确,以及文化产业和旅游业在某些板块的数据统计上存在标准不统一、不规范的现象,使得学者们在文旅融合方面的认知、分析以及深入的定量研究都存在较大的困难,从而影响了相关研究的持续推进。但近几年随着主题公园、影视旅游、旅游文化演艺等多种文旅融合的新业态不断涌现,原国家旅游局文旅提出了全域旅游、"旅游+"等发展战略[②],鼓励和支持富有创意的想法在旅游业上落到实处,这也进一步扩充了学者们的思考空间和研究领域,推动了学者们在文旅融合这一领域的深入研究和创意构想。

综上所述,在文化差异、社会结构和社会制度的影响下,旅游业在国内的发展不能轻易模仿西方国家模式。笔者认为,只有立足于现实情况,因地制宜,才能逐步探索出符合中国国情的乡村旅游和文旅融合之路。

三、相关概念和基础理论

2019年十三届全国人大二次会议上,文化和旅游部部长雒树刚在"部长通道"接受采访时表示:"中国已经成为世界上最具生机活力的旅游目的地和发展最快、潜力最大的出国旅游客源地,并且拥有世界上规模最大的国内旅游市场。中国旅游业良好的发展前景得到了联合国和世界的广泛认可。"

一方面,目前中国旅游消费观念日渐流行,相关消费品也越来越成熟且多样化。另一方面,旅游市场在向多个不同方向进一步发展。其中,特别令人关注的是周围乡村环境的积极持续发展。由此可见,乡村旅游具有巨大的发展潜力,可以看作中国旅游业中一个日益增长的突出亮点。[③]

(一)相关概念

1. 乡村旅游

2021年4月,联合国批准世界旅游组织(UNWTO)在其发布的一份公告中明确指出,

---

① 徐翠蓉,赵玉宗,高洁. 国内外文旅融合研究进展与启示:一个文献综述[J]. 旅游学刊,2020,35(08):94-104.

② 张圆刚,程静静. 农民旅游研究回顾与展望[J]. 长春理工大学学报(社会科学版),2012,25(05):85-87.

③ 李琳琳. 元阳梯田遗产区乡村旅游扶贫研究[D]. 云南财经大学,2020.

世界上许多发展国家和发达地区的多个乡村以社区旅游业发展作为其主要支柱产业，当前这些国家的乡村正迫切地寻求通过各种重振乡村旅游业的方式来有效促进和加快推动其经济的快速复苏。所以 2021 年的两届世界乡村旅游日分别围绕“旅游与乡村发展”两个核心问题设立。联合国常驻世界旅游组织副常任秘书长祖拉布·波洛利卡什维利对此表示：“在世界各地，旅游业一直在为乡村赋能，给农村的人们，尤其是农村的妇女和年轻人，提供了工作和就业的机会。此外，旅游业还可以促进乡村获取资源，保存其独特的历史文化遗产及其传统，同时，对于保护野生动物的栖息地及其濒危物种至关重要。”事实上，在疫情减缓后，我国乡村旅游已经逐渐起势。经历了疫情，到乡村去、到大自然中去已经成为世界各国城市人的共识。

乡村旅游，本质上是乡村休闲，是为了让久居城市的人们在此消费，甚至在乡村常住，达到乡村旅居。乡村旅游，不单是发展景区建设，而是构建一个不同于城市的社区，这个社区必须有一些原住居民以及与其相关的乡土生活。旅游 IP 就是在乡土生活基础上经过创意性提炼和提升而精心打造的独特性生活方式和品牌。

2. 文旅产业介绍

我国文旅产业之前四十多年的形成和发展主要包括三个阶段，即刚刚起步期(1.0)、高速成长期(2.0)、成熟期(3.0)，而如今正迈入第四个发展阶段——跨境融合期(4.0)(详见图 2)。总体情况分析：在 1.0 阶段文旅产业的主题是一般风景名胜；2.0 阶段的主题更加鲜明；在 3.0 阶段企业具有长期持续运作和经营的高色彩特征；在 4.0 阶段文旅产业已经逐渐具有平台化、IP 化的特点。随着近年来中国文旅产业向纵深化的方向发展，新时代、新需要、新业态、新特色层出不穷，文旅 4.0 体验经济时代正在路上，沉浸式的体验将会成为文旅演艺、实景娱乐等产业的重要发展趋势(见图 3)。

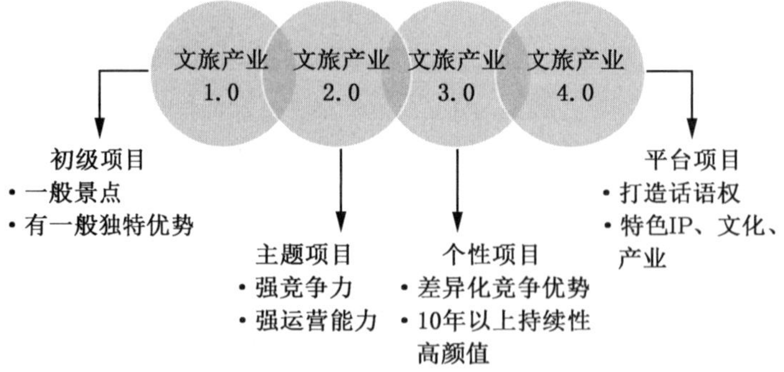

图 2　我国文旅产业 1.0～4.0 发展阶段及其特征

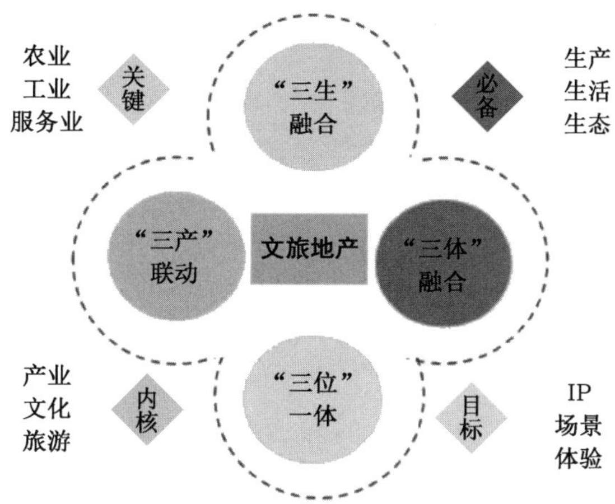

图 3　我国文旅产业跨界融合发展形态

3. 沉浸式体验

沉浸式体验是指通过环境渲染、场景塑造、内容 IP 等方法，使受众在与现实世界存在有限边界的物理空间参与互动性体验的娱乐项目，最终实现“心流”的状态。沉浸式娱乐从 20 世纪 50 年代开始萌芽，发展历程基本围绕技术发展和场景延伸两条主线不断推进。在技术方面，AR/VR 技术普及和创新为沉浸式娱乐发展奠定了基础；在场景和产品端，1955 年迪士尼全球第一个主题公园落地标志着线下沉浸式实景娱乐的出现。从整体来看，沉浸式体验产品日趋多元化，产业边界不断拓展，具有互动感、私密感、体验感、叙事感、参与性等众多发展特点（见图 4）。

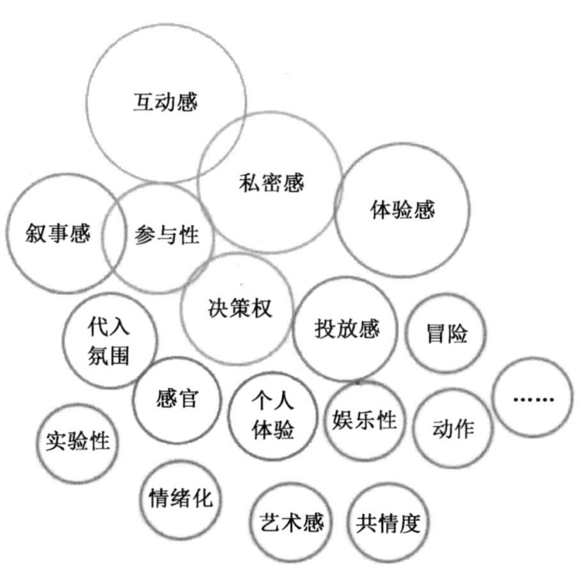

图 4　沉浸式体验发展特征

近年来，我国沉浸式体验市场快速崛起，主要受益来自技术、政策、消费升级、产业升级发展等方面的因素驱动。

驱动因素一：虚拟现实、人工智能、多媒体等新一代技术的应用。一方面是 AR/VR、人工智能等新一代技术不断推动，使沉浸式娱乐产品营造的交互感、场景感、代入感更强，克服了传统娱乐产品中的环境限制；另一方面，在“新基建”“中国制造 2025”等发展战略推动下，中国底层科技和应用科技将实现迅猛发展，未来或将有更多硬核科技融入沉浸式娱乐产品中。

驱动因素二：国家利好政策的不断出台。为推动沉浸式娱乐和体验产业的快速发展，国家出台了一系列利好政策。

驱动因素三：消费者越发追求品质性、体验性消费内容。目前我国文旅消费已经呈现年轻化、国际化的发展趋势，审美能力和对产品的要求也在不断地提升。沉浸式娱乐作为一种创新型娱乐方式，在体验感、互动性与场景感等方面优势突出，迎合了消费升级需求。

驱动因素四：商业空间、文旅目的地等升级发展创造的契机。国内线下商业空间发展至今，已然面临着重新升级和改造等问题，对 IP、内容引入都有着强烈需求，而沉浸式体验产品所自带的内容和流量等丰富属性，对商业引流起到了至关重要的作用。同时，对于文旅景区，在“去门票”趋势下，消费内容和体验性产品至关重要，引入沉浸式娱乐产品成为有效路径。

（二）基础理论

1. 产业融合理论与文旅融合理论

产业融合是指在时间上先后产生、结构上处于不同层次的农业、工业、服务业、信息业、知识业在同一个产业、产业链、产业网中相互渗透、相互包含、融合发展的产业形态与经济增长方式。产业融合是全球经济发展的大趋势，也是世界各国推动产业发展的新选择，并逐渐成为产业提高生产能力和竞争力的重要方式之一。在文化和旅游融合发展战略背景下，文旅与其他领域融合趋势不断加深，彰显了“跨界合作”的发展理念。①

2. 品牌策略与品牌战略

品牌策略是一系列能产生品牌积累的企业管理与市场营销方法，包括 4P 与品牌识别在内的所有要素，主要有品牌化决策、品牌使用者决策、品牌名称决策、品牌战略决策、品牌再定位决策、品牌延伸策略、品牌更新。品牌策略的核心在于品牌的维护与传播，如何把品牌做到让消费者喜欢，是品牌策略中最重要的一个环节。②

3. SWOT 分析法

SWOT 分析法，即把与研究对象密切相关的各种主要内部优势、劣势和外部的机会、威胁等通过调查列举出来，并依照矩阵形式排列，然后用系统分析的思想，把各种因素相互匹配起来加以分析，从中得出一系列相应的结论，其结论通常带有一定的决策性。

运用这样的研究方法，可以直接针对研究者所在地区的实际经济情况进行全面、系统、

---

① 刘雪婷．中国旅游产业融合发展机制理论及其应用研究[D]．西南财经大学，2011.

② 张秀娟，苏巍巍．浅议品牌形象战略的文化内涵[J]．商场现代化，2007(23)：120－121.

准确的经济分析和研究，从而能有针对性地根据实际上的研究成果制定和提出适合相应地区经济社会发展的策略和规划。①

四、云南旅游业发展现状

（一）云南旅游的基础条件优势

1. 地理环境特殊

云南省位于我国的西南部，东邻贵州、广西，北与四川相连，西北紧连西藏，西部和南部则分别与缅甸、老挝和越南接壤。地处云贵高原的云南地貌丰富，山脉和湖泊河流众多。得天独厚的地理优势极大地增加了云南旅游资源的独特性和多样性，在拥有滇池、洱海、抚仙湖等湖泊景色的同时也具有玉龙雪山、轿子雪山等常年积雪的高山景观。

2. 交通设施显著改善

过去由于高原山地等地形原因，交通始终是限制云南旅游业发展的重要因素。随着云南旅游业发展的迫切需求，近年来云南已新建丽江、腾冲、大理、临沧等多个机场，以昆明长水国际机场为中心的交通系统逐渐完善；同时，将多地之间的二级盘山公路改造成了一级高速公路，将市与市、县与县之间的联系紧密化、高效化。

3. 生物资源丰富

云南生物资源丰富，无论是植物还是动物，它都是我国拥有种类和数量最多的省份，被誉为“植物王国”和“动物王国”。高等植物种类和数量众多，占我国3万余种高等植物的60%以上；同时，国内的许多珍贵物种仅分布在云南，珍稀保护动物尤其丰富。优质的自然环境和生物资源极大地提高了云南旅游的核心竞争力，吸引了众多强调以生态旅游、回归自然为旅游主题的游客。

4. 少数民族多样

云南是我国民族种类最多的省份，拥有除汉族外25个少数民族，如傣族、哈尼族、彝族等。不同民族的文化习俗差异明显：从服装饰品到房屋建筑，从婚丧嫁娶到生活习惯都不尽相同。少数民族的多样性极大地丰富了云南省的文化内涵，为打造以民族文化为核心的旅游路线提供了思路。

（二）云南旅游业的市场规模及贡献

云南省的旅游业从2000年发展至今，已从萌芽阶段逐渐过渡至成熟阶段。由于具备优质的基础条件和发展较早的时间优势，随着省、地方政策的日渐成熟和交通配套设施的逐渐完善，旅游业已经成为云南省的重要支柱产业之一，是促进其地方经济增长和人民生活水平提高的重要动力。

1. 旅游总收入逐年增长，经济增长贡献率提高

旅游业作为云南经济发展的重要支柱，一直是云南省GDP的重要贡献者。据云南省统计局数据显示，2014—2019年省旅游总收入分别为2 665.74亿元、3 281.79亿元、4 726.25亿元、6 922.23亿元，8 991.44亿元和11 035.20亿元。五年来净增长达

---

① 俞涛．SWOT分析模型在战略形成中的应用研究[J]．经济技术协作信息，2008，03.

413.96%，在逐年高速增长的同时，也推动了全省经济的发展(如表1和图5所示)。

表1　　　　云南旅游业发展情况(2014—2019年)

年份	2014年	2015年	2016年	2017年	2018年	2019年
旅游总收入(亿元)	2 665.74	3 281.79	4 726.25	6 922.23	8 991.44	11 035.2
国内旅游总收入(亿元)	2 516.87	3 104.37	4 536.54	6 682.58	8 698.97	10 679.51
国际旅游总收入(亿美元)	24.21	28.76	30.75	35.5	44.18	51.47
折合人民币(亿元)	148.87	177.42	189.71	239.65	292.47	355.68

资料来源：云南省统计局。

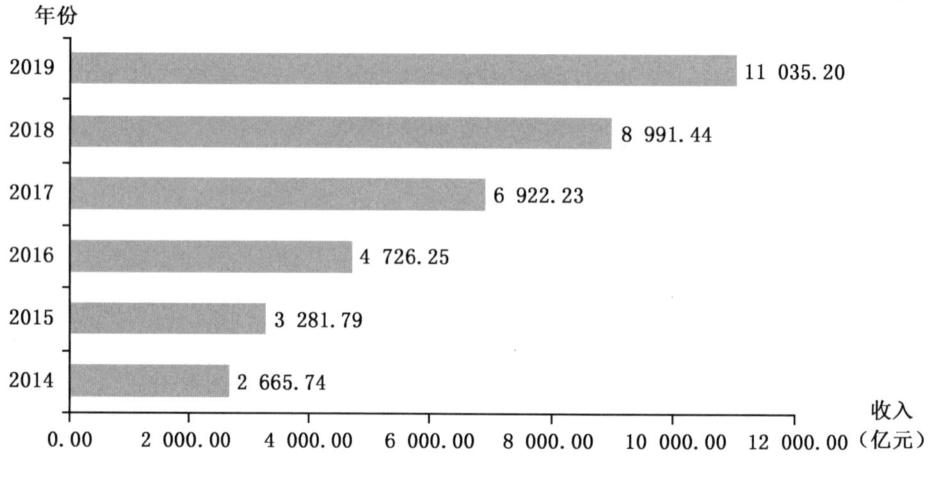

图5　2014—2019年云南省旅游总收入(亿元)

2. 市场规模逐年递增，未来发展潜力向好

近五年来，云南省旅游行业的市场规模不断扩大。据云南省统计局数据显示，2014—2019年，全省每年游客总数量从28 647.5万人高速递增到80 716.8万人，同比增长281.76%(见图6)。云南省旅游业市场迅猛增长的同时，也说明云南省旅游景点的竞争力在显著提高，未来市场发展潜力巨大。

五、元阳县旅游业发展现状分析

(一)元阳县基本情况

作为云南省红河州下辖县之一，元阳县位于云南省南部，横跨东西74千米，南北纵距55千米，占地总面积约2 212.32平方千米，辖3镇11乡、134个村民委员会、4个社区居民委员会及1 245个村民小组。全县地处低纬度高海拔地区，水能和矿产资源丰富，是我国热带水果和云雾茶及黄金的重要产地之一。据第七次人口普查数据显示，元阳县常住人口为359 155人，其中哈尼族人口为228 765人。元阳县耕地面积较大，红米产业是元阳县的支柱产业。截至2019年底，全县设施农业种植占地面积1 320公顷，占红河州农业种植总

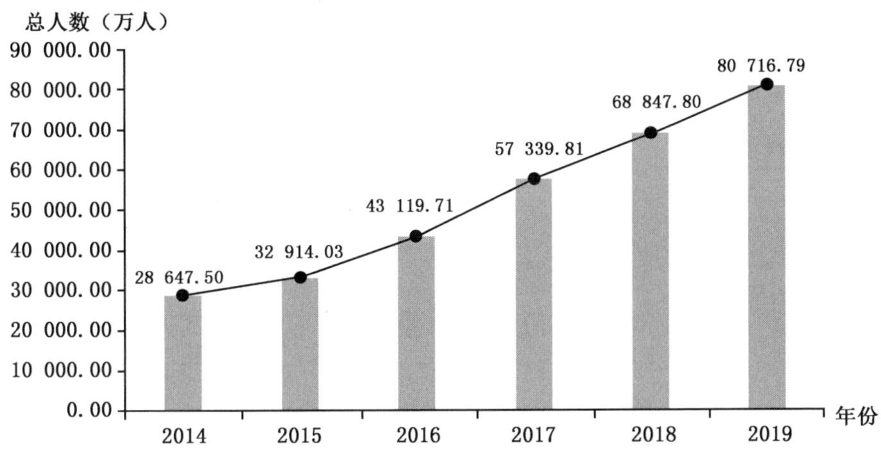

图 6　2014—2019 年云南省游客总人数(万人)

面积的 60%以上。2021 年,元阳县被中央农村工作领导小组办公室和国家乡村振兴局确定为国家乡村振兴重点帮扶县。

(二)元阳县旅游业发展现状 SWOT 分析

SWOT 分析是基于内外部竞争环境和竞争条件下的态势分析。旅游业作为元阳县的重要发展行业,其发展现状既依赖元阳县内部本身具有的优势和存在的劣势,也必然受外部发展机遇和威胁方面的影响。因此,运用 SWOT 模型能更加全面、系统、准确地研究元阳县的旅游业发展现状,为后续制定合适的发展战略和提出相应的改进意见等提供有力支持。

1. 优势分析

(1)民族文化底蕴深厚

元阳县隶属于红河哈尼族彝族自治州,少数民族人口约占全县总人口的 88.62%,种类十分丰富。其中,哈尼族和彝族的人口最多,约占总人口的 77.32%。各民族相互融合、相互包容,造就了元阳县独一无二的民族文化。目前,元阳县共拥有民族特色的居民建筑、服饰、饮食、节庆活动、生活礼仪等物质和非物质文化遗产 312 项,不同载体的文化形式和丰富内涵孕育出了梯田文化、火塘文化、贝玛文化等多样的民族民间传统文化,为元阳奠定了以“民族文化”为核心的乡村旅游发展模式,是其发展文化旅游的重要优势。

2009 年,国家发展改革委员会将元阳县的基础设施建设纳入重点投资项目,哈尼梯田的文化旅游价值得到迅速提升,2008—2011 年间,元阳县文化旅游的接待人数迅猛增长(详见表 2)。国家的重点投资给元阳县的旅游业发展注入了新鲜活力,为当地深厚的民族文化底蕴带来了巨大发展潜力,为未来加大投资和建设力度打下了坚实基础。

表 2　　2008—2011 年元阳县哈尼梯田文化旅游接待人数及收入情况

年　份	2008 年	2009 年	2010 年	2011 年
接待总人数/万人次	60.92	63.85	77.84	82.88
接待国内旅游者人数/万人次	58.19	60.87	74.02	78.4
接待国外旅游者人数/万人次	2.73	2.98	3.82	4.48
旅游外汇收入/万美元	1 015.1	1 745.73	2 128.96	3 152
国内旅游收入/万元	31 468.99	39 614.62	510 062.83	69 668.56
旅游业总收入/万元	39 591	47 462	67 037	82 137

(2)历史悠久景观独特

水源丰富、空气湿润、浑然天成的梯田景观是元阳县旅游业发展的核心竞争力。拥有一千三百多年发展历史的红河哈尼梯田是以哈尼族为主的民族利用“一山分四季，十里不同天”的地理气候条件创造的农耕文明奇观。2013 年，哈尼梯田被录入世界遗产名录。作为哈尼梯田中心区的元阳，仅县境内就有红米梯田 19 万每亩，最高数达 3 000 级。哈尼梯田品牌的发展历程如表 3 所示。

表 3　　哈尼梯田品牌发展历程

年　份	内　容
2002	哈尼梯田被列为申报世界遗产预备名单
2006	哈尼梯田入选国家文物局最新公布的 35 家中国世界文化遗产预备名单重设目录
2007	国家林业局批准云南红河哈尼梯田湿地公园为国家湿地公园(云南省第一个国家湿地公园)
2010	哈尼梯田被联合国粮农组织列为全球重要农业文化遗产保护试点
2013	哈尼梯田入选第七批全国重点文物保护单位
2013	在第 37 届世界遗产大会上，哈尼梯田被成功列入世界遗产名录，成为中国第 45 处世界遗产
2014	哈尼梯田被批准评定为国家 4A 级旅游景区

(3)村落数目多且各具特色

元阳县共有 3 镇 11 乡，行政村和自然村数目较多，且较为分散。由于地理环境和村落民族文化的差异，因此，不同村落的特色不尽相同，从而极大地提高了旅游项目的丰富性(表 4)。

表 4　　元阳县重点村落情况举例

村名	距离镇(千米)	平均海拔(米)	主要产业	发展重点
阿者科村	28	1 880	种植红米、玉米	打造原始哈尼村落；着力发展旅游业

续表

村名	距离镇(千米)	平均海拔(米)	主要产业	发展重点
主鲁村	23	1 540	茶叶种植、养殖业	解决交通问题;改善学校基础设施
戈它村	6	1 100	种植热带产物如香蕉、橡胶等	改善农业基础设施;大力发展热区经济产业;打创热区特色经济村寨
土锅寨村	2.3	660	种植水稻、甘肃等,是全县甘蔗的主要供应地	保护及加强民间土陶制作工艺;调整产业结构发展蔬菜和第三产业
勐品村	4	1 520	养殖业、旅游业,拥有元阳县特色旅游景点"老虎嘴"	依附已有的旅游景点,发展和完善配套设施,提高村民思想文化素质

2. 劣势分析

(1)基础设施建设薄弱

由于地处高原山地,交通的低便利性成为制约元阳县旅游业发展的重要因素。目前元阳县内没有高铁站,这极大地减少了元阳县的淡季客流量。例如,从云南旅游中心昆明出发至元阳,只能乘坐高铁至蒙自,再转乘汽车到元阳。同时,村与村之间的公路连接也不够便利,在一定程度上不利于促进村与村之间的产业联动和交流。若两个村庄位于不同的山上,则需要沿着盘山公路下山再上山。另外,同一行政村内部的公路也较为崎岖。例如,位于新街镇的主鲁村内部都是土路,天晴路难走,下雨路不通,直接影响了全村的经济发展,减少了对外交流。在本次调研的居民中,一半以上的村民在家从事农业生产经营活动,从未出门打工过(图 7);绝大多数村民没有发现村里有外来务工者,说明村与外界交流不够密切,交通问题极大程度上阻碍了村落的对外交流。

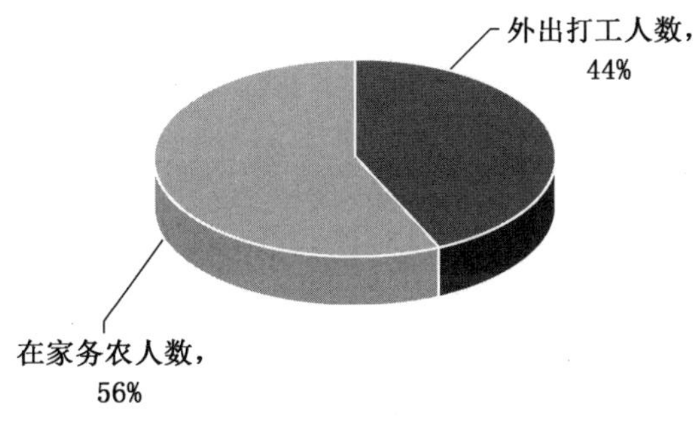

图 7 村民外出打工人数占比

(2)旅游资源开发深度较低

一方面,旅游业的配套设施不够完善,如餐饮、酒店等设施缺乏竞争力。元阳县内,尤其是梯田景区内的住宿以当地居民自建的民宿为主,星级酒店的数量非常少,住宿的规范性程度较低,品质难以持续保证。同时,游客住宿的分布较为集中,而且距离一些当地的特色村寨较远,便利性较低。另一方面,旅游景点与当地文化的结合深度较低。元阳传统民间文化如梯田文化、火塘文化、贝玛文化等是元阳县旅游业发展的独特优势,但目前大多数著名梯田景区如老虎嘴、多依树等仅局限于对现有景观的呈现,而缺少与当地特色文化的有机结合,不利于提高景点的吸引力和突出景点的独特性。

(3)从业人员的素质有待提高

据元阳县委宣传部负责人李昊伦介绍,目前元阳县旅游服务行业的从业人员大多是当地村落的村民,只有极少一部分是外地人员。而调研问卷数据显示,元阳县初中及以下文化程度的村民占比高达98%。大多数从业人员缺乏管理学、旅游学等专业知识,整体服务质量和效率难以保证。调研数据显示,在200位受访者中,83.5%的村民总是从事本村的农业生产经营活动,并没有从事旅游服务方面的经验和相关知识(图8)。另外,绝大多数村民满足于自给自足的农耕生活,意识不到旅游业发展对当地经济发展的意义,因此其发展和服务旅游业的需求也相对较低。

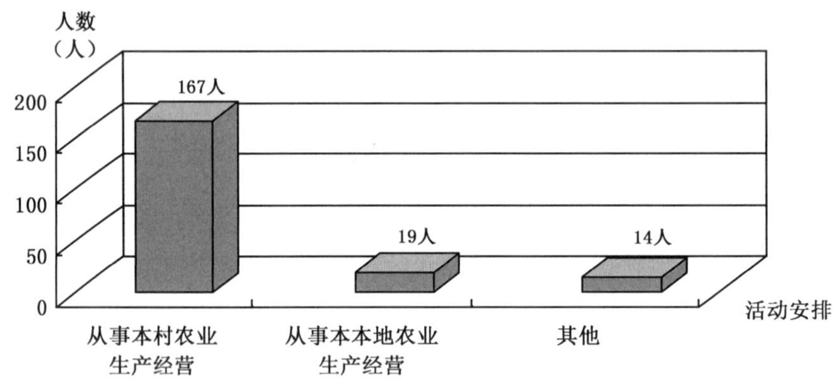

图8 村民劳动时间的主要安排

3. 机会分析

(1)国家对发展乡村旅游的政策支持

党和国家一直高度关注我国乡村旅游业的发展进程。2017年,党的十九大提出将"三农"问题作为全党工作的重中之重,实施乡村振兴战略。2018年,17个部门联合发布的《关于促进乡村旅游可持续发展的指导意见》指出应增加政策供给,形成乡村旅游的推进合力,为乡村旅游的可持续发展提供有力的政策支持。2020年,农业农村部发布的《全国乡村产业发展规划(2020—2025年)》提出要优化乡村旅游业,在聚焦重点区域、注重品质提升的同时实施精品工程、提升服务水平。2021年,第18个指导"三农"工作的中央一号文件提出要开发休闲农业和乡村旅游精品线路,完善配套设施。一系列国家政策的支持为元阳县的旅游业发展创造了新的时代契机。

(2)当地政府的高度重视

2020年,政府对旅游基础设施的建设力度不断加大。南沙游客集散中心即将完工,一批半山酒店和旅游厕所、智慧旅游等设施设备正在启动建设。同时，政府深入开展“千村示范、万村整治”工程工作，完善农村公共服务设施；建设与自然山水风光和谐、具有地方建筑风格特色的生态村寨；力争打造宜居、宜业、宜游的旅游生态示范村寨30个以上，以提升美丽田园乡村的品质。政府的支持和持续投入为元阳县旅游业发展提供了有力的经济、政治保障，促进了旅游业在元阳县的健康发展。

(3)国内乡村旅游迎来热潮

随着生活节奏的加快，城市、重点景区旅游的发展繁荣，消费者对生态旅游和原始村落旅游的需求逐年提高，近年来中国旅游业市场掀起了热潮，成为我国旅游消费的重点领域之一。据农村农业部统计数据显示，我国休闲农业及乡村旅游人数从2011年的4亿人次达到2019年的30.9亿人次，年均复合增长25.5%。因此，乡村旅游的热门化为元阳县发展传统民族村寨旅游等创造了新的经济增长点。

4. 威胁分析

(1)消费者对乡村旅游的需求逐年提高和日渐差异化

近年来，随着乡村旅游的热门化，众多消费者对乡村旅游的要求不再仅仅局限于对“观乡村之景”“食农家之菜”的常规活动，众多游客开始强调个性化的旅游攻略和旅游服务，关注乡村旅游的绿色生态和文化内涵、文化创意产品等，这给元阳县如何整合旅游资源、增加景点附加值等工作带来了巨大挑战。

(2)旅游业市场竞争日益激烈

随着居民收入的逐年增长，人们对旅游的需求也日益增加，旅游业市场的规模加剧，竞争激烈。据平安证券研究所数据显示，2016—2019年国内旅游业总收入复合增速为13.75%，线上旅游发展尤其迅速，2019年国内在线旅游市场规模首次突破万亿元。乡村旅游作为近年来旅游业发展的一大新分支，再加上大数据时代的到来，如何运用线上平台、电商等渠道占领旅游成熟线路的市场份额，对元阳来说难度较大。同时，元阳县乡村旅游开发建设还需要面对起步较早的同行业竞争，如云南大理和丽江、新疆北疆、浙江一带等地的旅游业。如何形成差异化竞争优势，提高核心竞争力成为元阳县旅游业发展的一大挑战。

(3)“新冠”疫情的冲击

2020年“新冠”疫情席卷全球，极大地制约了旅游业的发展。众多具有潜在需求的游客取消旅行计划，极大地冲击了旅游行业。虽说2021年国内疫情得到控制，但旅游行业的回暖速度仍然较慢。据云南省假日旅游信息统计中心数据显示，2020年春节云南过夜游客量减少450万至500万人次，旅游经济总损失超过200亿元。虽说元阳梯田空气质量佳、村庄偏远密集程度低，但在整个疫情大趋势的影响下省外及国外游客数量大幅减少，如何在“新冠”疫情的冲击下发展元阳旅游业成为难题。

六、对策

(一)总体思路

自元阳县脱离绝对贫困以来，多方面的脱贫成果仍有待巩固，乡村振兴与确保巩固和拓展脱贫攻坚成果的有效衔接是元阳县目前发展工作的主要方向。如何在刚刚实现脱贫的乡村落实好乡村振兴战略，把握好发展契机是元阳县政府乃至全国各大县委县政府需要思考的问题。

以文旅融合为核心，打造"第三空间"是元阳县发展乡村旅游的总体思路。

文化与乡村旅游产业结合的新模式必将为元阳县的致富之路打开一片全新的天地。发展文旅融合、构建元阳哈尼梯田的旅游品牌不仅有助于突出元阳旅游特色、提高品牌识别度、开发旅游产品、增强市场竞争力，而且能更加有效地促进元阳梯田旅游的宣传和推广，是未来元阳县旅游业发展的阳关大道。

目前，现代商业战略规划正逐步转向对"第三空间"的丰富和建设。一般来说，人们的日常生活主要分布于三个空间，分别是第一空间(居住空间)、第二空间(工作空间)和第三空间(购物休闲空间)。人们的生活质量往往与逗留在第一和第二空间的时间成反比，与逗留在第三空间的时间成正比，这也是"第三空间"明显区别于第一和第二空间的主要原因。在学术界，"第三空间"尚无一个确切的定义，它一般指代不同于日常生活的，通过与其交互人们能感受不一样生活体验和精神愉悦的空间形态。因此，为提高人们的生活质量和幸福感，在建设第一和第二空间的同时要高度关注"第三空间"的打造和完善。

以文旅融合为核心的"第三空间"打造是立足于乡村既有资源，以乡村旅游为主导、以创意乡土文化为底蕴、以现代乡村产业为核心，对乡村土地进行综合的、合理的开发利用，将乡村产业发展、基础设施、民居和社会文化建设等生产生活要素集约配置的地域空间形态。它是一种规模化、多功能、现代化、开放性的乡村聚合空间，能够充分发挥旅游的人流和物流的力量，聚集广大平台的作用，盘活和带动区域的人气与商业氛围，进而大大增强乡村产业、文化、旅游和社会发展的能量与活力。

在乡村振兴战略背景下，"第三空间"越来越受到社会的关注和重视。结合城乡融合发展战略，从空间地理、田园生活、乡村生态、民宿建筑、民俗文化、乡土精神等多个层面，系统地构架出以旅游为抓手的创新模式能有效地解决乡村发展中的诸多问题，在文化、产业、生态、思想等多个层面起到示范与带动作用，为未来乡村振兴和文旅融合的发展指明方向。

"第三空间"有一系列的外在表现特征，如表 5 所示。

表 5　"第三空间"的表征

类　别	表　征
地理区位	位于城乡接合部，以乡村为主体，大多是乡村旅游目的地
产业结构	囊括三产，突出产业的生态性，产业结构配比合理，产业层次高
文化底蕴	既有传统乡土文化，也有现代时尚元素与前沿文化的内涵
生态景观	与自然和谐共存、顺应地方文脉、地脉，体现为生产性大地景观及民居的院落景观
生活环境	在衣、食、住、行等层面，既具有乡村的原生健康，也享受城市与科技的便利与快捷
精神意识	呼应大众对原生乡土的精神诉求，是大众的心灵归宿与精神栖息地

依附于"第三空间"的功能多样性、效益综合性、要素系统性、产业全景性等特征，以下

内容主要围绕打造“衣、食、住、行、游、购”六方位的第三空间展开(图 9)。

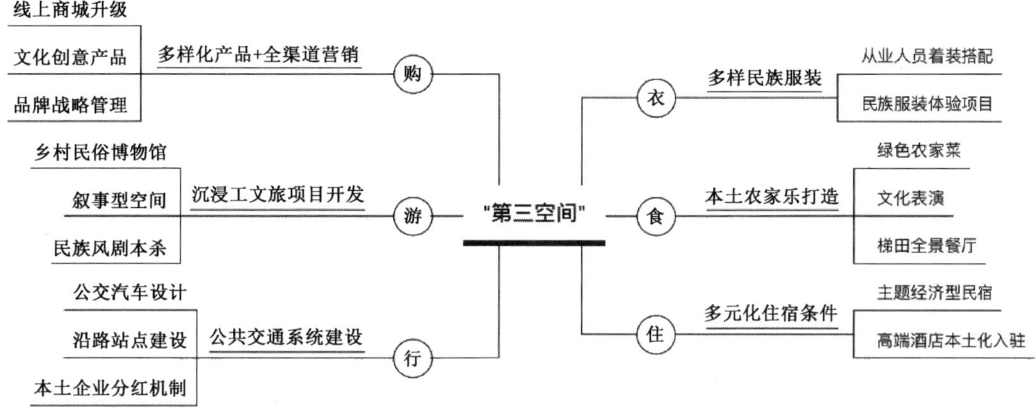

图 9 “第三空间”思路架构

(二)具体措施

1. 衣

哈尼族、彝族、傣族作为元阳县的主要少数民族,独特的民族服饰是元阳县发展文化旅游不可缺少的元素。哈尼服饰千姿百态,主要以黑色为美,拥有一百多种款式;傣族服饰淡雅美观,以凸显女性之秀美窈窕为美;彝族服饰朴实而奢华,用了大量的银制品和刺绣装饰。将民族服饰融入景区服务、景区体验项目,在一定程度上为元阳文化的展现提供了新的机遇。

一方面,旅游从业人员在一定场合应采用当地特色的民族服饰。例如景区导游、餐厅服务人员、游览车司机等,将民族服饰风格无形之中融入乡村旅游的氛围和消费者的旅游体验中。另一方面,考虑开发以民族服饰为主题的体验项目,如在梯田景区开发民族服饰艺术写生照项目等。目前,大理洱海、丽江古城等云南多个旅游胜地已开发此项目并日渐发展成熟,这极大地提高了旅游景区的吸引力和景区收入及游客的体验满意度,可行性较强。

2. 食

美食是旅游中的重要组成部分,也是元阳发展文化旅游的重要突破点。元阳县农业种植面积广,多数农民从事种植业。数据调查显示,元阳县 70%以上的农户平均每个月有 80%左右的食物来自自己生产。农家菜是农村人家以传统方式养殖的禽畜、种植的蔬菜以及当地自然生长的特产为原材料烹制的佳肴菜式,农家菜依靠其绿色健康、生态环保的特点吸引了众多城市消费者。

打造以绿色农家菜为主,梯田景观和文化表演为辅的餐饮场所,建立哈尼传统饮食文化传承中心等。在拥有旅游景点或位于景点附近的村落设置农家乐集合地,将环保、原始的农家菜作为一大特色。在经营模式和菜谱设计方面不仅推出传统少数民族菜肴系列,而且允许游客自主选择原料搭配的点菜模式。另外,村民还可以将当地的哈尼祝酒歌、哈尼舞蹈等作为文化表演项目,让消费者们在享受美食的同时,感受哈尼民族的热情和亲切。

3. 住

优质的居住环境不仅能增加过夜游客的数量，而且能促进当地经济的发展。经营成功的民宿酒店不仅能增加村民的收入，而且能吸引更多的游客前来体验。因此，打造多元化的住宿场所，以满足消费者的多样化需求是元阳县发展乡村旅游业的重要部分。

一是开发经济型传统民宿。在政府补助下，选取景色壮观的高地，打造以经济精品为主题的民宿区。不同位置的民宿功能应有所差异：有的民宿地理位置优越，可以观赏日落和日出；有的民宿以少数民族文化为主题，可以体验民风民俗；有的家庭房可以设计童话主题；等等。房间内部的设计应强调空间感，利用有限的空间打造轻奢风格。装修从简，以“山野之中，回归慢生活”为设计初衷。每件客房设置大面积落地窗，最大限度地引入自然采光，保证室内空间通透、将梯田风光和四季更替融于室内。

二是引入高端酒店品牌，并结合当地文化进行改造设计。相对经济型民宿打造，高端的品牌连锁酒店等能进一步扩大元阳县乡村旅游业的目标市场。高端酒店及其配套服务的入驻提高了元阳县旅游业的整体印象和质量。另外，酒店在提供住宿服务的同时，可以考虑打造全景会议厅、健身房、无边泳池、民族音乐酒吧等，提供全面高端的具有民族特色的服务。

4. 行

由政府投资，打造以大数据为基础的公共交通系统，全面连接各景点、各餐饮住宿和村与县，实现一站式旅游体验。问卷数据显示，在 200 位受访者中，拥有摩托车的村民最多，但占比仍不到 50%。这在一定程度上说明了村民们日常出行的交通工具较少，不利于村与村交流的同时也降低了乡村旅游的便捷性。

一方面，投资打造元阳梯田景区的专门公交汽车。在公共汽车内安装小电视机和音箱以播放元阳文化宣传片和《长街宴》《哈尼山寨举起酒杯》等民歌。基于公交车车身广告的立体造型利于旅游景区的形式展示的特点，在车的内部和外部可投入宣传梯田美景和元阳特色农产品的广告和标语，如“看一眼梯田，便是 1300 年”等标语。广告的投放不仅有利于做好文化的深入，而且能更好地传播元阳文化。另一方面，在旅游景点、餐饮、民宿集聚区、酒店住宿等游客重要聚集点和中转点设立公交汽车站，通过大数据技术监测技术，调整淡季和旺季的发车量。大数据信息系统技术的引入可以将整个元阳县的旅游服务系统化，在便于管理的同时，为提供更优质的服务创造可能。同时，建立本土旅游公交公司，由当地村民全面管理和经营公交系统，可参照阿者科村分红机制，将 70%的公司收入分配给各村，30%归公司经营所有。

5. 游

全力打造全域沉浸式文旅项目体验。上海幻境文化传播有限公司 CEO 江杰先生提出，“全域沉浸”系统是面向未来文旅的重要地标。近年来，全国多地不少文化单位、景区景点等在沉浸式文旅项目上做出尝试，沉浸式文旅迎来了快速发展期。但在“沉浸式”理念快速升温的同时，也存在文化结合不到位、景点附加值小、体验感低等问题。依附于千年梯田农耕文化和哈尼民族文化于一体的元阳，应以“开发沉浸文旅体验，打造景点 IP”为核心，深入挖掘乡村旅游的文化 IP。

根据哈尼蘑菇屋的建筑特点建立乡村民俗博物馆，以展示乡村文化和特色农作物。将民族文化、1300 年梯田历史融入博物馆，并在旺季打造沉浸式透明空间的梯田摄影展览。打造沉浸式剧场，营造叙事型空间。可以参照《丽江千古情》的 IMAX3D 歌舞表演模式，以"讲好元阳故事，传播民族故事"为营销理念，定期推出元阳小剧场等。结合当代流行玩法，推出民族风"剧本杀"游戏。"剧本杀"游戏是当代最火的派对游戏之一，它集逻辑推理和社交等多重属性于一体。以拥有千年文化的民间传说和民俗为背景来创造剧本的梯田民族风"剧本杀"既是时代潮流的延续，更是文化旅游的创新。

将节庆旅游融入文旅融合的发展中，从民族文化传承和发扬、沉浸式体验民俗节日等角度出发，打造专门化的节庆活动。在全方位、多层面文旅融合的背景下，元阳县应意识到节庆活动在旅游资源中所处的重要位置，将哈尼族的昂玛突节、彝族的火把节、傣族的泼水节等融入沉浸式项目的打造。

6. 购

农村的振兴离不开产业的振兴，更离不开农村电商的发展和作用。大力发展农村电子商务以激发农村经济活力，促进产品双向流通，逐渐成为信息时代下解决农村和城市发展不平衡的有效措施。

(1)全面升级元阳商城，全方位打开销售渠道。目前元阳县已推出"元阳商城"微信公众号和小程序，现有梯田红米、云腿月饼、新鲜水果等商品，但除梯田红米已售 6 911 份以外，其他商品的销量都较小。因此，可以考虑建立电商创业中心，帮扶村民提升线上技能。同时，全面升级线上店铺及其功能。推出直播带货功能和购物节促销团购活动，在现有商品的基础上增加不同村落农户自生产的产品如香蕉、玉米等。另外，实行多渠道营销策略，入驻抖音、小红书等热门社区 App，通过定期推出元阳特色农产品介绍、旅游项目介绍、民族文化介绍等视频吸引消费者。

(2)推出文化创意纪念品，打造景区大 IP。文创产品在乡村旅游促进中发挥着重要的作用，它是文化的缩影和延伸，更是传播乡村文化、提高旅游品质的重要媒介。在产品理念设计方面，值得借鉴的是故宫关于文化创意产品的设计和销售，元阳县可以依托本土历史文化，参照故宫文创产品的设计理念，从彩妆、护肤、文具、日常生活用品等产品入手，着力打造差异化的元阳文化创意产品。

(3)加强品牌建设和管理。在文旅融合加速和消费升级迭代的时代背景下，消费者群体年轻化、体验需求场景化、品牌诉求多元化，大众市场更加追求与目的地品牌之间的情感共鸣和深层次互动。品牌形象在乡村旅游持续发展中越来越重要，如洛阳博物馆的"唐妞"系列产品、"好客山东 泉城济南"的城市品牌等，都为城市旅游业的发展带来了动力。元阳可以为文创产品、特色当地农产品等商品创立品牌，设计和推广具有梯田特色、能深入人心的品牌标志，并在各大商城、App 等地方设立品牌专区。

七、结语与展望

要以帮扶措施助推实施"走出去"活动旅游业与文化创意的产业深度对接互动。文化设计创意与中国传统现耕农业文化元素的完美结合不仅能把这种具有一定地域性和民族特色的中国传统现代农耕农业文化生动、丰富而快捷地充分展示给广大农民消费者，而且能大大提升对传统农产品的视觉感受和多重面对消费者的价值。它其实是一种有效延伸发展我国传统农业安全产业链、提升我国传统农业生产附加值、塑造良好的我国旅游业品牌形象的一种有效推广方法。

乡村振兴战略的深入实施为全国各类乡村地区经济社会的发展提供了巨大的活力和生机，而乡村传统文化的弘扬则是实现乡村振兴及中华民族伟大复兴的关键。新时期仍需要将我国传承五千年的特色乡村文明与农耕传统文化进一步相互融合，通过发展乡村旅游业和休闲特色农业，使旅游业焕发新的活力。当今全国许多地方已经通过"文旅＋乡村"模式促发展，如浙江鲁家村、浙江乌镇乌村、陕西的袁家村。

元阳梯田文化遗产保护区的生态文化旅游、乡村生态旅游和元阳传统民族风俗文化旅游的开发建设将是一个漫长的进程，同时必然不断遇到一些亟待解决的矛盾和突出问题，如现代科技的迅速发展与乡村传统文化的冲突、地方政府和旅游企业在乡村旅游和文化旅游建设中的定位、乡村村民与外部企业的利益平衡等。因此，要想扎实推动乡村旅游和文化旅游的发展和建设，还需要政府、旅游企业、社会团体和乡村村民等多方面的积极参与和支持。地方政府应采取各种直接或者间接的方式，从具体的实际操作出发，切实地解决当下存在的问题，同时还需鼓励和支持旅游企业、社会团体等多股力量以合理的方式加入乡村旅游和文化旅游的建设中，把资金、资源、人力等投入乡村的经济发展。在这条乡村振兴的道路上，需要充分调动旅游企业参与社会建设的积极性，充分发挥和利用社会团体的资源。此外，还要借助旅游业为当地村民提供更多的就业岗位，充分激活村民们的主观能动性，既能更好地投入乡村振兴的建设之中，又能在较为单一纯粹的农业生产经营之余，通过旅游业取得更多可观的收入，防止返贫。

对于保留完整、原汁原味的少数民族聚居的村落的旅游文化建设和未来发展，政府、旅游企业、社会团体和农村村民要相互配合，在协调和沟通的过程中平衡各方利益，实现群众利益的最大化，并且通过创新来加强其活态化、体验性、科学化、艺术性、文创性、游戏性、节庆化、全信息化等，从而更好地推动乡村旅游的可持续发展和文化旅游产业的兴盛壮大。

参考资料

[1]唐杰锋. 民族地区村寨旅游利益相关者利益冲突及协调研究[D]. 吉首大学，2013.

[2]黄竞男. 基于SWOT分析的东平县乡村旅游开发研究[D]. 山东农业大学，2013.

[3]王婷，胡新均，邱于哲，宁志中. 梯田旅游景区规划思路与实践[J]. 规划师，2019，3515：46－52.

[4]钟声. 乡村振兴战略背景下衡阳市乡村旅游发展研究[D]. 中南林业科技大学，2018.

[5]李琳琳. 元阳梯田遗产区乡村旅游扶贫研究[D]. 云南财经大学，2020.

[6]宁德煌. 云南贫困地区旅游业可持续发展初探[J]. 经济问题探索，2000，05：127－128.

[7]卢明强，陈丽军. 云南元阳哈尼梯田旅游市场特征研究[J]. 安徽农业科学，2011，3912：7223－7225.

[8]田茂军，张湘华."非遗"保护与乡村旅游适度融合研究——以湖南省湘西州为例[J]. 原生态民族

文化学刊，2015，704：140－147.

[9]向欢欢，沈世伟. 国内梯田旅游研究进展[J]. 现代化农业，2016，05：51－53.

[10]杨澄. 打造世界一流健康生活目的地全产业链重塑云南旅游业发展新优势[J]. 创造，2021，2904：31－32.

[11]刘天博. 当代沉浸式剧场的空间研究[D]. 中央美术学院，2021.

[12]乔思琪. 基于钻石模型的云南乡村旅游市场竞争力评价研究[D]. 云南财经大学，2021.

[13]龙小燕，赵全厚，黄亦炫. 地方政府专项债券的问题解析与制度完善[J]. 经济纵横，2021(04)：120－128.

[14]柯月嫦，吴映梅. 文旅融合视野下云南省节庆旅游发展[J]. 市场周刊，2020，33(07)：60－62.

[15]刘婷. 基于游客感知的元阳哈尼族民族文化旅游开发研究[J]. 保山学院学报，2020，39(03)：98－103.

[16]陈清荷. 文化与科技融合的新业态[D]. 上海社会科学院，2020.

[17]白灵. 基于游客感知的农业文化遗产旅游产品体系构建研究[D]. 福建农林大学，2019.

[18]许斌. 文旅融合视角下的元阳哈尼梯田旅游品牌建设研究[D]. 云南师范大学，2017.

[19]姜玉辉. 乡村旅游发展模式研究[D]. 广东海洋大学，2014.

[20]张文鹏. 梯田旅游对促进元阳哈尼地区农民增收研究[D]. 上海交通大学，2014.

[21]刘雪婷. 中国旅游产业融合发展机制理论及其应用研究[D]. 西南财经大学，2011.

[22]张秀娟，苏巍巍. 浅议品牌形象战略的文化内涵[J]. 商场现代化，2007(23)：120－121.

[23]俞涛. SWOT 分析模型在战略形成中的应用研究[J]. 经济技术协作信息，2008(03).

对农村老龄人口边缘化问题的探究与思考

——上海崇明区合兴村花卉产业振兴调查报告

王树银[①] 姜成瑜[②] 罗紫涵[③]

摘 要:为了解合兴村花卉产业振兴对村民福利所产生的影响,发现其存在的问题并分析原因以提出对策来助力产业振兴建设,调查小组前往上海崇明区合兴村进行了调查。通过观察法、访谈法和问卷调查法,调查小组发现合兴村有严重的人口老龄化现象且这些老年人口在逐渐被边缘化。经过数据统计和文献研究,调查小组分析了合兴村老年人口边缘化的原因,并提出以建设老年人协会作为缓解老年人口边缘化的对策。考虑到老年人协会之前的实践,调查小组通过搜集文献整理了之前老年人协会所出现的问题、前人分析的原因并提出相应的解决措施,以帮助合兴村的老年人协会建设顺利进行。此外,调查小组还通过观察法和文献调查法研究了合兴村的花卉产业现状,分析并发现合兴村的花卉产业对合兴村的福利影响更多地体现为土地的租赁而不是工作岗位的提供。

关键词:老龄化 边缘化 花卉产业 老年人协会

一、调查概况

(一)调查背景

2021 年秋,为了解乡村的产业振兴情况,从实践的角度对乡村产业振兴进行探究,发现其存在的问题并提出解决方案,以助力乡村产业振兴良性发展,上海财经大学再一次开展了千村调查。从新闻报道上了解到上海崇明区合兴村的花卉产业振兴后,调查小组选择将此地作为调查对象,探究花卉产业开展以来的影响与存在的问题以及花博会的举办对合兴村的影响。

调查小组在 2021 年 6 月 26 日来到合兴村开展调查,采用问卷调查法和访问调查法获得了第一手资料:12 份村民问卷、1 份入村问卷、村子的全部人口数据和村委会信息汇总资

---

① 王树银,女,上海财经大学信息管理与工程学院信息管理与信息系统专业 2019 级本科生。
② 姜成瑜,女,上海财经大学信息管理与工程学院数据科学与大数据技术专业 2019 级本科生。
③ 罗紫涵,女,上海财经大学信息管理与工程学院数据科学与大数据技术专业 2019 级本科生。

料。此外,调查小组以交往非参与者[①]的身份对村子的生活情况进行了观察,并从中国知网上收集了大量关于老龄人口边缘化问题及花卉产业振兴研究的文献以辅助调查。

(二)数据可信度分析

1. 从获取数据的方式来看,数据具有一定的可信度

(1)调查小组成员均为第一次进入合兴村,在此之前与合兴村没有任何联系,也不清楚合兴村的人口分布情况,因而采访对象的随机性得到了保证。

(2)调查小组中有一名上海本地成员,保证了采访过程中不会因为方言而产生信息误差。

(3)调查小组采用五点取样法进行采访对象的选取,具有一定的科学性。

(4)调查小组在采访时以大学生采访者的形象获得了受访者的信任,在一定程度上提高了受访者如实填写问卷的可能性。

(5)调查小组通过观察法,将身临其境的感受与问卷、访问的结果进行对比,避免了唯问卷数据是从的片面印象。

(6)调查小组收集的辅助文献均来源于中国知网等权威学术网站,保证了二手数据的可靠性。

2. 从调查问卷的内容来看,数据具有一定的不可信度

(1)调查问卷的内容过于细化,导致问卷内容过多,很多受访者在采访进行到 2/3 时便开始随意回答,导致出现问卷内容前后不一致的情况。

(2)调查问卷的内容有很大一部分针对青壮年受访者,而受访者多为老年人,导致问卷内容不够全面,难以通过部分问题获取采访者的完整信息。

(3)调查问卷关于家庭经济情况的内容带有敏感性,导致受访者在回答此部分问题时有迟疑,且关于此部分的家庭经济情况信息的真实性也难以保证。

(4)调查问卷关于受访者家庭每月的水电费及桔梗焚烧量等琐碎问题不在受访者日常的特意关注范围内,导致受访者对此印象模糊并产生了拒绝继续回答的抵触心理。

(5)部分受访者保密意识偏强且对调查小组有戒备心理,不愿留下联系方式、拍照不愿意露出正脸,甚至拍下受访者的照片以防万一,此种情况下获得的问卷数据难以保证其可靠性。

二、调查结果:乡村老龄化、老龄人口边缘化

(一)合兴村基本情况介绍

合兴村隶属上海市崇明区港沿镇,位于港沿镇镇政府东部合五公路 3819 号,合兴中心小学南侧。合兴村东靠合东村,南靠鲁与村,西邻小洋河,北连同心村。在 2002 年由自然村协力村与合兴村合并而成,占地 4 平方千米,当时总人口 2 917 人。

2021 年,因第十届中国花博会在上海崇明举办的契机,占地 310 亩的智慧生态花卉园

---

① 交往非参与者:观察者公开身份,但不参与被观察者的群体及其活动,只在同被观察者的简单交往过程中进行观察。

落地合兴村，投资2.2亿元，全面投产后，近10万平方米的育苗核心区，预计年产花卉种苗2亿株、精品盆花1 000万盆。

2021年1月7日，合兴村被评定为2020年度上海市美丽乡村示范村。

2014年7月31日，农业部认定合兴村为第四批全国一村一品示范村镇(白狗芦笋)。

合兴村附近有东平国家森林公园、上海薰衣草乐园、崇明西沙国家湿地公园、崇明明珠湖公园、东滩湿地公园等旅游景点，有上海芦笋、崇明白山羊、崇明水仙、崇明金瓜、崇明老白酒等特产。

(2)合兴村村民生活状态呈现

通过观察法，调查小组了解到合兴村村民的生活如下：

1. 交通便利，设施齐全，规划统一

调查小组通过搭公交车进入合兴村，车站旁边即合兴小学和村委会；公路旁边有便利店、建材店，村内有公共厕所、度假酒店；村内房屋建筑以带院子的2层小楼为主，样式颜色统一，但一些位于角落的老旧房屋仍有人居住。

2. 村民生活悠闲，幸福指数较高

在进行问卷调查期间，调查小组注意到有些家庭在自家庭院里种有蔬菜瓜果、自给自足，一户老年人家庭正在打麻将，一对中年夫妻花了一下午时间整理院子，还有一位八十多岁的老人坐在院子里看报纸，村子里一派慢节奏的生活景象。采访时，受访者嘴角不经意流露的笑意也证明这个村子的村民幸福指数较高。

(三)合兴村人口现状及原因分析

截至2021年，从调查小组通过村委会得到的资料来看，合兴村村域面积4平方千米，永久基本农田面积3 145亩、户籍人口2 690人(农业人口2 245人、非农业人口445人)、常住人口1 948人(户籍常住人口1 565人、外来常住人口383人)，全村分为27个村民小组，目前无被征用土地。可以看到，合兴村户籍人口中仅58.18%的人口为常住人口，另外41.22%的人口长期外出。

另外，调查小组根据从村委会处获得的合兴村人口资料整理出了合兴村的户籍人口性别结构、户籍人口年龄结构、常住人口性别结构和常住人口年龄结构，如表1所示。

表1　　合兴村的户籍人口资料情况

户籍人口年龄结构		常住人口年龄结构	
0～6岁	37	0～6岁	35
7～16岁	98	7～16岁	89
17～59岁	674	17～59岁	886
60～64岁	234	60～64岁	244
65～70岁	302	65～70岁	320
71～80岁	257	71～80岁	262
80岁以上	150	80岁以上	147

续表

户籍人口性别结构		常住人口性别结构	
男性	850	男性	993
女性	902	女性	990
总计	1 752	总计	1 983

从户籍人口年龄结构看，合兴村户籍人口老年人比例为 53.82%，年龄结构呈倒金字塔形；从常住人口年龄结构看，合兴村常住人口老年人比例为 49.07%，年龄结构呈倒金字塔形。经两者对比可以发现，合兴村常住人口的老龄化情况较户籍人口所显示的轻，原因是常住人口在 17～59 岁的年龄段增加了 212 名外来人员，也就是说，外来人口缓解了合兴村在常住人口上的老龄化程度。当然，合兴村的人口老龄化情况无论是从户籍人口还是从常住人口来看都不容忽视。而合兴村吸引外来人口的原因或许与其花卉产业增加了工作岗位有关。

通过对比户籍人口性别结构与常住人口性别结构，可以发现合兴村的外来人口以男性居多，按照中国人男性外出挣钱的传统习惯来看，也在一定程度上说明合兴村的外来人口主要以务工为目的。

调查小组经观察发现，合兴村虽然在常住人口和户籍人口的数据上，老年人口都仅占半数左右，但在采访日白天，村子里基本上是老年人在家，唯一遇到的六位青年人中，两位是建材店的店主，另两位在打扫自己的院子，还有两位接受了采访。采访时间是七八月份的白天，村子里的年轻人可能因在工作而错过了采访，但村子里的小孩子也很少见到。或许年轻人组建的家庭并不都居住在村子里，村子的老龄化程度是否比数据体现得更为严重还有待考证。

(四)花卉产业基本情况介绍

2019 年底，上海崇明智慧生态花卉园作为崇明区成功申办第十届中国花卉博览会后引入的首个重点花卉项目在合兴村投入运营，园区聚焦“生态、科技、种源”三大要素，以建设智能花卉育苗中心为目标，旨在实现崇明花卉产业的“弯道超车”。

智慧生态花卉园的育苗中心温室占地 9.5 公顷，其中综合车间 1.6 公顷，全年培育花卉种苗，淡季辅以盆栽花卉生产。车间选用高度自动化的育苗设备，包括全自动苗床物流系统、基质供应系统、精量播种流水线、补苗移栽流水线等。生产物流采用全自动苗床循环系统，贯穿播种、催芽、育苗、补苗、移栽、发货等环节，实现了育苗全程自动化，极大地节省了人工成本。

此外，园区温室采用地源热泵提供清洁能源，结合双层 F-clean 膜覆盖材料、肥水一体化精准灌溉、温室环境控制系统、雨水收集系统等，构建了一套“绿色生态、高效节约”的育苗生产模式。依靠自动化育苗设施和计算机控制系统，育苗中心可年产花卉种苗 2 亿株、精品花盆 1 000 万盆以上，为 2021 年第十届花博会供应 120 种以上花卉。

(五)花卉产业影响分析

崇明智慧生态园结合乡村产业振兴建设，辐射带动了周边花卉产业的发展，为合兴村当地农民提供了就业机会以及花卉苗木种植技术、庭院景观方面的技术培训，带动和提升了当地农民的专业化、规范化和品牌化发展，促进了一二三产业的融合发展。花卉产业还为合兴村提升了一定的知名度，吸引了游客前来旅游，为合兴村的旅游事业做出了贡献。

崇明智慧生态园项目由上海源怡种苗股份有限公司运营，虽然创造了工作岗位但大部分是经过公司培训的外来专业人员上岗，加上高自动化的生产模式缩减了工作岗位，而剩下的岗位不足以让外出务工的农民回村发展；另外，在外务工的村民在习惯了外面的工作或者在外面有了稳定的事业以后，也不愿再回到村子从事务农工作，这也使得花卉产业创造的工作岗位吸引游子返乡的目标成效不显著。

合兴村一直以清新宜人的自然环境和方便快捷的交通对外著称，花卉产业更是提升了其知名度，吸引了村外富裕的老年人进村买房养老，在一定程度上加大了合兴村在常住人口层面的老龄化程度。

（六）老龄人口边缘化现状介绍

根据从村委会处获得的合兴村人口数据资料，调查小组经整理计算发现，合兴村在户籍人口和常住人口层面的老年人占比均在 50%左右；调查小组根据五点取样法随机采访的 12 位受访者中，有 67%的老年受访者；调查小组在村中走访时发现，大部分家庭中只有老年人在家，几乎看不到青壮年以及孩子。由以上三个现象可见，合兴村人口老龄化程度已经达到了不容忽视的程度，而村里老年人口边缘化现象也是调查小组发现的较明显的一个现象。

村里老龄人口边缘化主要体现在以下三个方面：

1. 被网络时代拒绝

在问卷调查中有关家中是否有电脑、是否安装了宽带的问题，62.5%受访者的回答“否”，37.5%的受访者家中有电脑和宽带，但是给家里的年轻人准备的。调查结果已经将这些老年人与网络隔绝的状态反映了出来。另一个关于是否网购或者家里人是否有网购经历的问题则反映了老年人更为尴尬的处境。从问卷数据来看，75%的人没有网购经历，其家人也没有，而 25%的人虽然没有网购经历但用过子女网购的东西，这部分人似乎接触到了网络但又没完全接触到，正是这种“第三态”的隔绝状态从心理上加深了他们被边缘化的状态。

2. 被产业振兴排除

合兴村的花卉产业几次登上新闻报道，其自动化的设备和专业的种植技术一度成为新闻卖点，但其在改善村子整体状况的同时老年人的状况却被忽视了。从一位受访者的口中，调查小组得知，现在建设花卉园的地方原来是一个广场，那里曾是老年人的活动场所，如今却被高筑的大棚围了起来。这些老年人的利益似乎在无形中被侵害了。一位误以为村委会能看到调查结果的老年人甚至希望调查小组向村委会反映他们想重建广场的心愿。另外，村里的花卉产业需要专业知识的情况直接将这些年过古稀的接受新事物能力弱的老年人排除在外，其自动化的设备也使所需劳动力的数量减少，而原本种植庄稼的土地被用来养花后这些老年人更是无事可做。

村里的花卉产业改善了村子的经济条件，但不是通过提供工作岗位的方式。事实上，村里大部分年轻人还是选择到城市去工作，而在花卉园里工作的其实是有专业知识的外来人口，花卉产业给村子带来的经济效益只是通过土地租借方式获得的租金。老年人在这种模式里是可有可无的，这种不被需要的状态也是加重老年人口边缘化状态的原因之一。

3. 被传统的信息渠道束缚

从前，村里的事务是通过喇叭播报或者村干部挨家挨户通知的，那时人们不管识不识字都知道发生了什么、要做什么。而现在信息传播的渠道变了，村里的事务喜欢贴在公告栏，村里的通知喜欢在微信群里发，而村里的老年人并不会时不时去看公告栏也不会刷微信，在外面工作的年轻人也不会细看村里的通知，因此便出现了信息不对称的情况。在去村委会之前，调查小组通过12份村民问卷调查村里是否有给老年人提供的阅读场所、村里的事务由谁决定、村里的财务情况村民是否知晓等问题，结果75%的老年受访者认为村里没有给老年人提供的阅读场所，62.5%的老年受访者不清楚村里的事务由谁决定、怎么决定，100%的老年受访者认为村里的财务情况村民无法知道因而也不关心村里的财务信息和其他事务。

事实上，当调查小组到达村委会时，可以看到村里的公告栏上贴着村里的财务信息，村委会也设立了专门的室内活动中心，包括阅读室等，至于村内事务的决定权则无法得知。尽管这些老年受访者均能识字且有少数爱好阅读者，但对村内情况的认识模糊。

(七)老龄人口边缘化原因分析

人口老龄化是工业化和城镇化的通病，而老年人口由于种种原因也逐渐在被边缘化。合兴村的老年人口占半数左右且长期居住于此，是合兴村的主要活动人口，因而找到缓减合兴村老年人口边缘化的对策至关重要。调查小组通过查找文献并结合问卷调查的数据，分析得出以下几个导致合兴村老年人口边缘化的原因：

1. 工业化对传统养老模式的冲击

合兴村人口老龄化程度严重，越来越多的老年人共享有限的财富和资源，边缘化的地位由此凸显。现代化和工业化的推进对劳动力的需求越来越大，村子里富裕的劳动力便流向了城市，只留下妇女儿童和老弱病残，村里老年人在客观上处于无人养老的境地。另外，合兴村村民家庭经济情况普遍较好，在8位老年受访者中有3位受访者没有选择儿女供养，这在给儿女减轻负担的同时也在一定程度上减少了与儿女的联系，使得自身对于儿女的意义更加边缘化。

2. 长期的城乡二元体制造成了农村的整体边缘化

合兴村位于上海崇明区，与繁华的上海市中心仅一桥之隔，其基本条件自然较其他农村地区好些。尽管是这样一个“发达”的农村，但是其福利设施并没有城市那么完善。在8位老年受访者中，有50%的老年人因患重病而需要定期就医却只能在镇上的医院治疗，有50%的老年人没有养老保险，因为不知道怎么参加或者之前没有钱交养老保险。在这种城乡二元体制的不平衡下，农村地区老年人群的边缘化程度相比城市地区更为显著。

3. 科技的迅速发展使老年人处于科技边缘

随着科学技术的迅猛发展，人们的生活也变得越来越丰富。然而，面对科技新产品、新功能，有些老年人因为科技知识不够，加上高科技产品在设计和开发上更多地考虑年轻人的喜好而忽视老年群体的特殊需求，高科技和新知识、新信息的落后使得农村老年人的威望和地位急剧下降并由此形成恶性循环，进而加剧了老年人在家庭地位和社会地位的边缘化。

4. 花卉产业占地使老年人生活空间受到挤压

在采访过程中，一位老年受访者谈到曾经的广场被花卉园占用，使得老年人的活动场所遭到了挤压，因此减少了同村老年人的来往与联系。少与同辈来往的老年人成天待在家中却不被家庭需要的状态使得其心理上不愿接触外界，进而加重了其边缘化程度。

5. 老年人的生理特性导致老年人的社会边缘化

由于知识更新速度的加快，而老年人学习能力受是否与生活相关和记忆力的影响，学习动力不足加上记忆力的衰退直接导致老年人的学习能力不足，另外老年人退休后与原有的生活圈子脱离，这些因素共同加剧了老年人的社会边缘化。社会边缘化导致老年人在家庭的影响力下降，影响其家庭边缘化，导致其在家庭逐渐不受重视。

6. 老年人早期生活的成就决定了其后来的经济地位

老年人的文化程度高、收入高、退休前有较好的工作单位，其社会声望就较高，在家庭和社会生活中也容易获得较高的威信从而获得较多的尊重，能更好地适应社会发展，从而减轻其在家庭和社会中被边缘化的程度。

7. 缺少社会交往容易使老年人边缘化

仅老夫妇俩居住的方式有助于减轻其边缘化程度。而与子女居住、为照顾孙辈而居住的方式会增加老年人的边缘化程度。为了子女更多的付出往往使老年人容易缺少社会交往，丧失了参与社会活动的机会，从而导致其边缘化程度加重。

三、案例分析

（一）案例基本情况介绍

陈奶奶是调查小组采访的 12 位受访者之一，今年 81 岁高龄的她因为丧偶又不愿和儿女们居住而选择了独居。我们到达陈奶奶家时，她正安静地坐在院子里看报纸。采访过程中，我们了解到，陈奶奶虽然只有中学学历，但她早年是合兴小学的教师，如今虽已退休多年但仍可享受每月 7 000 元的退休金，她本人还拥有 2 套房子，物质生活可以说完全得到了保障。陈奶奶爱看报纸的习惯，一方面弥补了她作为独居老人精神上的空虚，另一方面也说明她尽管有足够的时间参与社会活动却不爱参与社会活动。陈奶奶因为不知道如何参加养老保险而没有参保，对村里的财务、事务认知模糊，尽管爱读书看报却不知道村里设有供老年人活动的阅读场所，家里也没有安装宽带、不会上网等，这些说明了像陈奶奶这样物质、精神、社会威信都得到满足的老年人也避免不了被边缘化的事实。

（二）案例分析

根据陈奶奶的基本情况，调查小组分析了陈奶奶被边缘化的原因：首先，陈奶奶丧偶、子女已婚，并且老人身体健康，生活自理，因此已独居多年。习惯了独居生活的陈奶奶经常独来独往，鲜少与外界交流。其次，陈奶奶喜欢在自家院子里看报纸，并未适应使用智能手机，家中更是没有安装无线网络。她没有融入互联网大潮，接收信息的方式相对落后，因此被科技边缘化。最后，在交流中我们发现，陈奶奶经济独立，并不依赖子女，与子女联系也并不密切，从而也缺少了子女的陪伴。

（三）案例反思

通过查找资料，调查小组发现在现有的关于老年人口边缘化的研究中，普遍认为老年人因为没有经济来源而依附于家庭，加重了家庭经济负担，从而使老年人在家庭中被边缘化。而从陈奶奶的案例看，尽管其经济来源稳定，不依附于家庭，不给家庭添加负担甚至主动给家庭减负，但老年人依然有被边缘化的危险。因为人是社会动物，需要参与到社会中进行社会活动才能找到社会定位，不被社会边缘化。

参与社区活动，特别是有组织的活动，有助于改善老年人的社会认同，降低被边缘化的危险。活动理论指出，与社会保持活跃联系的老年人最可能安享晚年，特别是有组织的社会活动，给老年人带来更多的期待，使老年人有更明确的生活目标。积极老龄化的发展战略要求从“健康、保障、参与”三方面采取行动，在健康和保障的基础上，实现社会参与，从而保持老年人不被社会排斥。

四、对策

（一）老年人协会的概念及其实践

我国的老年人协会最先在浙江等东部发达地区的农村出现，有极强的村庄治理和村庄文化建设功能。老年人协会以一群处境相似、年龄相当的老年人为主要服务对象，是供老人专门休闲和娱乐的场所，是专属于老年人的物理空间。在这个空间内，老年人遇到的交往对象是与其具有高度同质性的群体，能够产生强烈的情感共鸣，进而增加相互之间的认同。在村庄及家庭空间对老人造成双重排斥的情况下，老年人协会为其提供了最基本的去处保障。

（二）老年人协会的必要性

1. 降低老年人家庭空间边缘化的危险

生活在家庭空间的老年人，大部分因为丧失劳动能力和经济来源而依附于年轻的子女。由于老年人没有经济创造价值，其在家庭的权利场域中处于弱势地位。由于现代性的渗透、个体权利意识的兴起，因此，家庭以往所具备的公共交往功能趋于弱化并沦为彻底私人化的场所。老年人的附属性角色决定了家庭空间为子代掌控，他们并不会在以年轻人为主导的家庭空间内展开社会交往。

2. 降低老年人公共空间边缘化的危险

社会交往人群分化，年轻人和老年人属于不同的交往圈层。交往需要以一定的物理空间为载体，年轻人在公共空间中的强势角色造成了对老年人的空间挤压。若老年人试图参与到年轻人的交往圈层中，很有可能受到排斥。老年人每一次的受挫都会唤醒其对自身地位和角色的认知，从而进一步从公共空间的交往中退缩，甚至是完全退出。

3. 为无处可去的老人提供社交和活动场所

老年人在家庭空间中的附属地位使其无法掌控家庭空间的使用权，家庭空间被彻底私人化为子代的所有物。就村庄而言，部分村庄公共空间的解体以及既存公共空间的消费化和区隔化趋势使原本就处于村庄边缘性地位的老年人更是无处闲暇，难以满足其精神性的社交需求。以往的公共空间是全民开放的，而今村庄既存的公共空间却呈现相对封闭性的特征，此种封闭性更多地体现为对村庄老年人的群体性封闭。于是，"无处可去"变成村庄老年人共同面对的生活处境。

(三)老年人协会的积极影响

首先，在老年人协会这一公共空间内老年人之间的互动与交往所产生的价值和福利感受是一种生命意义的体验。这一空间将老年人从家庭和村庄的不利处境中解脱出来，使老年人有自在自为的活动场所。

其次，老年人协会为老年人各种活动的开展提供了空间载体，老年人可以此为载体，参与各类休闲活动，从而通过自己喜欢的方式来排遣孤独、找到乐趣。

最后，老年人协会通过对传统节日的挖掘，以开展公共性活动的方式实现空间的营造。在这种活动中，老年人和年轻人相排斥的局面不复存在。村庄整体在老年人协会所营造的空间场域内实现高度的整合，老年人也能从中感受到自身价值和意义的提升。

(四)老年人协会当下存在的问题

老年人协会已在多地进行了实践，也出现了运作边缘化的趋势，主要表现为工作活动形式化和功能发挥的"空壳化"。针对这些问题，调研小组通过阅读文献整理了以下原因：

1. 资金来源不足，渠道少

老年人协会的经费主要来源是政府财政拨款、会员费用、自身的创收及社会的外界捐赠，而大部分老年人协会没有能力依靠资源去创收，只能靠村委会的资助维持最基本的运作。

2. 协会管理缺乏规范化

一个组织的制度和架构是保证其正常运行的关键，而规范化的管理更是组织能够发挥其自身作用的重要保障。虽然全国老龄办已经明确规定了基层老年人协会的基本制度安排、基本工作内容等一些条例，但是地区经济发展不平衡、村庄具体条件不同、传统的情谊解决纠纷等使得规章制度成为摆设。

3. 协会会员能力不足、积极性低下

有心思参加协会的老年人往往由于各种原因无法积极为组织贡献力量，因此出现了协会会员能力不足、积极性低下等情况。

4. 村"两委"领导下，制约性较强

老年人协会要在村党委和居委会的领导下开展工作，虽然利于党和政府对基层老年人协会进行管理，但在某种情况下也制约了老年人协会的发展，最大的原因在于各方所追求的利益不同。

5. 传统“村治”伦理解体

传统的村庄秩序依靠村民间的人情和伦理关系维持和运行，对村庄起领导作用的往往是一些德高望重、知识渊博的老年人；而市场经济改革后，年轻人成为乡村支柱，老年人的权威性丧失，从而使老年人协会的作用也受到村民质疑。

6. 地方政府重视不够，缺乏支持

由于资金和空间等原因，一些村庄虽然建立了老年人协会，但是仅仅供办公所用，没有资金再去建造和购买各种娱乐设施，使得老年人协会变成了一个门面，虚有其表。

（五）对老年人协会建设的改进建议

1. 政府建立完善的财政支持和监督系统

老年人协会边缘化的最大原因之一就是经费不足，因此需要政府从财政中适当划出一部分财政资金用于老年人协会的建设，或在原有基础上提高补贴额度，且要明确补贴标准；同时，要建立相应的监督系统来保证资金的发放及监督老年人协会的运作，让老年人协会的运作不再只靠人情。

2. 协会加强组织的动员和运行机制

面对成员的积极性低下问题，协会领导人要做好动员工作，不仅要做好会员的动员工作，而且要做好会员家庭的动员工作。另外，可以通过举办一些活动来证明会员的价值，提高会员的积极性。

3. 村委妥善处理好与老年人协会的关系

村委在领导老年人协会的同时也要保持适度的空间，处理好与协会之间的关系。老年人协会能够推动乡村文化和精神文明建设，解决农村老人精神空虚和自身资源浪费等诸多问题，可以切实为村庄发展带来许多利益。因此，村“两委”要加强与老年人协会的交流和联系，同老年人协会一起开展一系列有利于村民利益的活动，共同推动美丽村庄建设。

参考资料

[1]杜姣. 乡村社会空间福利的再造——基于鄂中 H 村老年人协会的考察[J]. 社会工作，2015(3).

[2]韩韵. 科技赋能，打造智慧农业——崇明智慧生态花卉园构建多功能花卉产业园区[J]. 中国花卉园艺，2020(17).

[3]刘超. 城镇化中的空间排斥与老年人地位的边缘化——基于山东省 M 镇“村改居”社会学考察[J]. 学习与实践，2017(3).

[4]李新霞. 中国农村老年人的“边缘化”现象及其根源[J]. 人文论坛.

[5]韶月. 提升“花经济”探寻新动能——崇明大力推进花卉产业发展[J]. 中国花卉园艺，2020(17).

[6]赵海林. 老年人边缘化影响因素[J]. 中国老年学杂志，2016(36).

[7]张亚鹏. 老年人协会边缘化现状分析及制度安排[J]. 合作经济与科技，2017(8).

产业发展视角下对乡村振兴的思考

——基于山东省聊城市莘县的调研

齐瑞雪[①]　徐若萱[②]　王玮璇[③]

摘　要：本文首先对乡村振兴理念的发展历程和意义进行了相关政策和文献的梳理，并总结出以往文献中发现的目前乡村振兴过程中还面临的挑战。在此基础上，我们从调研地介绍、乡村产业发展和调研数据分析的角度对本次调研的情况进行阐述和分析。随后我们选取此次调研中电商和育苗两家具有代表性的案例进行分析，以小见大，提出目前在乡村振兴发展过程中还存在的问题。最后我们结合文献及对调研情况的理解和思考，对乡村振兴的发展提出建议。

关键词：乡村振兴　产业发展　农业生产　电商经济

2021 年 2 月 25 日全国脱贫攻坚总结表彰大会在北京人民大会堂隆重举行，国家主席习近平庄严宣告：我国脱贫攻坚战取得了全面胜利。脱贫攻坚伟大斗争锻造形成了“上下同心、尽锐出战、精准务实、开拓创新、攻坚克难、不负人民”的脱贫攻坚精神。俗话说“攻城容易，守城难”，脱贫攻坚的胜利对于广大农村来说更像是一场“攻城”的战役，打响了乡村发展的“第一枪”，但是如何将脱贫攻坚的成果长久地维持下去对乡村的可持续发展至关重要。2021 年中央一号文件《中共中央国务院关于全面推进乡村振兴加快农业农村现代化的意见》提出“民族要复兴，乡村必振兴”，要实现巩固拓展脱贫攻坚成果同乡村振兴有效衔接。本文将在文献梳理的基础上，通过实地调研，对当地情况因地制宜地提出建议，以期探寻莘县农业的产业振兴之道。

一、政策梳理及文献综述

（一）乡村振兴理念的发展历程

2017 年 10 月习近平在党的十九大报告中首次提出乡村振兴战略，十九大报告指出，农业农村农民问题是关系国计民生的根本性问题，必须始终把解决好“三农”问题作为全党

---

① 齐瑞雪，女，上海财经大学信息管理与工程学院 2020 级数据科学与大数据技术本科生。
② 徐若萱，女，上海财经大学人文学院 2019 级数据新闻本科生。
③ 王玮璇，女，上海财经大学会计学院 2020 级会计硕士研究生。

工作的重中之重，实施乡村振兴战略。2018年3月，李克强在《政府工作报告》中强调要大力实施乡村振兴战略。2018年9月，中共中央、国务院印发了《乡村振兴战略规划(2018—2022年)》，对实施乡村振兴战略作出阶段性谋划，分别明确至2020年全面建成小康社会和2022年召开党的十二大时的目标任务，明确工作重点和政策措施以确保乡村振兴战略落实落地。2021年2月21日，中央一号文件《中共中央 国务院关于全面推进乡村振兴加快农业农村现代化的意见》发布，提出脱贫攻坚成果与乡村振兴有效衔接，为摆脱贫困的贫困县自脱贫之日起设立五年的过渡期，做到扶上马送一程，并对"加快推进农业现代化""大力实施乡村建设行动""加强党对'三农'工作的全面领导"等问题提出了详细的政策和努力方向。2021年2月25日，国务院直属机构国家乡村振兴局正式挂牌。2021年3月，中共中央、国务院发布了《关于实现巩固拓展脱贫攻坚成果同乡村振兴有效衔接的意见》，在"建立健全巩固拓展脱贫攻坚成果长效机制""聚力做好脱贫地区巩固拓展脱贫攻坚成果同乡村振兴有效衔接重点工作""健全农村低收入人口常态化帮扶机制""着力提升脱贫地区整体发展水平""加强脱贫攻坚与乡村振兴政策有效衔接""全面加强党的集中统一领导"等方面给出了政策指引。

(二)产业兴旺助力乡村振兴的意义

在2017年乡村振兴战略首次提出之后，政府出台了一系列的文件来指导政策的落地，在2020年实现脱贫攻坚之后更是强调将脱贫攻坚取得的成果与乡村振兴方案进行有效的衔接。在《乡村振兴战略规划(2018—2022年)》中进一步明确"产业兴旺"是实施乡村振兴战略的重点。2018年习近平在第十九届中央政治局第八次集体学习时指出，产业兴旺是解决农村一切问题的前提，从"生产发展"到"产业兴旺"，反映了农业农村经济适应市场需求变化、加快优化升级、促进产业融合的新要求。乡村产业振兴能够为乡村发展提供坚实的物质基础，在乡村治理的过程中从单纯的"输血"，逐步培育本地特色经济向"造血"方向转变，在提升农民收入的同时能够有效吸引就业人口回流，从而实现乡村发展的良性循环。

(三)乡村产业振兴面临的主要挑战

农业是乡村产业发展的核心，随着我国社会主要矛盾的变化，对于农业发展的要求已经从单纯的满足温饱逐步向建立高水平的现代化农业转变，在转变的过程中由于物质资料和思想理念的约束，目前仍面临以下挑战：

1. 农业基本生产要素供给不足

刘海洋(2018)认为，在基础设施供给方面，包括农田水利建设、能源传输、农产品流通重点设施建设，以及农业教育、科研、技术推广和气象预警等基础设施，长期供给不足；在人力资源方面，农村地区长期面临人口流失、农民工进城务工导致农村地区"空心化"的问题。郝立丽(2016)指出农村劳动力文化水平和专业技能普遍较低，农村地区的综合发展水平明显落后于城镇地区。这严重阻碍了科技成果向生产力的转化，并且现代化农业的发展对高素质人才的需求与农村高素质人才的供给不匹配，这种人才的供需失衡关系严重抑制了农村剩余劳动力的吸收。在金融支持方面，乡村金融体系还不够健全，在改善农业基础设施、提升信息化水平、完善信用环节给予的支持力度还不够。而农民在农业生产过程中也没有形成农业信贷意识，在面临资金压力的时候往往会选择放弃；而农业经营主体由于自身发展不规范、信用等级低等缺陷，农村产权抵押贷款很难有根本性的突破。

2. 规模化经营程度不够

从土地规模化角度来看，我国农村土地规模化经营主要包括农业大户（家庭农场）经营、合作经营（农机合作社、种植合作社等）、集体经营以及企业经营 4 种方式。郝立丽(2016)发现，尽管我国土地规模化经营呈现多元化发展趋势，但规模化经营主体仍然以农业种植大户为主，对其他农户的带动作用较小。而目前大部分新型农业经营组织尚处在发育的初级阶段，生产经营方式仍以种养为主的生产服务型居多，而集种养、加工、储运、销售等环节于一体的综合服务型农业经营组织较少。

3. 与第二、第三产业融合程度较低

部分地区积极响应"三产融合"的宏观政策，积极发展村镇工业和乡村旅游，出现了一批"工业村镇"和"旅游村镇"。但是"工业村镇"在本地建厂较多且处于粗加工水平，而高附加值的精加工则在异地完成，乡村地区通过初试农产品加工仅能获得较少的资金回报。而对于"旅游村镇"而言，水、电、交通等基础设施不完善，大数据、互联网等现代信息化水平不高，乡村旅游产业服务管理水平有待提高。刘海洋(2018)认为，乡村旅游经济与都市旅游的主要区别在于城乡二元特征，只有将乡村原生态景观与城市信息化相结合，才能带动旅游村镇的健康发展。

二、调研数据分析

（一）调研地简介

本次我们采取返乡调研的方式，在山东省聊城市莘县魏庄镇的三个村庄进行走访调研。

1. 调研地地理位置介绍

莘县是山东省聊城市辖县，位于山东省西部、聊城市西南部、冀鲁豫三省交界处。行政区域面积 1 420 平方千米，是聊城市面积最大、人口最多的县。莘县是农业生产大县，主要种植小麦、玉米等粮食作物，特产香瓜、双孢菇、小肉食鸡。

魏庄镇位于山东省聊城市莘县西北部，地处冀、鲁、豫三省交界处，距莘县县城 17.5 千米，辖 33 个行政村，4.6 万人，耕地面积 6.2 万亩，青兰高速境内 9.02 千米，镇驻地东 500 米设有高速进出口。省级公路蒙馆路和丈樱路从该镇穿境而过，交通十分便利。

2. 调研地地区经济介绍

魏庄镇是中国香瓜之乡的重点乡镇之一。多年来，镇党委、镇政府按照"上水平、增规模、创特色、增效益"的工作思路，大搞农业产业结构调整，取得了显著的成绩，目前，大棚种植面积达到 4.2 万余亩，亩均收入高达 5 万元左右，主要种植香瓜、甜瓜、西红柿、黄瓜、茄子等品种，农产品销往北京、上海、哈尔滨、武汉等全国三十多个大中城市。魏庄镇连年被市、县评为"蔬菜生产明星乡镇""农业产业结构调整先进乡镇""农业标准化生产先进乡镇"，生产的香瓜、甜瓜、黄瓜、茄子被国家认证为"无公害农产品"。

3. 调研地人口结构介绍

调研村户籍人口 318 户，共 1 066 人。本村 60 岁以上老人约有 180 人，占比约为 17%，老龄化问题较为突出；0～6 岁儿童约有 100 人，无留守儿童，但其中有 15 名儿童是跟随父母到打工城市生活后返回本村的。本村的所有劳动力均已达到小学文化水平，其中，小学毕业人口约占 50%，中学毕业约占 30%，拥有大专、大学及以上学历的劳动力达到了 20%。

该村劳动力多在本村务农，外出就业人员较少，且其中大部分前往同村村民在潍坊开办的养鸡场务工。虽然该村开放程度较低，与外界接触较少，但这在一定程度上也为该村有效规避了劳动力短缺等风险。

另外，该村有一名大学生在毕业后返乡自主创业，开办了一家育苗企业，经过几年发展，家庭年收入可达 100 万元。

（二）调研地乡村产业发展概述

在本次的调研中我们了解到，调研村经过“脱贫攻坚战”的帮扶，已经全部脱贫，正在逐步由“外部输血”到“自我造血”的模式转变。

在产业兴旺方面，该村已形成完整的农业产业链，从育苗、种植到销售均有涉及。值得一提的是，在政府的大力支持下，村里的电子商务产业已有多年发展经验，特产香瓜在流通过程中已借助互联网平台开展订单业务，线上销售额可达总销售额的 50%左右。然而，调研地的电商企业多为个人开办，尚未形成规模化经营。

在农业生产环境方面，调研地无环境问题困扰，有力地保证了种植业年产量。同时，该村建有农产品的绿色标准化生产基地和示范园区，农业生产正朝着科学、绿色的方向发展。

在生态宜居和乡风文明方面，近五年来，调研村人均年收入大概增长了 30%；村民居住环境得到明显改善，空气质量、水质情况、绿化情况均达到较高标准，村内路灯全覆盖，每户均建有污水处理设施，生活垃圾也被运至城镇进行统一处理，冲水式卫生厕所全覆盖。村内还设有广播站，每天对新闻和通知进行播报；同时，村里也建有专门的场所举办文化活动，得到了村民的高度认可。

（三）研地入户数据分析

本部分采用问卷调查法，遴选代表性较强的几个维度进行分析。乡村振兴的要求是产业兴旺、生态宜居、乡风文明、治理有效。总的来说，魏庄镇的农民生活水平尚可，对生活现状的满意程度较高，本次问卷分析结果也体现了莘县新型农业发展的惠民成果。

1. 居民收入方面

随着脱贫攻坚在该地取得阶段性成果，村民的人均年收入有所提升，生活水平也得到了一定程度的改善。根据我们的调查，大部分村民年收入可达 1 万元以上，几乎所有家庭都可以满足基本的生活需要（如图 1 所示）。

在居民收入得到提升的同时，大部分居民的生活水平逐步从“温饱”迈向“小康”，家庭拥有的电器数量和种类也日渐丰富，感受到了经济发展对日常生活的改善。根据我们对住户的调研，所有的家庭都拥有了洗衣机、电冰箱、电视机和空调，超过 80%的住户拥有电动

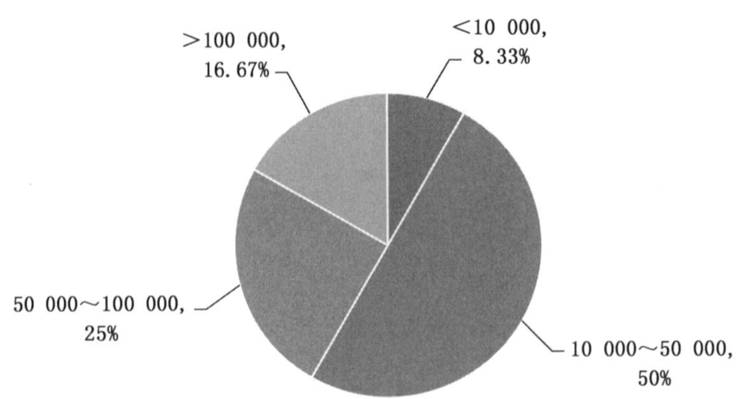

图 1　农村家庭年末总收入(元)占比

车,75％的用户拥有电脑(如图 2 所示)。

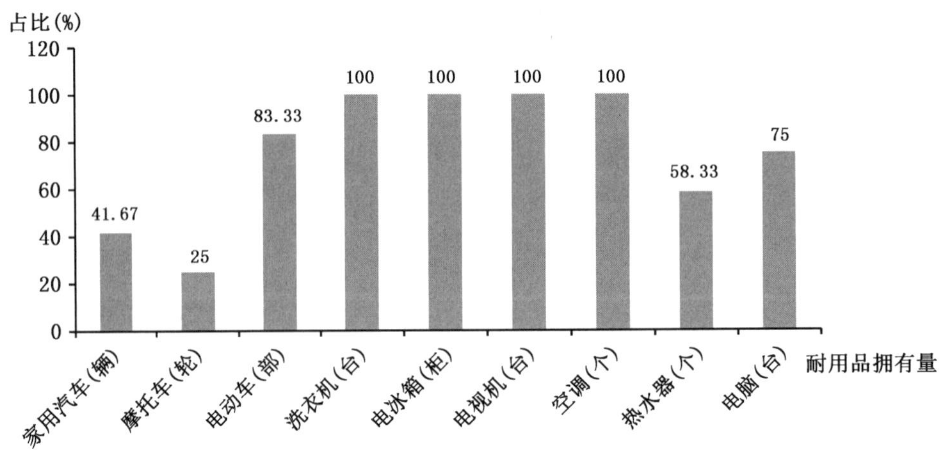

图 2　村民主要耐用品拥有度

根据我们的调查发现,居民"参政议政"的意识也不断提高。有 50％的居民经常关注村规民约的建设,41.67％的居民偶尔关注村规民约的建设,大家的积极参与使得村民自治得以顺利实施,为维护本村的社会秩序、社会公共道德、村风民俗、精神文明建设等做出了巨大贡献。

村民们除了参与村规民约的建设和发展,对村委会的财政支出的关注度也非常高。全部家庭对村委会的财务支出均有一定了解,其中有 58.33％的家庭对村委会的财务支出非常了解,41.67％的家庭对村委会的财政支出基本清楚。村民们的监督规范了村级财务运行程序和行为,保障了财务收支公开透明,让村级财务真正在阳光下运行。

2. 农业生产方面

在家庭承包土地面积方面,12 份入户问卷中,有 25％的农户家庭总承包地面积小于 1 亩,仅有 1 户家庭承包地面积大于 10 亩。近半数农户家庭承包地面积为 1～5 亩,而与此对应，在对农户农业生产经营方式进行调查时，91.67%均为传统小农户，采用新型农业经营只占 8.33%。

由此可见，当地农业以家庭式为主，规模小，集群化程度低。而瓜果产业本身是一个规模经济，量变促成质变，其理应从“量”起步，推动“质”的飞跃。而推动量的发展则应主要解决土地零星分散的问题。当前，村庄内瓜果种植用地较为割裂，对瓜果产业集群化、规模化、机械化发展产生较大不利影响，且更不利于推动生产经营方式向“新型农业经营转变”。对此需要通过灵活的政策引导，合理解决农村瓜果种植用地分散化困境，以促进新型农民产生并实现整体发展。

3. 农业生产资料方面

村民多以传统小农户的方式进行农业生产经营，目前主要的生产资料拥有度不高，我们调研的用户当中只有 33%左右的村民家中拥有农用机动车，并没有拖拉机、农用排灌柴油机等其他自动化设备。

在农业生态环境发展方面，我们发现，当地居民除不种地农户外，使用化肥的概率为 100%，且大部分为化肥和有机肥混合使用。年化肥使用量平均在每亩地 150 千克左右，年农药花费平均在每亩地 700～1 000 元。

地膜覆盖是指用农用塑料薄膜覆盖地表的一种措施，具有减轻雨滴打击、防止水土流失、提高土地肥力的作用。根据我们的调研发现，村民的地膜处理方法不尽相同，存在就地丢弃的现象。尽管化肥、农药、地膜等农业生产辅助产品增加了田地产量，但也存在生态环境污染等问题。例如，长期过度使用化肥农药可能造成土壤污染、水污染等。2020 年，农业农村部、工业和信息化部、生态环境部、市场监管总局联合印发了《农用薄膜管理办法》，指出自 2020 年 9 月 1 日起，禁止农用薄膜废弃物随意弃置、掩埋或焚烧。而我们在线下调研中发现仍存在部分违规现象，这说明当地农业政策法规宣传力度有待提升、农民生态环境意识有待加强、当地农用薄膜回收长效机制有待完善。

三、调研案例分析

（一）案例一：电商助力乡村产业振兴

在调查时，我们发现莘县有一家规模相对较大的电商企业，以其为例，可以以小见大地探究电商在整合农业区域优势资源、开辟创新创业新渠道及其在增产增收中的作用，以及在基层产业发展中通过电商发展还存在的问题。

1. 调研企业介绍

山东莘味鲜商贸有限公司位于莘县魏庄镇西江店村，该项目于 2020 年开工建设，2021 年竣工投入使用，总投资 6 370 万元，占地面积 11.7 亩，主要建设有 9 栋冷冻库、3 栋速冻库、3 处直播间等。现有员工八十余名，其中网络部二十余名，车间工人六十余名。

2. 调研发现

根据我们的调研走访，了解到该公司的主要业务是互联网电商、冷链物流配送和短视频直播等农业信息化业务。目前该电商产业园平台在京东、淘宝、拼多多等多家网购平台成立了店铺，主要销售本地的瓜果蔬菜、鸡胸肉等新鲜肉类。该公司分别在2020年和2021年被誉为中国冻品电商头部商家，山东顺丰速递日发货量位列前三。

3. 调研分析

虽然该公司在当地已经形成一定的规模，但相比其他县市的典型案例，我们认为目前莘县的农业电商发展还存在以下几点问题：

（1）单店规模较小，依然处于非集成化经营阶段。该公司虽“紧跟时代潮流”通过直播带货，但目前仅有一名主播。该地的电商分布较为零散，主要以个体化经营或几户联合经营为主，未形成集团化经营模式。规模较小制约了企业进行新品种的创新和开发，若增加新品则会面临较大的经营风险。面对社区团购的“浪潮”，该公司由于缺少人力和相应的财力，并没有在此次市场开拓中“分得一杯羹”。

（2）目前还没有自己的品牌。莘县距离山东另一个蔬菜圣地——寿光较近，寿光发展较早，全国的知名度较高，已经建立品牌优势。莘县的农产品虽然在品质方面与寿光相差不大，但由于起步较晚、规模较小，在寿光品牌的强大竞争压力下只能专注中低端市场，通过薄利多销的模式进行生产经营。

（二）案例二：品质育苗助力乡村产业振兴

在调查中，笔者访谈了莘县具有较大代表性的新兴育苗公司，以探究莘县瓜果蔬菜产业链初始环节对产业发展的支撑带动作用，以及当前育苗产业存在的问题。

1. 调研企业介绍

山东青禾农业发展有限公司位于“中国蔬菜第一县、中国香瓜之乡”的山东省莘县。该公司于2018年正式成立，2019年开始育苗产出，2020年实现育苗千万级突破。该公司共拥有四处生产基地，总占地160亩以上，职工180名，年培育种苗3 600万株，出栏生猪六千余头。

2. 调研发现

根据我们的实地调研，该公司主营业务并没有局限于一般育苗企业的“买种自种”，而是始终坚持以科技为导向，通过与科研院所的合作与交流，积极推动相关科研成果的推广应用。其中高标准种苗培育基地有配套滚轮式苗床、智能航喷、精量流水线点种机、水肥一体化等先进农业设施。该公司正努力打造集“种苗培育、瓜果蔬菜销售、新品种新技术试验推广、生猪养殖销售、种养结合”等为一体的新型综合农业公司。

自2020年以来，该公司已成功与山东农业大学达成合作意向，并数次邀请南京农业大学、北京师范大学等高校专家进行技术指导工作。目前该公司正处于创新育苗实验阶段，计划培育以“青禾”＋编号格式命名的高质量国产瓜果种苗。

3. 调研分析

将该公司与其他县市同行业公司进行对比，结合调研得知的莘县育苗产业基础情况，我们认为目前莘县育苗产业发展还存在以下几点问题：

（1）市场辐射面积小，苗种流通不畅

莘县育苗公司成苗主要销售对象为当地经销商，全部采用订单式生产、线下销售的形式，产品主要覆盖本地市场。这一策略虽然降低了成苗销售的风险，但也极大地限制了公司的生产规模。

成苗“出村出城”效率低下，使原本出货量较大的育苗企业难以对接全国批发市场，最终错过以产品流通促进产业振兴、助力乡村产业发展的商业发展模式。

(2)信息不畅

莘县育苗公司全部是个体化经营，集团式经营缺失，且整个产业内部结构松散。小规模企业的缺点也体现在信息流动不畅，往往是信息的被动接受者。由于对市场行情和具体信息缺少及时的掌握，育苗户存在种苗无法及时卖出的风险。而受部分成苗阶段性高利润的影响，部分小规模家庭式育苗户更易盲目扩大生产，不利于产业长期健康发展。

(3)创新品种变现困难，沉没成本高

在询问莘县近年来是否有创新品种的果苗上市时，回复是自 2010 年以来，莘县上市的瓜果品种没有变化。其原因不仅在于育苗者创新意识薄弱，不愿意划拨资金进行新品种、新技术苗木的研发，更重要的在于以新品种撬动传统市场十分困难，研发新品种果苗没有市场，沉没成本较大。从农户角度看，由于种植技术长期固定，种植现今固有品种经验充沛，操作较易；而改换种植新型品种则意味着对传统经验的革新，心理抗拒程度较大，且瓜果经销商普遍为降低风险，减少重新开拓市场销售渠道、提升新品种农产品知名度的成本，拒绝购买种植人数较少的新产品，进而使农户对新品种苗木的接受程度再次降低，阻碍创新。从育苗者角度看，开发新苗木需要考虑科学技术理论、综合成本、销售渠道、育苗标准等因素，稍有不慎，则不利于自身品牌形象的建立。

四、农村产业振兴的建议

(一)将农业与第二、第三产业发展相结合

尹成杰(2016)认为，“三产融合”是提升产业竞争力、推进农业的产业化经营、促进农业转型发展的重要方向。叶兴庆(2018)认为，要紧跟城乡居民消费需求的新变化，通过乡村旅游、休闲农业、农村电商等新产业新业态为乡村振兴提供引领力量，以现代产业体系、生产体系、经营体系助推农业向二、三产业延伸，通过一、二、三产业融合发展促进农村产业体系全面振兴。相比基础农业，二、三产业的利润增值更大，能够让广大农民更高效地提升收益，如果在原有农业生产的基础上，借助科技发展和互联网平台，搭建“原料供应—生产加工—销售运输”的产业链体系，提升整个产业链的效益和产品附加值，既能实现农业发展的规模化、集约化和现代化，又能提升产业的运作效率。

在本次调研中，尽管莘县近年来提出“将农旅产业建成农民增收致富的主要产业”，并积极推进“精致农业”发展，打造农业示范园、农业嘉年华等。但是，一方面，农业嘉年华、农业示范园旺季有限，内容较为单一，大部分时间处于闲置阶段。以青岛昌盛日电公司建设的中盛光伏食用菌产业园这一农业高端项目为例，其主要受众为全国经销商，针对普通民众的影响力与知名度均较小，难以从更广大范围为产业升级助力。另一方面，“精致农业”概念并未被普通农户接受，绝大部分农户仍采用种植－经销商直卖方式获利。因此，除了

打造标志化现代农业科技馆、果蔬精品采摘园外，将农业生产发展培训落在实处，帮助农民打造“城市的后果园”是推动产业振兴的重中之重。例如，通过手机软件教学、电商平台引流推荐等政策扶持，农户可直播日常生产流程、果苗生长状况，并且打造“认领一棵果树”等模式，将田地产品与城市消费者直接对接，实现城市消费者的“私人田园梦”。在通过产品价格提升促进农民增收的同时，进一步推动乡村旅游发展。

（二）发挥当地的优势，加强品牌建设

张辉等(2018)认为创建强势品牌是获取竞争优势的重要途径。周小梅等(2017)认为区域声誉溢价效应促进了农户向市场提供优质安全农产品的功能的发挥，农产品生产经营组织化程度和管制制度决定了区域声誉的形成和维护。不同于其他行业，自然资源在农业的发展过程中发挥了重要的作用，不同区域受制于气候、土地等因素，发展农业存在先天性的差异。如果能在自然资源和社会资源方面“取长补短”、充分挖掘地方特色，并且通过产业融合提升产业发展的质量和品牌，则是提升产业转型升级、进一步优化资源配置的路径。

根据实地调研，尽管莘县蔬果品类众多，产量也存在一定竞争力，其中的魏庄更是有“中国香瓜之乡”的美誉，但产品出售时“香瓜”与“莘县魏庄”的关联度较小，并且无法通过产地获取价格优势或增加买家对质量的信赖。因此，应该学习“寿光蔬菜”的先进经验，一方面，通过积极打造农业先进合作社、扶持先进企业，使新型农业经营主体得以发展巩固，进而打造标准化品牌农业发展业态，扩大农产品发展规模，扩大影响区域，带动农业品牌化发展；另一方面，集中政策推力，在保证并提升农产品质量的同时，通过热门软件（如微博等）投放广告或产业信息，电商平台引流，与热门事件联动等具体操作，让农产品不再单单依靠个体参与市场竞争，而是综合利用整体形象集中打造区域农业品牌，提升区域品牌的知名度。

除此之外，莘县应坚持差异化发展的“贴地模式”，保持“贴近本地、贴近产业、贴近农民”的产业发展政策，用朗朗上口、令人印象深刻的品牌口号，结合高质量的产品，打开全国市场乃至世界市场。

（三）利用科技创新驱动乡村产业振兴

完世伟(2019)认为，可以从技术创新、产业化创新、制度创新、载体创新、政策创新五个方面来实现创新驱动乡村产业振兴。我们认为，科技创新在产业振兴中发挥作用的方向主要体现为生产端科技创新的产业化发展以及销售端利用大数据、电商等平台开展营销。其中，创新成果的产业化能充分实现新技术的市场价值，这依赖于有效的商业模式，因此创新技术的同时也需要创新商业模式。而在营销方面，随着拼多多、抖音等平台的发展，借此机会乘着互联网发展的东风开拓营销渠道则能更好地打造品牌、开拓市场。

在乡村振兴的背景下，为适应供给侧结构性改革的需求，服务于县域、市域农业发展，莘县可集聚资源要素，融合现代金融、电子商务、大数据、区块链等技术手段，打造高效优质农产品和绿色农业生产投入品产销对接平台以及专业的农业社会化服务平台；这对延长产业链、提升价值链、完善利益链、保障供应链具有重要的推动作用，是实现农民增收、农业增效、农村增绿和乡村振兴的重要载体和抓手。

在销售环节，政府可以提供一定的政策与服务支持，鼓励电商企业发展，积极与电商平台沟通，为农产品销售营造便利的线上环境。例如，魏庄镇政府可以派专职人员与电商企业负责人进行对接，及时把握企业运营状况。另外，电商企业也应主动提高自身技术水平与业务能力，探索适合自身的发展之道，积累线上销售经验。例如，电商企业可以招聘带货能力超强的主播进行直播售货，开拓营销渠道。政府和电商企业应加强合作，创新商业模式，使互联网真正为乡村产业振兴助力。

此外，莘县也应积极招商引资，吸引专业技术人才扎根基层，为农民提供技术支持，在保护耕地与务农环境的同时，提高农产品质量，促进农业增产增销。

五、总结

通过本次调研，我们深刻认识到实现乡村振兴是一个长期的过程，无法一蹴而就。从农村基础设施完善、乡村教育发展到产业振兴，乡村振兴与每一个板块都密不可分。在与村委会、乡镇相关负责人员沟通时，我们也感受到了当地政府工作者对大学生返乡助力的期盼。现阶段，囿于财政资金与大部分农民对传统思想与生产方式的坚持，进一步推动产业内容创新、科技注入等操作较为困难，莘县瓜果产业仍存在“野蛮生长”状况。而无论是优化传统农业还是发展创新型农业，保证农村人才供应和提升农民基础素养都值得我们关注。

参考资料

[1]郝立丽，张滨. 新时期我国农村产业融合的发展模式与推进机制[J]. 学术交流，2016(7)：116—121.

[2]葛新权，和龙. 促进我国农村产业融合发展的政策取向[J]. 经济纵横，2017(5)：80—85.

[3]姜威. 农业如何成为东北全面振兴的战略性产业[J]. 内蒙古社会科学(汉文版)，2017(9)：124—131.

[4]国家发展改革委宏观院和农经司课题组 . 推进我国农村一二三产业融合发展问题研究[J]. 经济研究参考，2016(4)：3—28.

[5]尹成杰.“三产融合”打造农业产业化升级版. 农经，2016(7).

[6]张辉、白长虹. 旅游企业内部品牌化：研究述评及研究展望[J]. 旅游学刊，2018(3).

[7]周小梅、范鸿飞. 区域声誉可激励农产品质量安全水平提升吗？——基于浙江省丽水区域品牌案例的研究[J]. 农业经济问题. 2017(4).

返乡生态旅游助力乡村振兴的田野调查

王　梓[①]　刘青玉[②]

摘　要：乡村振兴发展是解决我国“三农”问题的国家战略计划，是对新的历史时期优先发展农业农村工作的总体部署。本文选用上海财经大学千村调查在浙江中部、西南部2个乡镇3个行政村的田野调查数据，对该地区农业农村发展现状进行客观梳理，并尝试厘清乡村振兴发展水平的影响因素。研究发现，农村人口结构、自然禀赋、农业生产水平、非农业生产、乡村文化和人伦关系对乡村振兴发展产生显著促进作用。在此分析和研究的基础上，结合该区域农村地区基础设施建设和生态文明建设两方面的发展优势，探索并设计出一条普遍适合第一、第二、第三产业发展不完善，地理区位欠佳，经济欠发达地区的乡村振兴发展新方案——返乡生态旅游，并且论证了其实现的可能性以及具体的措施方法。

关键词：乡村振兴发展　厘清三农问题　影响因素　返乡生态旅游

一、引　言

在2021年召开的全国脱贫攻坚表彰总结大会上，习近平公开宣布，中国共产党带领全中国人民艰苦奋斗，取得了扶贫脱贫工作决定胜利。在我国政府标准下，全国9 899万户绝对贫困人口如今已脱离贫困，地区性贫困现象全部解决，党和国家消除我国绝对贫困的工作已经完成。习近平进一步提出，贫困人口的脱贫摘帽不是我们的终点，而是我们新生活的起点、新奋斗的起点，并号召我们全力巩固前一阶段攻坚克难的胜利成果，衔接乡村振兴战略，坚持优先发展农村农业，让低收入乡村和欠发达乡村共享改革发展成果，并且提出解决乡村相对贫困问题是下一阶段工作的重中之重。

振兴乡村是2017年10月中国共产党十九大政治报告中提出的发展战略。2018年9月，党中央国务院发布的《2018年—2022年乡村振兴战略规划》指出，乡村振兴包括“宜居生态、富裕生活、文明乡风、产业兴旺、有效治理”等，实施乡村振兴，解决“三农”问题是关

---

① 王梓，女，上海财经大学公共经济与管理学院2020级公共政策专业硕士研究生。

② 刘青玉，女，上海财经大学马克思主义学院2020级中国近现代史基本问题研究专业博士研究生。

键。国内学者对于这一领域高度重视，尤其针对制约中国农村地区发展的影响因素开展了一系列研究，并提出了相应的对策。有研究表明，城乡间要素不流动，城乡区域发展差距制约乡村振兴发展(王亚华，2020)。除此之外，小农经济、土地制度都会影响农业农村发展(崔超，2019)。还有研究发现，乡风失调、精神贫困、文化贫困等问题逐渐成为今后乡村发展的桎梏和障碍(姜珂，2021)。鉴于诸多因素的制约，有关专家学者就此提出了积极的应对措施和方法。有些学者从社会生态视角审视，提出了加强农业社会基础建设，推动和建立农业升级转型政策的建议(王思斌，2018)。还有一些研究者提出发展金融产业，助推乡村振兴的主张和建议(蔡兴，蔡海山，赵家章 2019)。总之，学者们针对乡村振兴战略的实现进行了较为详尽的研究。但由于地区之间的差异和发展的不平衡，中国乡村问题在各个不同区域具有其独立性和特殊性。因此，本文选用浙江省 3 个行政村的调研数据，梳理这些村落的发展现状，克服之前文献中对影响因素的选择较为片面的局限，探索影响该区域乡村振兴战略实施的制约要素，并结合分析该省农村地区在基础设施、生态文明建设方面的发展优势，为研究探索有中国特色的乡村振兴发展提供有价值的建议和措施。

二、调研基本情况

浙江省位于长江三角洲地区，省内各地区地形地貌存在明显差异。浙江省东北部是海拔较低的冲积平原，浙江省中部是山地丘陵，浙江省西南部大多是山地。浙江省的山地、丘陵占全省总面积 74.6%，其中平原占地面积 20.3%，河流湖泊占地面积 5.05%，耕地面积约有 208.17 万公顷，浙江省自古就有“七山一水二分田”的传统说法。从收入水平来看，浙江城乡收入差距大，各地农村的经济发展水平也存在明显差距。2020 年，浙江省城镇居民人均收入 62 699 元，全省农村人均收入 31 930 元，其城乡经济收入差距比值约为 1.96∶1；浙江省中部和西南部的金华县、衢州的农村常住村民，其人均可支配经济收入分别为 30 365 元和 26 290 元，明显低于浙江省农村村民人均经济收入的平均水平，与浙东北部的杭州、宁波、嘉兴农村地区人均收入相比，差距比为 1∶1.49。

本次调查区域涵盖位于浙中、浙西南的 2 个乡镇 3 个行政村，分别是金华市婺城区塔石乡、兰溪县柏社乡。本文以“乡村振兴发展”为研究主题，深入调查研究浙江省农村的田间地头，通过走入农户家中、走访村委会的形式，从人口情况、土地情况、集体财务状况、产业发展、农业生产环境、生态宜居、乡村治理等多个角度深入调查研究，归纳整理乡村发展的相关信息。各地区共发放 45 份入户问卷，3 份入村问卷，通过对问卷中基本信息的比对，删除信息不对应的问卷 2 份，有效回收入户问卷 43 份，95.5%有效，入村问卷信息核对无误，回收 3 份田野调查问卷，100%有效。

三、数据与变量选取

本文在对相关文献研究的基础上，结合浙中、浙西南农村地区的具体情况，试图将影响乡村振兴发展的制约因素划分为人口结构、自然禀赋、农业生产、非农生产、乡村文化和人伦关系五个方面。人口结构包括本村青壮年劳动人口数、60 岁以上户籍人口；自然禀赋包括村庄地势、耕地面积；农业生产因素包括农业机械化率、生产经营方式、农产品加工形式和农产品用途；非农生产包括村内企业单位数量、是否为城市郊区、是否有外来务工者；乡村文化和人伦关系包括农村祭祀、乡规民约遵守、村干部选举等具体指标。需要说明的是，根据中共中央、国务院印发的《2018 年—2022 年乡村振兴战略规划》，振兴乡村包括振兴生态、振兴生产、振兴生活、振兴文化等多个方面，其中生活富裕最为重要，而我们所调研的浙中、西南农业地区较浙东北地区最显著的差异在于前者经济发展较滞后，农村家庭收入水平较低，所以本文将乡村振兴发展水平具体化为农村家庭年末总收入，并将其设定为因变量。文本所选用的具体自变量、变量说明及描述性统计结果见表 1。

表 1　　变量说明及描述性统计

变量	说明	N	均值	方差	最小值	最大值
人口结构	青壮年劳动力人口数	单位:人	891.348	174 953.705	384	1794
	60 岁以上户籍人口数	单位:人	405.652	235 175.792	0	1 467
自然禀赋	村庄地势	山区=1,丘陵=2,平原=3	2.783	235 175.8	1	3
	村庄耕地面积	单位:亩	2 848.410	3 266 569.532	260	8 600
农业生产	农作物生产过程机械化率	单位:%	51.739	1675.236	0	100
	村农业生产经营主要方式	传统小农户=1,新型农业经营=2	0.988	0.069	0	2
	加工农产品的主要形式	初步加工=1,精深加工=2	0.985	0.119	0	2
	农产品主要用途	自己消费=1,自己销售=2,卖给收购商=3	1.144	0.357	0	3
非农生产	是否有企业单位	是=1,否=0	0.478	0.250	0	1
	是否为城市郊区	是=1,否=0	0.304	0.212	0	1
	是否有外来务工者	是=1,否=0	0.726	0.199	0	1
乡村文化、人伦关系	候选人的家庭影响力对选举结果的影响	不大=1,一般=2,很大=3	1.359	0.387	1	3
	是否每年参加祭祀	是=1,否=0	0.326	0.220	0	1
	是否关注村规民约建设	没有关注=1,偶尔关注=2,经常关注=3	2.106	0.678	1	3

四、模型建立与实证分析

(一)计量模型构建

本文构建一般回归模型如下：

$$Y_i=\beta_0+\beta_1X_{1i}+\beta_2X_{2i}+\beta_3X_{3i}+\beta_4X_{4i}+\beta_5X_{5i}+\beta_6X_{6i}+\beta_7X_{7i}+\beta_8X_{8i}+\beta_9X_{9i}+\beta_{10}X_{10i}+\beta_{11}X_{11i}+\beta_{12}X_{12i}+\beta_{13}X_{13i}+\beta_{14}X_{14i}+\upsilon_i$$

其中，Y_i 代表农村家庭年末总收入，X_1 至 X_{14} 分别代表村青壮年劳动力人口数、60 岁以上户籍人口、村庄地势、村庄耕地面积、农作物生产机械化率、农业生产经营主要方式、农产品加工主要形式、农产品主要用途、村内企业单位数量、是否为城市郊区、是否有外来务工者、候选人家庭影响力对选举结果的影响、每年村中祭祀仪式、村规民约建设，υ_i 为随机扰动项。

由于本文采用截面数据进行回归，因此，首先统计检验回归模型多重共线性，经过统计检验，该回归模型各变量 *VIF* 均小于 2.5，确定该模型不存在完全共线性。进一步，对模型进行怀特检验，p 值为 0.106，在 10%的显著性水平下不显著，因此验证该模型没有异方差问题。

(二)厘清振兴乡村发展的影响因素

通过对上文回归方程式的设计，具体的 OLS 回归结果见表 2。由表 2 可知，乡村振兴发展受多重因素影响。具体分析如下：

表 2　　影响因素 OLS 回归结果

变量	(1) 家庭年末总收入	(2) 家庭年末总收入	(3) 家庭年末总收入	(4) 家庭年末总收入	(5) 家庭年末总收入
村青壮年劳动力人口数	0.012** (2.463)	0.005* (1.861)	0.006* (1.774)	0.006* (1.871)	0.006* (1.895)
60 岁以上户籍人口数	−0.006* (−1.857)	−0.005* (−1.859)	−0.005* (−1.881)	−0.003* (−1.865)	−0.004* (−1.845)
村庄地势		6.392* (1.819)	2.991* 1.863	1.893* (1.814)	1.561* (1.873)
村庄耕地面积		0.001* (1.922)	0.002* (1.877)	0.001* (1.853)	0.001* (1.859)
农作物生产过程机械化率			0.065* (1.895)	0.062* (1.840)	0.062* (1.831)
村农业生产经营主要方式			2.110* (1.825)	2.668* (1.880)	2.672* (1.879)
农产品加工的主要形式			14.957** (2.413)	14.654** (2.302)	14.203** (2.151)
农产品主要用途			−3.645 (−0.565)	−3.678 (−0.567)	−3.779 (−0.568)
是否有企业单位				0.540* (1.822)	0.449* (1.810)
是否为城市郊区				3.793* (1.823)	4.093* (1.872)
是否有外来务工者				1.392* (1.891)	1.007* (1.806)
候选人的家庭影响力对选举结果的影响					0.861* (1.873)

续表

变量	(1) 家庭年末 总收入	(2) 家庭年末 总收入	(3) 家庭年末 总收入	(4) 家庭年末 总收入	(5) 家庭年末 总收入
是否每年参加祭祀					2.523* (1.869)
是否关注村规民约建设					0.237* (1.897)
常数项	27.310*** (5.852)	7.010* (1.866)	2.380* (1.881)	3.078* (1.801)	2.977* (1.892)
N	521	521	521	521	521
R^2	0.213	0.216	0.229	0.230	0.231

注：*** 表示在1%的显著性水平下显著，** 表示在5%的显著性水平下显著，* 表示在10%的显著性水平下显著。

1. 农村人口结构因素

农村人口的年龄结构因素中，对乡村振兴发展影响最显著的是青壮年劳动力人口数和60岁以上人口户籍人数两项指标。其中，青壮年劳动力人口数在回归(1)为5%显著性水平，回归(2)、(3)、(4)、(5)均为10%的显著性水平。60岁以上人口户籍人数在五组回归中均为10%显著性水平，且对乡村农业农村发展产生负向影响。农村中青壮年劳动力人口匮乏和60岁以上人口比例过高的现象，被称为“乡村陷阱”或“农村空心化”。本文所调研的浙中、浙西南的农村地区就存在严重的“空心化”问题，村庄中60岁以上人口数占比大，其平均值为19.84%，老龄化最严重的村庄，其比例更是高达27.29%。除此之外，村庄里儿童数量也很少，乡村里几乎看不到上学的孩子，因为收不到适龄的学生入学，有些幼儿园和小学甚至被撤销。“农村空心化”的存在对我国农村经济社会发展造成了很大的负面影响。其一，劳动力资源短缺，则农业农村物质投入难以维系。由于青壮年劳动力向城市转移，因此老年农民成为农村生产力的主要群体，但是，老龄妇孺农业根本无法保证稳定性劳动投入，这必然损害农业家庭经济和集体经济的进一步发展。其二，“农村老龄化”将阻碍农村农业公共建设事业的发展。由于农村治理人才短缺和人口老龄化，因此乡村群众自治组织人员配置青黄不接。另外，“农村农业”带头人缺位的现象容易引发乡村基层治理工作停滞和工作效率下降。导致“农村空心化”现象发生的根本原因在于城乡收入机会的不均等、收入水平的巨大差异和农村公共服务的相对短缺，从而使城市对于农村人口外流产生稳定的吸引力。

2. 自然资源禀赋与农业生产因素

自然资源禀赋因素中的两项指标——村庄地势和村庄耕地面积，对乡村振兴发展正向影响显著。其中村庄地势在回归(2)、(3)、(4)、(5)中均是10%显著。由此可知，村庄地势越平坦，农业农村发展水平越高。村庄耕地面积在回归(2)、(3)、(4)、(5)中均是10%的显著性水平下显著。此回归结果表明，村庄耕地面积越大越集中，对农业农村发展越能起到正向影响作用。农业生产因素的四个指标中，农业生产过程机械化率、农业生产经营主要方式、农产品加工方式三个指标对因变量具有显著正向影响，而农产品主要用途这一项影响不明显。综合自然资源和农业生产这两组影响因素考察，结果表明农业产业化对乡村振兴发展具有显著影响。从本质上说，乡村振兴战略的必然要求是实现农业生产的现代化、产业化。与传统农业对比，农业产业化的重要特征是大规模农业机械化、电气化生产，而规模化生产和机械化的实现前提是耕地集中连片、田地平整、水利设施配套等。村集体将每家每户的小块土地集中到一起，由供销社或合作社作为主体经济组织代为经营。实现土地连片经营后，农民可以获得出让土地的租金，同时可以优先受聘于集体经营组织成为员工，取得劳动报酬。农业规模化、机械化生产，再辅之以农产品精深加工、农产品运输等农业社会化服务的完善，农业产业化现代化便可以实现。而我们所调研的浙中、西南部，以山地、丘陵地形、地貌为主，耕地资源稀缺，农田碎片分布，农业生产经营方式以传统小农户经济为主，因此，农业规模化生产和机械化操作无法开展，同时农村社会化服务也不完善。例如，我们调研的其中一个村庄是金华市兰溪县柏社乡新宅村，该村处于肇峰山山顶，海拔957米，村里的农业生产以种植高山蔬菜为主，除用于家庭消费外，只有少量的蔬菜可供出售，由于该村海拔较高，因此村外的收购商不愿来。目前该村里常住人口以60岁以上老人居多，村中只有一户农民家庭负责对本村蔬菜进行统一采购再运往义乌去卖。由于运输路途遥远，所运蔬菜数量不多，因此农产品的收购价往往被压得很低，导致农业生产收入有限，盈利空间小。同时因农业生产规模小而阻碍了农业社会化服务体系的形成。

3. 非农业生产影响因素

非农生产因素的三个选项指标，即是否有企业单位、是否为城市郊区、是否有外来务工者均对乡村振兴发展具有正向影响作用。从历史角度看，非农产业从何而来？它是随着城市化水平的提高和产业结构的多元化而逐渐发展起来的。随着非农产业的蓬勃发展，“农村”也逐渐由“以从事农业生产为主的劳动人民聚居地”转变成“非农生产的聚集地”。非农产业对农村农业经济发展的影响主要表现为农民收入的提高。非农产业经济具有高附加值，培育和发展非农产业日益成为增加农民收入最重要的途径。据相关统计数据表明，我国非农产业与农业之间的效益比约为4.4∶1，从事非农产业的工资也远高于农业从业者的工资收入。一般来说，规模较大、竞争力强的城市会产生明显的规模效应和对外经济辐射效应，可以推动郊区农村非农产业的发展。相较而言，由于毗邻长三角经济中心城市上海的区位优势，浙江省东北地区的非农产业发展迅速，经济发展速度也较快。而我们调研的浙中、西南部农村地区由于受周边经济中心区域的辐射较小，且相邻地区多为各省的欠发达地区，因此，其非农经济效益相对较差，其经济社会发展也相对缓慢。

4. 乡村文化和人伦关系影响因素

乡村文化和人伦关系也是影响乡村振兴战略实施的重要影响因素。其中的三个选项指标，即候选人家庭影响力对选举的影响、村里的祭祀活动、关注村规民约建设在回归(5)中均是10%的显著性水平下显著。这组回归结果(见表2)表明，候选人家庭影响力对选举结果的影响越大，乡民们越是主动参与村里的祭祀活动，越是关注村规民约建设，该地区传统乡村文化和人伦关系保留得越好。诚然，中国乡村文化和亲情伦理产生于农业文明时期，蕴含在中国传统文化之中，内化于农民的意识思维深处，它反映了广大中国农民普遍价值取向和在这种价值取向指导下的行为举止。但由于乡村变迁，即随着现代化、城镇化、工商业向乡村扩散，乡村的人口组成也在变化，因此，城乡边界模糊，乡村社会由“熟人社会”变为“半熟人社会”甚至是“陌生人社会”，安土重迁的传统乡村生活图景也遭到了侵蚀。如老人赡养问题、离婚率逐年走高、亲子关系淡漠，这些现象的发生无不表明乡村人伦关系、家庭道德等在流变时代所经历的巨大改变。然而反观一些地理位置比较偏僻，周边地区非农生产较为迟缓的乡村，由于较少受城市化、现代化、工业化的影响，乡村文化和亲情伦理关系仍然保存着它强大的生命力。

五、关于浙中、西南农村地区乡村振兴方案的建议

前文关于乡村振兴影响因素的分析为我们探索浙中、浙西南农业农村发展方向提供了实证性的研究思路。然而具体方案和模式的选择还需要结合本地区现实情况及地区间的差异加以考察，而不能一味地照搬照抄。从本文调研的浙中、西南农村地区的现状来看，由于自然禀赋的限制和乡村青壮年进城务工致使农业人口大量流失、农村“空心化”现象出现，以及传统农业经济模式等制约因素的存在，因此，农业生产、非农生产和农业社会化服务的发展皆不理想，若不加思索地效仿其他村庄发展农业和非农产业的成功模式，采取外延式的发展模式，加大投资，填山造田一味蛮干，则其结果只会事与愿违。事实上，一个地区的建设和发展必须做到内涵发展。内涵发展是一种经济发展方式，它将事物内部因素作为经济动力和资源方式。辩证唯物主义认为，内因是物质变化的依据，外因是物质变化的条件，外因推动内因起作用。内涵发展以事物自身的条件为基础，以满足内在的需求为目的，深入改革内部因素，激活内因动力，从量变到质变，从而实施实质性的跨越进步。本文中调研的浙中、西南农村地区最大的内在优势在于自然资源，尤其是森林资源蓄积量大，森林生态服务功能明显。开发利用森林资源，推出生态返乡旅游，是浙江中部、浙西南农村地区最合适的发展模式。

（一）返乡生态旅游的深刻内涵

“旅”同“稆”，谓旅行，就是旅游行动。旅行偏重于行，而旅游不但有“行”，更有观光、游玩、出行之意。在殷商西周，“旅”字专指商旅，一方面，旅行就是行走；另一方面，“旅”字古语假“庐”，是商业旅行的别称。中国古代的文人墨客也经常以“旅游”为主题吟诗作赋，南朝梁沈约在《悲哉行》诗中赞叹，“年春媚游人，旅游媚年春”，唐代王勃在《洞底寒松赋》中写道，“寻茅溪之洞旅游于蜀”。现代旅游业兴起于两次世界大战的间歇，随着旅游收入的迅速增长，推进发展本国旅游产业的发展日益受到世界各国的关注。1963年联合国国际旅游大会在罗马召开，1970年世界旅游组织第三次代表大会正式将每年的9月27日定为世界旅游日。《2020年世界旅游报告》指出，2019年全球旅游123.10亿人次，全球旅游收入5.8万亿美元，是全球GDP总量的6.7%。

乡村旅游就是农村旅游活动，是以农村独有的自然和人文景观为吸引的旅游方式。最

早的乡村旅游出现在19世纪西方国家，在工业发展和城市化进程中，乡村经济地位出现下滑，旅游业推动乡村经济发展，从而受到普遍关注。我国乡村旅游业也是顺应乡村发展，在不断寻找新的经济增长点下应运而生。《2014年国务院关于促进旅游业改革发展的若干意见》中特别强调大力发展乡村旅游。浙江是我国乡村旅游业最发达的省份，省内已形成以乡村旅游为主导，带动客运交通、餐饮住宿、文化传播等产业链发展。浙江的乡村旅游业以安吉县、遂昌县和德清县最为典型。探究这三个县旅游业发达的原因，我们可以发现一些规律性的特点：

一是具有稀缺性的、唯一性的生态景观资源或人文景观突出，如遂昌县有神龙飞瀑、汤显祖故居、遂昌昆曲、遂昌国家森林公园等享誉海内外的，具有独特性、唯一的生态和人文景观。

二是位于都市圈环城休闲带、位于大型景区周边，如安吉县、德清县距离杭州市仅半小时车程，都位于杭州大都市城市圈。

三是产业资源具有突出特色，以产业带动旅游业，形成产业与旅游强结合。

然而以上三个特点在本文所调研的2个乡镇的3个行政村都不具备，因此要开发和发展浙江中、西南部广大农村地区的旅游产业，还需要找寻其他的发展方向。众所周知，旅游产业的发展依赖游客数量的扩大。笔者建议组织返乡生态旅游是广泛适用于浙江中、西南部乡村振兴发展的模式。返乡生态旅游的基本形式是由村委员牵头，村干部通过村里的留守人员或直接与本村的流出人口取得联系，组织外流人员，并由外流人员带领其家属、同事、朋友利用假期、周末时间回乡旅游探亲，开展采摘蔬果、探寻乡根、介绍家族文化、普及村史地方革命史等活动。

（二）返乡生态旅游的实现前提

返乡生态旅游实现的条件可以从以下几点说明：

第一，浙中、西南农村地区基础设施建设比较完善，村庄的“四通”（通电、通电话、通有线电视、通公路）已全部实现，村庄的道路硬化、村庄路灯设施覆盖、污水的集中处理、生活垃圾的集中处理等工作都已完成。为了避免畜禽养殖废弃物和动物粪便对生态环境的影响，浙江省政府于2015年制定并实施《浙江省畜禽养殖污染防治办法》，其中要求，在禁止养殖区内，如果已有畜禽养殖场，应当由市级或县级人民政府限期关闭、迁走、转业、转产，如果造成农民经济损失，政府依法予以适当补偿。根据本文所调研的3个行政村的反映，原有的畜禽养殖场目前已全部关闭，政府对养殖户也进行了经济上的补偿。农村基础设施的完善为乡村旅游的提质升级提供了基础性的保障。

第二，乡土亲情伦理和交往伦理的维系使得村委会牵头的返乡旅游的客源能够保障。本文所调研的2个乡镇3个行政村位于浙中、西南部，经济社会发展都相对落后，当地农民家庭收入不高，农业生产和非农生产也不发达，但相较于浙江北部、东部发达地区，浙中、西南农村地区较少受到工业化、城市化冲击，所以其乡风民俗保存得很好。乡土社会人伦关系得以维系的原因在于：一是传统农业生产的劳动对象以土地为主。虽然如今传统农业的生产模式已发生变革，但土地等自然资源还是当代农业的劳动对象，这是农业生产的灵魂所在，也是乡村生产方式的基础。建立在乡村特定生产方式基础上的乡村文化，因其基础未变，乡村文化的内核也依然未变。二是村落共同体仍然存在。城乡作为两个生活系统，其相互联系和互通是不可缺少的，但两者不可能是替代关系。在城乡共同发展的过程中会出现一种趋势，一开始是大量乡村人口流向城市，乡村“空心化”严重，但随着城市人口的大量增加，城市很多问题显露，逆向流动开始出现。乡村经济社会发展、生活条件与生态环境极大改善后，乡村生活成为人们渴望的生活状态，人口流入在一些发达乡村可能存在，但这并不代表乡村人口流动的主流，由此，乡村“熟人社会”的特质还是存在的。这表现在人们注意舆论评价，注重情感联系，礼尚往来的互惠原则能被普遍遵守。

(三)返乡生态旅游的益处

返乡生态旅游的益处有以下几点：

第一，作为全国乡村旅游最发达的省份，浙江每年接待的旅游数量可达到千万人次，其中省内乡村旅游最具有代表性的是安吉，2019 年浙江省共接待国内外旅游 2 804.7 万人次。然而在获取可观的旅游收入的同时，安吉也面临着严峻的生态环境问题挑战。相较而言，返乡生态旅游的游客主要是本村本地区外流人口及其亲属、好友，游客组成较为单一，旅游人数及所开展的旅游活动也可控制在本地区生态承载范围之内，因此，返乡生态游在增加地区旅游收入的同时，还可以使既有的生态环境成果免遭破坏，达到经济发展和生态文明的协调平衡。

第二，返乡旅游是综合消费行为，在为我国乡村创造人流、物流、经济流方面起到了重要的作用。返乡生态旅游在我国各地积极开展，可以充分利用乡村现有的基础设施、交通条件便利的优势，充分发挥返乡旅游带动乡村振兴的重要作用。村委会牵头组织外流人口及其亲朋好友进行返乡生态旅游，解决了旅游的客源需要，挖掘了返乡游客的潜在消费力，形成和培育了生态旅游新业态，并且能够以点带面，以期形成一种示范效应，走乡村生态保护、乡村经济发展、相互促进的新型道路。同时，返乡旅游可以就近就地消费当地乡土农蔬产品，实现生态产品供需关系的精准对接，推动当地原生态种养模式的形成和发展，提高绿色产品附加值。

第三，返乡生态旅游的开展，可以增加乡民在农业生产上的收入，同时还能吸引本村流出人口返乡就业创业，从事农业生产、非农生产及农业社会化服务，解决农村劳动力大量流失问题。

第四，返乡旅游的良性发展需要动力机制的支撑，政策制定在促进返乡生态旅游和农村人口回流过程中起着非常重要的作用，即制定盘活闲置土地资源的改革政策。农村现有资源存在严重的浪费与闲置问题，其中最突出的是农业用地的浪费和宅基地的闲置和浪费问题。农业用地浪费的产生原因主要是，由于打工经济的高涨和城市化进程的加快，同时务农收益的持续降低，外流青壮年不断增加，造成大量农业用地被抛荒或撂荒。宅基地是中国农民无偿获得使用的一块用于建筑自家房屋的农田。宅基地的闲置与浪费主要表现为两方面：一是有些农民进城务工后宅基地荒废；二是农村宅基地推行“一户一宅”制，但是我国农村目前还存在大量“一户多宅”的现象。笔者建议村集体组织将闲置或浪费的农业用地改造为耕地，返乡游客可选择自己喜爱的瓜果蔬菜耕种，让离村乡民及其亲友感受久违的生产快乐，一般来说，返乡游客平时只在周末回乡，其余的时间则由本村常住居民有偿照看、耕作。如此一来，一方面可以将闲置或浪费的土地资源重新利用起来；另一方面由于返乡游客骨子里对土地的依恋，他们在城市中打拼之余依然惦念着自家种的瓜果蔬菜，这份对故土强烈的归属感将成为返乡旅游可持续发展的物质保障。另外，因为“一户多宅”的现象，我国农村中时常出现宅基地面积超出当地标准的情况，笔者建议对于超出部分，村集体可选择几种处理方案：一是由村委会收回，并优先分配给返乡旅游的游客，用于周末返乡时的临时居所；二是让农民交出多余的宅基地，村集体给予一定补偿，用于返乡游客周末旅游的居住地。

组织返乡生态旅游是推进乡村振兴战略的新思路、新方案，返乡生态游模式适用性很广，尤其适合那些自然资源禀赋一般，农业生产、非农生产发展不完善的农村地区。返乡生态游的开展既可以增加当地乡民的收入，刺激农业生产、非农生产及其相关产业的发展，解决农村“空心化”问题，吸引本村外流人口回乡就业创业，还能使村庄保持传统习俗，保留传统农业社会最质朴的亲情伦理关系。

参考资料

[1]牢牢把握农业农村现代化这个总目标[N]. 人民日报 2018(2).

[2]中国社会科学语言研究所词典编辑室. 现代汉语词典[M]. 北京：商务印书馆，1990.

[3]姜珂. 后脱贫时代乡村振兴的伦理审视与重构——以构建乡村伦理共同体为视角[J]. 河南社会科学，2021(3).

[4]冯凌，郭嘉欣，王灵恩. 旅游生态补偿的市场化路径及其理论解析[J]. 资源科学，2020(9).

[5]耿松涛，张伸阳. 乡村振兴背景下乡村旅游与文化产业协同发展研究[J]. 南京农业大学学报(社会科学版)，2021(02).

电子商务助力产业发展，技术革新驱动乡村振兴

唐诗语[①]　李晨曦[②]　郭治成[③]

摘　要：消除贫困是全人类面临的重大难题。我国在积极借鉴新农村建设和美丽乡村建设的基础上，将实施乡村振兴战略作为实践新发展理念和实现“两个一百年”奋斗目标的重大举措。在对四川省遂宁市安居区中兴镇五香庙村的走访调研过程中，笔者见证了乡村产业振兴对村民生活条件的改善，并深入了解农产品电商零售的应用，发现了基层缺乏信息技术人才、村民电商意识较弱、销售体系尚未完善等问题。基于上述问题，笔者通过访谈、查阅文献和问卷调研的方式获取数据、剖析原因，并提出建议措施。

关键词：农村　产业　电子商务　乡村振兴

一、五香庙村基本情况

五香庙村位于四川省遂宁市安居区西北方向，由原来的五香庙村与夏家坝村组合而成，属于典型的丘陵地区。亚热带季风气候特质使得这里气候宜人、雨水充足、良田广袤，适合多种经济作物种植。这里拥有便利的交通条件，遂资眉高速沿村而过，区位优势明显。2020 年村庄土地总面积 7 500 亩，其中耕地 2 484.3 亩，集体建设用地 150 亩，宅基地 421 亩。本村的农业生产以经济作物花卉为主，产值占比 50%；本村生产的农产品主要由收购商承销，主要农作物的农业生产全过程的机械化率达到 50%。

五香庙村是当地有名的脱贫村，全村共有 9 个村民小组。截至 2020 年末，本村户籍人口共有 842 户，3 042 人；本村常住人口 521 户，1 680 人，其中 60 岁以上的老人有 689 人。本村的劳动力中，小学未毕业的人数占比达 30%，受教育程度普遍低下。本村留守儿童（指父母双方外出务工，单独在家或者与老人生活的儿童）73 人，占本村儿童总数的 50%，其中有 5 名儿童曾与父母一同到打工城市生活，后又回到本村。村内没有学校，从幼儿教育开始，家长需要将孩子送往镇以上行政区上学。

① 唐诗语，女，上海财经大学金融学院 2019 级本科生。
② 李晨曦，女，上海财经大学金融学院 2019 级本科生。
③ 郭治成，男，上海财经大学金融学院 2019 级本科生。

二、“从脱贫到振兴”的措施办法

消除贫困是全人类面临的重大难题。我国的扶贫政策从输血式扶贫到开发式扶贫，再到精准扶贫，不断适应国情而变化。偏远山区、农村地区的精准脱贫、精准扶贫政策在全面建成小康社会的关键时期取得了重大成效。为解决发展不平衡、不充分的矛盾，顺应工业化和机械化的发展规律，我国在积极借鉴新农村建设和美丽乡村建设的基础上，将实施乡村振兴战略作为实践新发展理念和实现“两个一百年”奋斗目标的重大举措。乡村振兴战略以“坚持农业农村优先、实现城乡融合发展”为指导理念，总体按照“产业兴旺、生态宜居、乡风文明、治理有效、生活富裕”的目标，具体在农业、农村、农民和农地四个维度进行制度设计。未来两年我国将进入乡村振兴和脱贫攻坚叠加推进的时期。

在脱贫攻坚与乡村振兴的双重大背景下，本次调研的遂宁市五香庙村作为万千偏远地区小村庄之一，展现了卓越的脱贫智慧，走上了坚定的乡村振兴之路。五香庙村脱贫之路的成就得益于政府与群众的密切配合，科学与勤劳的双重努力以及创新与传统的有机结合。

（一）转型业态，土地焕发生机

五香庙村地处川东北浅丘区域，距安居区县城 40 千米，在 2014 年被评定为省级贫困村。2014 年全村共有人口 429 户，其中建档立卡的贫困户就有 71 户。在 2016 年以前，五香庙村主要种植玉米、水稻等传统农作物，在生产方式上基本上属于自产自销，老百姓依旧处于“看天吃饭”的处境。彼时的五香庙村，土地闲置率达到了 1/3，全村老百姓的人均年收入只有四千余元，村集体经济几乎为零，村“衰”的现实与振兴的高要求形成强烈的反差。阻碍五香庙村发展的主要因素在于产业薄弱、缺乏技术，因此，劳动力外流，乡村经济发展中要素配置缺失。要脱贫致富，首先需要激活生产要素，因地制宜发展新型产业，将闲置的土地流动起来，让其成为乡村经济发展的价值链前端。

在村“两委”的带领下，村民们将自己的土地以 400 元/亩的价格流转出来，村“两委”则引进人员对高低不平的土地进行整理。目前，该村共整理土地一千二百余亩，平整好的土地主要用于种植蜡梅、红梅、七彩菊、金丝皇菊、毛豆、墨西哥仙人掌、栀子花等经济作物。为将仙人掌、菊花等作物进行深加工，五香庙村“两委”将扶贫资金注入村内集体产业。2020 年，村内修建了由村集体运营的加工房，集采摘、烘干、运输、电商为一体，可烘干鲜花、水果、中药材、谷物等作物，为产品深加工提供了保障。

（二）引进电商，拓展产品销路

电商扶贫，是指通过电子商务促进贫困地区经济，帮助贫困家庭脱贫致富，带动当地产业发展。2014 年，“电商扶贫工程”被列入国务院扶贫办次年精准扶贫十大工程。

在五香庙村，农村电商服务站成了村民买卖的新方式，一方面为大家线上线下销售在加工厂深加工后的七彩菊、金丝皇菊、毛豆、墨西哥仙人掌、栀子花等经济作物的加工品；另一方面帮忙代购生产资料、生活用品等，解决农户“买卖难”问题，降低了生活成本。此举运用农村电商平台，以“互联网＋合作社＋脱贫户”的模式带动农户创收，将农产品载上电商这趟财富快车，帮助村民致富。通过电商平台，村民们为产品找到了销路，建立了品牌名声；顾客享受到源头有保障的商品，减少了中间商差价。

(三)融合互动，乡村旅游路更宽

现在的五香庙村，产业飘香。每到花开时节，来自成都、重庆的游客到五香庙村赏梅、赏菊、钓鱼，人数最多时，能够达到一千余人次。

首先，五香庙村在发展乡村旅游上具有得天独厚的优势。遂宁市作为四川省"5A"级旅游城市，也是成渝地区综合交通枢纽要道，高速、铁路分布境内。作为成渝地区的中心点，遂宁市安居区中兴镇五香庙村的区位优势明显。随着成渝双城经济圈的建设，该村在政策、资金等方面的机遇将不断叠加，发展步伐也不断加快。其次，五香庙村有着良好的产业基础，能有效与乡村旅游相融合——春季垂钓、夏季摘果、秋季品菊、冬季赏梅，一年四季能策划不同的主题，让游客尽情而来，尽兴而归。接下来五香庙村将持续走在"农旅融合发展"的道路上。最后，从旅游吸附力的角度来看，五香庙村以特色产业构建集"采摘、亲子"为一体的休闲体验式农业，培植了独有的文化内涵。

然而，从旅游的接待能力上来说，全村现仅有农家乐1家，民宿1家，另1家民宿正在建设，餐饮、住宿与旅游产品开发亟待加强。未来，五香庙村将继续建设村里的基础设施，着力开发民宿、农家乐，从真正意义上把五香庙村建设为"五香"四溢的高规格乡村旅游之地。

三、五香庙村改善情况

(一)居住环境改善，生活水平提高

调研结果显示，在过去的五年内，五香庙村民的居住环境得到了明显改善。建设成果在水资源、集体公共设施、空气质量和道路铺设方面表现突出。

经过多年建设，污水由过去的简单处理冲排变更为分户建设设施处理，生活垃圾也改为转运邻近城镇集中科学处理，除此之外，村中还修建了冲水式卫生公厕。交通道路方面，五香庙村路况差、断头路多的情况也得到了改善。在过去，"雨天泥水路，晴天扬灰路"是五香庙村交通状况的形象写照。在和村民们交流的过程中，他们也反映现在道路修好了，开车出行也变得方便了。①

党的十八大以来，无数扶贫干部响应中央号召，主动前往最艰苦、最偏远、最落后的农村地区开展工作，从通路、通水、通电、通网的"四通"死命令到旧房改造、集中安置、就业培训，一系列不驰于空想的事务在基层干部和人民共同的实干努力下得到解决。

为彻底改变村内道路建设落后的局面，扶贫干部充分利用农村公路建设项目、整合相关资金，组织修建村道路21千米，生产便道7千米。五香庙村的道路在这几年变得宽阔平坦，为村民送去方便，带来致富希望，而农网改造、水利设施等基础设施的提档升级也为该村的产业发展创造了条件。

---

① 董坤祥，侯文华，丁慧平，王萍萍. 创新导向的农村电商集群发展研究——基于遂昌模式和沙集模式的分析[J]. 农业经济问题，2016，37(10).

(二)村民全面脱贫，产业振兴发展

习近平说：“全面建设社会主义现代化国家，实现中华民族伟大复兴，最艰巨最繁重的任务依然在农村，最广泛最深厚的基础依然在农村。”乡村振兴是中国迈入现代化的深厚基础，是人民幸福、民族复兴、国家富强的必由之路，五香庙村的村民通过产业发展在这一步上没有掉队。从打响脱贫攻坚战到现在的乡村振兴，五香庙村作为原先的省级贫困村，这几年村民的经济物质条件早已发生质的飞跃。

近年来，五香庙村不断克服限制乡村发展的“先天不足”因素，坚持以发展特色优质的农业项目为主，引进优质业主，把土地更好地利用起来，创造价值。过去五香庙村耕地面积为 3 000 亩，脱贫攻坚之初，荒地就有一千五百多亩，占全村耕地的 1/2。随着精准扶贫在遂宁市安居区的深度推进，五香庙村以脱贫攻坚为主要抓手，以乡村振兴为主要目标，大力发展乡村新型产业。经过调研，在现有的耕地中，荒地面积已经大幅减少到 180 亩。村中村民按计划规定，将土地拿出来，流转给来村投资的龙头企业，减少了土地荒废。

五香庙村成功引进黄蜀葵、金丝黄菊、蜡梅、栀子花、七彩菊、墨西哥仙人掌、青藤椒、“春见”柑橘、莲藕、小龙虾养殖等十五项产业，根据调研，这类经济作物种植面积已经达到 2 500 亩，种植比例占全村 4/5，从 2016 年到 2019 年，村集体经济收入由 2.3 万元增长到 17.65 万元。在过去的五年间，五香庙村的居民人均年收入大概增长了 10%，纯收入为 10 800 元。其中，农业生产经营 3 000 元，工资性收入 7 000 元，转移性收入为 800 元。

通过引入产业到乡村，当地的居民能就近就业、更好就业。2020 年，五香庙村总共发放村民务工费用 623 000 元，总收入 176 600 元，集体经营性收入 10 000 元，出租集体资产收入 20 000 元，上级补助款 240 000 元，年内支出合计 198 000 元，村民们的幸福感显著提升。五香庙村人民群众收入与就业的渠道不断拓宽，在兴旺的产业发展中，走出了一条乡村经济发展高歌猛进的新路子。

(三)新型电子商务，互联网大变革

在互联网时代，五香庙村将产业发展和互联网紧密结合。过去的村民只能在传统的农贸市场销售自己的农作物产品，而现在部分村民逐渐开始尝试用互联网电子商务的模式销售自己的产品。“互联网＋农产品”将为当地村民持续提供便利，发展潜力无穷。[①]

在入户调研的过程中，我们发现几乎所有的村民家中都配置了属于自己的无线或者有线宽带网络，拥有发展电子商务的基础设施。虽然村内老人们对网络的了解程度不高，但随着农村网络知识的普及和互联意识的提升，村民们的生活将因为网络而变得更加丰富。

(四)乡风文明建设，精神生活有保障

在乡风文明建设上，五香庙村也有极大的改善。根据调研信息，2020 年整个村投入两万元资金用于文化建设，每个月举办文化活动——免费放映电影、唱戏和举办其他演出；同时，村中修建了专门用于玩棋牌、跳广场舞等文娱活动的场所，极大地丰富了五香庙村村民的精神生活。

---

① 刘彦随.中国新时代城乡融合与乡村振兴[J].地理学报，2018(04).

四、数据选取与模型分析

(一)数据选取与说明

为了进一步探究五香庙村民生活改善程度,厘清近年来政府企业对当地村村民生活帮助的影响程度,我们特地筛选调研内容中五香庙村整体数据和入户家庭数据进行分析,数据覆盖五香庙村个体经济、集体产业、健康医疗、子女教育以及精神文娱五个方面。通过建立指标的方式,对乡民生活幸福指数进行打分,并将集合的数据可视化处理(详见表1至表5、图1至图2)。

第一部分"个体经济"选择了调研农户年收入以及年消费的总额和比值、每户月发电量、粮食总消费与肉类消费、各户人家家中网络基础设施建设覆盖情况、每户人家是否具备汽车等交通工具和每一户住房持有量的数据。这些微观统计数据覆盖了个人最基本的生活指标,包括吃、行、用等基础,这些生活指标具有较强的可比较性,体现了国家最基本的物质资源供应能力,尤其是国家精细管理能力,能够集中合理地反映五香庙村村民生活因乡村脱贫乃至振兴而发生的巨大变化。

第二部分"集体产业"覆盖了五香庙村上一年集体收入总额和增长速度、农业生产相关的一二三产业结合情况和土地流动情况。不同于第一部分的微观数据,宏观统计的数据能够间接地体现乡民生活因为产业发展带来的提升,充分展示贫困落后乡村通过产业焕发新生的变化。

第三部分"健康医疗"统计了五香庙村民医疗健康保障程度,包括新生婴儿死亡率、健康医疗保险和城乡村民基本养老保险等数据。这些生活兜底保障,是广大人民的最基本的民生要求,体现党和政府对村民的承诺,为基层群众及时提供社会保障的保证。

第四部分"子女教育"着重统计了该村留守儿童的比重、返乡创业工作乡民比重以及整个村子的教育水平数据,对比整个国家的教育水平,以国家平均为基础标准核定打分。

第五部分"精神文娱"主要关注五香庙村的精神文娱生活方面的数据,包含文化宣传基础设施,例如广播站和村中文化服务中心等建设情况、举办文化活动投入、村民娱乐活动丰富度以及村中自杀率。文化活动丰富程度是人们对美好生活精神文明方面的需求,自杀率体现了村民们的心理压力和承受能力,与村民们的幸福指数密切相关。

(二)模型建立与分析

表1　　个体户情况

指　标	数　据	分　值
上年收入(每户平均值/元)	136 600.143 3	7
上年消费(每户平均值/元)	35 511.499 17	8
消费收入比	25.996 7%	6
上月粮食总消费(每户平均值/元)	883.333 3	8
上月肉类消费(每户平均值/斤)	12.2	6

续表

指　标	数　据	分　值
上月每户发电量(平均值/度)	111.3	5
网络基础设施建设(有线宽带比重)	0.75	8
持有汽车比重	0.75	8
住房持有量	1.2	8
总得分	/	64

表 2　　集体产业情况

指　标	数　据	分　值
上年集体收入总额(元)	176 600	8
上年集体收入增长速度	10%	9
农业生产	以经济作物为主，产值占比 50%，农产品生产全过程机械化率 50%，农业支持补贴 120 元/亩，842 户村民领取经营规模补贴，维修农田水利资金投入 12 万元，运行状况较好 一二三产业结合良好，农业规模经营过程中，村委会提供农业社会化服务，包括产后仓储、销售、运输、加工，合作社销售、商家上门采购、农贸批发市场销售，农业电子商务发展具有较好的发展前景	9
土地流动情况	五香庙村 2020 年土地总面积共 7 500 亩，其中耕地 2 484.3 亩，集体建设用地 150 亩，宅基地 42 亩，其他用途 4 444.7 亩。根据调研，其中旱地 3 000 亩，水田 948 亩，坡地 2 000 亩，林地 500 亩，荒山 180 亩，滩涂 500 亩 在现有耕地中，自营地占 400 亩，抛荒地占 180 亩。全村承包地通过合同和契约的方式进行流转，流转面积 3 000 亩，流转周期为 20 年，流转费用平均以每年 5%的比例增长	9
总得分	/	35

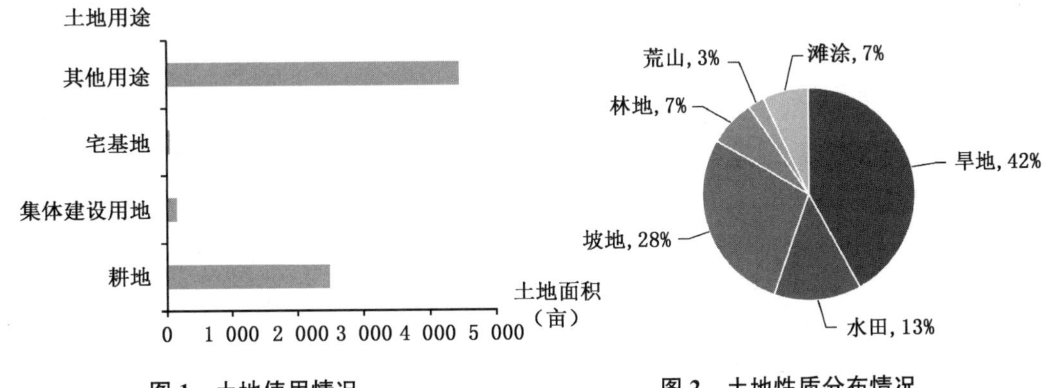

图 1　土地使用情况　　**图 2　土地性质分布情况**

表3 健康医疗

指　标	数　据	分　值
上一年新生婴儿死亡率	0	10
健康医疗保险	100%	10
城乡村民基本养老保险	100%	10
总得分	/	30

表4 子女教育

指　标	数　据	分　值
留守儿童的比重	五香庙村留守儿童统计共有73人,年龄大致比例为: 0～3岁:10% 3～6岁:20% 小学:30% 初中:40% 留守儿童人数在村中所有儿童中总占比高达50%	4
返乡创业工作乡民比重	3%	3
教育水平	村中人口受教育水平如下: 小学未毕业占比30 小学占比40 初中占比20 高中占比7 大专占比2 大学占比1	1
总得分	/	8

表5 精神文娱

指　标	数　据	分　值
文化宣传基础设施	有广播站、文化服务中心	6
上年举办文化活动投入	两万元	7
村民娱乐活动丰富度	主要为棋牌、广场舞	8
村中自杀率	0	10
总得分	/	31

根据马斯洛需求理论赋予不同权重,总得分值为:

64×0.35+35×0.35+30×0.1+8×0.15+31×0.05=40.4

五、五香庙村产业振兴现存问题

自2014年以来,五香庙村村民在扶贫小组的带领下,因地制宜引进资源,发展特色农产品产业，在完成贫困村"摘帽"工作的同时向"乡村产业振兴"的致富阶段过渡。

随着政策深化和信息技术的发展，"互联网＋乡村产业创新"逐渐成为潮流。2021年中央一号文件指出，"农村电商"将成为推动乡村振兴的新兴业态，协助"农村流通现代化"。五香庙村产业振兴之路与线上经营开发息息相关。据村支书蔡奇介绍，未来五香庙村将依托政府和本土企业资源，从打造"五香"品牌入手，推动农业观光产业发展，融合互联网技术打通电商销售渠道，当地特色农业将在"合作社＋基地＋农户"模式下不断优化，为当地农户增收、引进科学种植技术、扩充销售渠道注入动力。

然而，由于文化水平和电商意识的限制，线上宣传和销售模式仍然难以在村民间推广。在调研过程中，我们发现村中大多数年轻人选择外出务工，真正从事种植基地相关产业的中老年村民缺乏智能设备的操作经验，加重了村民通过电子商务共同致富的难度。为了真正实现"产业振兴"、惠及农户，我们对该村产业振兴的现存问题进行总结并提出以下相关建议：

（一）网络信息设备使用未普及，缺乏互联网信息技术人才

根据中国互联网络信息中心(CNNIC)第48次《中国互联网络发展状况统计报告》，截至2021年6月，中国农村地区互联网普及率为59.2％，物联网、人工智能、5G技术在大棚养殖、仓储管理等方面具有巨大潜力，然而在发展较为落后的西南地区，网络基础设施建设水平却相对落后。若缺乏基础设施支持，则发展政策将难以落实。

根据调查，调研片区主要的网络服务运营商为中国电信，受村周围山林等地理环境限制，村中部分区域网速较慢。在接受调研的12户村民中，仅6位村民家中有台式电脑，其中2位村民表示，仅有未成年学生和在外务工青年使用电脑设备，自己则不会操作。除此之外，大多数村民主要通过无线电视和村委会宣传了解信息，不能及时了解经营状况和用户需求。在农业生产方面，五香庙村黄蜀葵种植基地使用大棚播种灌溉技术，但尚未引入智能化管理设备，主要依托人力监管、采摘和运输，以及农产品粗加工，成品收购价相对较低。

村支书蔡奇指出，目前乡村建设团队学历普遍不高，均为中专或高中水平，而知识技能水平较高的驻村干部和专家流动性较大，村内缺乏普及互联网技术的人才，希望上级政府予以支持和培训。

（二）村民电子商务意识不到位，互联网相关知识尚待培训

实际上，发展农村电子商务已经成为互联网消费的趋势，有利于降低中间成本，提高交易信息透明度，使消费者和农户双方受益。作为五香庙村致贫的原因之一，年龄结构"空心化"也使得村民整体电子商务意识不强，主要依靠传统销售渠道获利。

据调查，大多数村民并没有网上购物的习惯，迫于运营压力，快递网点仅连接至中兴镇街区，形成村内"寄取不便—不愿线上消费—快递网店成本高—寄取不便"的恶性循环。

乡村产业振兴不能仅依靠政府和企业的努力，更要让村民自主掌握生产、销售的能力，增加特色产业收入。在互联网终端设备普及的基础下，提升村民网络信息素养，使线上经营"标准化"成为发展农村电子商务的必要条件。

（三）销售平台体系搭建未完成，特色农产品收益受到限制

1. 供应端：特色农产品种植加工

（1）特色农产品来源“小、散”

以黄蜀葵生产为例，村内经营模式分为“基地种植、雇临时工人采集”和“小农种植、业主统一收取”两种形式：第一种形式下，扩大生产、引入采集机械设备后，每年雇用临时工人数量减少，不利于农户增收；第二种形式呈现“小、散”的特征，小农承担气候、虫病等风险的能力较弱，收购议价能力也较弱。[①]

（2）产品可替代性强

相比毗邻的安岳柠檬产业，五香庙村在品牌打造和精深加工等方面欠缺开发，市面上同类产品多，可替代性强，附加值不高。而仙人掌面条、七色花熏香等高端产品加工由业主外包。

2. 中间端：仓储管理与物流运输

（1）仓库保鲜防潮技术落后

对于药用黄蜀葵而言，烘干后产品防潮防霉技术直接决定了产品的品质和价值，而仙人掌加工前则更需重视保鲜防腐。由于缺乏统一的仓储管理标准，晾晒、粗加工、装车程序往往在临时场地进行，消杀、温控技术不完善，因此产品质量得不到有效保障。

（2）没有统一物流集散点

五香庙村距离中兴镇半小时车程，村内道路设施建设仍有提升空间，没有统一的物流集散点以供产品运输，不利于物流管理。

3. 销售端：线上宣传与定价管理

（1）缺乏线上宣传技术

村内缺乏信息技术人才，村民不了解广告拍摄、订单管理、售后管理的相关流程，线上推广效率低，不利于增加收益。

（2）定价管理不透明

农产品定价信息不透明，网络同类产品价格差距大、品质良莠不齐，容易造成相互抬价、杀价等恶性竞争。

六、五香庙村问题相关对策和建议

（一）“由点及面”：从基地试点向全民参与过渡

以种植基地为主体，由安居区乡村振兴局牵头，加强政府、企业、高校和村集体四方合作，降低原料采购成本和中间运输成本，开展电子商务试点项目，创造盈利吸引村民返乡就业。[②]

对比农村散户，种植基地规模大、技术优，更有利于进行综合管理和信息反馈。收集客户和订单信息，建立数据库进行客户关系管理；制定质量标准和定价标准，定期开展村民参

---

① 胡晗，司亚飞，王立剑. 产业扶贫政策对贫困户生计策略和收入的影响——来自陕西省的经验证据. 中国农村经济，2018(01).

② 郭承龙. 农村电子商务模式探析——基于淘宝村的调研. 经济体制改革，2015(05).

观学习活动，手把手进行电子商务运营培训。

（二）加强村民网络素养建设，进行互联网技术培训

提升村委会成员信息素养，选取专人进行网络信息咨询服务，培养村民网上缴费、线上购物、网络查询的习惯，解决村民网上生活产生的问题。合理运用广播站、村民活动室等资源，根据农户技术需求进行分层，开展互联网技术培训课程。

参考资料

[1]习近平在中央农村工作会议上的讲话要点[N]. 新华社，2020－12－29.

[2]谢冰鑫. 中国扶贫杂志创刊号[J]. 2016.

[3]谢海彬. 新中国成立以来农村扶贫的四川实践及启示[J]. 农村经济，2019(02).

[4]刘彦随. 中国新时代城乡融合与乡村振兴. 地理学报，2018(04).

[5]董坤祥，侯文华，丁慧平，王萍萍. 创新导向的农村电商集群发展研究——基于遂昌模式和沙集模式的分析[J]. 农业经济问题，2016，37(10).

[6]凌守兴. 我国农村电子商务产业集群形成及演进机理研究[J]. 商业研究，2015(01).

[7]郭承龙. 农村电子商务模式探析——基于淘宝村的调研[J]. 经济体制改革，2015(05).

[8]胡晗，司亚飞，王立剑. 产业扶贫政策对贫困户生计策略和收入的影响——来自陕西省的经验证据[J]. 中国农村经济，2018(01).

基层治理模式对乡村发展的影响研究

——基于苏州市吴江区的调研

罗广洁[①]

摘　要:现阶段乡村振兴依然为我国的工作重点,破解“三农”问题对于实现社会主义现代化至为关键。苏南地区早期依托集体经济模式取得腾飞。随着时代发展,苏南地区根据社会实践需求,在基层治理方面进行改革,探索出将乡镇政府力量延伸至基层乡村治理的模式。本文依据在吴江地区的实践调研经历,分析苏南基层治理实践在乡村面貌改造中的作用,了解多元主体治理模式的优势,以及苏南实践对于行政下沉潜在弊端的破解之道,并以此为基础,探索在基层现代化治理能力提高的背景下,借助基层治理力量,结合多元主体力量因地制宜进行乡村振兴的可能性。

关键词:乡村振兴　苏南经验　因地制宜　多元治理

一、引　言

2021年中央一号文件[②]提出,要坚持把解决好“三农”问题作为全党工作重中之重,提出全面推进乡村产业、人才、文化、生态、组织振兴,充分发挥农业产品供给、生态屏障、文化传承等功能,走中国特色社会主义乡村振兴道路。波普尔(1999)提出,“欲改善文明这个整体,我们的所作所为就必须在与这些力量合作的基础上,而不是在与他们的对抗中展开”[③]。本文依据在苏州市吴江区的实地调研结果,在尊重苏南基层治理模式的前提下,探讨该模式在乡村治理中发挥正向作用的机制以及可能存在的困境,并通过具体案例分析苏南在具体实践中对潜在困境的破解思路,并以此为依托,探讨该治理模式对于因地制宜发展乡村特色、实现乡村振兴的可能性。

2018年中共中央、国务院发布实施乡村振兴意见[④],要求树立城乡融合、一体设计、多规合一理念,抓紧编制乡村振兴地方规划和专项规划或方案。针对不同类型地区采取不同

---

① 罗广洁,女,上海财经大学公共经济与管理学院房地产开发与管理专业2018级本科生.

② 参见《中共中央国务院关于全面推进乡村振兴加快农业农村现代化的意见》。

③ [英]卡尔·波普尔.开放社会及其敌人[M].陆衡等译,中国社会科学出版社,1999.

④ 中共中央、国务院:中共中央国务院关于实施乡村振兴战略的意见.中国政府网,2018-01-02.

办法，做到顺应村情民意，科学规划、注重质量、稳步推进。苏南在早期依托集体经济实现了经济腾飞，走出了特色苏南模式；新时期，随着城市化进程加快，苏南地区乡村工业化发展，外来人口不断涌入，对苏南地区乡村治理提出考验，在此背景下，苏南进行基层治理模式创新，实行村干部镇派镇管模式。我国学者王丽惠(2015)在浙东调研的基础上，将该模式概括为村级治理的半行政化。该模式通过“议行分离”的分权改革，将村委会原有的自治权转移至镇聘执行单位，村委会变为基层政府的科层化延伸。

这一模式的形成基于东部沿海地区高度城乡一体化的社会管理需求。一方面，乡村工业化和商贸经济的发展模糊了农村和城镇的边界，农村流动人口增多，家庭作坊、私营企业遍地开花，使村庄成为基层管理的重点对象(王丽惠，2015)。另一方面，随着越来越多的国家资源下乡，村干部主要工作精力越来越服务于国家资源，村干部工作规范越来越由上级安排决定，造成了村干部的职业化(贺雪峰，2019)。但也有学者提出，村干部的职业化是村庄内生发展的需求、厚重治理资源的依托和规范性劳动力市场的倒逼等因素共同形塑的产物(李永萍，2017)，是在时代发展中应需求而生的。在该模式下，完成上级交予的任务，做好村干部的分内工作，是村干部的终极目标。乡镇为村干部提供晋升机会也使得职业化村干部的行为逻辑具有鲜明的任务导向性。村干部成为就事论事、不偏不倚的办事员(李永萍，2017)。在这一模式下，村干部由乡镇政府通过考核来选拔调用，优化了村干部队伍结构，能提高村级组织致富带富的能力(王金豹，2010)。乡镇力量的下沉也能更好地发挥党组织的力量，消减国家政策与村庄内生秩序间的张力，充分运用多元主体协同治理优势，整合和凝聚分散化、个体化的意识行为，提升乡村治理水平和破解乡村治理难题(李鹏，张奇林，2021)。

乡镇政府力量的下沉是强政府力量的体现，政府干预的前提是“政府的扶持之手”假设，即政府能有效解决市场失灵，最大化社会福利。但该假设存在一定漏洞，实际的执行中存在许多需要注意的问题。李永萍经研究发现，村干部的职业化意味着“简约治理”的失效和政府行政治理的深度卷入，弱化了村民自治的意义，提升了基层治理的成本(李永萍，2017)。另外，该模式也违背了村民自治的原则、增加了国家的财政负担，且与农村传统习惯不符(余彪，2014)。

基层治理模式对于乡村发展路径有着重要影响，中共中央、国务院提出乡村振兴要坚持科学把握乡村的差异性和发展走势分化特征，做好顶层设计，注重规划先行、突出重点、分类施策、典型引路。[①] 基层治理模式是实现顶层设计与抓住实地特色，走出因地制宜道路的重要节点，而深化对乡村治理模式的认知有利于在新时期探索乡村振兴道路。有学者提出乡村振兴的本质在于通过生产方式变革与生产关系调整，走出乡村普遍存在的要素流失、农民主体缺位、内生能力不足，以及政府或资本单边主导引致利益失衡、矛盾冲突的困境，最终实现农业强、农村美、农民富的目标(姚树荣，2020)。本文结合苏州市吴江区的调研案例，分析苏南模式破解潜在治理弊端的实践经验，可以加深对新时期发挥基层治理优势、因地制宜实现乡村振兴的理解。

---

① 中共中央、国务院：中共中央国务院关于实施乡村振兴战略的意见. 中国政府网，2018—01—02.

二、苏南地区基层治理实践

(一)调研情况概述

本文的研究资料来源于 2021 年 7 月本人及调研小组在苏州市吴江区及其所辖的 10 个乡村开展的为期 7 天的以“乡村产业振兴”为主题的千村调查。吴江区是长三角生态绿色一体化发展示范区,隶属江苏省苏州市,位于江苏省东南部,东临上海,西濒太湖,南接浙江,北依苏州主城区。[①]。2017 年,吴江区三次产业结构比为 2.5∶51.1∶46.4,农业近年来向园区集中,机械化水平不断提高。吴江区农业园区总面积 16.95 万亩,农业园区化率 30.3%,农业园区物联网技术覆盖率 83.8%。20 世纪 80 年代至 90 年代,苏南地区快速崛起的乡镇工业形成了有名的“苏南模式”,吴江区是其中的典型代表。吴江区规模以上工业企业主营业务收入超亿元的企业 520 家,超 50 亿元企业 10 家,超 100 亿元企业 3 家。2017 年,吴江区旅游总收入 258.71 亿元。[②]本次田野调查深入我国农村,通过村民入户问卷、走访村委会和参观乡村产业的形式,调研整理了吴江区谢家路村、庙头村、东联村、仙南村等 10 个村的农村农户与农村产业等相关信息。

(二)行政渗入基层自治的模式

吴江区澄源村书记表示,吴江的基层治理模式是典型的苏南强政府模式,具有乡镇政府行政力量下沉到乡村治理的特征。由镇上通过考试等方式选拔高素质的村干部,并构建相应考核机制对村干部进行监督。镇政府树立了鲜明的激励导向,为村干部提供晋升阶梯和职业保障。基层政府通过考核与监督制度,实现对村干部的有效管理,进而实现对村委会工作的有效控制(陈柏峰,2020)。不同于宗族势力或富人干预村庄治理的情况,苏南地区的政府的行政能力强,对乡村治理干预程度高,政策执行要求高,资金审批严格,实施政府一层层签字的科层制组织架构,模式规范、透明性强,实现财务信息公开、工程信息公开、对外信息公开的制度。村集体用钱需要上报镇政府审批,对于钱的支出审核十分严格。村主任与村书记实行一肩挑模式,村书记有招商的权责,村委之间任务划分清楚,职能分工明确,以便有效地对接上级政府各个部门。村干部不是按照区域而是按照部门进行任务划分,村干部对自己的工作负责,如果工作不能完成,就会挨批。这样的基层治理模式类似于公司的组织架构,村干部由镇级统一分配管理,对接镇级部门工作,以增强村庄对乡镇行政政策的解读与落实,提高国家治理能力,完善现代化治理体系,发挥集中优势。

(三)半行政化模式的潜在弊端

1. 自治的缺失与人情淡漠

托克维尔于 1989 年在《论美国的民主》一书中论述了民主的弊端与新集权的可能,“这一种政府虽说愿意为人民造福,但是它们力图让自己成为人们幸福的唯一代理者和裁定者”[③]。村委会的定位为自我服务、自我教育、自我管理的基层自治组织,是重要的提升基层自治能力的实践场所。“民主是教育多数的唯一有效方法”(托克维尔,1989),“民主的主要

① 苏州市吴江区人民政府.城市概况.苏州市吴江区人民政府网,2021-03-05. www. wujiang. gov. cn.

② 吴江统计局.2017 年苏州市吴江区国民经济和社会发展统计公报.吴江通,2021-06-25.

③ [法]阿历克西·德·托克维尔.论美国的民主[M].董果良译,商务印书馆,1989.

优点并不在于它是一种遴选统治人员的方法，而是在于这样一个事实，即大部分人积极参与了形成意见的活动。民主的价值是在动态中而非静态的状况下得以证明的”（哈耶克，1997）。行政下沉的模式是一种对村民自治的干预，精英队伍的规划在一定程度上会侵害村民参政议政的实践能力。

在现代化冲击下，乡村社会分化加剧、流动加快，个体化利益化凸显、传统集体组织日趋解体，乡村公共性式微、认同弱化，乡村公共空间及社会关系变迁，乡村社会结构及基础发生质性变革（李增元，2014）。滕尼斯认为我们正由基于血缘感情与伦理团结的公社转向基于自由和理智思考的社会转变（滕尼斯，1999）。科层制具有功能严格，奉行公务的高效率、理智化特征。科层制结构对于人情的排斥进一步加剧了熟人社会的式微。苏南乡村参加宗族祭祀的风俗相较于中西部地区淡薄，宗族祭祀与家谱传承作为维持乡村人情关系的重要依托，其式微体现出乡村情感的淡漠化。我国学者张建英也指出，目前苏南地区以血缘、地缘、单位等为载体的传统社会资本在市场经济冲击下迅速消解，以信任、互利、互惠、规范、网络等形式存在的社会资本短缺，社会处于低信任度状态。苏南需要继续发挥建立在习俗、伦理道德、意识形态基础上的传统社会资本的作用，以维持熟人社会的道德自律、信任与合作（张建英，2007）。

2. 科层制的局限

科层制是马克思・韦伯提出的现代理性治理结构，具有高效率、高精准度的执行优点，行政力量下沉到基层的模式很重要的动机是增强对乡镇级政策的解读与执行能力，但其在现实中也存在相关缺陷。治理政府的行政力量下沉到基层自治，意味着基层政府和村级组织在政策执行层面将背负巨大的科层制问责压力（韩瑞波，2021）。村干部不一定将村民利益作为自身决策动机，而是以自身最大化效用为决策依据。在此理论下，苏南模式的半行政化容易出现村干部因为考核政绩等因素对上级行政单位负责而不深入群众，关注考核指标内容而对不在考核指标内的内容选择性漠视的情况，产生委托代理成本问题，即较多治理资源并未转化为较强治理能力的悖论，基层治理出现诸多形式主义问题（朱云，2021）。相比村民自治关注自我利益、进行自我服务而言，虽然考核指标能在一定程度上约束村干部行为，但是考核指标作为人为建制，总是难以完美契合动态中的村庄多样化需求，无法完全满足村民实际诉求，存在局限性。另外，正如哈耶克提出的，“那种我们认为我们能获致必须遵循的进化之必然规律的主张纯属荒诞，人之理性既不能预见未来，亦不可能经由审慎思考而型构出理性自身之未来”（哈耶克，1997）。人的认知有限性限制着对于未来的考量，政府的规划也不能完全适应变动不居的现实，这是政府规划难以避免的局限。在村级治理中，村干部一切围绕上级指挥棒转，而上级指挥棒与农民实际需要可能有巨大差异，村干部对农民实质性的需求视而不见，却用很多形式主义去应对上级检查考评（贺雪峰，2019）。如何突破官僚制僵化的困境，打破形式主义的滋生，切实将国家政策与农民需求对接，提出了对乡村治理主体的思考。

三、苏南模式的创新及对困境的破解研究

党的十九大报告指出，“推动社会治理重心向基层下移，发挥社会组织作用，实现政府

治理和社会调节、居民自治良性互动”。苏南地区在应对社会需求时进行基层治理改革，该模式在运行期间也不断调试以适应地区特色，并根据村落之间不同的特征，发展出不同的实践面貌。综合各村经验，苏南地区通过发展多元治理模式，利用政策设计激发各利益主体动力，落地德治自治共治倡导，发挥乡贤模范作用等方式，对于科层制架构的潜在弊端进行了破解。近年来这种模式不断取得成效，为改善乡村面貌，升级产业结构，带动农民增收致富做出了良好贡献，体现了苏南实践经验的优越性。

(一)破解困境的可行理论

虽然政府的干预与规划具有局限性，但实现乡村振兴，寻找发展进步模式，对于提高人民生活幸福感有重要意义。学者认为，乡村振兴的首要任务是解放和发展乡村生产力，通过生产方式变革，推动农业革命和产业重组，大幅度提高产业回报率，重塑乡村发展主体格局(姚树荣，2020)。乡村振兴的过程是一系列制度变迁及经济利益关系调整的过程。由于不同主体嵌入社会结构的位置、角色与作用不同，相应地也就表现出不同的行为模式与利益诉求(Freeman，2008)。如何通过有效治理与合理的利益分享，寻找到相关利益主体在乡村共生的交互点，并最终导向农民共同富裕，是乡村振兴战略的重要议题(姚树荣，2020)。“掠夺之手”模型指出，最好的改革时机正好就是政府的政治利益与社会福利相一致的时候(安德烈，2017)。通过建立多元利益共同体，融合德治、自治、共治，能激发乡村活力，提升各主体获得感与幸福感。

1. 多元主体治理理论

基于政府人员侵害社会福利的可能性以及官僚制下活力僵化的难题，提出了乡村治理谁是主体以及如何激发主体活力的问题。姚树荣认为，政府或资本主导路径容易在权力或资本强势方的主导下形成单边治理权威，这种单边治理模式必然因利益失衡引致不同主体间的矛盾冲突而陷入非合作困境。融入多元力量，通过结构性力量整合，将各方利益联结为共同体是打破困境的路径(姚树荣，2020)。苏南乡村普遍实行村民将土地流转给政府，政府统一承包给市场主体运营的模式，被认为有效实现了多元主体治理。张康之认为，委托代理的承包运动赋予了治理外包普遍的合理性。社会因承担了治理功能而必然获得一定的公共性，这一模式打破了国家及其政府对社会治理的垄断(张康之，2011)。王名认为，政府通过委托或购买等契约方式将公共服务外包给其他政府、私人部门或非营利组织的模式是替代传统官僚的公共服务供给模式的最佳选择(王名，2014)。注重“民主协商、社会协同、公众参与”，把市场与社会力量从治理边缘纳入治理格局中，找出市场成功与社会进步的交汇点而创造共享价值(姚树荣，2020)。多元主体的治理模式能有效解决政府的代理问题，既发挥政府的科学规划、引导的作用，又将关于农民利益的话语权交还农民，同时借助市场力量提高效率与发展水平。

2. 德治自治共治模式

乡村治理中融入德治，能有效发挥道德引领、规范、约束的内在作用，使乡村治理事半功倍。健全乡村治理体系，应注重乡土人情，发挥熟人社会特有的教化功能，开展柔性治理，以德治促善治(高强，2019)。弘扬乡贤文化对于提升本地区的文化自信心、文化软实力，激励社会向上向善，具有特殊的现实意义和价值作用。乡贤对于调解农村矛盾纠纷、培育乡风文明等方面起到引擎作用，有利于实现政府管理与村民自治的对接和互动。其示范作用也能激发乡民的主体意识，调动其参与热情，推动村民自治的进程（刘淑兰，2016）。发挥乡贤以及老党员的作用，促进非正式制度在苏南科层制基层治理模式下的作用，是德治、自治、共治融合的重要依托，对于乡村有效治理与乡风文明建设有重大意义。

3. 有限的政府理论——"掠夺之手"模型

"掠夺之手"理论模型既不同于"看不见的手"忽视政府作用，也不同于"扶持之手"理论忽视公共选择困境，而是公正地看待政治，并把政治过程看成政府行为的决定因素，不以政治家目标社会福利最大为假设，也不忽略政治的影响（安德烈、罗伯特，2017）。以此模型探讨苏南地区政府的行为实践。吴江地区的乡村在政府规划村落形态后引入市场主体进行治理，实现承包的市场化与运营的社会化。由村集体充当中间人的角色，负责招商与出租厂房、建设厂房，由市场主体自身承担运营的模式破解行政干预过多的困境，通过多元治理为强政府模式下的村庄带来活力与创新。米瑟斯指出，强政府规划存在"做政府认为正确的才是自由"的困境（米瑟斯，1995）。而苏南模式的创新点在于，政府在进行招商规划后便不再干预市场主体的运营，对品牌与村庄契合度进行科学规划后，具体运营交由市场运营主体，能更好地发挥政府的正向机制，政府的规划既是"有形的手"又是"有限的手"，在有限度的规划中交由市场运营，为村庄带来活力。

（二）各主体利益分析

1. 各方利益相融合性是政策落地的关键

党的十九大提出"打造共建共治共享的社会治理格局，广泛汇聚民智，最大激发民力"[①]。王名认为，共治实际上是多元主体通过协商、博弈与合作的机制相互融合，在相互融合的过程中，彼此的边界和利益被完全打碎，一个代表共同利益的结果呈现出来。这个结果无法瓜分，它是所有主体共同拥有的，与所有主体的利益相联系（王名，2014）。政策的落实依托制度机制设计的合理可操作性、利益相关者的认可度以及不同利益团体的博弈性，在多元治理下，乡村基层规划的落实需要不同利益主体共同运作。燕继荣认为，促进"公益事业"的核心问题在于形成激励机制，把各种社会力量组织和动员起来，打破"集体行动逻辑"，让各种行为主体形成正向的社会合力（燕继荣，2017）。政策的顶层规划具有科学性是实现有效治理的前提，而政策的顺利落实还需要依靠各利益主体能动地推进。政策的设计是否考虑各主体利益的融合程度，并且规避各利益主体的利益争执点，对政策落地至为关键。

2. 各主体利益分析案例

参考张四梅的分析模式[②]，使用博弈论作为分析工具，探讨谢家路实行整村流转政策中各方利益主体的博弈，思考落实省级示范美丽乡村建设政策的可操作性。假定在政策未实施的初始状态，村书记和村民的总收益分别为 p_1 和 p_2，通过政策的实施可获得的总收益

---

① 中国共产党中央委员会. 习近平在省部级主要领导干部学习贯彻党的十八届五中全会精神专题研讨班上的讲话. 人民日报，2016－05－10.

② 张四梅. 人口结构变动视角下的我国农村土地流转[J]. 经济地理，2014，34(08)：131－113.

增量分别为π_1和π_2，权衡利益各方在政策实施后的总收益与成本，并认为只有当各方的净收益$\pi_i>0$时，各主体才有动力推动政策的落实。各博弈主体的收益矩阵见表1。

表1　各博弈主体的收益矩阵

村书记	村民	
	实施政策	不实施政策
实施政策	$(p_1+\pi_1, p_2+\pi_2)$	$(p_1+\pi_1, p_2)$
不实施政策	$(p_1, p_2+\pi_2)$	(p_1, p_2)

村书记：A_1代表镇委派的科层制考核任务与考核指标的达成获得的收益，B_1是晋升机会的收益，C_1是个人政绩与基层经验带来的收益，D_1是镇政府对于腾退二产的补贴而获得的收益（村集体收入与村书记利益挂钩），E_1是企业搬迁的村集体收入减少的成本，F_1是基层入户劝导工作的成本，则村书记的净收益$=A_1+B_1+C_1+D_1-E_1-F_1$。其中，村书记的考核收益与村集体收入挂钩。根据政策，政府对腾退污染企业进行奖励，奖励金投放在政府平台上投资，可以获取利息收益与分红。根据调查得知，该模式下取得的收入反而比工业厂房缴纳的租金收入高，因此企业的关停腾退反而对村收入有正面影响，$D_1>E_1$；谢家路村本身位于湿地片区，生态条件好，前期有旅游规划的基础。苏南在长期的强政府模式影响下，村民民风开化，村民的认知水平较高，对于村干部的满意程度以及生活幸福指数高，因此基层入户工作的成本低。综上所述，村书记的总增量收益$\pi_1>0$，具有落实政策的主动性与积极性。

村民：A_2指生态优化、居住环境得到改善的收益，B_2指土地与闲置宅基地流转的收益，C_2指外地务工人员打扰减少的心理收益（根据调查，村里的老龄人不愿意与外来务工人员融合，觉得文化不相符以及有语言沟通障碍，认为外来务工人员吵闹），D_2指在市场运营商处务工取得工资性收入，E_2指厂房腾退本地就业机会减少，子女需要外出务工减少陪伴的成本，F_2指住房出租给外来务工者的收入减少的成本，则村民总收益$=A_2+B_2+C_2+D_2-E_2-F_2$。考虑到现在家家户户基本上有车，工人在震泽镇的园区就能就业，子女还能居家陪伴老人，E_2的成本代价较小。外来务工人员流出后，闲置的宅基地由村集体租下来，给村民租金收益，然后村集体引入民宿业态进行改造运营，因此B_2与F_2前后差距基本相抵；村民来自然教育中心和餐饮民宿上班打扫卫生以及给承包商干农活，可以获取工资收益，也能增加收入以支付生活开销，从而解决了农村老年人劳动力的问题，因此$D_2>0$。综上所述，村民总增量收益$\pi_2>0$，村民也有支持政策落实政策的积极性，村民对于政策的积极性也有利于降低村书记的工作成本F，增强村书记落实该政策的信心与动力。此时的最优均衡点为$(p_1+\pi_1, p_2+\pi_2)$，即双方都有动力实施政策。

综上所述，通过博弈论分析可知，政策对不同主体利益的权衡与考量，以及对各主体利益的相容性，对政策的顺利落地至为关键。一方面，苏南的强政府模式有利于对村庄面貌进行塑造；另一方面，政策的顺利落实有赖于政策激励机制对各方利益的协调与考量。

(三)苏南乡村多元治理模式的案例探讨

1. 谢家路村:建立利益纽带,激发参与活力

众安桥村的谢家路在政府的规划下进行生态整治后基本腾退第二产业,实现整村流转,完成生态驳岸改造、沿湖休闲步道等多项基础设施建设,结合水稻田业态与湿地风光发展农文旅产业,被评选为省级特色田园乡村。作为吴江区战略储备粮基地,全村耕地流转给村集体后,村集体统一承包给农业大户。农民在承包大户处务农,拿取工资收入,同时还能取得流转耕地的收入,有效增收致富。该模式也实现了规模化、机械化经营的现代化农业与小农户的有效衔接。在旅游业方面,村集体通过招商引租,引进"柴米多"这一文旅品牌,打造蚕桑学堂、自然教育中心等活动场所。在滕尼斯看来,社区即"基于一定的地域边界、责任边界,具有共同的纽带联系和社会认同感、归属感的封闭性社会生活共同体"(滕尼斯,1999)。以自然教育中心探索社区聚集运营模式,吸纳农村老年劳动力从事保洁卫生服务,为务农村民提供休息避暑场所,有效拉近村民间的沟通,破解乡村情感淡漠问题。另外,闲置农居由村集体租下来,招募运营主体发展民宿业态,将闲置农居变为给老百姓的租金收入。李增元认为,乡村衰落的重要原因是利益纽带的式微,大部分村庄集体因无法为个体提供相应的经济利益及其他社会功能而失去权威性及认同基础(李增元,2014)。众安桥村以"公司+农户"的模式运营,在村集体规划招商引资后,由市场主体吸纳农户共同运营,建设共同利益纽带,维持了乡村认同感,激发了多元主体治理的优势,为乡村发展注入活力。

2. 庙头村:三产融合,延伸全产业链

平望镇庙头村于2020年脱贫,借助乡镇政府规划平台,依托高效农业园,以及"一河两漾"的自然生态景观和特色地域文化,按照"公司+基地+农户"的发展模式培育有机农业,采摘旅游、民宿度假产业新业态,打造康养型田园综合体。由村集体招募市场运营主体,重塑村庄面貌与产业结构,突破单一农业模式的经济困境,借助农文旅项目探索全产业链发展模式,带动各主体增收致富。镇政府与文旅公司通过互联网平台举办大学生创新大赛,为乡村进行创意设计与景观改造,在维持传统乡村肌理的同时为乡村发展注入活力。引进高校资源开发绿、蚕、渔、果、养的"五个源"规划,通过栈道将各景点连接打造成特色农文旅项目,拓展农业生产链,依托新颖的农文旅发展改造村庄形态,实现村庄创收。经过规划,将农民从原有零散的宅基地集中到安置点,整合零散土地进行成片农田规划,为实现机械化农业园打下基础。黄建红认为,政府应积极支持并扶植市场主体进行自主发展,通过"以龙头企业发挥示范带头作用,以农民合作社建立利益联结机制,以创新驱动增添内生动力",实现小农户和现代农业发展的有机衔接(黄建红,2018)。村集体将整合后的土地承包给运营商,依托高效农业园经验实现100%机械化。村集体争取项目资金,建设大米加工流水线产房,配置烘干机等设备,使粮食旱涝保收。庙头村有效发挥多元主体的治理优势,探索出加法效应与乘法效益的有效结合,既在创造产业连接过程中创造新供给,又通过产业融合实现各类生产要素的重组和创新,培育新业态(周立,2018)。农业多功能性的价值增值,提高了农民收入,创造了新的就业机会,可以推进乡村振兴。

以上两个案例都是典型地在政府的规划下进行招商引资，借助农旅品牌共同打造村落面貌，引入市场主体的运营为村庄注入活力。不同于国有企业的僵化与刻板，市场力量与政府科学规划的有机结合能更好地发挥村庄自然优势与人文优势，突破单一产业限制，通过深化与全面化设计，将村庄三产有机融合，促进村庄振兴致富。

3. 东联村：德治与善治并举

东联村在元荡美丽村群建设中对许庄进行精品化提升改造，建设田园风光乡村，成功获得江苏省特色田园乡村称号。前期紧抓扶持政策的机遇发展物业经济，持续为村级经济注入活力，现依托长三角生态绿色一体化示范区建设，在保持物业经济赋能的基础上推动产业结构转型升级，探索农文旅发展项目，带动村民共同富裕。

东联村根据乡村治理需要，解读时政，抓住数字化时代浪潮，将数字化治理与乡村有效治理相结合，提高管理与服务的有效性。东联村书记介绍，疫情防控时期凭借少数村干部对分散而数量庞大的村民进行管理，任务繁重难以完成，后经村干部讨论，向乡镇申报智能化平台建设，搭建数字化系统进行乡村治理。与国有企业广电进行合作，搭建“治惠东联治理信息平台”，实现乡村治理的智慧化与可视化。数字化系统能实时、量化、可视化地观测社会运行规律、社会诉求变化以及政府回应效果，能够提升社会治理的有效性（韩瑞波，2021）。一方面，与广电合作能发挥市场组织在技术供给方面的优势，为村级治理赋能；另一方面，数字化平台能实时展示人房信息、入驻企业信息和党建信息，及时接收村民、企业信息，做出及时反馈，提升服务治理的效率，为民众提供诉求有效的空间平台。该系统由村民自主进行数据录入，通过芯片技术进行智能垃圾分类管理，对村民垃圾分类行为进行积分统计，有效推动了共治模式。

2015 年中央一号文件指出：创新乡贤文化，弘扬善行义举，以乡情乡愁为纽带吸引和凝聚各方人士支持家乡建设，传承乡村文明。① 在农村，非正式制度是正式制度的基础（李芬妮，2019）。乡村精英凭借自身的才学、财富、身份等，扮演着倡导、制定和实施非正式制度的角色（Helmke，2004）。东联村的镇管书记与乡村老干部老党员联手，共同进行乡村建设与治理，发挥乡贤的优势作用，在对接好群众的同时厚植文化情感，共塑乡村文化。在社会治理中发挥老干部、老党员等“五老”的作用，落实好政策，建设好村庄。在发挥乡贤模范作用的同时，倡导村民共同参与村庄治理，由村干部与村民共同进行环境先进户评选，将德治与自治相结合。在每户放置厨余垃圾桶，收集后送至资源处理站处理，得到可堆肥肥料后，发放给村民使用，将村民需求融入乡村整治的细节中，将村庄治理与惠民措施相结合，调动群众参与基层治理的积极性、主动性，实现德治、自治、共治的融合。

4. 小结

以上案例体现了苏南特色的乡村治理模式与乡村发展路径，以及苏南的基层治理模式中乡镇政府规划的前导作用。乡镇成立规划公司，在进行实地考察和调研后对乡村发展进行规划与探索，这既体现了地区政府雄厚的资金实力，也体现出乡镇力量对于村落形态的影响。村干部则负责考查审核市场运营方，针对村落定位进行招商引资，体现村干部对乡

① 中共中央国务院. 关于加大改革创新力度加快农业现代化建设的若干意见. 新华社，2015－02－01.

镇政府政策的解读能力与执行能力。在完成规划与招商后，乡村发展的运营主体为市场与村民，二者共同为乡村发展注入活力，村民与承包商实现利益联结，有效增强对乡村认同感，承包商获得村集体固定资产帮扶，以品牌特色自由发展。在乡镇政府影响村落规划的背景下，苏南探索自身经验：一是发挥乡镇政府“有限的手”的作用，注重前期规划与固定资产建设地投资；二是发挥市场运营主体与农民的主体活力，实现各利益主体的有效连接，在塑造乡村发展面貌的同时增强乡村文化认同感，推动新时代乡村振兴。

四、探讨桃源镇仙南村的发展模式

苏南乡村发展经验表明，基层治理形态对于乡村发展有重要影响。以此为基础，笔者尝试依据对桃源镇仙南村的调研资料，借鉴苏南乡村发展总结的经验，结合外部环境，探讨桃源镇仙南村破解乡村衰落问题与养老困境的可能性。基于笔者调研深度有限，认知也不够全面，在此探讨的仅为可行路径，具体实施需待检验。

（一）仙南村基本情况介绍

桃源镇拥有万亩林地资源，紧邻大运河，生态环境优美，是当之无愧的天然氧吧。仙南村以林业为主，基本没有工业产业，外地人口少，本地年轻人多外出务工，住宅分散，老龄人口多且多为独居老人，呈现自然村衰落的征兆。本村土地以林地为主，耕地少，主要是传统小农户自己种植树苗然后卖给收购商，近年来因为苗木市场不景气、流通渠道受限制等原因，林地难以实现创收。村集体收入主要为镇上农资平台投资的利息收入和生态补偿收入。相比其他村落，仙南村集体经营性收入与出租村集体资产收入都较少。因为产业不发达，缺乏市场主体对宅基地和土地的需求，没有流转经营的主体来接手，本村也未发展乡村旅游业，旅游业需要的相关配套基础设施不完善。该村书记认为，依靠本村当前的产业发展，未来实现乡村振兴的难度大。“如果我们要描述常识中的现实，我们就得关注对日常现实中前科学的解释，并留意它们‘理所当然’的属性。”（伯格、卢克曼，2019）本文经过实地调研获得以上信息，并尝试借鉴其他村落经验，结合该地基层治理模式的有效力量，探讨仙南村走“特色养老乡村”之路，打造吴江区特色发展新名片，将生态资源转化为经济成果的可能性。

（二）仙南村发展特色养老产业的可行性

2021 年中共中央国务院提出加强对农村留守儿童和妇女、老年人以及困境儿童的关爱服务。健全县乡村衔接的三级养老服务网络，推动村级幸福院、日间照料中心等养老服务设施建设，发展农村普惠型养老服务和互助性养老。[①] 这表明国家对农村养老问题已非常关注。2010 年苏州出台的《关于加快推进农民进城进镇落户的若干意见》首次提出“三置换”，提出宅基地置换商品房、承包地置换社保和个人所持集体资产置换合作社股权的模式。[②] 综合考虑太仓模式中的土保模式（指提供给被征地人员的养老保障），思考利用宅基地置换养老服务的可能性。目前，我国的宅基地流转是指宅基地使用权流转，即拥有宅基

① 中共中央国务院.关于全面推进乡村振兴加快农业农村现代化的意见.新华社，2021－02－21.

② 苏州市人民政府.关于加快推进农民进城进镇落户的若干意见.现代快报，2010－02－23.

地使用权的农户将宅基地使用权转让给其他农户或经济组织，但只限定于转给本集体的人。众安桥村由村集体租赁农户闲置宅基地，再将宅基地承包用以发展民宿业态，实行整村流转，从而显示了苏南基层模式下闲置宅基地借助村集体进行流转获取收益的可能性。笔者提出的宅基地置换养老服务的模式是指农户将宅基地交由政府承包流转，政府引入有养老资质的市场运营商承包运营，政府与市场运营商协调，为流转宅基地的农户提供养老服务的模式。以此打造养老特色乡村，创建养老乡村品牌，并以此破解该村养老困境，将生态优势转化为经济优势。

吴江区作为长三角一体化的重要组成部分，拥有巨大的需求市场。长三角地区经济发展水平高，且养老问题较为严峻，养老产业需求高。例如，截至2019年，上海市户籍60岁以上老年人口占户籍总人口的35.2%，养老需求大。随着长三角一体化推进，交通线路拓展，通勤便捷化程度优化，未来养老需求有望支撑该村养老产业的发展。目前我国学者提出，长三角养老产业已具备较好的联合发展基础，信息化快车加速前进，区域文化传统相通相近，区域协调机制日益完善(张卫等，2018)。这些也是吴江区发展养老产业从而吸引周边市场的重要基础。冯臻等通过调查发现，高收入和子女在外地的老人更倾向于设施齐全的养老公寓而非敬老院(冯臻，2014)。养老产业发展前景广阔。仙南村依托生态资源与长三角一体化建设优势，考虑本身巨大的养老需求以及工业稀缺的条件，对于发展养老服务产业有契合性。养老问题首先是一个经济供养问题，必然受社会经济发展程度的制约。从老年人的精神关怀上看，从物质满足到精神愉悦是当前老年人的必然追求(舒奋，2019)。当前乡镇政府虽然给予老人养老金支持，但是对于全面精神需求型养老尚无力负担。通过置换宅基地获取综合性养老服务，既能有效满足老年人精神需求，解决空巢老人在分散的住宅中独居的问题，还能有效缓解财政对养老支出的压力。仙南村若发展特色养老产业，需要完善医疗等基础设施以及出台相关扶持政策，以有效招商引资，激发市场主体活力。在项目制背景下，村集体对特色养老村庄项目进行申报，争取地方和国家财政的支持，对于该村养老产业的发展甚为关键。

在此基础上，打造特色养老乡村也要考虑：随着外来运营主体的引进，面对不同的需求与利益群体，如何完善税收制度、社会保障制度、转移支付制度、民众需求表达、民众意见整合制度等(张建英，2007)。该村产业的发展需要为共建、共治、共享的多元主体模式提供良好的政策依托，以激发多元主体治理活力。要破除单边思维可能引发的利益冲突，要考虑外来务工人员利益、外来人口与本村老龄人口的协调共处、开放型产业发展对乡村面貌的影响、乡风文明的维持与建设等问题。基于笔者思考的有限性，仅在此就该问题做粗略探讨，提出浅薄见解。

五、结论与启示

行政下沉的基层治理模式使得乡村面貌的规划和顺利落实成为可能，以此为基础根据乡村自身资源，因地制宜寻求符合乡村自身的振兴模式，对于村庄致富、提升村民生活幸福感有重要意义。科层制影响下的基层治理模式存在公共选择困境引起的弊端，随着产业发展，乡风文化也逐渐失落，苏南模式通过多元主体联合治理，落实德治自治共治倡导，通过利益纽带将市场、村民重新连接，为激发活力与主动性、探索新时期乡村文化建设提供新思路。基层治理对于乡村发展影响大，引进外来运营主体也对相关政策设计与基础设施配套提出要求。为市场运营主体与外来务工人员有活力的运营提供政策保障，推进乡村文化建设保持乡村风貌特色，都是乡村发展中需要权衡与思考的问题。

参考资料

[1][美]安德烈·施莱弗，罗伯特·维什尼. 掠夺之手：政府病及其治疗. 赵红军译. 北京：中信出版集团股份有限公司，2017.

[2]陈柏峰. 行政嵌入自治：乡村治理的“苏南模式”[J]. 上海师范大学学报(哲学社会科学版)，2020，49(04)：5－20.

[3]陈振明. 政治与经济的整合研究——公共选择理论的方法论及其启示[J]. 厦门大学学报(哲学社会科学版)，2003(02)：30－39.

[4]冯臻，国云丹. 中国未来养老地产发展的研究与探索——基于长三角地区养老需求调查的实证研究[J]. 兰州学刊，2014(09)：122－128.

[5][英]弗里德里希·冯·哈耶克：自由秩序原理[M]. 邓正来译. 生活·读书·新知三联书店，1997.

[6]Freeman，Linton C.，张文宏. 社会网络分析发展史：一项科学社会学的研究. 北京：中国人民大学出版社，2008.

[7]高春芽. 集体行动的逻辑及其困境[J]. 武汉理工大学学报(社会科学版)，2008(01)：12－16.

[8]高强. 健全现代乡村治理体系的实践探索与路径选择[J]. 改革，2019(12)：26－36.

[9]韩瑞波. 敏捷治理驱动的乡村数字治理[J]. 华南农业大学学报(社会科学版)，2021，20(04)：132－140.

[10]Helmke G. Levitsky S. Informal. Institutions and Comparative Politics：A Research Agenda[J]. *Perspectives on Politics*，2004(4)：725－740.

[11]贺雪峰. 行政还是自治：村级治理向何处去[J]. 华中农业大学学报(社会科学版)，2019(06)：1－5＋159.

[12]黄建红. 三维框架：乡村振兴战略中乡镇政府职能的转变[J]. 行政论坛，2018(03)：62－67.

[13][英]卡尔·波普尔. 开放社会及其敌人[M]. 陆衡等译，中国社会科学出版社，1999.

[14]李芬妮，张俊飚，何可. 非正式制度、环境规制对农户绿色生产行为的影响——基于湖北 1 105 份农户调查数据[J]. 资源科学，2019(07)：1227－1239.

[15]李鹏，张奇林. 村级党政同构：乡村治理有效的组织基础与运行保障[J]. 学习论坛，2021(03)：87－94.

[16]李永萍. 村干部的职业化：原因、效果与限度——基于上海市远郊农村的调研[J]. 中共宁波市委党校学报，2017(01)：84－90.

[17]李增元. “社区化治理”：我国农村基层治理的现代转型[J]. 人文杂志，2014(08)：114－121.

[18]刘淑兰. 乡村治理中乡贤文化的时代价值及其实现路径[J]. 理论月刊，2016(02)：78－83.

[19][奥]路德维希·冯·米塞斯. 自由与繁荣的国度[M]. 韩光明等译. 北京：中国社会科学出版社，1995.

[20][美]曼瑟尔·奥尔森. 集体行动的逻辑. 陈郁等译，生活·读书·新知三联书店，上海人民出版

社,1995－4.

[21]欧阳静.村级组织的官僚化及其逻辑[J].南京农业大学学报(社会科学版),2010,10(04):15－20.

[22][美]彼得·伯格、托马斯·卢克曼.现实的社会建构:知识社会学论纲.北京:北京大学出版社,2019－3.

[23]舒奋.从家庭养老到社会养老:新中国70年农村养老方式变迁[J].浙江社会科学,2019(06):83－91＋157－158.

[24][法]阿历克西·德·托克维尔.论美国的民主[M].董果良译.北京:商务印书馆,1989－1.

[25][德]斐迪南·滕尼斯.共同体与社会[M].林荣远译.北京:商务印书馆,1999－2.

[26][英]亚当·斯密.国富论[M].唐日松译.北京:华夏出版社,2005－1.

[27]姚树荣,周诗雨.乡村振兴的共建共治共享路径研究[J].中国农村经济,2020(02):14－29.

[28]燕继荣.社会变迁与社会治理——社会治理的理论解释[J].北京大学学报(哲学社会科学版),2017,54(05):69－77＋2.

[29]余彪.村干部职业化之争[J].决策,2014(10).

[30]王金豹.关于"村干部职业化"的思考——以广东省东莞市为例[J].南方农村,2010,26(06):85－89.

[31]王丽惠.控制的自治:村级治理半行政化的形成机制与内在困境——以城乡一体化为背景的问题讨论[J].中国农村观察,2015(02):57－68＋96.

[32]王名,蔡志鸿,王春婷.社会共治:多元主体共同治理的实践探索与制度创新[J].中国行政管理,2014(12):16－19.

[33]王勇,李广斌.裂变与再生:苏南乡村公共空间转型研究[J].城市发展研究,2014,21(07):112－118.

[34]张康之,张乾友.民主的没落与公共性的扩散——走向合作治理的社会治理变革逻辑[J].社会科学研究,2011(02):55－61.

[35]张四梅.人口结构变动视角下的我国农村土地流转[J].经济地理,2014,34(08):131－136.

[36]张建英,朱炳元.演进中的苏南现代化模式:路径依赖与未来转型——一个新政治经济学的分析视角[J].苏州大学学报(哲学社会科学版),2007(03):20－24.

[37]张卫,马岚,后梦婷,鲍磊.长三角一体化与区域养老融合发展机制研究[J].现代经济探讨,2018(04):80－87.

[38]张云昊.规则、权力与行动:韦伯经典科层制模型的三大假设及其内在张力[J].上海行政学院学报,2011,12(02):49－59.

[39]周立,李彦岩,王彩虹,方平.乡村振兴战略中的产业融合和六次产业发展[J].新疆师范大学学报(哲学社会科学版),2018,39(03):16－24.

[40]周建国,靳亮亮.基于公共选择理论视野的政府自利性研究[J].江海学刊,2007(04):95－100＋239.

[41]朱云.新时代村治逻辑探究:行政与自治关系的均衡[J].地方治理研究,2021(01):68－77＋80.

党建引领视域下的乡村发展调查报告

——云南省曲靖市麒麟区珠街街道中所村调查报告

宋晓燕[①]　张瑞淇[②]　赵廷雨[③]

摘　要：推进乡村振兴、建设美丽乡村是村民的期盼，也是国家发展大局的重大部署，需要发挥好党建引领作用，把党和国家的政策传递给村民，让政策与乡村发展结合起来，加快乡村的现代化建设，让乡村越变越好，村民的生活越来越红火。2005年10月，党的十六届五中全会提出建设"生产发展、生活宽裕、乡风文明、村容整洁、管理民主"的社会主义新农村的重大历史任务。自2017年10月习近平同志在党的十九大报告中指出要建设美丽中国以来，云南省曲靖市麒麟区珠街街道中所村（以下简称"中所村"）就与全国各地一样，按照"社会主义新农村"和"美丽中国"建设要求，在党组织的坚强领导下，制定"美丽乡村"建设行动方案并付诸实施，努力实现生产发展、生活富裕、生态良好，取得明显成效。

关键词：中所村　三农建设　乡村振兴　新农村　乡村调查

一、引　言

农稳社稷，民固邦本。"三农"问题是关系国计民生的根本性问题，是党和国家实施乡村振兴战略的重中之重，也是实现农村现代化、加快城乡一体化发展的客观要求。

2021年7月24日，为了开展"千村调查"项目[④]，我们课题组前往云南省曲靖市麒麟区珠街街道中所村进行了调查走访。通过向村民发放调查问卷、与村民及村委会干部进行访谈交流、阅读村集体资料、参观当地史料馆等形式，获得了大量关于当地农村、农民和农业现状的具体资料。另外，课题组使用入户调查的方法，对中所村12户农村家庭进行了问卷调查及深入访谈，调查内容涉及农户的人口特征、收支、生产、就业、乡村治理现状、社会保障覆盖情况、乡村产业发展现状、农村生态环境建设等方面。

---

① 宋晓燕，女，上海财经大学法学院教授，博士生导师，指导教师。

② 张瑞淇，女，上海财经大学法学院2020级硕士生。

③ 赵廷雨，女，上海财经大学法学院2020级硕士生。

④ "千村调查"项目是上海财经大学"211工程"三期创新人才培养项目，已成功实施十期。"走千村，访万户，读中国。""千村调查"项目是以"三农"问题为研究对象的大型社会实践和社会调查研究项目，旨在通过专业的社会调查获得我国"三农"问题的数据资料，形成调查研究报告和决策咨询报告，以供国家相关部门决策参考。

本研究报告的撰写基于以上调查统计数据。

二、中所村基本情况

(一)全国“一村一品示范村”

中所村隶属云南省曲靖市麒麟区珠街乡，地处乌蒙山两畔，南盘江东岸，属典型半山区村委会。中所村距珠街乡政府所在地 2.5 千米，距区政府 10 千米，到乡道路为水泥、柏油路，交通便利。中所村全村总面积 12 平方千米，辖 8 个村民小组，有农户 1 515 户，总人口五千五百余人。近年来，中所村先后被评为“全国科普先进单位”“全国一村一品示范村”，入选住建部“第四批传统村落名录”，连续三届被评为省级文明村。2020 年底，中所村被评为“全国文明村”“2020 年全国乡村特色产业亿元村”。

近年来，中所村的在村人口数稳步提升(详见图 1)，该村的主要产业为农业、工业和旅游业，农产品主要销往云南省内。中所村立足基础，因地制宜，促进农旅文融合发展。以凤凰山景区为核心，以 1 500 亩“红美珠”优质葡萄园为导向，打造绿色生态为主题的康养旅游品牌(详见表 1)。开发“凤凰山—举人村”农产品采摘旅游路线，打造集避暑度假、文化观光采摘销售为一体的重点旅游项目，不仅带动了村民致富增收，打牢了经济基础，而且扩大了中所村的影响力。中所村葡萄种植专业合作社成立于 2008 年 3 月 15 日，拥有优质葡萄种植基地 1 512 亩，总投资达 12 552 万元，有社员 122 人，其中党员 11 人。2008 年 10 月获得云南省“无公害农产品”产地认定证书。公社先后被评为“曲靖市农民专业合作社示范社”“云南省农民专业合作社示范社”“全国农民专业合作示范社”。为适应时代发展的要求，加快社会主义新农村建设步伐，按照“生产发展，生活宽裕，乡风文明，村容整洁，管理民主”的总体要求，坚持合理利用土地、保护基本农田、以科学规划的原则建设新农村。2006 年中所村被授予“区级文明村”称号，自 2012 至今被省委省政府连续三届命名为“云南省级文明村”，2018 年被评为“曲靖市美丽乡村示范村”。

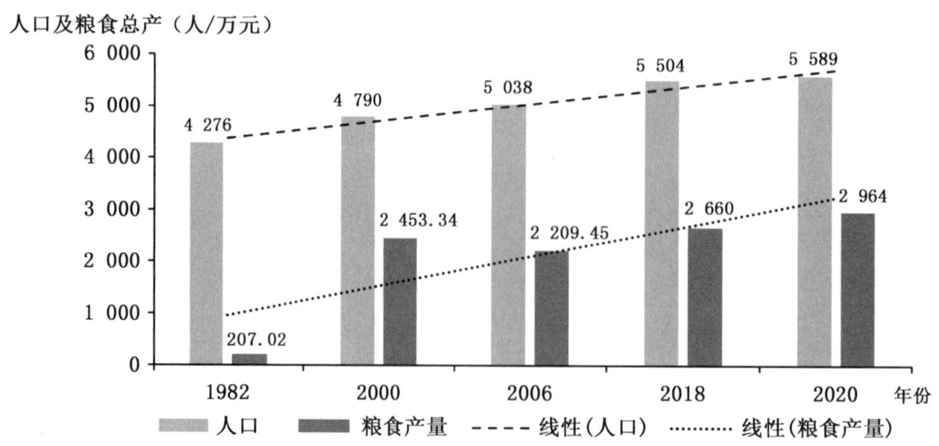

图 1　中所村近年度人口数及粮食总产

表 1 "红美珠"种植情况

种植面积（亩）	社员（户）	亩产（公斤）	亩产值（元）	单亩纯收入（元）	对比水稻，社员人均增收（元）
3 000	102	2 300	16 000	8 000	800

（二）村史介绍

明朝屯兵：中所旧称中所营，因明朝洪武十四年（1381 年）9 月朱元璋命颍川王傅友德为征南将军，永昌候蓝王、西平候沐英为副将，率师 30 万大军征伐云南，进驻曲靖屯兵扎营，打响了历史著名的白石江之战。平定云南后，梁王治乱，1383 年西平侯沐英及其将领镇守云南，从此沐氏及其将领世守其地。1392 年云南实行大规模的屯田，分为军屯、民屯、商屯三种，凡称卫、所、营、屯、堡的居民点，都是明代军屯的遗址，民屯则多称为村。中所营因此而得名，清代前期，中所属南宁县东乡管辖，乡下设里，每里分 5 甲，后期实行保甲制。

民国建制：民国二年（1913 年）南宁县改制为曲靖县，中所隶属曲靖县第二区青龙乡。民国二十八年（1939 年），曲靖县废区扩大乡镇，设青龙乡。青龙乡设第七保中所营第八保大等口。

新中国成立后：1950 年 12 月云南和平解放，1950 年 3 月曲靖县人民政府成立后，中所属龙海区管辖，雷家营属大龙潭。1952 年开展土地改革运动，中所村成立农会。1961 年 6 月，联合公社划分为联合、珠街、庄家屯三个公社，中所管理区设中所大队。1963 年 1 月珠街公社，改为珠街区。中所大队改为中所人民公社，属珠街公社管辖。1969 年 6 月，珠街区改为珠街公社，下设中所大队，辖八个生产队。1976 年，中所大队革命委员会撤销，恢复中所大队。1984 年 2 月，珠街公社改为珠街区，原中新大区改为中所乡，下设六个村民委员会。1987 年 11 月，珠街区改为珠街乡政府，原中新乡改为中所村公所，作为乡政府的派出机构。2000 年 4 月，村级体制进行村改，中所村公所改为中所村民委员会，下设八个村民小组。中所村在党的十一届三中全会精神的指引下和改革开放滚滚浪潮的推动下实行了土地承包到户，生产力有了前所未有的提高，村民温饱问题迅速得到解决，工作重点转入以经济建设为中心，大力发展二、三产业，充分发挥利用本地建筑建材石料资源，这 20 年是中所历史上辉煌的 20 年。中所石科资源成为中所村经济支柱。统计资料显示，全村有汽车三百多辆，大型挖机 3 台，有技术人才、驾驶员五百多人，解决本村劳动力就业八百多人，一个繁荣兴旺、朝气蓬勃的中所以前所未有的全新姿态展现于曲靖城东方。

自 2007 年以来，曲靖市麒麟区对保护生态环境保护提到议事日程，对东面石场进行关闭，恢复植被，绿水青山就是金山银山，企业转型，分别从事建筑、运输、汽车维修、成立罐车协会、拆迁公司、大型碎石场、商饮、服务等行业。

三、美丽之花扮靓中所

良好生态是最公平的公共产品之一。不断满足村民日益增长的优美生态环境需要，这是对党组织发展经济、改善民生不可避免的要求。走进中所村委会箐口村民小组，"白墙灰线格子窗、坡顶灰瓦两头翘"建筑风格的三层楼新民居，依山连片成排而建，一幅幅美丽乡村景色映入眼帘，让人心旷神怡。

以前，由于缺少经费、意识不强等原因，人畜混居，生活垃圾到处可见，污水横流，臭气熏天，加之环境保护宣传和管理较弱，脏、乱、差成为中所村美丽乡村建设的突出“短板”。2021年7月19日，中所村党委妇女主任向我们介绍，自2012年中所村被列为曲靖市新村庄建设试点以来，以人居环境整治为总抓手，以提高农民群众实实在在的获得感、幸福感为核心目标，多渠道筹措资金，采取“统规自建”模式，连片打造规划有序、风格协调、功能配套、村容整洁、环境优美、产业集聚、乡风淳朴、特色鲜明的幸福和美新农村，全面开展了人居环境综合整治行动，积极引导村民广泛、自觉地参与人居环境整治，不断提高参与率、扩大覆盖率，以形成“美丽乡村是我家，建设需要靠大家”的良好氛围，打造普惠的民生福祉。

（一）规划引领，建设美丽村庄

中所村全面落实“水清、岸绿、村美、人和”的创建目标，依托本地资源禀赋和比较优势，按照“规划布局、单体设计、立面标高、房屋层高、外观色彩”的“五统一”原则及“有卧室、客厅、厨房、卫生间、储藏间、自来水、清洁能源、休闲空间”的“八有”标准，自2015年作为麒麟区20个“美丽乡村·幸福家园”示范点以来，一期投资1.42亿元，建成了3层砖混结构加顶部半层砖瓦结构的联排别墅320套。现已累计筹措资金3.36亿元，新建住房九百六十余套，全体村民得到了实实在在的实惠。

（二）设施配套，打造宜居新家

中所村的道路原来是破破烂烂、坑洼不平、垃圾无人清理，没有垃圾箱、路灯，没有活动场所，居住体验较差，直接影响村民的生活质量。近年来，随着经济发展，村党委加大基础建设及整治改造提升工作，把生产区与生活区、生态保护区与产业区、居住区与公共服务区分开，规划建设1轴5线6条主干道及绿化景观带、小广场等，完善通村道路、供排水管网、供电、通信、网络、健身场所等基础设施，村内道路全部实现硬化、绿化、亮化、美化。投资1 200万元，新建中联公路11.3千米；投资700万元，新建凤凰山公路7.3千米；投资496万元实施村小学校改建工程；5G网络覆盖全村，公共服务条件大幅度改善。宜居新家的创建治理，改善的是环境，凝聚的是民心。家还是那个家，水依旧是那水，但旧貌换新颜，颜值更高了。

（三）保护生态，营造宜居环境

中所村按照建设“城市生态涵养区、城郊旅游功能区、美丽乡村示范区，打造城乡文化记忆带”的发展目标，大力开展保护生态、绿色发展等工作，农村的生态环境、人居环境全面提升。在农村污水治理中，已建设完成集中污水处理系统“沉淀池＋氧化塘＋生态湿地”模式污水处理系统（见图2）、2个污水处理装置，村庄污水实现了收集净化，河流水源得到有力保护。在农村垃圾收集处置中，投资新建垃圾中转站1座，购置垃圾压缩收集车、运输车、钩臂车共计7辆，垃圾箱体34个，每个村民小组落实了保洁员，形成了“户集、组收、街道中转、区统一处置”的农村垃圾收集处置模式，努力实现垃圾不落地的环境卫生保洁要求。在生态环境保护中，按照“成林、成荫、成景”思路，大力推进道路景观林、房前屋后果木林、广场绿地休憩林建设，所属8个村民小组成为绿色村庄。

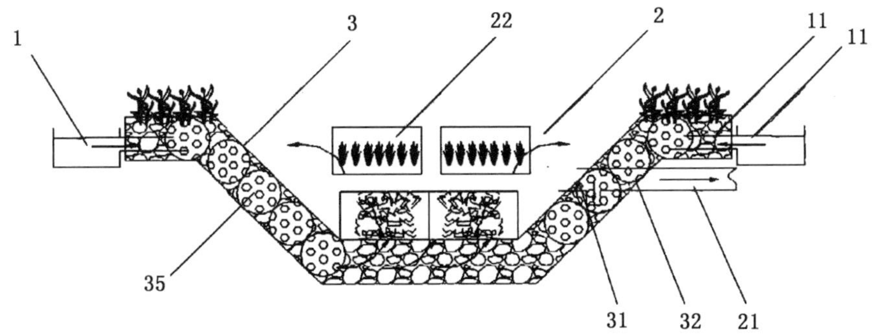

注释：1 为沉淀池；2 为稳定塘；3 为护坡湿地；11 为沉淀池排水管；21 为稳定塘排水管；22 为模块化植物；31 为回流入口；32 为回流出口；35 为缺氧净化填料。

图 2 "沉淀池＋氧化塘＋生态湿地"模式污水处理系统

四、富裕之花幸福中所

大力发展富民产业是村民致富增收的核心要义，是建设美丽乡村的物质基础，是推进乡村振兴的条件保障。中所村党委结合村情，坚持以村民增收为核心，以市场为导向，全力实施"一村一品"培育工程，大力发展特色优势产业，做大做强二、三产业，积极抓好劳务输出，走出了一条符合实际、富民强村的发展路子。

（一）葡萄兴村

中所村有耕地 2 900 亩，其中水田 2 430 亩、旱地 470 亩，水资源丰富，东有新龙潭、黄龙潭、小龙潭、旱龙潭，西有常年不竭的南盘江。土壤、水质、气候非常适宜种植葡萄。村党委把特色种植作为农民增收的重要渠道之一，确定了"葡萄兴村"的发展思路，积极发展大棚种植，为乡村振兴、村民增收带来了致富好"钱景"。2013 年，中所村 12 名党员带头整合土地，尝试种植"红美珠"葡萄。为解决葡萄种植专业户单打独斗、各自为政、独立运行、规模效益不突出的经营现状，2008 年 3 月 15 日，注册成立了中所葡萄种植专业合作社，按照民办、民管、民受益的原则，实行自主经营、自负盈亏、风险共担、利益共享和统一购买供应生产资料、统一开展技术服务、统一产品销售价格、统一搭建融资平台、统一品牌和包装、统一冷库保鲜贮藏的模式经营管理，民主推选产生理事会和监事会，成为麒麟区首家注册登记的农民专业合作社。2008 年该合作社注册了"红美珠"商标，2008 年 10 月该产品获得农业部"无公害"农产品、产地认定证书，2015 年获得云南省著名商标。现葡萄种植面积发展到 3 000 亩，成为曲靖市最大的鲜食葡萄生产基地，带动农户 856 户，为本村转移剩余劳动力六百余人。2021 年 7 月 24 日，我们到了一葡萄种植田间，据主人介绍，她家今年种了"红美珠"葡萄 12 亩，单产有 3 000 千克，单价 10 元，毛收入 36 万元左右，净赚十余万元。

（二）旅游富村

中所村党委遵循"家门口就有工作"的理念，引进曲靖市梧桐雨农业有限责任公司，投资 1.56 亿元，在大箐口村规划建设凤来栖农业旅游文化庄园，占地面积约 2 800 亩，分三期实施建设,集中打造集高端果蔬种植、采摘、民宿客栈、休闲康体娱乐、户外体育运动等为一体的生态农业旅游文化园区。2021年该项目建成后将吸纳周边剩余劳动力三百余人,每年能为村集体经济增收10万元。这仅仅是中所村发展乡村旅游的缩影。该村以乡村自然景观、特色农业、乡村文化等生态和人文景观为依托,以生态休闲旅游为重点,以郊野景区、休闲农庄、休闲农舍为载体,以满足休闲旅游者欣赏田园风光、体验农家生活、感悟乡土文化、品尝乡村美食、回归自然、愉悦身心等需要为目标,着力打造"凤凰山—举人村—农产品采摘"旅游线路。尤其是大力发展果木园林采摘观光旅游,依托葡萄园,在果园内设置游览线路,建设各种景点,增强园林观光旅游的观赏性和参与性,在不同季节推出踏青、赏花、采果、摘野菜等不同的旅游项目,不仅带动了村民增收致富,打牢了经济发展基础,同时扩大了中所村的影响和知名度。

(三)餐饮强村

中所村紧盯距曲靖市中心城区10千米的优越条件,大打"绿色饮食"名片,发展"吃农家饭、住农家屋、游农家景、购农家物"等具有浓厚农家生活情趣的休闲饮食项目。该村加强经营业主和从业人员服务礼仪、饮食安全、餐饮卫生、烹饪技术、诚信意识、风土人情知识等培训,积极培养一批具备现代经营、管理、服务和营销知识的乡村休闲饮食业人才,提升服务水平,努力以一流的管理、一流的菜品、一流的服务,笑迎八方来客,服务尽善尽美,实现景美、食美、人美,引致游客纷至沓来,在曲靖市"小有口碑"。

(四)劳务致富

为不断提高劳动力转移组织化程度,中所村按照"政府推动、企业主导、供需对接、稳定就业"的工作思路,为劳动力转移工作按下"快进键"。该村搭建"横向到边、纵向到底"的网格化管理服务体系,建立村委会、村小组、农户三级网格,明确三级网格长、网格员,组织网格员力量对辖区劳动力信息、当前就业失业状况、外出就业意愿、培训意愿等进行全面摸排,并将劳动力信息登记录入云南省公共就业服务信息管理平台,实现动态管理。通过"智慧大喇叭"、村内宣传栏、入户宣传等渠道,广泛宣传就业创业、劳动维权、疫情防控相关政策以及企业用工岗位信息等内容。组织召开现场招聘会,动员有条件的群众外出务工,准确向有意愿外出务工人员提供企业用工岗位信息。组织务工返乡人员召开座谈会,邀请外出稳定务工代表分享经验,激发乡邻创业热情;促进就业技能提升,安排务工人员参加珠街街道办事处举办的育婴员、家政服务、砌筑工、民族刺绣等"新农人"劳动技能提升培训班,有效提升了受培训群众的就业能力。

总之,中所村于1982年前,年产值仅有5.173万元,到2019年时,年产值已跃升至20 654.9万元,正是因为富民产业的发展,中所村走出了一条自主勤劳致富的路(详见图3)。

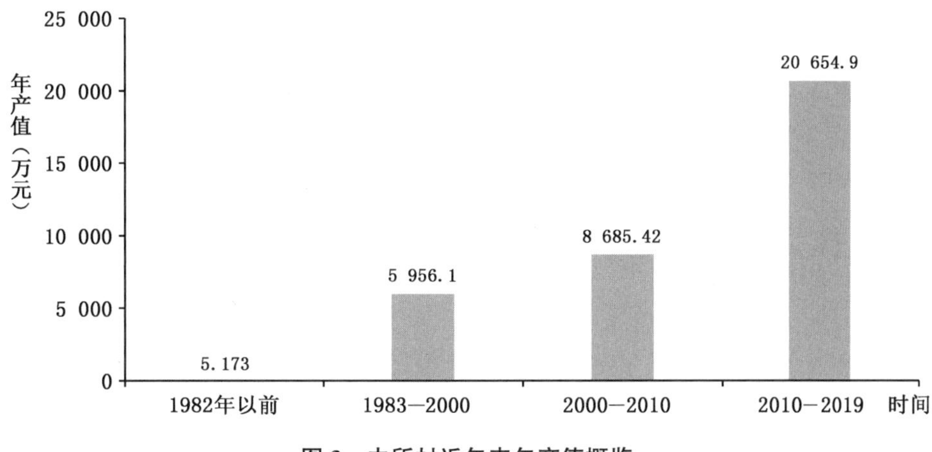

图3　中所村近年来年产值概览

五、文明之花点缀中所

文明是一种软实力。美丽乡村效应，要靠文明创建塑造；经济底气，要靠文明礼仪提升。中所旧称中所营，因明朝洪武十四年（1381 年）伐云南曲靖驻屯而形成，有着崇文尚德的历史渊源。近年来，村党委抓住乡村振兴发展机遇，坚持“富脑袋”和“富口袋”并重，从文化娱乐活动到功能完备、配置齐全的文化活动室，从模范评选到成立乡贤会，中所村文化发展不仅推动了经济建设，丰富了群众的精神生活，更提升了中所村文化知名度和影响力，连续三届获评省级文明村称号。如今的中所村走出了一条适合自身特色的文明发展之路。

（一）阵地建设惠及村民

中所村投资一百六十余万元新建 8 个文化小广场和 8 个活动室；投资 60 万元新建乡贤文化广场，丰富广大村民的精神文化生活；每年组织开展春节文艺演出及拔河、篮球、广场舞等比赛活动。该村不仅为群众建设文化设施，而且引导村民利用文化活动室成立演出团，通过编排舞蹈、歌曲、小品、快拍、讲故事等丰富群众生活，满足群众文化需求，以群众喜闻乐见的文艺载体，唱响主旋律，传播正能量。

（二）乡贤共建和谐社会

在精耕厚植传统文化沃土，挖掘培育新兴乡贤文化，充分发挥乡贤在道德引领、共同致富等方面的作用，中所村走在了前头。作为麒麟区首个村级乡贤组织，中所村“乡贤会”于 2018 年 8 月成立，经过试点，成效显著。中所村采用“推、评、选”三步骤方式，从离退休老干部、退休教师、退役军人、致富能人中，选出一批热心人、明白人、公道人成立乡贤会，组织乡贤架构，拟定乡贤会工作制度，建立了“乡贤会信息库”，利用乡贤威望高、群众信服的优势，发挥他们在政策法规“宣传员”、矛盾纠纷“调解员”、群众身边“服务员”、村居环境“巡查员”、村情民意“联络员”等方面的积极作用，按照“熟人办熟事、熟人管熟人”的方式，协助村组解决“管不了、管不到”的社会问题。通过不懈努力，村子里的矛盾纠纷更少了，生活环境更好了，红白喜事易俗了，村民的获得感、幸福感和安全感不断提升。

(三)举人故居弘扬家风家训

清道光二年(公元1822年),中所箐口村张氏家族中,张登元为武举人、张成元为文举人,两个是亲兄弟,自幼丧父,由叔父抚养长大。两兄弟中举后为报答养育之恩,为叔父修建“感恩堂”,此孝举被后人传为佳话。文武举人的家训“自勉自强,文能断句,武能强身,男不赌不盗,遵国法、知退让,明事理,不义之财不取,女守妇道”也被箐口村人代代传承发扬。中所村党委为纪念文武举人,在村内修建家风文化长廊,将家风家训镌刻其中以供后人学习,让举人故居走出尘封岁月、走进千家万户。近年来,中所村以传承张氏家风家训为主题,由党员干部带头传承接风文化,开展一系列“学家训、立家规、树家风”活动,组织村民学习家风家训,分享学习感悟,充分发挥德治礼序、乡规民约、校训家风的教化作用,积极营造弘扬优秀传统文化的浓厚氛围。

(四)模范评选助推文明风尚

中所村深入持久地开展各类道德模范评选表彰活动,抓典型、树标兵,弘扬社会正气,倡树文明新风,为构建美丽富裕文明新中所提供了有力的思想保障和道德支撑。该村以“诚、孝、俭、勤、和”为主题,广泛宣传,营造浓厚氛围,通过村民自评、村小组互评、村委会推荐、街道办事处复审,评选出一批,“好公婆”“好媳妇”“好邻里”“好妯娌”“美丽庭院”“十星级文明户”等先进模范,并利用“大喇叭”、宣传栏等载体,大力宣传模范事迹,引导村民认真学习模范事迹、积极践行,收到了“评选一个人,光荣一个家,教育一个村”的效果。同时,组织编撰中所村庄发展史,收集村内老物件61件,建设村史馆,展现乡土文化和民风风情的独特底蕴,以家乡的发展变化诉说浓浓“乡愁”,让民风更淳朴、乡风更文明、社会更和谐。

六、党的建设引导中所

中所村设立党委1个,8个党支部,现有党员133人。村党委及各党支部秉承“党建引领、凝聚人心、服务群众”的宗旨理念,结合实际,打造党员服务、群众服务、综治维稳、政策咨询、法律援助等多个便民服务项目,建立热情服务、首问责任、限时办结、情况报告、民情登记等制度,构建起服务党员群众的“连心桥”,2021年被评为云南省先进基层党组织。

(一)打造党群服务中心

为进一步加强基层党建阵地建设,中所村积极打造党群服务中心,着力夯实党建基础。该村以强化服务、整合资源为重点,按照“统一外观标识、统一规章制度、统一功能布局”的建设标准,投资147万元,精心建设党群服务站点、新时代文明实践站点等阵地,建成了建筑面积达624平方米的曲靖市首家村级党群服务中心,把党群服务中心职责定位为“乡贤之家”“党员群众之家”“综治平安之家”,推动服务下沉一线,为党员群众搭建综合性服务平台。“乡贤之家”建设乡贤活动室,为乡贤搭建交流议事、参与村庄治理的平台,引导乡贤参与社会治理、村务监督、慈善公益、矛盾纠纷调解、乡风文明培育,促进乡村协调发展,社会和谐稳定。“党员群众之家”包括红色驿站、人民食堂、书香室、少儿室、老骥室、四点半课堂等,为群众提供休闲娱乐、学习提升、生活便利的综合型场所。“综治平安之家”包括监控室、微型消防站、综治室、警务室、调解室等,搭建综治、法律援助、人民调解有效衔接,群众诉求无缝对接的工作平台。

(二)党建引领网格连心

中所村积极打造“党建+网格”,结合全要素网格治理要求,积极指导所属党支部、党小组调整建立到网格中,实现专属网格有党支部,带动一批骨干先锋,整合一批群团资源,开展一批服务活动,形成一批贴近实际、贴近百姓的“为民”服务清单,真正把服务送到群众家门口,推动党建工作、经济工作向网格延伸。全村党员干部全部下到网格点中,不断建强网格党建的组织基础;并结合“值守”、网格巡查、群众走访等工作制度,村党委班子成员、普通党员分组入户,深入群众广纳村情民意,千方百计解决百姓问题,有效发挥了基层党组织战斗堡垒作用和党员先锋模范作用。

(三)加强民主法治建设

在村党委的领导组织下,中所村积极探索自治、法治、德治相融合治理模式,以此引领乡风文明,助力乡村振兴,推进乡村治理现代化建设。该村规范和落实村民“一事一议”“四议两公开”等制度。加大“平安创建”力度,全面实施平安细胞工程,确保社会稳定、和谐。由于村党组织工作扎实、细致,因此,全村群众在旧房改造过程中,没有一户到上级信访或到街道办事处反映情况。在调查中,笔者深深感到,中所村党委、各支部和全体党员把“人民”二字牢牢记在心上,与群众交往真诚,对群众感情深,真心帮助村民解决其普遍关心的困难,得到了群众的欢迎和爱戴,是全体村民的主心骨。中所村也走出了一条以党的领导统揽全局,以法治“定分止争”,以德治“春风化雨”,以自治消化矛盾,确保乡村社会充满活力、和谐有序的路子。

(四)推进两委组织建设

中所村党委建立了党支部这个战斗堡垒,提高支部履职能力,在细微处、关键处狠抓落实,全力建设一支“服务群众、凝聚人心、促进和谐、共同进步”的有纪律、有组织的党支部。增强党支部书记抓党建工作的“主责、主业、主角”意识,强化党建引领,规范基层组织工作,推动标准化设置基层党组织、规范化建设党建阵地。同时,村里按时召开村“两委”例会、党员大会、“主题党日+”、不忘初心牢记使命主题教育、党史学习专题教育等各项组织活动,对关乎村集体、村民利益的重大事项及时地向街道党工委、办事处请示汇报,并及时召开党员群众代表大会,切实按照“四议两公开”办事,征求村民意见建议。在财务管理方面,每月进行财务公开,村集体每一项支出都进行公示,接受监督。村干部只有清正廉洁、村风正、民心齐,才能做好村里各项事务,村庄建设也才会越来越好。中所村从政治建设到组织生活,从管事理财到资源整合,从家风、村风到文明实践,从经济发展到人居环境,从村干部到工作人员,都制定了一系列的制度标准并进行公示,村务定期公开,党务公开透明,夯实了基层党组织在经济发展中的作用。

总之,中所村聚焦党建、服务和治理主线,通过构建以基层党组织为领导、以村民自治和村务监督组织为基础、以乡贤会为纽带的村级组织体系,充分发挥了党在加强和改进乡村治理、乡村振兴中把方向、谋大局、定政策、促改革的领航作用。

七、启示

中所村的成功之处是可以借鉴和复制的，没有等出来的辉煌，只有干出来的精彩。党的基层组织是团结带领群众贯彻党的理论和路线方针政策、落实党的任务的战斗堡垒。乡村建设是推动乡村振兴战略实施的重要载体，是基层治理的重要内容，也关系到千家万户的发展，关乎村民的切身利益。注重把党建引领优势转化为推进美丽乡村工作优势，使生态绿与党建红交相辉映、深度融入，是中所村成功的关键所在。

一是促进乡村振兴，离不开党支部这个“指挥部”和“冲锋队”。“给钱给物，不如建个好支部”。火车跑得快，全靠车头带。基层党组织的堡垒战斗力强不强，直接关系着乡村振兴、村民和谐。在美丽乡村建设中，农村党支部既是“指挥部”更是“冲锋队”，既要将党和国家关于乡村发展的政策传达给村民，让他们了解党和国家的乡村振兴计划和战略，又要成为具体的行动者和实践者，更要发挥先锋模范和战斗堡垒作用，带领村民建设美丽乡村。中所村党委充分发挥党建引领作用，坚持“法治、德治、自治”三治统一，更好地让村民理解党和国家在推动乡村振兴中的计划、部署和各种优惠政策，更好地发挥政策作用，激发村干部担当作为的动能和群众的责任感，让干部和群众共同行动起来，凝聚起乡村振兴的强大力量，建好美丽乡村。

二是促进乡村振兴，必须坚持“党建强村、产业富村”的发展思路。农村基层党组织不抓经济，不抓村民生产、生活条件发展，就会成为“无本之木、无源之水”。“党建＋”助力产业发展是中所村的成功实践。中所村把抓实党建与发展壮大产业紧密结合，做到产业发展与加强基层党建工作同研究、同部署、同推动，推动党建和农村产业融合发展，践行“创新、协调、绿色、开放、共享”新发展理念，走出一条“党建领航、村企共建、村民共赢”的乡村振兴新路子。中所村党委是乡村振兴的前沿阵地，是建设美丽乡村的“主心骨”，他们把党支部建在产业链上，创建“党支部＋专业合作社＋基地＋产业＋农户”模式，通过党员致富带头人积极为农民送政策、送信息、送技术，有效带动了葡萄产业的发展壮大，极大地提升了党组织的公信力，发挥了基层党组织的战斗堡垒作用，为乡村振兴事业探索了一条可造血、可复制、可持续的创新之路。

三是促进乡村振兴，需要打造一支忠诚、干净有担当的乡村党员干部队伍。“村看村，户看户，群众看干部”。中所村党员干部用真实行动，对接群众急难愁盼，多点开花，解决一件件操心事、烦心事、揪心事，用热情演绎着初心使命和人间真情。推动乡村发展和振兴，没有一支忠诚、干净、有担当的党员干部队伍是肯定不行的。基层党组织要紧紧围绕“群众想得到的、群众需要的、群众要满意的”，选优配强“头雁”。中所村从选定“村党委、村委会”两委班子开始，打造党建阵地，确保乡村发展的“带头人”又强又优，让农村党员干部成为乡村发展的“驱动器”，带领村民更好地落实乡村振兴各项目标、任务，不断为乡村发展注入活力与生机。

四是促进乡村振兴，需要积极培育和践行社会主义核心价值观。中所村以新时代文明实践中心为载体，开展“新思想大讲堂”“道德讲堂”等活动，融入文明公约、村规民约、家规家训等内容；同时，全面推行移风易俗，整治大操大办、高额彩礼、铺张浪费等不良习俗，破除丧葬陋习，树立殡葬新风。围绕孝道、向善、勤俭等内容，开展乡风文明培育行动，弘扬崇德向善、扶危济困、扶弱助残等传统美德；同时，健全网格化管理机制，在村内划分网格 46 个，依托综治中心全面提升单元网格管理水平，让网格成为宣传政策法规、摸清民情民意、解答问题疑问、调解矛盾纠纷、化解群体性事件的“终点站”，实现“人在网中走，事在格中办”。乡贤会设立矛盾纠纷调解团、乡风文明促进团，充分发挥乡贤的特点、特长等，进一步加强对乡风文明的培育，以贤育德，为打造文明和谐中所献计献力。

五是促进乡村振兴，需要坚持实践。实践是最好的老师。扎根基层、奔赴一线，才是熟悉村情，磨炼意志、锻炼能力的途径。中所村全面落实“水清、岸绿、村美、人和”的创建目标，依托本地资源禀赋和比较优势，按照“规划布局、单体设计、立面标高、房屋层高、外观色彩”五统一原则及“有卧室、客厅、厨房、卫生间、储藏间、自来水、清洁能源、休闲空间”的“八有”标准，给全体村民带来了实实在在的住房实惠。中所村积极打造“党建＋网格”，结合全要素网格治理要求，积极指导所属党支部、党小组调整建立到网格中，实现专属网格党支部，带动一批骨干先锋，整合一批群团资源，开展一批服务活动，形成一批贴近实际、贴近百姓的“为民”服务清单，真正把服务送到群众家门口，推动党建工作、经济工作向网格延伸。全村党员干部全部下到网格点中，不断建强网格党建的组织基础；并结合“值守”、网格巡查、群众走访等工作制度，村党委班子成员、普通党员分组入户，千方百计解决百姓问题，有效发挥了基层党组织战斗堡垒的作用和党员先锋模范的作用。

参考资料

[1]马栎深. 中国特色社会主义乡村振兴的特质和实践路径[J]. 国际公关，2020(11)：381－382.

[2]陈建平. 以实施乡村振兴战略为载体大力推动农村一二三产融合发展[J]. 新农村，2020(10)：11－12.

[3]张静秋. 乡村振兴战略背景下农村文化创意产业发展对策研究[J]. 农村经济与科技，2020，31(16)：237－238.

乡村产业振兴视角下对农业适度规模经营形式的思考与分析

——基于山东省临沂市郯城县杨集镇南湖里村的调研

俞涵歌[①]

摘　要:本文基于近年来中央对农业适度规模经营发展的政策导向转变,通过对山东省南湖里村、恒丰农机化服务农民专业合作社进行的实地调研,对其土地与服务适度规模经营情况开展效果评估,检验说明了中央政策导向的转变对于广大小农户和专业化规模经营主体的战略意义,并基于当地规模经营现存问题,提出未来深化农业规模经营发展的若干建议。本文立足农业规模经营典型村落与经营主体的现实情况,为我国农业规模经营形式的未来发展提供新思路。

关键词:农业适度规模经营　土地适度规模经营　服务适度规模经营　土地流转　土地托管

一、引　言

2021 年中央一号文件明确指出,加快推进农业现代化应提升粮食和重要农产品的供给能力,稳定国家粮食安全产业带。目前,粮食种植业面临两大严峻挑战。一是大国小农的基本国情农情与农业现代化的战略目标之间存在矛盾。自 1982 年农村土地承包全面推广以来,人均一亩三分地、平均单户承包地不超过十亩的格局构成"大国小农"的基本国情农情。当前,我国农户总数达 2.07 亿户,流转土地 30 亩以上的农户仅占农户总数的 5%,小农户仍然是农业生产的主力军。二是粮食等重要农产品比较效益走低与国内粮食稳产保供的发展要求之间存在矛盾。粮食作物的售价普遍比经济作物低,且生产成本逐年上升,这导致农业生产主体积极性下降。农村青壮年劳动力更多地选择外出打工,从事粮食种植业的主力军是 60 岁以上的老人。2020 年全国乡村常住人口占总人口的 36.11%,比 2010 年低 14.21 个百分点。近五年粮食和稻谷产量增长缓慢,某些年份产量发生负增长,粮食人均产量也具有下行趋势(见图 1 至图 3)。种植规模小、产品质量低、生产能力弱的农村粮食种植格局使粮食稳产保供、增产增收面临挑战,"地谁来种""地怎么种"的问题亟须解决。

---

① 俞涵歌,女,上海财经大学经济学院世界经济专业 2019 级本科生。

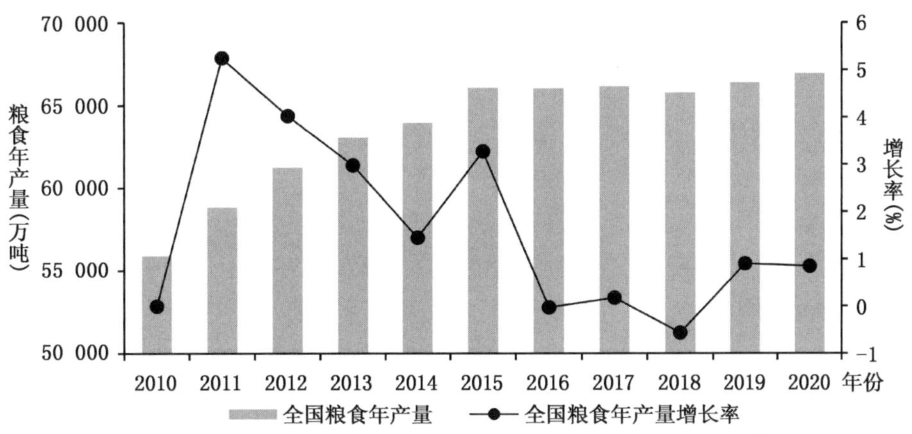

图 1　全国粮食产量年度变化情况

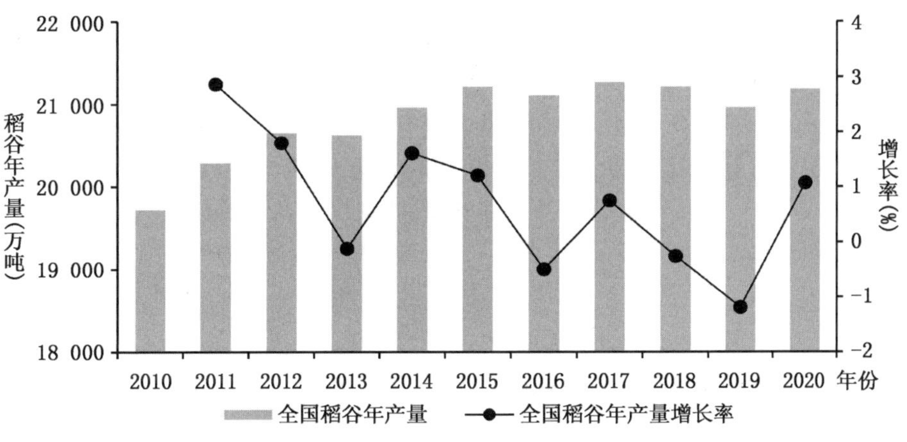

图 2　全国稻谷产量年度变化情况

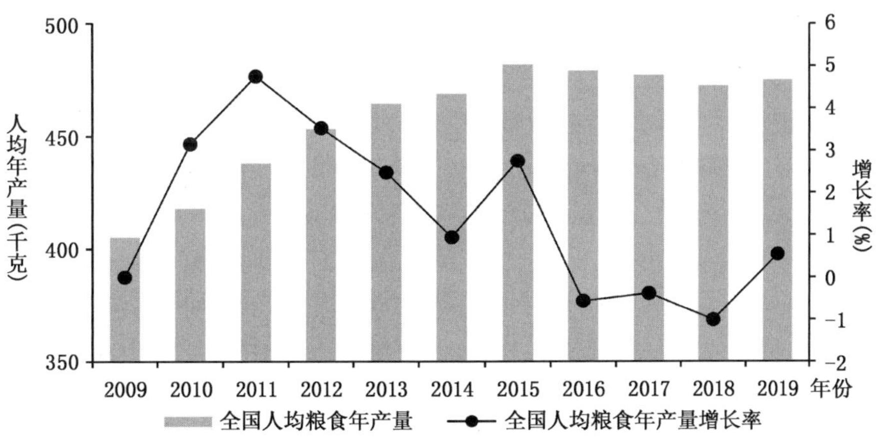

图 3　全国粮食人均产量年度变化情况

如何在分散化、小规模的农业生产格局的基础上构建符合中国基本国情农情的适度规模经营形式，是我国实现农业现代化的关键所在。自 1987 年首次提出“适度规模经营”问题以来，我国不断探索符合基本国情、农情的适度规模发展形式。2014 年，中共中央颁布《关于引导农村土地经营权有序流转发展农业适度规模经营的意见》，鼓励发展多样化土地流转形式，引导农户长期流转承包地并促进其转移就业。2017 年，中共中央、国务院颁布《关于深入推进农业供给侧结构性改革、加快培育农业农村发展新动能的若干意见》(2017 年“中央一号文件”)，提出要通过经营权流转、股份合作、代耕代种、土地托管等多种方式加快发展土地流转型、服务带动型等多种形式规模经营。2021 年，中共中央、国务院颁布《关于全面推进乡村振兴加快农业农村现代化的意见》，强调要发展壮大农业专业化社会化服务组织，将先进适用的品种、投入品、技术、装备导入小农户。2021 年 7 月，农业农村部经济指导司印发《农业农村部关于加快发展农业社会化服务的指导意见》《农业农村部办公厅关于开展农业社会化服务创新试点工作的通知》，决定在全国范围内加快发展农业社会化服务，旨在促进粮食生产节本增效和农业高质量发展。

由此可见，我国已经由“重视引导土地经营权流转，实现规模经营”的规模经营发展方针转变为“以强化社会化服务为重点推进农业适度规模经营”。基于此，本文选择具有多种适度规模经营形式的村镇作为研究情境，将山东省郯城县杨集镇南湖里村和郯城县恒丰农机化服务农民专业合作社作为案例研究对象进行深入调研。通过调研当地多种适度规模经营形式的发展情况，验证我国强调发展服务适度规模经营的战略意义，为未来适度规模经营提供发展建议。

二、文献回顾

(一)发展农业适度规模经营的必然性

虽然自 1982 年家庭联产承包责任制确立以来，农户的生产积极性有了极大提高，但是目前小农户生产仍然对农业节本增效发展有所制约：一是大量农村劳动力进城务工，以及农业生产人口老龄化造成粗放经营、忽视田间管理、土地撂荒等现象；二是农业生产成本逐渐走高，压缩农户的利润空间，导致农户生产积极性日益下降(刘倩，2020)。农业适度规模经营具有重要的战略意义：一是探索我国特色现代农业发展道路的必然要求，适度规模经营能充分利用市场机制和政策支持，促进生产要素的有效配置；二是确保粮食增产和粮食安全的重要举措，规模经营能提升农业种植效率、完善基础设施建设、推广新品种和新技术；三是实现农民增收的现实保障，通过高效、集约的生产方式增加附加值(蒋和平、蒋辉，2014)。

虽然规模经营有诸多优势，但是农业规模经营政策一直都强调“适度”二字。规模过小则无法充分发挥规模优势；规模过大又会造成资源利用效率低下、经营能力无法匹配等问题(何秀荣，2016)。

本文涉及的适度规模经营形式主要有土地适度规模经营和服务适度规模经营，以下文献回顾将从这两方面展开。

（二）土地适度规模经营

在农村劳动力转移、政府大力支持、农产品市场竞争激烈的现实情况下，专业大户、家庭农场、农民合作社、农业产业化龙头企业、经营性农业服务组织等逐渐成为土地规模经营的主体（张照新、赵海，2013）。土地流转的主要特点是由一个独立的规模经营主体进行生产和经营决策，此模式在经济发达地区运转往往更为良好，因为农村劳动力从事非农生产的机会多，对于小农户而言，农业生产的机会成本相对高昂，所以农户流转积极性相对较高（李相宏，2003）。目前，土地适度规模经营面临基础设施投入不足、农业生产人力资源匮乏、规模主体面临较大经营风险等问题（黄新建、姜睿清、付传明，2013）。此外，管理经验落后、农村金融服务无法匹配需求也构成土地流转深化发展的障碍（张照新、赵海，2013）。同时，在实际执行过程中，农户的利益诉求难以得到充分保障，如违背农户意愿进行土地流转、流转不合理定价等（刘卫柏、陈柳钦、李中，2012）。

（三）服务适度规模经营

土地经营权流转隐含以下风险：一是如果流转仅限于农户间，那么流转仅仅是“小农”的复制，难以提高生产效率；二是如果农户逐渐退出流转体系，那么家庭经营主体地位就会被替代，隐含政治风险；三是流转不仅取决于农业生产能力，而且取决于非农生产可能性等外部因素，隐含社会风险（罗必良，2016）。

规模经济的本质是分工经济，而服务规模经营是农业规模经营形式和分工形式的创新。在土地所有权、承包权、经营权“三权分置”的基础上，将经营权进一步细分为决策权、管理权、生产操作权，将小农户纳入分工体系之中，使得各主体的比较优势获得充分释放，实现报酬递增（胡新艳、朱文珏、罗必良，2016）。同时，土地托管等新型服务规模经营方式开辟了一条小农户分享现代化农业技术成果的新道路，也能更好地保障国家的粮食安全（杜志雄、肖卫东，2019）。

（四）研究评述

第一，基于以上文献回顾，本文将通过实地调研南湖里村来验证上述观点是否具有现实性，同时立足农户、村干部、合作社的视角，对上述两类规模经营形式的效果评估进行补充，由此得出更贴合现实农情的发展建议。

第二，服务适度规模经营属于较新的规模经营形式，目前很少有文献对服务适度规模经营发展中的问题进行揭示和剖析。本文将走访一线服务规模经营主体，阐述并分析服务规模经营的发展“瓶颈”，结合现有理论为未来发展提供建议。

第三，虽然已有研究着眼于两种规模经营形式的比较，但仍然停留在理论阶段，而现实情况更为复杂。本文将从直接参与规模经营的小农户、合作社的角度，分析比较这两种模式，并且通过细致的对比分析，检验国家当下“以强化社会化服务为重点推进农业适度规模经营”的政策导向为何具有极强的战略意义。

三、调研及分析方法

（一）样本选择

1. 山东省郯城县杨集镇南湖里村

山东省临沂市郯城县杨集镇南湖里村位于山东省最南部，地处苏鲁交界，属于平原地带。2020年末，南湖里村户籍人口数为164户共612人。村庄土地总面积为894亩，其中耕地为822亩。从耕地类型看，旱地有220亩，水田有602亩；从承包经营权看，农户自己经营387亩，专业大户经营315亩，合作组织经营120亩；从土地经营模式看，全村承包地流转面积435亩，流转周期为10年，其余为农户自己种植。过去5年，南湖里村村民人均年收入年均增长6%左右，2020年人均年收入达1.5万元，其中农业生产经营性收入7 000元，工资性收入3 000元，财产性收入1 000元，转移性收入4 000元。

(1)南湖里村的产业结构和经营形式——案例对象的典型性和结论外推性

从产业结构看，南湖里村主要从事稻麦种植业，产值占比超过70%，生产的农产品主要用于销售，并且不存在非农产业。此外，南湖里村所在的郯城县是全国100个产粮大县之一，素有"鲁南粮仓"之称；所在的杨集镇被誉为"山东省稻麦生产第一镇"，主要作物为水稻和小麦，稻麦种植面积居山东省乡镇之首。

从经营形式看，南湖里村家庭承包地经营权分为农户自主经营和土地流转。土地流转作为土地适度规模经营的主要形式，是指拥有土地承包经营权的农户将土地经营权转让给其他农户或经济组织，即保留承包权，转让使用权。近年来，一种新型经营形式即土地托管逐渐普及。土地托管为山东省首创，是服务适度规模经营的形式之一，指农户以市场方式向托管主体购买所需的生产服务，在保持农户土地承包权、经营权、收益权不变的前提下，由专业大户、合作社、企业等托管主体进行统一管理和服务的经营模式。

土地流转与土地托管模式的对比见表1。

表1　　土地流转与土地托管模式对比

项目＼经营形式	土地流转	土地托管
规模经营形式	土地适度规模经营	服务适度规模经营
农户承包权	保留	保留
农户经营权	转让	保留
农户耕地使用权	转让	保留
农户收益权	转让	保留
农户收入来源	租赁费	农产品销售
规模经营主体做法	自主经营	提供农业服务

南湖里村所在的杨集镇依托沂州集团有限公司、金丰公社农业服务有限公司、恒丰农机化服务农民专业合作社等经营主体，流转及托管上万亩耕地进行稻麦种植，堪称多种形式适度规模经营和社会化服务创新发展的试点镇、样板镇。

综上所述，基于南湖里村的产业结构和土地经营情况、所在县镇多样化规模经营形式的发展成效，南湖里村作为本文的研究对象，具有较强的典型性和结论外推性。

(2)南湖里村土地流转基本情况

在南湖里村，常住人口多为儿童和60岁以上老人，选择外出打工的青壮年人口占全村1/3以上。农业生产收入与非农生产收入差距大是造成这一人口格局的根本原因：单户家庭承包地面积平均不到6亩，种植一亩地的年收入为1 500～1 600元，而进城打工的平均年收入为6万～7万元。务农人口老龄化导致未来粮食种植业存在从业人员缺乏、土地撂荒的潜在危机。

南湖里村全村流转土地435亩，仅3户未参与土地流转。其中，沂州集团有限公司流转315亩，恒丰农机化服务农民专业合作社流转120亩。南湖里村的大部分农户选择将一部分土地进行流转，另一部分土地自己耕种，从而使家庭劳动力得到充分释放。

2. 恒丰农机化服务农民专业合作社

山东省郯城县恒丰农机化服务农民专业合作社（以下简称“恒丰农机合作社”）位于南湖里村，现有社员309人，各类动力机械135台，配套农机具92台，年机械作业面积10万亩次，服务辐射周边多个乡镇、三千六百余户农村家庭，户均年均增收5 000元以上。合作社先后获得“省级示范社”“国家级示范社”“中国农民合作社500强”“全国农民合作社24家典型案例之一”“全程机械化＋综合农事服务中心70家典型案例之一”等荣誉称号。

(1)恒丰农机合作社经营模式概述——案例对象的典型性和结论外推性

恒丰农机合作社积极响应国家加快发展农业社会化服务的政策号召，致力于创新经营模式、完善分配机制、延长产业链条、拓宽服务渠道，构建综合农事服务平台，发展出将现代农业生产要素导入小农户农业生产的一套有效机制。同时，恒丰农机合作社也开展土地流转等较为成熟的业务模式，是多种形式规模经营并存的综合性经营主体。因此，将恒丰农机合作社作为专业化规模经营主体研究案例，具有较强的典型性和结论外推性。

(2)恒丰农机合作社土地规模经营情况

恒丰农机合作社土地流转具体情况如下：南湖里村流转120亩，石柱子村流转370亩，西武庄村流转80亩。流转土地非连片，均种植绿色有机水稻与小麦，一年两季。小麦收获后直接销售，水稻加工成“南湖里”品牌大米后再销售。

(3)恒丰农机合作社服务规模经营情况

一是为农户提供环节托管服务。恒丰农机合作社为农户提供关键作业环节的机械化服务，平均每亩次作业费用为40元，低于其他服务主体作业5～10元，日常田间管理则由农户自行承担。目前服务规模为五千余户农户、10万亩次作业面积。

二是开展全程托管服务。恒丰农机合作社提供从整地、播种、施肥到浇灌、植保、收获等粮食生产全程机械化服务，以解决小农户生产难题。农户需向合作社缴纳托管费用490元每亩，低于其他服务主体100元左右。目前服务规模为三千余户农户、一万六千余亩托管面积。

三是开展代育秧、机插秧服务。恒丰农机合作社建有2 100平方米的育秧工厂及150亩育秧基地，可实现机械插秧1.5万亩。人工育秧1.5万亩需要1 000亩秧田，而应用“软盘育秧＋机械化插秧”模式育秧1.5万亩仅需160亩秧田，大大节省秧田面积，实现节本增效。

四是开展粮食烘干服务。恒丰农机合作社建有1 500平方米的粮食低温烘干车间，购置3台台湾三久NP－120H低温式循环干燥机，农户向合作社缴纳每吨160元的烘干费用，可解决农户粮食大规模晾晒难题，也避免了稻米营养成分流失。尤其在阴雨天，粮食低温烘干服务帮助农户降低经济损失，实现农户和合作社收益双赢。

(二)数据收集

本文重点研究土地流转和土地托管两种规模经营形式，从微观的农业生产者和农业经营主体出发，比较分析两种形式的发展成效、问题及其原因，对中央近年来对于规模经营发展的政策导向转变进行价值分析和价值发现。本文通过问卷调查、半结构化深度访谈、现场观察三种方式收集南湖里村和恒丰农机合作社的数据，其中问卷调查、半结构化深度访谈构成数据的主要来源，而现场观察则作为补充数据源用以交叉验证问卷和访谈结果，以提升案例的内部信度。

1. 问卷调查

笔者共进行了两轮问卷调查。

第一轮问卷调查基于上海财经大学2021年度千村调查项目组制定的统一入村、入户调查问卷。对于入村问卷，笔者邀请南湖里村原村支部书记朱武松填写，调查内容涉及村庄基本信息、村庄人口情况、村土地情况、村集体财务状况、产业兴旺、集体经济发展、农业种业安全情况、农业生产环境、土地类型与流转、乡村治理等，从而获得了南湖里村的基本画像。对于入户问卷，笔者在南湖里村随机邀请12户农户填写，调查内容涉及家庭基本信息、家庭成员基本情况、就业经历、健康和社会保障、上年度住户家庭收支及资产情况、乡村治理、生活富裕情况、产业兴旺情况等。第一轮问卷调查结果提供了南湖里村村情、农户生产生活等方面的多维度信息，具有短数据(short data)特征。

第二轮问卷调查着重调查南湖里村农户土地流转要素和家庭收支、住房情况、人口构成等能反映农户生活水平的变量。为便于转发扩散，本轮调查以电子问卷的形式进行，所得数据用以进行土地流转对农户生活水平影响的实证研究。由于调研变量仅14个，且调研规模比第一轮稍大，因此第二轮问卷调查结果提供土地流转在农户增收维度上的效果评估信息，相比第一轮问卷调查，具有长数据(long data)特征。

2. 半结构化深度访谈

笔者通过对南湖里村原村支部书记、恒丰农机合作社法人代表朱武松和恒丰农机合作社理事长高永进行深度访谈，了解南湖里村和恒丰农机合作社进行土地流转和托管两类规模经营的发展情况和部分会计数据。

在对朱武松书记的访谈中，笔者着重了解基于普通农户视角的土地流转效果评估，以及土地流转在南湖里村推广发展的具体情况。朱武松曾为南湖里村村党支部书记，选择他而非现任书记作为了解南湖里村规模经营情况的访谈对象，主要基于以下考量：第一，朱武松对南湖里村情况十分熟悉，而新上任者在任时间短，对村情掌握尚不全面深入；第二，朱武松在卸任书记后仍担任南湖里村网络宣传员等职务，与各农户一直联系紧密，能够从时间、空间两种视角分析南湖里村规模经营情况；第三，朱武松本人作为种粮大户，在恒丰农机合作社成立之初，就以土地入股的形式参与经营，现为恒丰农机合作社法定代表人，因此他能立足小农户和规模经营主体的交互关系来分析规模经营的成效与问题。

在对高永理事长的访谈中，笔者着重了解恒丰农机合作社的经营模式、土地流转和托管两种规模经营形式发展现状、经营过程中遇到的难题、合作社经营思路创新情况，同时也获得了恒丰农机合作社流转和托管业务详细的财务会计信息，试图根据其经营困境的定性说明，使用管理会计的计量方法交叉验证说法、寻找问题根源。选择高永理事长作为了解基层专业化规模经营主体经营情况的访谈对象，主要基于以下原因：第一，如上文所述，由恒丰农机合作社的典型性可以推知，将恒丰农机合作社作为规模经营主体的案例研究对象具有较强的外部信度，而高理事长作为职业经理人，对合作社经营现状十分熟悉，所提供的信息具有很大的借鉴意义；第二，恒丰农机合作社作为农业综合服务平台的典型案例，当地对其报道众多，但是笔者通过前期数据收集发现，报道中对其发展过程中遇到的困境几乎没有提及，而从高永理事长的访谈信息中能够真实地获知合作社经营的难处，加之其较强的典型性和外部信度，这将对广大专业化规模经营主体的扶持政策制定提供宝贵的现实依据；第三，高永理事长是农业机械销售出身，作为新型职业农民，他敏锐地察觉到国家大力发展农业现代化、机械化的政策导向，并基于此创办了恒丰农机合作社，同时在经营过程中，他与当地政府保持着良好的政商关系，对国家农业政策解读十分深入，因此高永理事长能够从宏观政策和现实农情出发，系统地阐述国家农业政策如何落实到基层。

3. 现场观察

笔者实地走访了中共高瓦房社区南湖里支部委员会、恒丰农机化服务农民专业合作社、郯城县全程机械化万亩水稻示范基地，考察了南湖里村规模经营情况、恒丰农机合作社各农业机械及加工设备运行使用情况、农产品加工销售和品牌建设情况、农业机械化覆盖情况、水稻种植情况等，对南湖里村及其所在县镇的规模经营情况形成了直观认知，并与问卷和访谈结果相验证。

四、基于经营权流转的土地适度规模经营效果评估

(一)土地流转实施成效

1. 对农户：人均纯收入有所提高

据朱武松介绍，国家推广土地流转的政策得到村民的热烈响应，80%～90%的村民支持把自己的地进行流转。绝大部分农户是60岁以上的老人，他们在家种地，体力有所欠缺；此外，土地流转后农民的纯收入较流转前有所提高。大家纷纷表示，土地流转政策合民意、适村情，很好地解决了家中人手缺、收入低的困境。

流转前，种植一亩地的年收入为1 500～1 600元。如果将土地租给其他农户耕种，则年租赁费为600～800元每亩。同时，分散的经营权提高了农业生产成本。由于家庭承包地面积过小，因此人们无法进行大规模机械化作业，农机作业成本抬高，从而使利用农机进行高效种植的必要性下降。

推广土地流转后，为调动农户流转土地的积极性，实现土地连片管理和大规模机械作

业，当地企业依托雄厚的资金优势，将年租赁费提高至 1 000～1 200 元一亩。流转前农户自己耕种、自己租赁农机作业、自己销售，而流转后无须劳作就可获得高额租金，同时不再担负自然灾害影响收成的风险。土地流转出去后，村民从土地上解放出来，去城镇打工，增加收入。朱武松说，杨集镇上有零工市场，招募村民剥大蒜、做香料、加工蔬菜等，为村民提供许多工作岗位。流转后，南湖里村居民人均年收入增长 10%左右。

2. 对农业规模经营主体：依托优势壮大规模经营

(1)降低经营成本，推广新品种、新技术

企业、合作社、专业大户等经营主体依托连片生产基地进行规模生产，极大地降低了经营成本。一是降低农机作业成本。若分散的承包地面积过小，农业机械就无法发挥高效运转的优势。二是降低田间管理成本。遥感、远程技术适用于集中连片的土地，可以远程监控作物生长情况，无须每日去田间查看，可节省田间管理的人力成本。

同时，集中连片经营也有利于新品种、新技术的推广，提高农产品品质和种植收益。一是将大面积种植何种作物的决策权收归一方，有利于大规模推广示范新品种。如恒丰农机合作社在流转土地上大规模种植“南湖里”品牌有机水稻，加工后的有机大米单价是常规品种的 4～5 倍。二是推动生态农业发展。土地流转前，由于承包地面积小，大部分农民采取人工打药，导致农药喷洒不均匀，影响作物品质。土地连片流转后，生产基地统一采用先进机器大规模作业，喷洒均匀，保障农产品品质。同时，绿色农药也大面积使用，相比以前靠农药毒性杀虫，现在采用微生物分解害虫的方式杀虫，推动了生态农业、绿色农业在当地的普及。三是推广智慧农业的应用。连片经营使利用遥感、远程技术进行田间管理成为可能，一改以往单纯依靠人力进行田间管理的传统模式。

(2)延长产业链条，实现“三产”融合

“三产”整合发展是农业经营主体实现增收的必由之路。合作社、专业大户等经营主体依托流转的连片土地，积累资金、技术、人才等生产要素，开拓出种植、农业服务、加工、销售的全产业链，实现“三产”融合、规模化标准化生产和产业化品牌化经营，提高粮食的增值效益。例如，恒丰农机合作社积极向第二、第三产业开拓，开展水稻烘干、产品加工、品牌大米销售等业务。

(3)改变农户耕作习惯，进一步拓宽业务规模

虽然南湖里村的大部分村民积极响应土地流转模式，但仍有 3 户未参与流转。当问及这几户不参与流转的原因时，朱武松说，目前是第一个流转周期，这几个村民有很强的“恋地情结”，不接受新型的经营模式，认为自己的地就应该自己种，因此无论租赁费用如何提高，他们都不愿意流转自己的地。部分农户难以改变的传统耕作习惯会对连片流转造成阻碍，但如果土地流转大规模铺开，带来的效益就会积极地改变农民传统的耕作观念，使规模经营的范围进一步扩大。

(二)土地流转现存问题

1. 对农户：增收空间有限，无法充分分享产业增值收益

农业生产的产业链涉及种植、加工、销售等环节，其中农产品价值增值最大的阶段就是

销售流通环节。土地流转模式中，农户收取租赁费、转让经营权，这意味着农户可以获得稳定收入，从而解决了丧失劳动力的农户或者老龄化严重的农户的生产难题。但是对于大部分农户而言，稳定且有限的收入意味着农户完全退出了最具有增值能力的销售环节，使得农户与农产品流通市场进一步脱节，增收有限，难以达到 2021 年“中央一号文件”中所提到的“打造农业全产业链，把产业链主体留在县城，让农户更多分享产业增值收益”的发展目标。这带来的后果是农村青壮年劳动力失去了留在农村从事生产的激励，农村生产人口老龄化问题无法得到根本解决。

为定量衡量土地流转对农户收支和生活的影响，笔者试图建立线性回归模型进行分析，具体分析过程如下：

(1)数据收集

关于“土地流转对农户生活水平影响”的实证研究基于第二轮问卷调研数据。本轮共收到南湖里村农户填写的有效问卷 50 份，占参与流转农户总数的 31.25%，因此样本数据具有一定代表性。

(2)变量选择

模型将土地流转比率(＝流转面积/承包地总面积)、家庭未成年人口数占总人口数比例、家庭中外出务工人口数占总人口数比例作为解释变量(详见表 2)。其中，土地流转比率并未包含土地流转合同的全部要素，流转年限、单位租赁费和租赁费给付周期也是土地流转合同的重要因素，但由于南湖里村全部流转土地中，这三者是相同的(流转年限为 10 年，单位租赁费为 1 000 元/亩，给付周期为 1 年)，因此它们并未纳入解释变量中。

模型将农户生活情况的基本要素依次作为被解释变量(详见表 2)进行回归，即上一年度家庭人均收入、上一年度家庭人均生活消费支出、人均住房面积、家庭中外出务工人口数占总人口数比例。

表 2　　变量说明

	变量名称	变量说明
解释变量	*percentage*	流转比率：衡量家庭承包地中有多少土地参与流转
	percent-juvenile	家庭未成年人口数占总人口数比例——影响家庭收支的重要因素之一
	percent-labor	家庭中外出务工人口数占总人口数比例——影响家庭收支的重要因素之一
被解释变量	*income*	上一年度家庭人均收入：直接衡量流转对农户增收的影响
	expenditure	上一年度家庭人均生活消费支出：用来衡量农户生活质量的指标之一
	housing	人均住房面积$=\dfrac{\text{农村自建房面积}+\text{商品房面积}}{\text{家庭总人口}}$——用来衡量农户生活质量的指标之一
	percent-labor	家庭中外出务工人口数占总人口数比例：作为被解释变量时，用来研究土地流转对外出务工人口变动的影响

表 3 **描述性统计**

变量	均值	标准差	最小值	最大值
percentage	0.559 841 7	0.215 651 5	0.25	1
percent-juvenile	0.276 455	0.199 819 1	0	1
percent-labor	0.267 394 2	0.1882694	0	0.666 666 7
income	1.736 475	0.713 527 7	0.5	3.333 333
expenditure	1.098 955	0.519 581 5	0.25	3
housing	36.296 56	18.089 61	13	113.333 3
percent-labor	0.267 394 2	0.188 269 4	0	0.666 666 7

(3)模型建立

建立模型如下：

$$\ln(income)=\alpha_0+\alpha_1\times percentage+\alpha_2\times percent\text{-}juvenile+\alpha_3\times percent\text{-}labor+\mu$$

$$\ln(expenditure)=\beta_0+\beta_1\times percentage+\beta_2\times percent\text{-}juvenile+\beta_3\times percent\text{-}labor+\varepsilon$$

$$\ln(housing)=\gamma_0+\gamma_1\times percentage+\gamma_2\times percent\text{-}juvenile+\gamma_3\times percent\text{-}labor+\theta$$

$$labor=\delta_0+\delta_1\times percentage+\pi$$

经过OLS回归后，模型的估计结果如下：

$$\ln(income)=0.973\ 7+0.694\ 8\times percentage-1.167\ 3\times percent\text{-}juvenile+0.723\ 8\times percent\text{-}labor+\mu$$

$$\ln(expenditure)=0.292\ 1+0.344\ 9\times percentage-1.216\ 3\times percent\text{-}juvenile+0.849\ 4\times percent\text{-}labor+\varepsilon$$

$$\ln(housing)=3.341\ 0+0.478\ 5\times percentage-1.030\ 3\times percent\text{-}juvenile+0.641\ 9\times percent\text{-}labor+\theta$$

$$labor=0.402\ 0+0.240\ 3\times percentage+\pi$$

上述四个模型均通过在95%置信水平下的F检验，说明以上模型均具有方程显著性；上述四个模型也均通过在95%置信水平下的t检验，说明各解释变量均具有显著性的解释作用。对上述模型进行White检验，p 值分别为0.239 4，0.663 8，0.320 5，0.291 0，因此在95%置信水平下各模型均不存在异方差。

(4)结果分析与问题发现

前三个模型控制影响家庭收支、住房面积的人口结构因素，流转比率的参数估计量较好地表现了土地流转对家庭收支、住房面积的影响。模型估计结果显示，流转比率每上升10%，农户家庭人均年收入上升0.7%，家庭人均年生活消费支出上升0.34%，家庭人均住房面积上升0.48%，同时外出打工人数上升0.24%，这意味着农户土地流转规模对农户收入、支出、住房面积的弹性极小。经笔者分析，这意味着流转模式对于未来农户增收的积极性作用有局限。目前，土地流转给予农户的增收机会主要在于较高的租赁费用使传统小农户从事农业生产的经济行为由经济利润转变为机会成本。也就是说，原先小规模出租土地时，较低的租金导致相比出租土地、外出打工而言，小农户在直接从事农业生产、付出劳动时可以获得更高的经济利润；而大规模流转后，社会化企业进入当地流转市场，从而抬高了租赁价格，进而导致小农户自主进行农业生产可能仅获得负经济利润，这给了大部分小农户流转土地、外出打工的激励。第四个模型也证明，当流转比率上升时，家庭的外出打工人数也上升。

但是，依靠租赁费用和外出打工增收仍然有限，这是因为南湖里村大部分农户参与流转的主要形式是流转一部分土地、自己种植一部分土地，这意味着流转前从事种植业的家庭成员在流转后无法长期外出打工，只能在县镇上打零工，因此打工的增收作用较为有限。究其原因，土地流转模式使得广大传统小农户成为农业生产要素的供给方，处于产业链的最上游，但是农户在流转中出让了经营权和农产品收益权，使得农户无法充分参与产业链的大部分增值环节，限制了农户的增收空间与增收潜力。

2. 对农业经营主体：流转暴露经营管理短板，规模效益无法充分发挥

(1)资金需求大、回收期长、经营风险较高，农民合作社、家庭农场等专业化主体流动性管理难度较大

由于流转费用较高，且在播种前就需要将流转费用发放给农户，因此土地流转需要前期大量的资金支持。在郯城县，土地流转的现行价格为 1 000 元/亩，如果流转 5 000 亩，单租赁费就需要 500 万元的前期投入，加之 800～1 200 元/亩的种植费用，种植全过程需要投入 1 000 万元左右。而粮食作物的生长周期为半年左右，较长的生长期导致经营主体无法在短时间内通过农产品销售来回收资金。此外，自然灾害以及最终产品销售情况等因素对合作社收益带来不确定影响。对于合作社、家庭农场等缺乏资金和信贷支持的经营主体来说，前期投入的大量资金对其流动性管理造成极大困难。

根据恒丰农机合作社提供的流转 5 000 亩成本预算，运用盈亏平衡分析，可以说明土地流转对合作社财务风险的影响情况。如果流转 5 000 亩土地进行“南湖里”绿色有机水稻的种植，成本明细如表 4 所示。

表 4　　恒丰农机合作社土地流转 5 000 亩成本明细

类型	成本项目	金额单位(万元)
土地费	1. 土地租金	500
设备费用	2. 购买高速插秧机 11 台	21
	3. 1304 拖拉机 10 台	29
	4. 联合收割机 12 台	63
	5. 运输车辆 5 台	5
	6. 旋耕机、播种机等配套农机具	6
	7. 排、喷灌设备	35
	8. 智慧农业费用	10

续表

类型	成本项目	金额单位(万元)
农资费用	9.种子费用	20
	10.购买肥料等生产资料	165
	11.水稻育秧秧盘20万张	15
	12.育秧用基质等资料	30
其他	13.新挖疏通沟渠9 000米、绿化苗木6 000棵	20
	14.田间现代农业创意展板、宣传栏	5
	15.商品米包装费用	63
	16.农民工工资	15
	17.机械燃油	30
	18.生产管理费用	120
合　计		1 152

注:(1)高速插秧机、拖拉机、联合收割机已经扣除30%政府农机补贴;

(2)高速插秧机、拖拉机、联合收割机、运输车辆、配套农机具均按照三年直线折旧法计算成本。

目前合作社销售渠道较为单一,“南湖里”品牌大米仅定向销往鲁南制药等三家企业,销售价格为12元/千克。在未来,恒丰农机合作社计划扩大“南湖里”绿色有机水稻的种植范围,以及拓宽“南湖里”品牌大米销售渠道,挺进流通市场,销售给超市、网上商户等,但激烈的市场竞争使“南湖里”品牌大米的销售价格面临下行压力。假设“南湖里”品牌大米的售价波动区间为5～15元/千克,由于成本不随售价的变动而变动,成本始终保持在1 152万元。当“南湖里”品牌大米售价在5～15元/千克波动时,合作社的盈亏情况如图4所示。

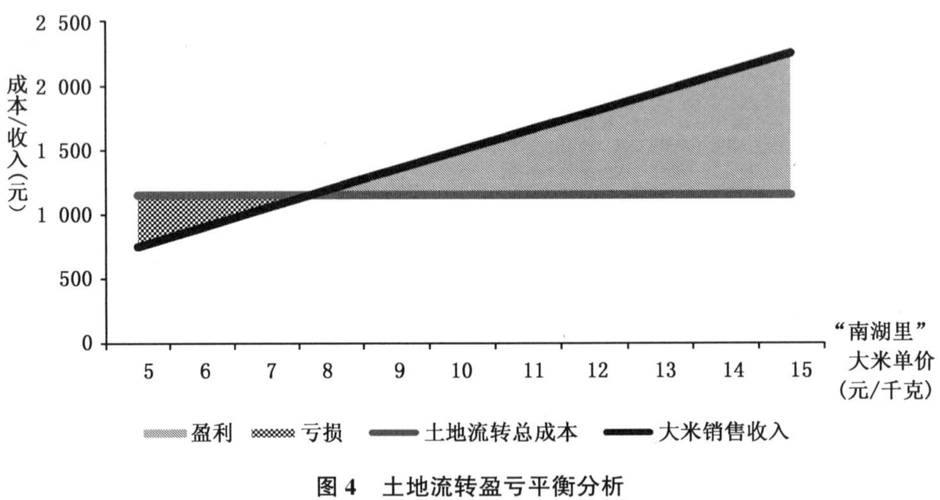

图4　土地流转盈亏平衡分析

“南湖里”品牌大米售价为8.34元/千克,盈亏平衡。虽然“南湖里”品牌大米已通过绿色有机认证,但盈亏平衡点所对应的售价在市场上仍不具有显著优势。面对流通市场上的激烈竞争,合作社缺乏销售渠道和营销手段的劣势也是阻碍其规模发展的原因之一。

(2)社会化企业缺乏农业种植和田间管理经验,导致直接参与土地流转的利润空间被

压缩

目前,南湖里村土地由沂州集团有限公司和恒丰农机合作社流转。作为社会化企业,沂州集团利用雄厚的资金优势在南湖里村及周边村庄大规模连片流转土地,但由于缺乏农业种植和田间管理经验,将农业生产套用工业"流水线"式的生产思路,过度标准化的生产管理方式导致流转后的亩产量不升反降。

沂州集团在流转土地后发生亏损的另一个原因是其在利润计算的过程中忽略了受雇农民的生产积极性损耗。举例来说,一亩地每年可以种植一季水稻和一季小麦,如果农民自己种地、租用机器设备、进行田间管理,亩产水稻可达600千克、小麦可达450千克。在杨集镇,雇用1位农民进行田间管理的日薪是100元,稻麦种植总共需要60天的田间管理,1位农民可管理200亩地,所以流转后新增显性田间管理成本为30元/亩(=100×60/200)。由于流转后经营权从农民转移到企业,农产品收成好坏不再与农民可获得的收益挂钩,农民在流转地进行田间管理的过程中,生产积极性和生产效率下降。虽然增加了30元/亩的田间管理支出,但亩产量无法达到水稻600千克、小麦450千克的正常水平。

五、基于农业生产全程托管的服务适度规模经营效果评估

(一)土地托管服务经营成效

1. 保留土地规模经营形式的主要优势

(1)农业机械化、生态化、智慧化程度高,促进粮食种植节本增效

在郯城县农业农村局和农机发展促进中心的支持和指导下,恒丰农机合作社在郯城县托管建设万亩水稻全程机械化示范基地。笔者在实地考察该示范基地时发现,依托大规模连片托管优势,基地内建有水稻育秧大棚一处,高效地培育该基地水稻种植所需秧苗,并且在基地内实现全程机械化。

同时,合作社在万亩水稻示范基地利用远程监控,统一实施土壤检测、环境控制、病虫害防治等生产环节,节约田间管理成本,提升作物品质,大力推广生态农业和智慧农业。

(2)延长产业链条,打造农产品优质品牌

恒丰农机合作社将服务范围从种植环节延伸至农产品加工、销售环节。合作社购买安装了瑞士布勒日产120吨大米加工流水线一条、560吨储粮设备一套和加工包装设备,同时与农户签订水稻收购协议,以高于市场0.1～0.2元/千克的价格向农户收购水稻并进行加工包装和销售,年加工销售粮食达3万吨。延长产业链条后,农户平均每亩可增收120元。

同时,恒丰农机合作社注册"南湖里"大米商标,并且进行绿色有机农产品认证,打造农产品优质品牌。合作社负责人在考察我国台湾、日本、韩国等地农业发展情况时发现,这些地区主要专注于小范围种植、销售高端大米以此提升农产品的附加值。此外,农业农村部在多份文件中揭示,目前农产品消费正由"吃得饱"到"吃得好""吃得安全健康"转变。合作社看到了高端大米的市场机遇和发展前景,利用流转土地以及部分托管土地试种绿色有机水稻,并进行绿色有机农产品认证,所生产的"南湖里"品牌大米售往鲁南制药等三家企业。

今后合作社计划将“南湖里”大米推广进入流通领域，让“南湖里”大米登上千家万户的餐桌。目前，“南湖里”品牌大米销售收益占合作社总收入的40%。

2. 破解其他规模经营形式所产生的问题，进一步发挥规模经营优势

(1)扩展小农户增收空间，共享全产业链增值收益

土地托管模式中，农户保留土地经营权和收益权，仅需支付服务费用给农业社会化服务组织。因此，在全产业链化的进程中，依托国家政策支持和规模经营主体的平台，广大传统小农户有潜力成为全产业链建设的核心力量之一。这不仅扩大了传统小农户的增收空间和增收潜力，给予更多农村青壮年劳动力留在农村的激励，推进由传统小农户到新型职业农民的转变，而且催生出的生产积极性能进一步推动“将全产业链主体留在县城”的宏观政策目标实现。

但是这一目标的实现前提是，家庭农场、合作社等农业经营主体需要快速成长，充分释放经济活力。这些主体可以依托专业化、规模化、与农户联系紧密等优势，帮助小农户充分对接产业链中下游市场，实现全产业链的建设与延伸。

(2)降低合作社、专业大户等规模经营主体的资金流动性管理难度

土地流转需要在播种前将流转费用支付给农户，因此需要巨大的前期资金投入。而土地托管并未转移经营权，合作社无须支付土地租赁费用，农户需要向合作社缴纳按服务面积和服务环节计算得出的托管服务费用，因此合作社等规模经营主体无须在前期投放大量资金，降低了其资金流动性管理难度。

此外，在土地托管过程中，合作社仅仅承担提供农业生产服务的角色，农产品种植的收益或亏损仍由农户自担，因此合作社不用承担因自然灾害或产品销售情况不佳而导致的亏损。

(3)“企业+合作社+农户”生产模式发挥各主体优势，解决专业不对口问题

恒丰农机合作社目前正与一家日资企业开展业务合作，并积极寻求合资合作的可能。外资企业可以为合作社提供资金支持，与合作社分享企业化、规范化的管理经验，帮助合作社克服融资难度大和管理方式落后的问题。外企背景也能吸引更多大学生返乡，进入合作社就业，解决合作社缺乏各领域专业人才的困境。此外，日资企业将邀请日本农业专家对合作社进行指导，争取引进日本优质稻种，寻找高端优质大米销售资源，助力“南湖里”绿色有机大米拓宽销售渠道、挺进流通市场。

同时，推广土地托管之后，田间管理的隐性人力成本由农户承担，由于土地经营权、收益权仍然归属于农户，农户的生产积极性被充分调动。合作社依托熟悉农业政策、与农业管理部门合作良好、具备农业全环节生产要素和生产技术等优势，与农户开展密切合作，积累丰富的农业种植及加工销售经验，实现农产品增产增收。

(4)推进土地整村托管，实现合作社与村集体双赢

目前土地托管推进的难处之一是合作社直接联系农户托管土地时，由于合作社不了解每户农户的基本情况，因此会出现沟通成本极高的难题，导致土地托管分散化，不利于连片集中经营，抬高农机运营和管理成本。据高永理事长介绍，如果能够实现整村托管，成本就

会大幅下降，平均一亩地能减少30元，土地的综合利用率提高5%。因此，合作社希望能与村领导班子合作，利用村集体的地缘优势和信息优势，鼓励农户将土地交给合作社全程托管。土地整村托管后，合作社支付15元/亩奖励给村集体用于本村基础设施建设，实现合作社和村集体双赢。

在调研南湖里村的过程中笔者发现，村集体收入少是当前许多村庄面临的困境，因此，整村托管的合作模式对村集体来说是大利好。在郯城县，村集体增收的主要方式有以下四种：一是将村集体拥有的机动地流转出去赚取租金；二是出租村中道路用于栽树；三是租借农户家的平房屋顶进行光伏发电；四是建设村办企业、家庭作坊。但是目前当地村集体增收仍然十分有限。虽然在国家美丽乡村建设的号召下，村中大部分基础设施均以上级政府拨款的方式进行连片治理，但是修路灯、修桥等有关改善村容村貌的小工程依然需要村集体收入支付。当村集体收入无法负担开支时，只能鼓励村民捐款或村干部先行垫付。因此，村集体与恒丰农机合作社合作，进行土地整村托管，可以缓解当前村集体基础设施建设资金短缺的困境。

(二)合作社开展农业社会化服务过程中遇到的问题

1.“融资难”限制合作社规模扩张

规模越大，每亩平均运营成本越低，但是扩大规模的前提是需要大量流动资金去支付人工费用、购置农业机械、进行销售营销等，资金不足限制合作社进一步发展。

缺乏融资渠道使合作社资金问题难度系数加大。一是国家补贴标准抬高。原先单独的农机服务即可享受国家补贴，但现在国家为激励经营主体延长产业链，政策转变为必须拥有全产业链才能享受补贴，从而使合作社失去一部分转移性收入。二是金融机构贷款难。由于合作社运营存在一定的信用风险，同时当地农商行与合作社、家庭农场等经营主体之间的信贷业务缺乏有效的市场机制，导致合作社获批银行贷款的难度大。三是农户对合作社的参与程度低。目前业务推进大部分依赖合作社发起人出钱，合作社需要扩大农民入社规模，创新农民入社模式，以土地入股、机械入股等形式鼓励农民参与合作社经营，提高合作社的抗风险能力。

解决资金困境的方式之一是与企业合作，依托企业资金优势和合作社的经验、技术优势，扩大业务规模。正如上文所提到的，目前恒丰农机合作社正在开拓这一新的融资方式，其成效如何有待进一步评估。

2. 缺乏田间管理、产品销售、企业管理等领域的专业人才

在恒丰农机合作社，负责业务推进的主力军仍然是当时合作社的几位发起人，现有管理人员的强项是农机服务和农业种植，弱项是产品销售，缺乏非农产业经验、凭经验办事、年龄过大等问题使合作社转型创新遇到“瓶颈”。合作社亟须在企业管理、病虫害防治、田间管理等方面有能力强、技术新、理念强的高学历专业人才。合作社理事长高永说，他们希望有更多的大学生进入合作社工作，为合作社注入专业化、技术化、前瞻性的元素，但是从乡村考出去的大学生大多不愿回农村工作，城镇生源来到农村工作的可能性更加微乎其微。因此，如何吸引人才来到农村是他们正在探索的功课。目前，合作社找到的解决途径

有二:一是与当地农业主管部门沟通,让在合作社工作的大学生获得事业编制,但是当地政府不予同意。二是与大企业合作,利用大企业这一平台吸引大学生。正与合作社进行业务合作的日资企业作为外企背景,能吸引一部分大学生来合作社就业。由于合作刚刚开展,因此,第二种方式的成效还有待进一步考察。

3. 农民对土地托管情绪平淡,扩大连片托管规模难度大

目前,土地托管以单环节托管为主,全程托管较少。恒丰农机合作社在杨集镇成功托管10 000亩土地建设万亩水稻全程机械化示范基地,由于政府需要打造托管试点区来考察土地托管模式的成效,因此,托管过程借助了较多政府的行政支持,如农户托管一亩地可以得到政府补贴70元。除万亩水稻示范基地外,合作社在其他全程连片托管项目中遇到很多“瓶颈”。当前农村是以家庭为单位进行土地承包,说服所有家庭进行土地托管的难度较大。一部分农户尚未接受这一新型农业经营模式,认为这种模式所能带来的收益具有不确定性,农户们对托管试点区的效益仍持观望态度。

六、调研结论与发展建议

基于中央对适度规模经营发展的政策导向、学者对各类规模经营的学术成果、南湖里村及恒丰农机合作社的实地调研,本文聚焦土地适度规模经营和服务适度规模经营两种形式的发展现状和现存问题,从典型案例研究对象的现实情况出发,从小农户和专业化规模经营主体的视角验证中央由“重视引导土地经营权流转,实现规模经营”到“以强化社会化服务为重点推进农业适度规模经营”的政策转变的战略意义,并且切实考虑了广大小农户和专业化规模经营主体的发展需求,使政策能有效地下沉基层(见图5)。

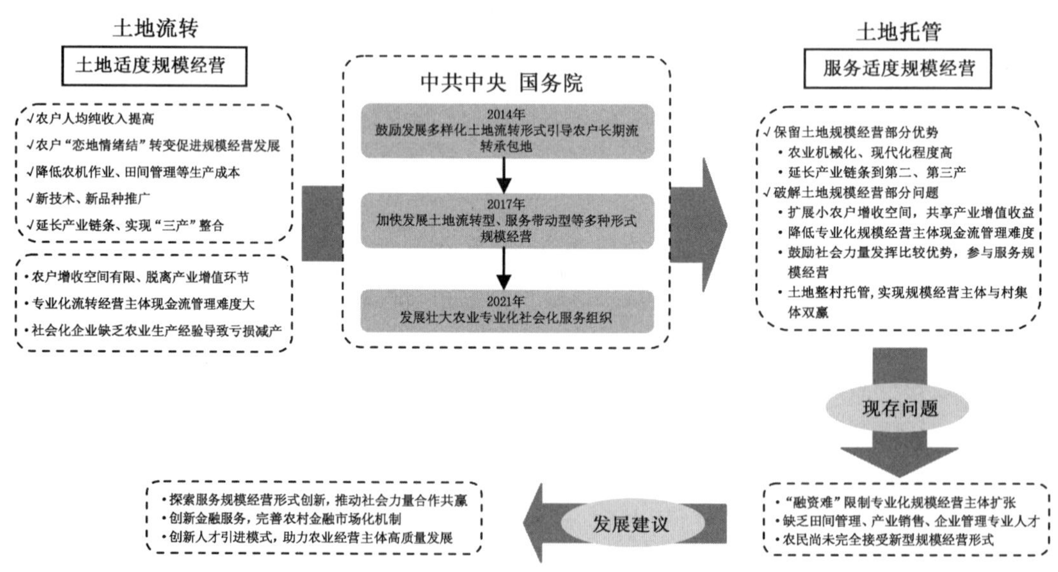

图5 关于土地适度规模经营与服务适度规模经营分析比较的逻辑

表5总结了以经营权流转为标志的土地规模经营和以农业生产全程托管为标志的服务规模经营的各自特点。由实地调研可知，土地规模经营对于经营主体的综合能力要求极高，对于广大农村经营主体而言存在困难，不利于推进农村现代化和发展农业规模经营。小农户在土地规模经营中增收有限，且排除在农业产业链大部分增值环节之外，家庭经营在农业生产中的主体地位受到动摇。因此，服务规模经营虽然利润较有限，但经营风险极小，能帮助经营主体以较低成本扩大规模，提升主体的经营能力。小农户也能被纳入农业全产业链，共享产业增值收益，扩展增收空间。

表5　　土地流转与土地托管的比较

项　目	土地流转	土地托管
经营权归属	规模经营主体	小农户
流动资金需求	大	较小
生产规模*	大	较小
种植技术要求	高	较高
管理能力要求	高	较高
营销能力要求	高	较高
经营风险	大	小
利润	有盈亏	稳定

注：*这里的生产规模指经营权归属的集中程度。

根据以上调研结果，结合国家乡村振兴、推进农业现代化、现代农业经营体系建设、发展多种形式适度规模经营等农业农村宏观战略，笔者提出以下农业规模经营的发展建议。

(一)探索多元化服务规模经营形式，推动社会力量合作共赢

目前，各类从事农业服务规模经营的主体都存在一些发展“瓶颈”：企业缺乏种植经验，但是具有资金雄厚、现代化管理经验丰富、销售渠道广等优势；合作社缺乏流动资金，但是熟悉农业政策、与农业管理部门合作良好、熟悉农业生产环节、与农户合作密切；小农户单独经营，生产成本高，无法获得规模经营所带来的优势。

为推进农业现代化建设，提升社会化服务质量，帮助数以亿计的小农户获取现代农业生产要素，对接产业链中下游环节，提高小农户的增收潜力，各级农业农村部门应鼓励壮大各类合作社、供销社等组织，充分发挥其技术优势和经验优势，提供满足行业需求的专业服务，建设对接小农户与广大流通市场的产业化平台。同时，应鼓励社会力量积极参与农业服务规模经营，创新经营模式，充分发挥各主体比较优势，为农业社会化服务体系导入更加齐备的生产要素，充分释放农业产业链的发展活力。

(二)创新金融服务，完善农村金融市场化机制

由上文的调研结果可知，无论是土地适度规模经营还是服务适度规模经营，资金少、融资难都是限制合作社、家庭农场等经营主体发展的痛点。传统金融机构在资金来源上存在优势，但资金运用效率偏低，无法与资金需求端完全匹配。一些商业银行为规避信用风险

或出于盈利目的，对农村农业经营主体的信贷规模进行缩量，导致资金供需矛盾进一步深化。针对此现状，各级政府及各类金融服务机构应大力发展农业农村金融服务创新，推动资金配置市场化，正确评估定向降息等强制性政策的有效性，更有效率地为各农村农业经营主体注入发展动力。

正如恒丰农机合作社的“企业＋合作社＋农户”模式，在当今农业现代化建设中，分布于产前、产中、产后的各类农业经营主体与广大农户联系紧密，构成新型农业经营体系，形成一条完整的农业供给链、产业链、价值链。因此，金融机构应聚焦整个农业经营体系，而不再是单个经营主体，挖掘经营体系的内在增信机制。同时，各级政府也应为致力于农业现代化建设的各类经营主体提供外部增信平台，如再担保等。

（三）引进高质量人才，提升规模经营主体发展质量

恒丰农机合作社面临的人才困境是大部分合作社的缩影。缺乏专业的农业技术人才，使现代农业、生态农业、智慧农业导入农业生产进程遇到“瓶颈”，无法提高农产品的附加值；缺乏专业的企业管理人才，导致合作社管理较为薄弱，资金运用方式存在较大的流动性风险；缺乏专业的销售人才，限制合作社高品质农产品向流通市场的扩张。合作社对高质量人才的需求与大学生不愿返乡创业就业的现状构成尖锐矛盾，笔者认为，创新人才引进模式是解决矛盾的方法之一。

恒丰农机合作社已经迈出人才引进模式创新的第一步，与日资企业合作，增加合作社的外资背景，可以吸引高校学子来合作社就业。除此之外，各级政府应鼓励高校各部门向当地农村合作社、家庭农场等主体提供智力服务，共享最新的研究进展，这样既可以帮助各类经营主体对接最前沿的智力成果，也可以增强高校学术研究的实践性和有效性。同时，各级政府应鼓励本乡本土致富能手、返乡创业人员、退伍军人、大学毕业生等高质量人才成长为新型农业经营体系中的主力军，并提供充分、落地的政策支持。

参考资料

[1]姜松.金融服务创新助推农业现代化[N].中国社会科学报，2021年6月16日.

[2]韩青.农业生产托管补助实施效果分析[J].农村经营管理，2021(08)：14－16.

[3]李海涛，傅琳琳，黄祖辉，朋文欢.农业适度规模经营的多种形式与展望[J].浙江农业学报，2021(01)：161－169.

[4]刘倩.农业适度规模经营的必然性及实现路径[J].农业经济，2020(02)：14－15.

[5]蒋和平，蒋辉.农业适度规模经营的实现路径研究[J].农业经济与管理，2014(01)：5－11.

[6]黄新建，姜睿清，付传明.以家庭农场为主体的土地适度规模经营研究[J].求实，2013(06)：94－96.

[7]张照新，赵海.新型农业经营主体的困境摆脱及其体制机制创新[J].改革，2013(02)：78－87.

[8]李相宏.农业规模经营模式分析[J].农业经济问题，2003(08)：48－51.

[9]刘卫柏，陈柳钦，李中.农村土地流转问题新思索[J].理论探索，2012(02)：96－99.

[10]罗必良.论服务规模经营——从纵向分工到横向分工及连片专业化[J].中国农村经济，2017(11)：2－16.

[11]胡新艳，朱文珏，罗必良.产权细分、分工深化与农业服务规模经营[J].天津社会科学，2016(04)：

93—98.

[12]杜志雄,肖卫东.农业规模化经营:现状、问题和政策选择[J].江淮论坛,2019(04):11—19.

[13]何秀荣.关于我国农业经营规模的思考[J].农业经济问题,2016(09):4—15.

[14]《关于全面推进乡村振兴加快农业农村现代化的意见》,中共中央,国务院,2021 年 1 月 4 日.

[15]《关于深入推进农业供给侧结构性改革、加快培育农业农村发展新动能的若干意见》,中共中央,国务院,2016 年 12 月 31 日.

[16]《农业部关于印发全国种植业结构调整规划(2016—2020 年)的通知》,农业农村部,2016 年 4 月 11 日.

[17]《关于引导农村土地经营权有序流转发展农业适度规模经营的意见》,中共中央办公厅,国务院办公厅,2014 年 11 月 20 日.

[18]《农业农村部关于加快发展农业社会化服务的指导意见》,农经发〔2021〕2 号,2021 年 7 月 7 日.

[19]《农业农村部办公厅关于开展农业社会化服务创新试点工作的通知》,农业农村部经济合作指导司,2021 年 8 月 12 日.

[20]《打造农业适度规模经营的齐鲁样板》,农业农村部经济合作指导司,2021 年 8 月 5 日.

新农村建设背景下乡村居民的住房拆迁重建和土地流转

——以泸州市分水岭镇董允坝村为例

邓雪艺[①] 陈鹏骏[②] 韩振宇[③]

摘　要：本文围绕董允坝村村民住房的拆迁重建和土地流转，介绍了该方案的实施流程和具体步骤，定性分析房屋拆迁重建在新农村建设背景下对村民住房质量改善以及与伞里景区、农业园区的契合度，通过土地流转[④]实现土地集约化经营[⑤]和规模化种植，解锁“农业＋旅游”新产业模式；解放农村生产力，让农村过剩劳动力流向非第一产业，促进农民增收创收，响应国家“三农”政策三个方面具有的积极意义。立足于村民，提出农户利用新住房的地缘优势，政府提供相关政策支持，顺势发展与景区联动的相关产业；土地流转问题的解决需要住户与地方政府的密切配合等建议。

关键词：住房拆迁重建　土地流转　土地集约化经营　土地规模化种植　农业旅游[⑥]

一、引　言

泸州市江阳区东南部的董允坝村，居住人口有 3 701 人，拥有 4 686 亩的耕地面积。毗邻伞里景区，地处国家现代农业示范区的腹地，董允坝村作为泸州市首个农村集体产权制度试点改革村，充分发挥地缘优势，依托良好的山水田园资源和深厚的历史文化底蕴，大力发展传统农业向新型观光旅游农业的转型升级，积极促进农业旅游与文化旅游的融合发展，为农民提供了更为多元的就业机会。另外，通过“股权认定”的标准化，以合作社[⑦]为单位将集体资产折股量化至户，为村民提供了参与管理决策，而股权也是村民获得集体收益

① 邓雪艺，女，上海财经大学金融学院银行与国际金融学专业 2020 级本科生。

② 陈鹏骏，男，上海财经大学金融学院金融学/实验专业 2020 级本科生。

③ 韩振宇，男，上海财经大学商学院国际经济与贸易专业 2020 级本科生。

④ 土地流转：有土地承包权的农户将土地经营权（使用权）转让给其他农户或经济组织，即保留承包权，转让使用权。

⑤ 土地集约化经营：为减少土地利用浪费，在一定面积的土地上投入较多的劳动、资金和技术，以取得较多的单位面积产量，同时降低每单位产品劳动成本的一种农业经营方式。

⑥ 农业旅游：把农业与旅游业结合在一起，利用农业景观和农村空间吸引游客前来参观的一种新型农业经营形态。

⑦ 合作社：是指农民专业合作社，以农村家庭承包经营为基础，利用一切与农业生产加工相关的技术手段以达到成员互助目的的组织。

分配的凭证。从 21 世纪初到 2018 年如火如荼进行的新农村建设，向董允坝村民提供房屋补助和土地流转租赁，从而提高了农民住房质量，带动了农户以土地入股[①]村集体经济组织。

产业园绿意盎然，伞里景区风格雅致，两大地标"名片"从客观上要求对董允坝村居民原住房的整改。从高处看，鳞次栉比、整齐划一的民房集中分布在农业产业园外侧和伞里景区内部，比起原先星罗广布、横七竖八的住房，新民房更显规章和紧凑，陪衬出良好的景区环境。走近住户，发现村民生活质量跨上了新台阶：告别了过去的土墙草棚、灰砖黑瓦，拥抱钢筋混凝土的时代；淘汰了过时的燃煤烧水、烧柴做饭，获得了统一供电、供气、供水的基本保障。总的来说，住房的转型升级优化了景区环境，改善了村民生活质量。图 1 是 12 户受访家庭的收入情况。

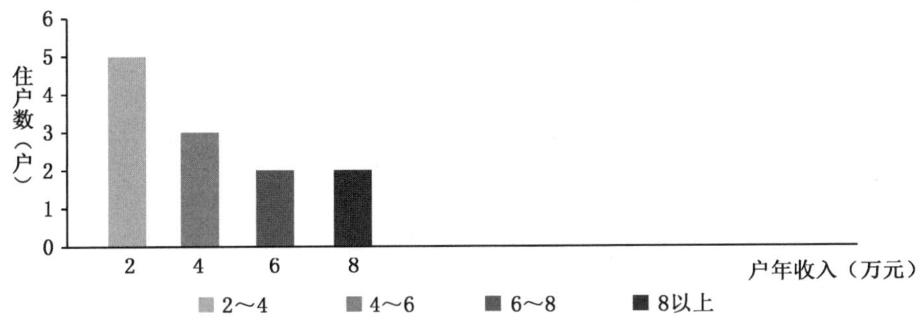

图 1　董允坝村 12 户受访家庭 2020 年每户家庭总收入

风轮旋转，将大棚的热风与外界气体充分更换；育苗栽培，清水喷灌让农作物的幼苗成活率大大提高；黄瓜、丝瓜、茄子在工人的悉心照料下缀满枝丫。这里是国家现代农业产业示范园。每年的 3—4 月是这里开展休闲农业旅游的旺季。届时前来一睹农作物育苗栽培，体验大棚内蔬菜采摘的游客络绎不绝。而这一切都要归功于住房拆迁重建的"双生子"——土地流转。农户把自己多年来耕种的沃土流转到江阳区，以土地入股集体经济组织，为园区提供了宝贵的土地资源。自此改变了传统的"看天吃饭"的小农经营，建成了现代农业产业示范园。

除了旅游农业，董允坝村还大力发展文化旅游。董允坝，顾名思义，是以三国名士董允命名，相传其墓修建于此。这里有国家级非物质文化遗产——分水油纸伞。每逢淫雨霏霏的初秋，诗人戴望舒所作《雨巷》中那撑伞伊人挪步的悠长雨巷里，漫天的雨滴飘散在游人旋转摇曳的油纸伞上，最终流淌进布满青苔的石阶里。还有市级非物质文化遗产——滩滩酒，一杯入喉，唇齿留香，韵漫心间。白酒文化与农耕文化，以及与油纸伞古韵的优雅结合，体现出旅游与文化相得益彰的美妙关系，吸引着一批又一批的游客前来参观。

① 土地入股：是指土地权利人将土地使用权和投资者的投资共同组成一个公司或经济实体。

二、调研基本情况

（一）调研情况概述

2017 年至 2020 年，中国农村常住人口人均可支配年收入如图 2 所示。

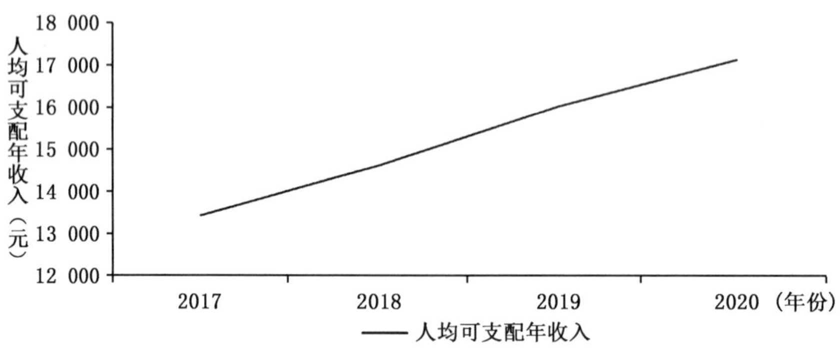

图 2　中国农村常住人口人均可支配年收入

（二）选题缘由

在开展调查前，通过搜集数据，我们注意到中国农村人均可支配年收入逐年平稳增加，而从 2020 年四大家庭收入[①]来源来看，农民的收入占比中工资性收入和经营净收入占据大头。由于经营净收入主要指农民从事的农产品买卖，因此 2020 年农民在农产品买卖上所得经营净收入与其受雇于单位或个人而提供劳动力所得的工资性收入平分秋色。上文提及农民可支配年收入逐年增加，考虑到农产品在整体上的售价逐年浮动低，农产品数量受制于相对稳定的市场需求量等因素，可粗略得出农民经营净收入在各年变化不大。又由于财产性收入占比较低，而转移净收入主要来自数额相对恒定的政府财政补贴，因此可以定性地得出工资性收入的增加是中国农村人均可支配年收入逐年递增的主要因素。[②]

那么问题来了：传统农民以耕耘其一亩三分地为天职，为何会有如此惊人的工资性收入，而且工资性收入还在大幅度地逐年递增呢？自祖辈传承下来的耕作之法在正常情况下能为农民带来稳定的收益，为何要抛弃它而选择未知性更强的外出务工呢？这从宏观上来看或许是由于乡镇城市化进程的不可抗力，而在董允坝村，我们推测是因为大量的住房拆迁重建和土地流转。离开了原有的居所，而土地也被流转到江阳区，新的居房耕地面积有限，只能自给自足。由于耕作强度和收益的下降，因此从事耕作的大多是老年人，而中年劳动力为了维持家庭经济的正常收支，选择流向务工、销售等非农产业。而这只是住房拆迁、土地流转的一个影响面。那住房拆迁和土地流转对于董允坝村民日常生活乃至乡村产业振兴还有哪些影响呢？

---

① 四大家庭收入即财产性收入、转移净收入、工资性收入、经营净收入，它们分别对应家庭成员通过资本参与社会生产和生活活动所得到的收入，国家、单位、社会团体对居民家庭的各种转移支付和居民家庭间的收入转移，就业人员通过各种途径得到的全部劳动报酬，以及从事生产经营活动获得的净收入（总经营收入扣除掉经营费用、生产税、固定资产折旧所产生的净收入）。

② 在入户调查过程中，惊人的外出务工量也佐证了这一点。

（三）目标

带着这样的疑问，我们更想了解住房拆迁重建及土地流转的步骤及其对农民生活的影响，乃至它与董允坝村发展“农业＋旅游”新模式的逻辑关系，以便为如今村民更好地利用新房从事相关产业经营、日后能更好地开展村民土地流转提供建议。

（四）调查方法

采取入户调研的方式，通过纸质问卷侧重调研住户住房的搬迁情况和新住房条件下人居环境的改善、家庭成员的流向、家庭耐用品的持有情况等。有选择地听取并记录住户的叙述，依照家庭实际环境剔除过分夸大、无中生有的信息。对于未了解详尽的部分采取电话回访的策略，从而得到更加充分完整的回访记录。同时，我们面询了本村的村文书，大致了解住房拆迁重建以及土地流转的步骤，再与村民回访信息相互佐证。并在中国经济社会发展统计数据库、中国知网、中华人民共和国住房和城乡建设部官网、国家统计局官网等网站搜索新农村住房拆迁重建、土地流转的相关信息作为资料引证。

三、调查结果

（一）董允坝村新农村住房拆迁重建以及土地流转政策的实施流程

其实施流程详见图3。

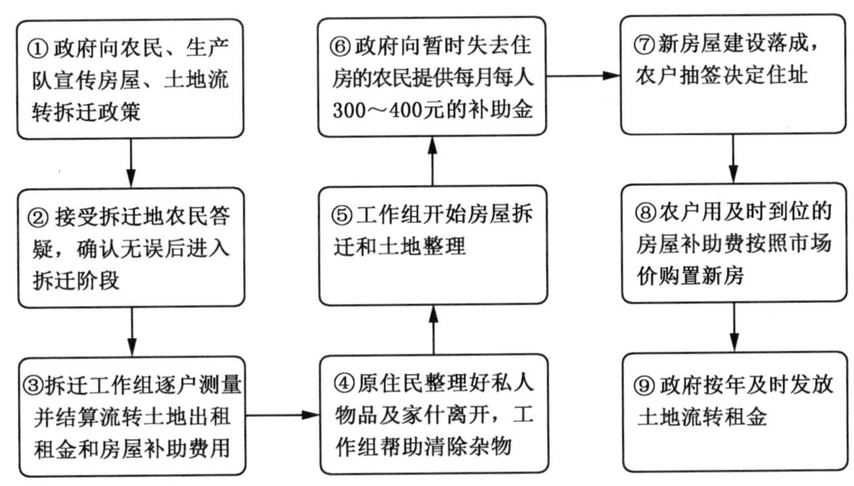

图3　董允坝村新农村住房拆迁重建以及土地流转政策的实施流程

1. 第③点说明

拆迁工作组前往住户后，需准确测量出原房屋的建筑面积，按照住房的结构[①]对应给出单位补偿额。在测量耕地面积时，以亩为单位。

2. 第⑤点说明

为确保土地租用后能快速产生经济效益，拆迁结束后土地便开始进行物理规整[②]、土质

① 住房的结构主要包括钢筋混凝土、砖混、砖木、土坯。

② 土地的物理规整：将存在的田埂、沟堰、土坡清除，使零碎化的土地合并为一个整体。

改良①、农业灌溉，处理完毕后立即投入使用和再生产。大规模的土地集中使用能降低单位面积的生产成本，拓宽农产品销售渠道，促使过剩的劳动力从小农经济体制中走出来。

3. 第⑧点说明

购置新房的单位建筑面积价格并不等于政府的单位房屋补助金，而是按照市场价格结算。由于新房的建筑成本和建筑质量高于旧房，因此，一般情况下购置新房的价格要略高。

4. 第⑨点说明

以出租形式的土地流转相当于为农民保留了土地的所有权和承包权，转让出土地的经营权。政府每年从该块土地上产生的经济收益中剔除一部分作为交付给土地承包权所有者的租金。

5. 前提

上述流程均建立在双方知悉各环细节的前提条件下，维护了农民的权益。

（二）住房拆迁重建提高村民生活质量

根据调查，董允坝村的新农村住房有三批，分别是2008年一批、2012年一批和2018年一批，如图3所示。上述三个时间皆为购买年份，建造年份大约是购买时间前1～2年。分批次入住意味着新农村建设的稳步推进。由此可见，村民的住房是逐步改善的。为了获得村民对新住房及其周遭环境的主观满意度，我们从几个维度进行调查和赋值。

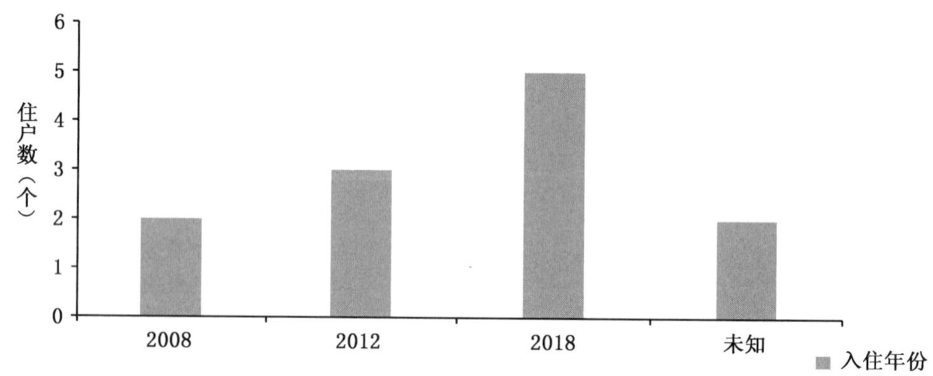

图3 董允坝村12户受访家庭新房购买年份

1. 房屋的选址

调查是否有较好的日照采光，室内是否通风，日照时间是否得当，是否遵循“避害”原则等。

2. 房屋的空间布局

调查是否实现寝室与客厅的分离，是否实现餐厅与厕所的分离，是否能容纳较多的生产工具等。

3. 人居环境质量

---

① 土质改良：为利于农作物的生长而进行的土地深翻、病虫害治理、盐碱度调控、酸碱度调控、生物施肥等土壤优化操作。

调查宽带连接、光纤电缆、水电气供应、电信服务是否到户，空调、冰箱、电视、洗衣机等生活耐用品是否配备。

4. 公共基础设施

调查沥青混凝土公路是否到户，是否配套了综合性文化服务中心、多功能文化活动中心(F001)、健身器材、村事务咨询处等。

5. 计算方法

村民根据自身居家环境实际情况，逐条从 0～100 赋分，权重按照 3、4、2、1 的顺序从大到小排列，取为 0.4、0.35、0.15、0.10。各项满分为 100 分，加权平均后大于 85 分为非常满意，大于 70 小于 85 为较为满意，低于 70 分就变为不满意。因指标外因素而导致的分数过高和过低均列为不清楚。

调查结果发现，即使将不满意标准上调至 70 分，较为满意、非常满意的比例仍相当可观，态度比例如图 4 所示。这说明新住房的选址安排、空间布局充分考虑了农民的实际情况，为他们的日常生活起居提供了便利。丰富的文化服务中心、问政服务中心和完备的公共设施及器材，配备齐全的家庭耐用品大大提高了农民的生活质量，提升了农民的获得感、安全感、幸福感，营造出左邻右舍、里仁为美的农房格局。

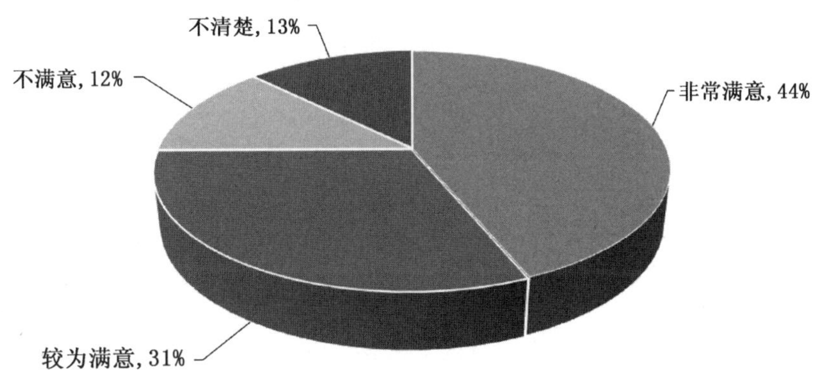

图 4 董允坝村 12 户受访家庭对新住房的满意度

(三)住房拆迁重建契合景区环境，营造“乡愁”意境

住房和城乡建设部、农业农村部、国家乡村振兴局关于加快农房和村庄建设现代化的指导意见中指出，要健全和建立村庄历史文化遗产调查评估机制，充分尊重村庄原生的人文环境以及物质和非物质文化遗存。因此，新型农房的建设离不开对村庄历史文化的传承，离不开对地域特色的保留。董允坝村新农村建设背景下的住房拆旧换新无疑是契合旅游环境的成功案例。

毗邻国家现代农业示范园区的住房均为两层高，砖块颜色为“白作内，红绕圈”，家家户户的门口都种满了农作物。这本是老年人为补贴家用而自己栽培的蔬菜瓜果，在通往园区的路途上连缀在一起能让人在脑海里联想起农民在田间地里劳作的场景。这些在宅前宅后栽培的瓜果梨桃组合出“桃花红、李花白、菜花黄”的自然风光，再搭配“莺儿啼、燕儿舞、蝶儿忙”的乡村生境，使人未至农业园区便已耳目一新。

位于伞里景区内部的农家住房更是伞里文化的生动写照。建筑外观呈灰白两色，白墙灰砖，再配以圆木作框架，墙体上偶有由黑瓦堆砌的空隙，进入室内，日光倾洒其间。房顶则为了适应南方多雨的天气建为斜三角，片片黑瓦附于其上。有的住户大门是木质的，门前石阶虽无岁月斑驳，但尚有古风韵味。试想撑起一柄油纸伞，踱步于这雨巷，雨水沿着油纸伞淌淌流下，在凹凸石阶的积水中掠起层层波纹，该是怎样的旅游体验？

无论是毗邻农业园区抑或是位于伞里景区内的居民住房，都能很好地与旅游环境、生态意境相融合，在整体房屋布局的一致连续和个体的审美意趣上很好地统领了乡村的容貌特色。

（四）土地流转带动土地集约化经营、规模化种植

在住房拆迁和土地流转以前，董允坝村的土地是按照农村户籍人口平均分配的。由于这种把整片土地划分成各个小块的经营模式产生了许多田埂、沟堰，加之农村劳动力大多外出务工而导致的弃耕抛荒现象，因此土地利用率不高。此外，小农生产模式下机械化生产很难进行，纯人力的耕种收割不仅耽误时间，而且大大抬高了生产成本。

实行土地流转以集中管理土地、规模化种植的形式实是大势所趋。以往，对土地流转法律程序知之甚少的农民认为，“一旦土地流转出去，这块土地与我便无关系”，正是这种担忧挫伤了农民流转土地的积极性。而早在2008年10月12日中国共产党第十七届中央委员会第三次全体会议就通过了《中共中央关于推进农村改革发展若干重大问题的决定》，提出“现有的土地承包关系要保持稳定并长久不变”。该决定意味着保留农民的承包权和所有权，从政策层面大大提高了农民将土地流转出去的积极性。

土地流转以后，土地零碎化问题便迎刃而解。集中起来的土地交由经营者统一管理，有着巨大的优势。第一，能最大限度地提高土地的利用率，减少土地资源的浪费。根据统计，在一般情况下，5块家庭耕作用地整合成一块，可增加三百多平方米的耕地面积。第二，能降低生产成本。用较少的人手管理较大面积的土地，统一进行春耕秋收、喷施农药、浇水灌溉，能免去不少因重复劳动而产生的人力成本。第三，能进行机械化生产。大片面积的土地为机械化生产创造了条件，在具体生产过程中能减轻劳动强度，并能在较短的时间内完成等量的耕作任务。第四，相比传统农户，负责大面积耕种的经营方具有更专业的技术，能更好地推动农产业的科技进步，从而提高单位亩产量。

对于董允坝村而言，流转土地先交给江阳区引进的山东寿光集团统一打理，再由该集团担保流转给种植大户，建成国家现代农业示范园。须知泸州地处丘陵地带，很难拥有像北方一样能进行机械化大生产的耕地面积。而董允坝村国家现代农业示范园区将流转土地物理规整后所具备的蔬菜培育基地的巨大规模，在泸州尚属首例。广阔的面积和数字化的育苗、种植体系，这既是山东寿光集团作为经营方的技术支持，也是土地集约化经营、规模化种植所带来的社会福利。

（五）土地流转解放过剩农村生产力，促进农民增收创收

在农民进城务工的大潮开始前，中国乡村宏观上长期处于劳动力过剩的阶段：传统的

小农经济里“看天吃饭”的心理、日出而作日落而息的作息规律、丰富的自然资源，带来了温饱层面上的自给自足，使农民很难摆脱收入渠道单一的困境。随着生活质量的不断提高，尤其是城市居民即使脱离了农产品生产也能拥有较多的社会资源的现状，为村镇居民注入了一剂强心针，越来越多的农村人口选择进城务工，掀起了外出务工的大浪潮。既然农民想要充分融入城市的工作环境，就需要脱离农村家庭的农业生产。在多数情况下，农民既不愿放弃农田稳定的收入来源，也不愿错过城市的发展机遇，两头兼顾又会使人应接不暇。

不仅是外出务工受到小农经济的限制，就连在本村发展非农产业也依旧困难重重。就董允坝村而言，未进行房屋拆迁和土地流转，伞里景区和农业园区便不能建成；从外部而言，就没有农业观光旅游、伞里非遗文化产业的机遇，村民仍然被“钉”在田间地头，从而也没有开辟其他产业的条件。

得益于土地流转，农民把土地经营权转让给江阳区政府，以土地入股参与盈利股红，如果能参与农业园区的生产投资入股，还能按照投资比例获得入股分红。转让出土地后，村内富余的劳动力为维持家庭经济的收支平衡有两条道路可以选择(见图 5)。一是在村内凭景区的人流量发展文创产品销售、农家乐等非农产业，还可以前往农业园区和董允坝村共创的农业科技大棚、泸州市新型职业农民培训学校，学习种养殖、建筑业等方面的专业知识，成为园区内龙头企业和合作社的预备员工。二是前往城市务工，寻求发展机遇。这样引导农村劳动力流向非农产业所形成的推力和城市提供给农民的更好的社会保障制度所形成的拉力能解放农村剩余劳动力，从而为村民带来更多的收入途径。由于融入城市后格局的转换，农民对新事业的向往激发出其创新思维，外加政府对创业活动的鼓励和其他农民创业成功的示范效应，不少农民甚至会选择自主创业。在 12 户受访对象中，有 4 户的主要劳动力前往城市外出发展，分别从事经商、金融、工地建设务工等行业；有 5 户主要劳动力留在本村，其中的 3 户继续务农，1 户转型为从事小卖部零售业，1 户为村民提供问政服务；剩余 3 户未加以详细说明，情况未知。大致劳动力流向和比例如图 5 和图 6 所示。

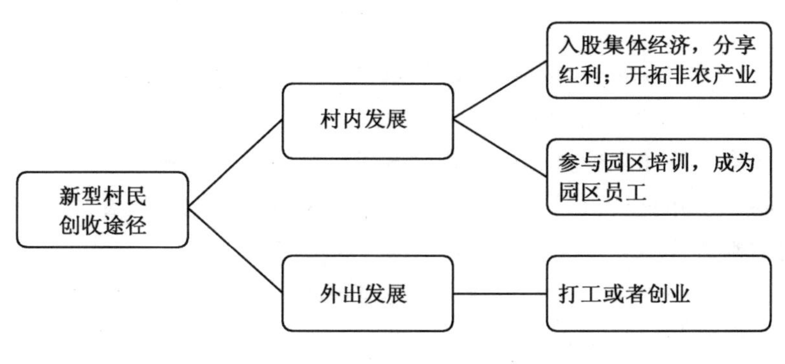

图 5　新型村民创收途径

收入总额的逐年增加和收入渠道的多元化使我们相信，农民增收创收的动机将会从单纯的谋求生存、摆脱贫困转化为追求个人价值的实现。

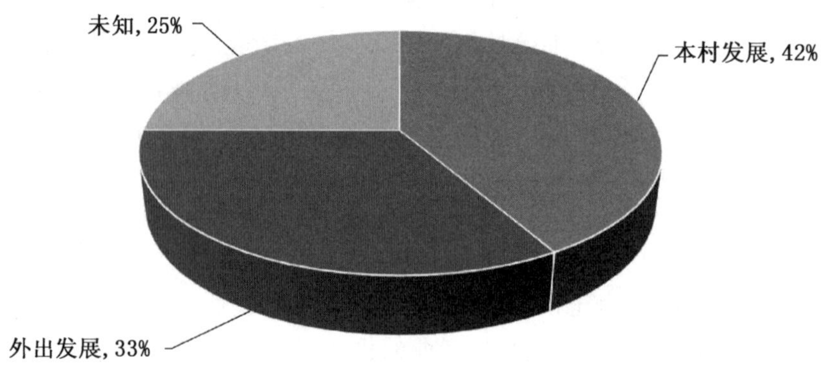

图 6　董允坝村 12 户受访家庭主要劳动力流向占比

四、典型农户案例分析及发展对策

(一)住房拆迁问题

Q1：请问您原来的房子在伞里景区内部吗？

A：是的。

Q2：旧地基拆除还耕是否有补助政策？

A：什么补助都没有。

Q3：我的意思是拆除景区内部的老房子后是否按照砖混、砖瓦、土瓦等不同的标准给予补助，然后异地修建后的新房子再按照市场价购买？

A：差不多是这样。

Q4：那以前的砖混结构是多少钱 1 平方米呢？

A：那个时候补助费不高，就 500～600 元每平方米。就算是最高标准，也只有 800 元每平方米。

Q5：那拆迁完房子后还有其他的补助政策吗？

A：只有 100 元每平方米的导房费。

Q6：新住房集中修建在伞里的位置有没有提供经商的便利呢？

A：没有达到经商的程度，只是我通过抽签选到了较好的地理位置，平时卖点小东西。

Q7：新房的购置费是多少呢？

A：当时统一的价格为 1 100 元每平方米。而且要自己装修。

Q8：当时新房配备了门市吗？

A：政府未给我们配备门市。只是说我有个车库，我把它改造成小商店了。

Q9：是否参与园区入股了？

A：肯定没有，都是那些有资源、有渠道的种植大户在经营。

1. 分析

上述问答来自与伞里景区旁边一个住户的电话回访。有几个点令我很是在意。

(1)Q2、Q4、Q5 三个问题的回答都体现了农户对自己切身利益的极高重视以及对政府补助政策的小情绪。再关注 Q7 的回答,不难得出这种小情绪是因为新住房的费用远远高于砖混结构的房屋补助费。(2)Q6 和 Q9 的回答则从现实角度暴露出农户并未利用好住房毗邻伞里景区和农业产业园区的地理优势,既没能把握旅游旺季人口流量所带来的发展机遇,也没有充分参与产业园区农业兴旺推动村集体经济稳步发展的浪潮。(3)Q8 则从侧面反映出农户迫切想要通过开辟非农产业来改变生活现状的心理。

综上所述,我们可以推出农户的两大心理特征:对于住房拆迁问题想极力维护个人经济利益,未意识到景区和园区在产业兴旺上的广阔发展前景;对于产业兴旺改变生活现状、提高生活质量既充满向往,又因自身资金少、资源少(对应 Q9)、政策支持弱(对应 Q8)而无可奈何。

2. 关于董允坝村产业兴旺的对策

(1)利用地缘优势积极参与相关产业发展

可以说,董允坝村住户的地理位置相当优越,农户不应该只局限于农产品所带来的经营性收入,而应把小农思想转化成“产业兴园、以园带村、村强民富”的发展思路,以土地入股村集体经济组织,在园区就业创业,售卖与景区联动的文创产品,开拓农产品加工渠道,从而增收创收。尤其是位于伞里古街的农户,可以依托景区建成的纸伞博物馆、教研基地开展油纸伞制作活动,向来自各地的游客讲述油纸伞的故事、售卖有特色的油纸伞等。

(2)政府捕捉农户需求,在拓宽市场等层面提供政策支持

通过建立更加多元的就业渠道和推出产业帮扶政策,使农民在从事农业生产经营的基础上,通过科技大棚和现代农民职业培训学校,增加更多的收入来源,提高农民的生活幸福感。比如,推出鼓励农民通过抵押土地经营权的政策,帮助资产小的农户向银行等金融机构贷款,参与园区农产业合资入股。当然,这要充分考虑风险把控问题,需要一定的资金补助政策“兜底”。又如,拨出部分资金作为农民参与职业培训的财政支持,使学成后的新型农民通过“互联网+”等渠道让分水岭油纸伞走出四川盆地,向全国各地递交自己的名片。

(二)土地流转问题

Q1:请问您的土地流转是出租给政府的吗?

A:是的。

Q2:租金是怎样计算呢?

A:不清楚,据说是按照亩数计算。反正它(政府)每年给我们的就那么多钱,知道怎么计算也没有意义。

Q3:对于土地流转的具体步骤和流程,您了解吗?

A:我不晓得,只知道每年政府会给我们一笔租金。而且这笔租金承诺的是在年底 12 月份给,结果第二年五六月份才拿到。

Q4:进行土地流转的时候政府的宣传工作到位了吗?

A:当时是叫了生产队、合作社的一些人去听个宣讲会,不过我得知消息比较晚,没去成。

Q5:土地流转出去有考虑从事什么行业补贴家用吗?

A:刚流转出去时还没有。后面在景区里的房子分下来后在伞里景区内开了家杂货店,就马马虎虎过日子嘛。

Q6:你们流转土地的积极性高吗?

A:这个流转收益这么低,谁会愿意把自己种了那么多年的土地拱手让人哦。

1. 分析

上述回答来自与一个景区内部住户的电话回访。(1)从Q2和Q3我们可以看出该住户对在法律指导下进行的土地流转的程序知之甚少,比如经营方、收益分配、材料递交等。甚至对自己所获收益的计算方式也不清楚,偏向让政府帮自己解决,可又对政府资金补偿的延迟感到不满。(2)从Q4、Q5、Q6我们得出,政府虽然进行了土地流转的政策宣传,但并未做到人尽皆知,并且在土地流转后也并未及时为每一个失去土地经营权的农户指出生财之道。最为重要的是这在一定程度上挫伤了农民将土地流转出去的积极性。

2. 关于提高董允坝村民土地流转积极性的对策

(1)农民应主动了解土地流转步骤,构建规模化、集约化经营格局

土地流转需要双方知悉流转细节。正是由于对土地流转的流程、相关法律程序和维权方式的不了解,不少农民在流转过程中心里没底,因此,农民要主动了解政府关于土地流转的宣传政策,这样就能知道土地流转并不是把土地"拱手让人",而是转让经营权,也能知道土地租金的具体计算方法了。

当提及较低的流转收益报酬时,正如上文所说,农民需克服小农思想,明确按户均分的粗放型土地经营模式不利于提高土地利用率,不足以实现农业的机械化、规模化。从宏观的角度来看,土地流转能为整个村带来更高的农业经营收益;从微观的角度来看,它能把个体劳动力从农业生产中解放出来,去其他渠道创造收益。

(2)政府应高度重视农村社保建设,创造更多就业渠道

农民的生计问题是制约他们不愿进行土地流转的重要因素。毕竟前文提到,中国的农业经营净收入(主要是指农产品买卖)是中国农民收入的重要组成部分,失去了赖以生存的土地,在没有找到其他补偿产业之前,农民的收入势必有所下降。

郑功成指出:"没有社会保障制度既不可能解决人民的后顾之忧,更不可能实现共同富裕。"而要解决土地流转给农民带来的生计问题,政府就应当健全农村的社会保障制度。董允坝村乡村振兴的成果要通过社会保障惠及村民,要尽量减少社会保障制度在村内不同个体、不同岗位的差异性,最终达到共同富裕。要普及养老保险和医疗保险,使村民"老有所养,病有所医"。

就业问题一直是农民增收创收的"拦路虎",稳定的就业收入来源将会改善农民的收入构成,提高农民土地流转的积极性。自治区墨玉县通过引进和田买合木提夏克民族乐器有限公司,在巴格其村设立非遗乐器制作加工坊,邀请了许多乐器制作和木雕工艺师对当地村民进行指导。村民以核桃树为材料制作、加工雕刻乐器的方式为他们带来了稳定的收入。墨玉县的成功案例为分水岭政府为董允坝村民创造更多就业渠道带来启示。分水油

纸伞作为国家非物质文化遗产，有着很大的发展空间。伞里景区旺季的客观人流量会为市场带来巨大的油纸伞需求，不仅是油纸伞销售，而且包括油纸伞制作、汉服摄影、油纸伞文化节等一系列周边活动，政府可以帮扶伞里景区开设更多的油纸伞周边服务岗位，让董允坝村村民原地就业，提供稳定的收入来源，解决即将流转土地的村民的后顾之忧。

参考资料

[1]郭军盈.中国农民创业问题研究[D].南京农业大学，2006.

[2]李蔚.新农村建设中土地流转的现实问题及对策探究[J].南方农业，2020，14(30)：116－117.

[3]李中阳，吴峰.农村土地集约化经营、规模化种植探析[J].安徽农学通报(上半月刊)，2009，15(11)：21－22＋95.

[4]王秀月.乡村振兴背景下土地集约化经营问题及治理措施探析[J].农业开发与装备，2020(09)：3－4.

[5]中华人民共和国住房和城乡建设部.住房和城乡建设部，农业农村部，国家乡村振兴局关于加快农房和村庄建设现代化的指导意见[EB/OL].(2021－06－08)[2021－08－10].http：//www.mohurd.gov.cn/wjfb/202106/t20210621_250525.html 国家乡村振兴局发 建村〔2021〕47 号.

[6]泸州市江阳区人民政府.四川泸州江阳区董允坝伞乡景区荣获“成渝潮流新地标”[EB/OL].(2020－11－18)[2021－08－09].http：//www.jiangyang.gov.cn/zwdt/jyyw/content_75175.

[7]新华网.泸州江阳分水油纸伞：古街韵味吸引年轻游客.(2021－08－12)[2021－08－12][EB/OL].http：//sc.people.com.cn/n2/2021/0812/c345167－34863595.html.

[8]新华网.郑功成：社会保障制度是走向共同富裕的制度保障.(2021－08－03)[2021－08－12][EB/OL].http：//www.jjckb.cn/2021－08/03/c_1310103966.html.

[9]新华网.墨玉县：打造非遗扶贫工坊，引领农民就业致富.(2021－02－12)[2021－08－12][EB/OL].http：//www.xj.xinhuanet.com/zt/2021－02/12/c_1127096547.html.

蒲城县党睦镇孝东村酥梨产业调研报告

李欣郁[①]　杨欣怡[②]　周艺瑶[③]

摘　要：千亩梨园绵延不绝，金黄的果实远销四海，这是2019年千亩酥梨出口基地在孝东村落成之初人们最殷切的期望。如今两年多过去，孝东村的酥梨产业却并未如预想中那般蓬勃发展，乡村产业振兴的目标也显得有些遥远。本文将以孝东村酥梨产业的发展困境为例，通过问卷调查、深入访谈等方式，从政策筹划、基层组织管理、人民意志等方面探究乡村产业发展迟缓的深层原因，并结合当地社会和自然环境特点给出相应的解决方案，以期能给处在相同发展瓶颈中的乡村产业一些启发与思考。

关键词：乡村产业振兴　水果产业

一、调研背景综述

（一）乡村产业振兴的基本内涵

乡村是我国的重要组成部分，只有乡村得到发展，乡村人民的生活水平得到提高，我国实现伟大复兴的目标才能真正实现。而在乡村振兴战略中，产业振兴居于首位。从《关于实施乡村振兴战略的实施意见》等相关政策文件来看，实现乡村产业振兴有三个基本的发展方向：产业融合发展、提质增效发展和品牌创新发展。

首先是产业融合发展。目前的乡村产业大多数以农业为基础，而农业受气候、疫病等自然因素和市场因素的影响较大，往往使村民的生活水平处在较大的波动中；此外，传统农业附加值较低，如果没有显著的规模优势或技术优势，为村民带来的收入就十分有限。因此，在发展农业的过程中引入第二、第三产业就显得尤为重要。"三产"融合发展可以显著增加产业结构的复杂程度，分散创收点，降低各种不可控因素在产业发展中的权重，从而提高乡村产业的稳定性，有效缓冲各种意外情况对产业发展带来的消极影响。而产业融合发展具体而言可以从深化网络连接和促进业态创新两方面入手，通过纵向一体化和多元化战

---

① 李欣郁，女，上海财经大学会计学院ACCA专业2019级本科生。
② 杨欣怡，女，上海财经大学金融学院保险精算专业2020级本科生。
③ 周艺瑶，女，上海财经大学信息管理与工程学院2020级本科生。

略实现产业振兴的目标。

其次是提质增效发展。近年来我国消费者对产品品质的追求不断提升，而绿色环保可持续发展的理念也进一步深入人心，这两方面的因素都催促着乡村产业改变原先粗放式的生产方式，向严控质量和生态环保的精细化生产方式转变。在转变的过程中，势必离不开新科技、新技术的介入，这也成为振兴乡村产业的关键之一。

最后是品牌创新发展。乡村产业由于各种因素的限制往往存在一定的同质化现象，各个企业的产品大同小异，使得市场竞争以价格为主导，产品利润长期处于较低水平。因此，提升产品质量、创新经营模式，打造独具一格的特色品牌才能真正帮助乡村产业突出重围，扩大客户群体，取得一定的价格自主权，进而提升产业附加值，最终提高村民收入水平。

这三个基本方向为乡村产业振兴提供基本思路，但如何在实践中落地，真正实现产业振兴的目标，还需要结合乡村调研的实际情况进一步分析探究。

(二)水果产业发展现状

本次调研对象党睦镇孝东村所属的陕西省是我国水果大省，该村的支柱产业恰为该省优势水果产业之一的梨种植业，因此，了解我国及该省的果业发展现状对把握调研的基本方向有着重要意义。

从种植规模和水果产量的角度来看，我国是当之无愧的水果大国。据国家统计局数据，2020 年全国梨产量 1 781.50 万吨，苹果产量 4 406.60 万吨。据陕西省统计局的数据，2020 年陕西省梨产量 104.3 万吨，约占全国的 5.85%，总产量位列全国第 5 位，亩均产量高于全国平均水平；苹果产量 1 185.21 万吨，约占全国的 26.90%，总产量位列全国第 1 位，亩均产量略低于全国平均水平。

总体来看，与我国其他省份相比，陕西省的水果产业还存在以下几个显著问题：一是经营分散，难以形成规模优势。陕西省水果产业大多集中于产地附近，且多数规模较小，生产成本、生产效率和抗风险能力与大型企业相比都处于劣势；二是机械化水平较低，没有发挥平原地区的地理优势；三是品牌意识较弱，品牌塑造水平落后于果品质量水平，使得产品缺乏市场竞争力，难以享受品牌效应的红利；四是后续的仓储、运输、加工、销售等配套产业不完善，限制了产品附加值的提升范围。

以 2020 年为例，受疫情影响，陕西省的水果销售渠道普遍受阻，水果价格出现较大滑坡，严重打击了果农的生产信心和积极性。同年的反常气候更使得部分水果的产量、质量均不如往年，果农收入情况雪上加霜。这些问题都表明陕西省的果业的抗风险能力还有待提高。

(三)农业产业集群

产业集群是指大量集中在某个特定的区域内的相关产业，在地理联系的基础上发展出紧密且多样的经济联系而形成的一种产业群落。这种集群化的发展模式具有产业链完整、分工明确、合作竞争关系良好、抗风险性强等优势。而具体到农业中，即农业产业集群，是指基于当地自然地理条件优势，在一定区域内形成的以某(数)种农副产品的种植、养殖为主导的产业集群，其主要成员通常包括各种相关企业、组织、科研院校等。各机构功能互补、合作稳定，形成具有较强市场竞争力的有机整体。

目前我国的乡村企业以小微企业为主，个体的经营规模和业务范围均有所局限。因此，对产业基础相对薄弱的地区来讲，集群化发展不失为促进区域经济发展的一味良药，这样不仅便于集中力量打造区域品牌，形成品牌效应从而提升产品竞争力，增加收入，而且能避免运输、双向选择带来的不必要的资源浪费，使成本维持在较低水平，进而形成价格优势。

（四）农业产业化经营组织类型

农业产业化经营组织主要可以分为龙头企业带动型、中介组织带动型、批发市场带动型，以及契约服务型（如农业社会化服务组织和科研教育单位）。其利益连接形式又可分为合同契约制、股份合作制和合作社制三种。

二、调研情况

（一）村庄整体情况

首先是村内人口及教育情况。孝东村包含1个自然村、7个村民小组，现有常住人口383户，共计1 647人，其中0～6岁儿童57人，60岁以上老人237人。2020年本村户籍人口新出生13人，死亡19人。本村现有留守儿童10人，父母均外出务工，主要由爷爷奶奶照顾。村内没有幼儿园和初中，仅有一所小学。村内孩子如果要上中学，则必须去邻村孝西村或者党睦镇上的中学就读。本村无外来务工人员，且大量青壮年外出务工，村内人口老龄化现象较为严重。

其次是村内土地及收入情况。2020年孝东村土地总面积4 194亩，其中耕地3 500亩，集体建设用地14亩，宅基地680亩。在现有耕地中，农民自己经营2 900亩，专业大户经营400亩，合作组织经营200亩。2020年村委会总收入合计11万元，其中集体经营性收入6.8万元，出租村里集体资产收入2.8万元。上级拨款的10万元主要作为村干部工资和办公经费使用。

最后是村内自然及人文环境状况。孝东村空气质量、水质情况都较好，村内道路、路灯等各项基础设施基本完善。村内设有广播站，除去播放村内通知、日常新闻等，还会播放一些戏曲、杂谈节目以供村民娱乐。村内建有文化广场可供村民开展各项文娱活动。总体来看，村民精神文化生活较为丰富多彩，但村内信息传递渠道比较单一，信息传递效率也较低。

总体来看，孝东村的发展状况处于当地中上游水平，但在发展中缺少主观能动性和创新活力，显现出一定的思维惰性，这就使孝东村发展速度缓慢，发展劲头不足。但近年来，随着当地政府积极落实扶贫工作，大力推广酥梨产业，村民的收入水平有了一定程度的提高，大病医疗和子女上学问题均相应好转。村内近年来陆续出了几名大学生，一些原先长期在外务工的村民也选择回到家乡加入酥梨种植，这都为孝东村未来的发展带来了新的驱动力。

（二）样本村户情况

在调研的12份入户问卷中，我们着重调查了目前农村家庭财产状况、生活条件以及农业生产现状。表 1 汇总了 2020 年住户家庭收支及资产情况和生活富裕的有关情况。从表 1 中可以得知,2020 年孝东村人均年收入约为 11 774 元,相比 2020 年全国农村居民人均可支配年收入 17 131 元较低。2020 年孝东村人均年支出约为 9 071 元,相比 2020 年农村居民人均年消费支出 13 713 元较低。此外,有 4 户家庭表示生活水平相比去年没有提高,且其中 3 户负担大笔债务,这表明家庭对生活水平的主观感受与家庭的负债情况有一定程度的关联。如何让乡村产业振兴帮助减轻农民的债务负担,减少农民的重大紧急支出,是需要进一步探究的问题。

表 1　　样本财务状况统计

户别	常住人口(单位:人)	2020 年家庭年收入(单位:元)	2020 年家庭年支出(单位:元)	2020 年家庭年负债(单位:元)	生活水平较上年是否提高
户 1	5	60 000	30 000	300 000	是
户 2	4	20 000	15 000	0	是
户 3	5	60 000	45 000	0	是
户 4	3	8 500	8 000	0	是
户 5	5	90 000	60 000	100000	否
户 6	4	60 000	40 000	0	否
户 7	2	60 000	70 000	100000	否
户 8	2	40 000	40 000	500000	否
户 9	3	54 000	40 000	0	是
户 10	2	12 000	10 000	0	是
户 11	2	10 000	8 000	40000	是
户 12	5	20 000	15 000	0	是
户均	3.5	41 208	31 750		

资料来源:作者根据千村调查入户问卷结果整理计算所得。

表 2 汇总了 2020 年农户家庭酥梨的种植情况。在调研的 12 户家庭中,平均每户种植酥梨 11 亩,每年购买化肥平均花费为 13 625 元,每年购买农药的平均花费为 6 850 元。经计算可得,每户家庭每亩酥梨施用化肥所花的费用约为 1 200 元,但每亩酥梨施加农药的费用相差悬殊,最多为 2 857 元,最少为 133 元。这就需要技术人员根据不同田地的情况给出建议,避免喷洒过多的农药。此外,大部分农户只采用秸秆还田这一种农业绿色生产技术,并且其中多是传统小农户。这说明孝东村的千亩酥梨基地计划才刚刚起步,并没有向全村普及种植技术以及新型经营方式。

表 2　　　　**2020 年样本酥梨种植情况统计**

户别	种植酥梨面积（单位：亩）	购买化肥花费（单位：元）	购买农药花费（单位：元）	采用的绿色农业生产技术	农业生产经营方式
户 1	8	10 000	2 800	秸秆还田、测土配方、深翻土耕作	新型农业经营
户 2	5	6 000	2 000	秸秆还田	传统小农户
户 3	15	20 000	2 000	秸秆还田	传统小农户
户 4	4	4 000	2 300	秸秆还田	新型农业经营
户 5	25	30 000	10 000	秸秆还田	新型农业经营
户 6	15	20 000	10 000	秸秆还田、节水灌溉	传统小农户
户 7	15	20 000	3 000	秸秆还田	传统小农户
户 8	15	20 000	5 000	秸秆还田	传统小农户
户 9	10	12 000	2 300	秸秆还田、测土配方、无公害农药、节水灌溉	新型农业经营
户 10	8	10 000	20 000	秸秆还田、土地平整、深翻土耕作	传统小农户
户 11	3	3 500	2 800	土地平整、深翻土耕作	传统小农户
户 12	7	8 000	2 000	秸秆还田、深翻土耕作	传统小农户
户均	11	13 625	6 850		

资料来源：作者根据千村调查入户问卷结果整理计算所得。

（三）蒲城酥梨产业概况

蒲城是农业部确定的酥梨优势产区，是中国酥梨之乡，也是中国优质果品基地重点县。蒲城酥梨作为国家地理标志保护产品，具有皮薄肉厚、口感爽脆、沁甜多汁、个大饱满、耐贮耐运等优点，还有润喉、润肺、润心等功效，赢得了国内外大中城市果品市场消费者的青睐。蒲城酥梨还曾获得美国、澳大利亚等国际高端市场出口认证，先后荣获中国果品区域公用品牌和梨区域公用品牌十强产品。2021 年 5 月 14 日，蒲城县人民政府申报的“蒲城酥梨”经中国出入境检验检疫协会严格审核评定，获得生态原产地产品保护证书。2020 年，蒲城全县种植酥梨面积为 27.3 万亩，总产 50 万吨，产值 15 亿元，果品区域公用品牌价值 30.09 亿元，较 2019 年均有所提高。

孝东村是蒲城县出口认证酥梨基地所在地之一。村民经相关部门的定期培训，已经基本掌握酥梨的苗木繁育、枝干修剪、灌溉浇水、土地翻新、花期授粉、人工疏花疏果以及果实套袋等技能。在经营模式上，村民可以选择加入农业合作社，有统一的设备、器材以及销售途径；也可成为个体户，自行种植，待酥梨成熟后卖给当地的代销商。酥梨经检验达到安全要求和质量要求后，可直接装车销往蒲城县和其他临近县市，或通过网络销往全国各地。如今，酥梨已经成为孝东村村民的重要收入来源，酥梨产业振兴蓄势待发。

（四）具体案例

当我们这个调查小组走进孝东村时，与很多人家门前一片安静的情形不同，有一户人正在家门口热闹且忙碌地包装、运输早熟梨。当我们说明来意之后，女主人问道："你们调查这个，能让国家给一些补贴什么的吗？"这句话引起了我们的注意。我们由此猜测，在调研过程中部分农民说的家庭收入可能会略低于实际情况。

这户家庭共有 6 口人，两个老人，一对夫妻，两个小孩。其中，爷爷是退休村干部，夫妻俩在村中种植酥梨，两个小孩都在上学。他们承包的田地有 20 亩转包出去了，用于收取租金，还有 25 亩地用来自己种植酥梨。

他们当时正在将自己的酥梨包装好并准备运输到街道上统一收购酥梨的商家。我们询问后得知，这个商家是他们自己联系的，收购价格并不十分理想。而在被问到"为什么村里合作社没有向你们提供价格更好的厂家"时，他们回答说自己没有加入合作社，因为合作社联系的商家肯定会优先收购村干部的酥梨。此外，他们还提到今年的酥梨收成很不好，因为年初结的霜让很多梨树冻伤了，并且有好几年种植酥梨亏了，因此借了 10 万元的债来弥补亏损，还要供小孩读书。我们于是追问："村里没有技术人员来帮助你们减少损失吗？"他们回答："村里虽然偶尔会有技术讲座，但太麻烦，基本上还是各家按各家的方法种植酥梨。"

这户家庭是我们调研过程中遇到的种植酥梨规模最大的家庭，但他们仍需要自己联系散商收梨，也没有采用新型种植技术，同时还承担着亏损和较大数额的负债。这与新闻上报道的孝东村千亩酥梨基地的情况存在较大差异。报道称孝东村的酥梨与全国很多地区建立了稳定的酥梨销售渠道，甚至能向国外出口；同时还有专业技术人员指导村民种植酥梨。而实际调研情况显示，孝东村的酥梨产业目前来看仍旧处于起步阶段，很多措施没有实施到位。这进一步说明了本次调研的必要性。为了让当地的酥梨产业真正发展起来，让农民靠种植酥梨致富，我们需要尽快找出当地酥梨产业发展的症结所在，以便对症下药。

三、产业问题分析

2019 年 10 月 29 日，蒲城县 1 000 亩酥梨出口基地正式落地党睦镇孝东村。其实早在 2016 年，孝东村就已经开始为建设千亩酥梨基地做相关准备工作。但在我们实际调研中发现，历时三年时间筹划的千亩酥梨基地在实际组织、管理和经营中仍有许多欠缺之处，这为其以后的长期发展埋下了隐患。

（一）产业分散

调查发现孝东村酥梨种植的普及度很高，在随机调查的 12 户村民中，有 11 户种植酥梨且将酥梨种植作为其主要收入来源。如此大规模的酥梨种植本应为产业发展打下良好的农业基础，但事实上，孝东村的"千亩酥梨基地"确有千亩不假，却并未形成一个有机的整体，绝大部分是由个体农户承包，而合作社、生产大户等新型经营模式只占很少一部分。总体而言，孝东村个体农户承包面积少、种植大户数量少，且各户之间在生产和销售上缺乏联系，更遑论形成规模效应和品牌效应了。

1. 新技术难推广

分散的经营模式给酥梨产业的发展带来了诸多限制。首先，一些先进的机械化农具和生产技术无法得到应用。个体所拥有的资金和所承包的土地相对有限，而一些先进的机械化生产手段对于村民而言成本太高，即有限的生产规模所带来的边际贡献很难抵偿高额的固定成本，这就使村民对这些花费高昂的生产设备和技术手段望而却步，从而导致当地的生产力发展缓慢，酥梨的产量和品质长期没有得到显著的提高。我们调查的 12 户村民均采用传统的人工种植手段，对自动套袋机、无人机授粉、机器疏花疏果等新技术则知之甚少。

2. 抗风险能力弱

由于规模较小，因此，当地酥梨产业抗风险能力相对较弱。相比小企业，在面对风险和市场环境突变时，大型企业有更多资源可以用于生产经营模式转变，比如在疫情中将线下渠道转变为线上；根据市场需求调整生产对象和业务范围，在订单销量减少时尽量压缩成本以补偿利润等。这种优势使得大企业在面对风险时能积极应对，尽可能减少自身损失；而小企业则普遍缺乏抗风险调整的资本。孝东村产业分散的弊端在风浪迭起的 2020 年暴露无遗，疫情和自然气候的双重打击使村中很多以酥梨种植为生的农户入不敷出，在我们调查过程中抱怨不断。这都体现了抗风险能力不足带来的恶劣影响。

（二）产业结构单一

目前来看，孝东村并没有发展起一个完整的酥梨产业链结构，还是以传统的产销模式为主，即仅仅将种植的酥梨以水果出售，没有发展出与酥梨相关的副产品加工产业。除村民合作社外，孝东村中还有亨通果库、誉酥园农副产品有限责任公司和相利果品经营部共 3 家注册果业公司。这些企业主要从事水果的收购、初加工和销售等业务，但由于经营规模不大，覆盖范围有限，有很多村民还是自己联系村外规模较大的收果商卖果。村中并没有形成酥梨深加工产业，也未能利用春季千亩梨花的景观发展观光旅游业，总体上第二和第三产业几乎没有得到发展。单一的产业结构使得孝东村村民每年的收入水平波动较大，几乎完全由酥梨的市场行情和收成决定。同时，由于缺乏高附加值的第二和第三产业，为了提高收入水平，孝东村的青壮年劳动力大多选择外出就业，进而导致村中人口老龄化现象较为严重。

另外，在调研过程中，村民提及 2021 年的酥梨收成并不理想，原因是年初下的霜把很多梨树冻伤了。不同于草莓等温室大棚水果，气候对酥梨的产量和品质影响很大，反常气候带来的冷害、热害或干旱会导致一些年份的收成大大降低。因此，需要当地政府为农民提供一定的保障，如提供农业贷款或推广农业保险。

要提高农民种植酥梨的创收以及减少自然灾害对最终收益的影响，就需要完善发展酥梨副产品的加工，如梨酒、梨膏、梨糖和罐头。副产品加工的初期必然需要大量资金投入，可以吸引企业建厂或政府拨款，与农民合作，通过品牌营销，共同发展酥梨产业。

(三)组织管理存在漏洞

在调研中,我们发现孝东村的梨种植技术没有进行标准化管理,各家肥料、农药的用量和花费差异很大,村中的梨种植产业基本处于“散养”状态,导致梨品质参差不齐。这说明孝东村的酥梨种植管理模式还不成熟,未能很好地带动村内酥梨产业积极快速发展。具体体现在以下两个方面:

1. 合作社管理有待规范

孝东村多数村民还停留在传统小农户经营模式,选择加入合作社的村民人数有限。天眼查显示,孝东村曾经同时有三个村民合作社为村民提供生产资料购买、生产技术指导、信息咨询及产品销售等服务。但由于种种原因,有两家合作社分别于 2017 年和 2019 年注销,目前仅剩蒲城县孝东种植专业合作社。

在调查中我们了解到,许多村民不愿意加入合作社的原因是对合作社的管理心存顾虑,甚至有村民反映村里联系的大客户优先购买的是村干部自家种植的酥梨,不能惠及全村,最终收入反倒不如自己独立种植和销售来得多。此外,在与村干部交流的过程中,我们发现村干部没有明确 2020 年成立的酥梨合作社的分红,并以刚成立和政府还未下达的批文为理由。千亩基地已筹备三年,分红却还没有确定,没有让村民看到加入合作社的好处,这也是调研过程中部分村民不愿加入合作社的一个理由。

2. 社会化服务不完善

孝东村社会化服务内容单一,普及性较差。在调查的 12 户村民中,有 5 户认为没有得到社会化服务;而在认为得到了社会化服务的 7 户中,服务内容大多集中在产前农资供应和农艺技术指导方面,产后的仓储、销售、加工等必要服务则少有提及。

技术讲座是当地社会性服务的主要形式,但在实践中也存在一些问题。蒲城县政府曾多次联合西北农林科技大学开展梨标准种植技术培训,然而培训仅面向当地种植大户和技术干部,一般村民没有机会参加。孝东村内直接面向村民开展的技术讲座培训则内容简略、讲解笼统、时效性差,因此讲座的实际作用和参与人数均十分有限。

(四)品牌意识淡薄

在调查中我们发现,尽管“蒲城酥梨”这一区域公共品牌已经具有一定的知名度,但与“洛川苹果”“眉县猕猴桃”等全国知名品牌相比,前者的影响力相对有限、品牌价值较低。在走访中我们也发现,孝东村村民在生产销售过程中并没有有意识地维护品牌形象、扩大品牌影响力。

首先,在酥梨种植过程中,孝东村没有严格要求村民按照统一的种植标准种植酥梨,使得各户生产成本相差很大,生产的酥梨品质也参差不齐。其次,在分销过程中,也没有统一销售价格、统一包装设计、统一销售渠道,以建立相对完整的品牌形象。据村民反映,相比村里集体销售,村民们还是更倾向于各自独立销售(如在路边摆摊销售)。

实际上,孝东村拥有自己的注册商标“誉酥园”,只是由于品牌规模较小、村民品牌意识淡薄等原因而没有很高的知名度,与其他酥梨品牌相比也没有自己显著的优势与特色。因此,孝东村酥梨产业想要通过实施差异化战略来增加收入,在短时期内十分困难。

四、原因分析

通过对比当地媒体新闻报道和蒲城县人民政府官网上的报道以及实际走访的结果，我们认为造成孝东村酥梨产业发展滞后的一个重要原因是当地政府没有做好长期规划。在决定建立千亩酥梨基地初期只着眼于如何扩大种植规模，却疏于对后续发展中的配套产业发展和管理模式进行合理规划。

（一）人才匮乏

蒲城酥梨是在著名的“砀山梨”的基础上培育而成的新品种，而中科大女博士段旭旭在安徽砀山种植酥梨的故事也可以为蒲城酥梨产业的发展提供参考。2015 年，段旭旭在砀山酥梨的核心产区承包了两千多亩梨园。在承包之初，她利用科学方法对梨园土壤进行了三年的改良，为酥梨的生长创造了良好的土质条件，大大提升了酥梨品质。在解决了土壤问题后，她又将目光聚焦酥梨的后续加工和销售，通过发展深加工产业和互联网电商的方式进一步带动当地就业、提高酥梨销量和利润。在她的带动下，砀山酥梨产业迅速发展，当地农民的生活水平也有了显著提高。

相比之下，孝东村虽然处在农业名校西北农林科技大学的辐射范围内，但并没有如此的人才挺身而出，带领当地酥梨产业破局焕新。这与蒲城的地理位置有一定的关系。蒲城县地处西北内陆，当地整体的经济发展水平和薪资待遇水平都明显落后于东部发达地区，对人才的吸引力十分有限。如何在这样的环境中尽可能招揽人才、培育人才就成了破局的关键，也是对当地政府的一个巨大考验。

另外，当地的村干部大多只有初中文化，基本上是附近村庄出生，他们虽然具有了解当地风土人情、善于与村民相处的优势，但普遍缺乏组织管理经验和企业经营知识与技能，在进行大规模的产业规划管理时就显得力不从心；再加上年龄较大，心态求稳，也缺少带领村民创新创业的勇气与激情。这两方面的原因导致孝东村的酥梨产业一直发展缓慢。

（二）招商引资能力弱

当地政府招商引资能力有待提高。蒲城酥梨本身品质优越，而梨在我国传统文化语境中又具备润肺养生的功效，其深加工后制成的梨汁、糖浆等都有很高的附加价值。除了鼓励当地人民积极创业外，吸引外地成熟的加工厂商到本地发展也十分必要，成熟厂商的进驻可以在很大程度上促进本地企业的发展，进而加快酥梨产业的整体发展。但由于当地政府长期没有重点关注招商引资，招商的相关政策不清晰，招商人员的知识储备和专业技能欠缺，一直未能很好地与外地厂商建立合作，吸引外地加工厂商投资本地酥梨产业、在本地设立工厂等，导致当地酥梨加工产业始终没有找到发展的突破点。

（三）缺乏万众创新、产业振兴的氛围

无论是在和村民还是村支书的访谈中我们都发现，当地村民虽然对生活现状有所不满，也向往更加富足的生活，但鲜有创新创业、开疆拓土的想法和勇气。比起发展家乡产业，大多数年轻人还是倾向于外出打工这一挣钱较为快速、直接的途径。信心与决心永远是驱动产业发展的根源，倘若没有不畏艰险、砥砺前行的魄力，没有吃苦耐劳、踏实肯干的

毅力，实现乡村产业振兴就永远只能是悬浮在政策文件中的一个遥远的理想。

五、解决方案

（一）产业发展规模化、集群化

如前文所述，小规模的分散产业有着资源匮乏、抗风险能力弱、市场竞争力弱等诸多弊端，极大地限制了酥梨产业的发展空间。因此，充分利用千亩酥梨基地在规模上的优势，将独立的农户联合起来形成一个有机的整体就显得十分重要。

目前蒲城县酥梨产业已经初步形成农业产业集群，当地各类中小型企业和科研院校的业务范围已经完整涵盖价值链的各个环节，但集群内各组织的联系还不够紧密。因此，当地政府应当在此基础上进一步促进产业集群化发展，充分发挥产业集群的优势，并在专业化分工协作的基础上联结成本地化网络，通过良好的竞争和合作关系形成学习与创新机制，加快区域内信息和物资流通速度，为后续品牌建设提供良好的产业环境。

为了实现这一目标，当地政府可以建立“政、产、学、研”联动机制，这一机制的建立可以使企业、政府和科研机构随时就出现的问题和未来的发展方向进行深入的探讨与研究；同时，结合蒲城县资本总量相对有限、金融市场发展不充分的特点，当地政府可以先集中力量发展龙头企业。当龙头产业的经营达到一定规模，也有了一定的资金储备后，通过与其他企业的合作，如签订外包合同等，加速产业整体发展进程。

（二）管理模式标准化

前文中提到生产技术缺乏统一管理是孝东村酥梨产业的一个重大问题。生产环节作为价值链中的核心环节，倘若不能得到很好的管理，不仅会影响生产成本的控制，而且会影响产出果品的质量和销售价格，进而使利润率降低，农民的收入和生产积极性都会受到负面影响。此外，严格的品控也是品牌立身的基石，如果质量不到位，就没有资格谈品牌形象的建立问题。

具体到实践中，应当在一个生产周期开始之初就对当年的各项指标进行合理预估，在生产过程中严格实施“环境有监测、操作有规程、生产有记录、产品有检验、上市有标识”的标准化流程，从价值链的各个环节严控产品质量，尤其杜绝私自贩卖不符合质量标准的劣果。到生产周期结束时，对当期的生产和销售数据进行统计和评估，并将结果与年初的预期对比，找出造成两者差异的原因并在下一周期改进。按照这样的模式，不断调整生产计划、积累经验，企业可以不断发展进步，从而适应持续变化的市场需求。

而为了实施标准化管理，当地酥梨产业应尽快实现从个体小农户经营向企业化经营的转变。越是缺乏标准化的管理制度，人情社会就越是有可乘之机，也就越会产生诸如前文中提到的合作社里的种种不规范现象。因此，尽早建立完善的管理制度和明确的奖惩措施并严格执行，才能减少各种徇私行为的发生，并提高生产效率；也能使村民解开心结，放心地加入合作社等组织，从而使各农户真正形成一个紧密联系的整体，实现前文所述的规模化、集群化发展的目标。

（三）品牌差异化

从长期市场经验来看，在产品质量有基本保障的基础上，与其他同类商品相比有自己显著品牌特色的产品，往往具有更高、更稳定的市场占有率和用户忠实度。因此，为了进一步提高“蒲城酥梨”的品牌知名度和品牌价值，应尽可能突出酥梨的各种优良性质，实施差异化战略。

一是当地政府应根据产品和地域特色进行宣传，加大市场营销力度。最重要的是找到宣传重点，并结合市场需求对宣传话术进行一定的变通。政府可以利用各种互联网渠道增加产品的曝光度，如拍摄短视频、与自媒体博主合作推广、在电商平台投放广告等，争取进一步扩大品牌的知名度。此外也可以深入挖掘地域特色，赋予品牌一定的文化内涵。蒲城县有桥陵（唐睿宗李旦）、景陵（唐宪宗李纯和孝明皇后郑氏）等珍贵历史文化遗迹，还有蒲城花鼓、八仙鼓等优秀传统民俗艺术，将这些地域特色与品牌建设相结合，会使品牌独具特色。

二是当地科研院校应对酥梨的品质做出改良优化，如提高抗病率、增强耐寒耐旱能力等；同时积极进行市场调研，根据不断变化的消费者偏好做出相应调整，如提升酥梨甜度、控制酥梨个头和颜色外观等，以强化产品特色，从根本上增强产品的竞争力。

除此之外，当地政府还应当在提升区域公共品牌的同时关注各村企子品牌的建设。单一方面的品牌建设并不能保证农产品效益最大化，只有充分发挥二者的互补优势与集合效应，才能真正为农民带来收益。区域公共品牌有了良好口碑，各村各企业的自有品牌也就有了较好的生长环境。在区域公共品牌的覆盖下，各子品牌形成良性竞争关系，百花齐放，共同促进区域产业的整体发展。

（四）产业结构复杂化

在明确了“三产”融合发展的目标后，我们认为当地政府应当内外双管齐下，从内生、外引两方面促进当地第二、第三产业的深度发展。

一方面，鼓励本土创业，为创业提供政策支持。当地政府可以设立创业基金（低息或无息贷款），为有志但缺乏初始资金的创业者提供资金支持。同时通过各种媒体宣传在社会上营造出创新创业、振兴产业的风尚，向当地居民描述目前这一阶段创业的巨大潜力：梨的深加工产品多种多样，有很高的附加价值；千亩梨花盛开，壮丽花海能吸引游客；历史遗迹静静伫立，讲述着千年的故事。将深加工产业、旅游业与农业相结合，强化地域特色，既能吸引消费者和游客，又能有效分散风险。

另一方面，当地政府应加大招商引资力度，积极在各大招商会上宣传本地的自然地理优势、产品原料优势等，争取吸引外地优质厂商来本地投资建厂。此外，政府部门还应制定招商优惠政策，如税收减免、低息无息贷款、简化手续流程等，为当地产业发展提供良好的政策环境。

（五）注重人才引进与培养

一方面，要加大人才引进力度，乡村产业的振兴不仅需要技术性人才，而且需要领导性人才。技术的推广、组织的力度、产业链的完善以及品牌的营销都离不开领导性人才的指导。另一方面，要对基层干部进行培训，提高其知识储备、责任意识和产业振兴的积极性。

借鉴前文提到的段旭旭的例子，结合孝东村的实际情况，我们建议加派优秀的领导型人才常驻孝东村,对孝东村酥梨产业振兴的相关问题进行指导,带领孝东村快速弥补各方面的缺陷,加速孝东村的产业发展。同时产业振兴也离不开当地村干部的积极配合。村干部更了解孝东村的具体情况,能够帮助人才快速了解情况,高效率地实施措施。

六、酥梨产业的发展前景与展望

尽管目前蒲城县的酥梨产业发展还存在一些问题,但在与当地人民的交谈中,他们言语中透露的对美好生活的向往使我们坚信,如果当地政府能积极响应政策号召,加大政策改革和创新力度,带领当地人民积极奋斗,那么,蒲城县酥梨产业一定能充分发挥当地的区位优势,成为乡村产业振兴进程中一颗闪耀的明星。

调研结束后,纷至沓来的好消息也进一步增强了我们的信念:据蒲城县人民政府官网,在2021年第五届丝绸之路国际博览会上,当地政府与江苏省政府签订了“酥梨深加工苏陕园区”项目,共投资1.21亿元用于发展酥梨深加工产业。这一项目标志着蒲城酥梨产业“三产”融合发展有了一个良好的开端,也预示着当地乡村产业振兴即将达到一个充满潜力和希望的新阶段。

参考资料

[1]袁树卓,刘沐洋,彭徽.乡村产业振兴及其对产业扶贫的发展启示[J].当代经济管理,2019,41(01):30—35.

[2]颜栋勇.我国水果出口的现状、问题及对策分析——以苹果、梨和桃为例[J].对外经贸实务,2019(08):48—51.

[3]李惠安.农业产业化经营的类型、形式及经验[J].中国农村小康科技,2003(03):9—10.

[4]陈磊,姜海,孙佳新,马秀云.农业品牌化的建设路径与政策选择——基于黑林镇特色水果产业品牌实证研究[J].农业现代化研究,2018,39(02):203—210.

[5]姚春玲.农业产业集群与农产品区域品牌竞争力提升策略[J].农业现代化研究,2013,34(03):318—321+327.

[6]关于推动县域经济高质量发展的若干政策措施_蒲城县人民政府,http://www.pucheng.gov.cn/xwzx/rdgz/119425.html。

[7]蒲城县经合中心2021年上半年工作总结,http://www.pucheng.gov.cn/gk/fdzdgknr/gzlj/118036.html。

[8]国家统计局2020年数据,https://data.stats.gov.cn/easyquery.htm?cn=C01&zb=A0D0K&sj=2020。

[9]2020年陕西省果业发展统计概览,http://tjj.shaanxi.gov.cn/tjsj/tjxx/qs/202103/t20210308_2155506.html。

[10]国家统计局2020年居民收入和消费支出情况,http://www.stats.gov.cn/tjsj/zxfb/202101/t20210118_1812425.html。

[11]渭南日报:千亩酥梨出口基地落地蒲城党睦镇.https://3g.163.com/dy/article/ET78VFNS0530KJPT.html?spss=adap_pc.

[13]新华网:一颗梨的脱贫攻坚路.https://t.ynet.cn/baijia/29935993.html.

乡村振兴落地

——破解曹行村停车难问题

徐　阳[①]　许记军[②]　朱馨怡[③]

摘　要：千村调查中，我们小组实地考察了曹行村当地的交通环境，通过引入泊车供需比这一评价方式，并给出了指标具体的数据获取方式和计算公式，对曹行村三个小区的停车需求满足程度进行了定量比较，从中发现了曹行村突出的交通难题。在借鉴相关资料后，我们考虑到两个临近停车场的具体情况，遂利用有限的场地空间，分别根据当地居民不同的需求提出了不同的建议。

关键词：曹行村　停车问题　泊车供需比　地下停车场

一、调研基本情况介绍

（一）引言

随着社会的发展与进步以及人民生活水平的日益提高，居民停车需求与日俱增。然而许多老旧小区的停车位屈指可数，数量远远不足，这成了目前各个地方的老旧小区的共同难题，上海市闵行区梅陇镇曹行村的老旧小区也不例外。当我们走在曹行村的街道上时，发现在本就不宽的道路上，还总时不时地停着几辆车，有的占用了非机动车道，有的阻碍了行人的正常行进，更有甚者直接将车停在了人行横道上，对当地居民造成了很大的生活不便，行人的安全也难以得到保证。然而，明知道对大家的生活质量会有影响，居民们又为何要将车辆停在马路上呢？经过我们实地考察与对当地居民的采访得知，这种车辆乱停乱放的不文明行为是当地人迫不得已的举动，尤其是对当地老旧小区内的用户来说，小区面积紧缺，而居民的停车需求与日俱增，问题尤为明显。在如今这个"家家有车开"的时代，一个小区里有几百户人家，却共用着几十个车位，出现乱停车的问题在所难免。我们认为，要想实现乡村振兴，首先就应该解决这些实际存在的问题，那么如何在有限的空间内保证充足的停车位就是我们当下要思考的一个重要问题。

---

① 徐阳，女，上海财经大学会计学院财务管理专业 2020 级本科生。
② 许记军，女，上海财经大学统计与管理学院数据科学与大数据技术专业 2020 级本科生。
③ 朱馨怡，女，上海财经大学统计与管理学院统计专业 2019 级本科生。

(二)政府对老旧小区停车问题的重视和支持

对于曹行村这样的老式村镇,没有足够的停车资源是政府在思考的问题。上海市人民政府公布的关于停车库的管理办法中,“乡(镇)人民政府、街道办事处应当根据区停车资源共享计划,以及本乡(镇)、街道内停车需求与停车泊位资源状况,划定共享区域,并组织指导共享区域内居民委员会、业主委员会、相关单位协商制定该区域停车场(库)资源共享方案,签订共享协议”。这说明街道办事处应该尽自己所能,为居民停车带来便利。如果由居委会和街道办事处出面与控制停车场的企业协商达成一致,减轻附近固定居民的停车负担,就能为居民生活带来实惠。

在 2020 年上海“两会”中,民建上海市委就提出要在上海老式小区建设地下车库的提案。根据提案人王红顺和工程师周蓉峰的建议,老式小区地下有很多空间可以利用,而且根据目前的技术,不用大面积地翻开地面,只需要在绿化内开设工作井,就可以保证工人们在地下的工作内容,这样的技术已经非常成熟,如此一来,对附近的居民、企业都不会造成太大影响。在资金方面,提案人王红顺作为市政协委员、上海建工集团资产财务部总经理,提出采用“PPP”模式,由企业、政府、居民共同出资,企业可以对其掌握一段时间的经营权,不足部分由政府补贴。

民建上海市委调研部也提出了地下停车场所存在的一些问题:在建设地下停车场的过程中,各个环节因分属不同的部门而不便管理和协调,造成了很大的困难。另外,上海政府目前没有对地下停车场的产权做出明确规定,所以小区内地下停车场建成后其权利归属仍旧是个问题。如果小区方面能够对车位有明确的认定规划,那会对户主带来很大的便利。

二、调研分析

(一)发现的问题

在实地调查过程中,我们发现在曹行村附近存在很严重的停车问题。首先是居民主观上没有停车规范意识的问题:村子内部没有足够宽阔的空间,所以在村子附近的步行街,明明清晰地标注了禁止停车,但机动车就随意停在了路边,不仅违反了交通规则,而且随意停放的私家车还严重影响了行人步行,造成了安全隐患。另外,随着私家车数量不断增多,停车越来越难,居民不得不在距家有一段距离的位置停车,十分不方便;大量居民通过非机动车出行,但没有可以集中停放和充电的位置,而把非机动车放在家中充电非常不安全,造成严重的消防隐患;曹行村没有直接的物业管理,而是由居委会代为管理,但管理的村子范围广泛,工作人员也没有针对性的对策解决此类问题。我们希望能通过这次调查,帮助居民改善停车规范意识,为居民们提供更多的停车空间。而我们的研究也可以造福有类似情况的更多小区,解决停车问题,帮助改善居民生活质量。

(二)曹行村各居住小区交通环境评分

小区周边的交通环境需要定量的指标来进行分析,这对于科学有效地提出改进措施有着重要的意义,为此我们提出了泊车供需比这一指标,对各个村内的小区进行客观的比较。因为疫情防控原因,我们小组不能进入小区内部进行现场调查,但是通过阅读小区外部公告栏和目测估计的方式，收集到了需要的数据。

泊车供需比 c 的公式可以反映泊车供给和需求的满足程度。通过算出住户的数量，与每个住户拥有一辆车的估算，这个供需比可以反映现有的停车位对于小区住户停车位的满足程度。

泊车供需比 c 的计算公式如下：

$$c=N/n\times e$$

N 为现有停车位，n 为小区总户数，e 为每户估计拥有车辆数。

我们在梅陇村测量的三个小区分别为曹建路201弄小区、曹建小区和曹建路220弄小区。曹建路201弄小区现有停车位是40个，总的小区户数是192户，需求的车位大概是192个，因此泊车供需比 c 是0.208。曹建小区现有停车位是20个，总的小区户数是144户，需求的车位大概是144个，因此泊车供需比 c 是0.139。曹建路220弄小区现有停车位是80个，总的小区户数是96户，需求的车位大概是96个，因此泊车供需比 c 是0.833。在调查过程中发现曹建路220弄小区对于小区的车位规划比较完善，有小区内分块划线的停车位置，并且停车车位比较充足，泊车供需比较高，而另外两个小区因为小区内没有充足的停车位置，导致小区内的车子只能停在周边废弃的居委会场地内，甚至还有的直接停在马路上，对道路造成了一定的拥堵，并且对行人的安全造成了隐患。

对三个小区的 c 指标进行打分，泊车供需比 c 取1时(即每辆车都有停车的位置)分数为100分、c 值为0时分数为0分。因此，打分 f 与泊车供需比 c 的关系为 $f=100c$。由此算出，曹建路201弄小区、曹建小区和曹建路220弄小区的分数分别是20.8、13.9和83.8，如图1所示。

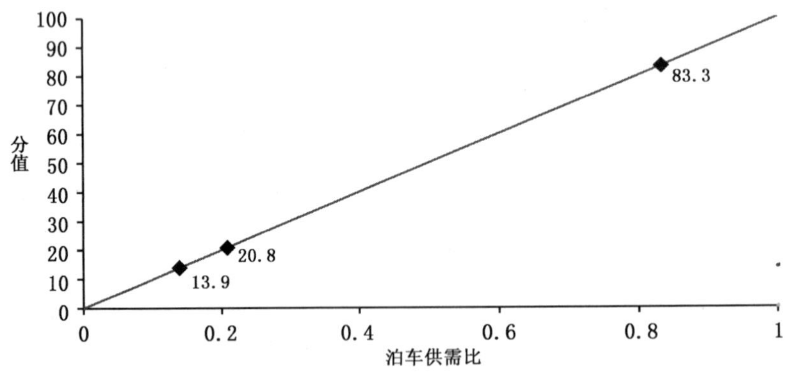

图1 三个住宅小区泊车供需比评价打分

(三)两个停车场的情况

我们小组对曹行村附近可行的停车区域进行了调查。两个停车区域都位于曹建路南侧，相距约500米。距离居民区较近的停车区域为民营企业对外收费的停车场，停车位置约90个，可以停放各种型号的客车，但缺点在于由于对外公开，虽然门口有保安值守，但是人手不足，一个保安不能够保证紧急情况下的协调，且对社会开放的场地，车辆鱼龙混杂，人员随意进出，不具备足够的安全性。另外，该停车场收费单价为小型车 3 元每小时，包月为 320 元每月，考虑到安全性较差，而且停车场设施较简陋，没有配备新能源汽车所需要的充电桩等设施，所以性价比不高。该停车场内并没有完全停满，说明这个停车场虽然紧邻小区，但在小区内停车位置明显不足的情况下，居民还是不愿意在邻近的停车场停车，居委会和街道办事处都应该对此有所思考。

而另一个停车场距离居民区就有一定的距离，步行需要 15 分钟，对附近人口老龄化严重的社区内的居民十分不便。该停车场实际上是荒废的社区活动中心内的一片开放空地，由一片树林包围，另一侧有两栋建筑是企业在使用。由于其前身为活动中心，因此内部场地有不少运动设施和绿化。在此处停车的大多为附近的本地居民，但由于无人管理，因此，场地内停放的车辆不仅没有安全的看管，而且停放没有秩序，容易造成消防隐患。尽管该停车场无人管理，距居民区较远，但由于不收费且可以自由出入，因此，四五十个停车位置基本停满，说明住户更偏向价格优惠的停车位置。所以在做停车规划时，应该考虑居民对价格的承受能力，减少不必要的支出，政府和企业多出资出力，为居民提供最便捷、最实惠的服务。

从总体来看，这两个停车场都不能满足附近居民的基本停车诉求，性价比不高，安保措施不充足，没有非机动车固定停放位置和充电处。由于两个停车场目前都是地上单层且较简陋、无停车桩的设计，其四周没有大面积的居住楼，因此可以考虑向下延伸，做地下多层停车场的设计。

三、农户家庭案例

由于入村问卷与入户问卷中的问题并没有涉及农村老旧小区停车难的问题，因此，我们还需要在当地对当地人进行采访以获得相关意见与建议。以下为我们采访的内容(采访对象的名称分别以“对象 1”与“对象 2”代替)：

Q1：你们在这里居住是否有停车难的感受?

对象 1：是的，我们这里要么停车位太少，要么干脆没有停车位，家里买了辆车却找不到地方停，最后只能停到一个很远的废旧的老村委会里，感觉十分不方便，停车需要走很远。

对象 2：确实，车子又不能停在路边。我们家也是这样，车子停到那里，但我感觉这还不是主要的，走个 10 分钟也就回来了，关键是也不安全啊，没有人看管，路人能随便进出，万一有哪个小孩弄坏了我们的车，我们没有维权的地方。

Q2：你们觉得在小区内部扩建停车位有没有可能，或者你们对此有没有什么想法?

对象 1：感觉很难实现吧，毕竟这些老旧小区年代已经很久了，场地也都是早就确定了的，哪还有地方给我们造停车位呢?

对象 2：想要造正常的停车位确实很难吧，又不能拆了我们的这些健身器材，除掉这些绿化来给我们造停车位，那样就算能停车了，生活其他方面的质量又会下降了，得不偿失啊。

Q3:我们查阅资料后发现,现在有一种新型的停车方式,叫立体式车库,如果在原有的停车位基础上向上扩建几层,打造立体式车库,怎么样呢?

对象1:这个听起来感觉还行,但我也不太懂这个具体是什么样子。

对象2:其实我觉得还是不太好实施,咱们小区不大,房子和房子之间就这么点儿距离,再在中间建立体车库,那岂不是把我们的阳光都遮完了? 本来现在低层的阳光就少,再建个立体式车库,那以后衣服都要晾不干咯!

Q4:这也确实是一个问题,而且这些楼房挨得这么近,向地下扩展也不安全,那如果能在原来的废旧村委会那里改造,可以接受这个10分钟步行的距离吗?

对象1:如果真的能像你说的造个立体式停车库,改善一下停车环境,车子也避免被风吹雨打了,还是挺好的。

对象2:我完全赞同,这点距离在我看来完全不是问题,如果能给我们搞个这样先进的停车库,我相信大家都会很开心的。

Q5:再问个和停车没有太大关系的问题,就是现在政府这么提倡使用新能源汽车,现在生活好了,你们怎么不买新能源汽车开呢?

对象1:好是好了,买也能买得起,可你看,就现在这种停车状况,一辆车就够我们愁的了,要是再买一辆车,更不知道往哪停啊!

对象2:其实就算解决了停车难的问题,这新能源汽车也没地方充电啊;其实我们也想支持政府啊,关键谁支持我们使用这些车呢?

Q6:最后问一个问题,我看你们的电瓶车平时不用的时候都停在屋子里,电瓶车在屋子里充电其实还是有一定的危险你们了解吗?

对象1:怎么不了解啊,关键不是没有地方充电嘛,拉根线到外面充晚上也怕被偷啊。

对象2:确实像她说的那样,没办法啊,只能推到屋子里充啊。

四、思考建议

(一)改造建议

经过采访以及实地走访与观察后,我们心里有了自己的想法与改造建议。

1. 对于废旧村委会旁边的收费停车场的改造建议

由于旁边的收费停车场离村子和老旧小区都比较近,而当地的老年人绝大多数是骑电瓶车出行,同时考虑到老年人需要距离较近的停车区域,如果该停车场能与政府联合,改造成一个专门停电瓶车的场所,并且设置一定数量的充电桩,让当地人家的电瓶车一律停在这里并使用充电桩充电,由政府合理地设置收款金额,这样既不会影响原停车场的收入,也能化解村民电瓶车进家门的危险。

2. 对于废旧村委会的改造建议

经过走访,我们发现村委会已经搬到别的地方办公,而这个废旧的村委会办公处却一直没有拆除,变成了一个临时的停车场。这片区域虽然面积大,可以停车,但没有安全保障,外人可以随意进出,有一定的风险。而且废弃的村委会大楼也没有及时拆掉,它占据了很大的区域却没有发挥作用。我们认为,政府应该将这个废弃的居委会大楼拆除,和旁边的临时停车场合并成一块场地,用来建造立体式车库。但由于旁边有许多树木与绿化,我们提议向下打造立体式车库,这样既不会遮挡阳光,而且周边没有什么大楼,也不会有地基安全问题。而地上部分,则可以改造成一个室内的新能源汽车停车位,装上充电桩。

关于收费问题,地下立体式停车位比地上的新能源停车位可以略贵些,且采取按月或按年收费,这样不仅经济实惠,而且能促进人们使用新能源汽车。

关于安全问题,可以采取人工或非人工两种方式。相比之下,人工管理方式必然更为节省资金,因此我们建议采取人工管理方式,这样不仅更加经济,而且能帮助当地失业的人找到工作,一举两得。

以上改造建议虽然实施起来有一定的困难,但都是切实可行的,而且一旦改造成功,对当地人民的生活质量会有很大的提升。

(二)改造后的好处

其一,从交通秩序来看,可缓解交通堵塞的问题和减少行人步行的安全隐患。目前的情况是主干道旁停靠着的小轿车在一定程度上阻挡了正常车流的行进,并且给行人造成了视野盲区,使得在穿行过程中不能全部看到道路中的车流情况。而在建设新的停车区域后,可满足周边小区的停车需求,且行人在穿行的过程中也不会被路边随意停放的车辆阻挡视线。

其二,从安全方面考虑,为电瓶车提供停放充电的地方,可以更规范地管理小区内的电瓶车。在我们调查的小区内,由于缺少专门的区域集中停放电瓶车,人们为了出行方便,随意停放电瓶车,有的人家将电瓶车停放在小区的角落,有的人家把电瓶车停在自家院子里,还有人将电瓶车停在小巷子里的路上,从而使小区存在很大的安全隐患,并且居民充电很不方便。而在设立专门的停车充电区域后,居民可以更加方便地给电瓶车充电,并且保障了当地居民的安全,消除了电瓶车放在路上和在家中充电的巨大安全隐患。

其三,与政府推广新能源轿车的政策相匹配。新能源汽车产业是国家确定的战略性新兴产业,推广应用新能源汽车能有效地降低环境碳排放量,新能源汽车推广必然会成为一种趋势。在我们的调查中,梅陇村的居民想要购买新能源车,但因为没有专门的充电场所而没有购买新能源车,所以我们在设计停车场的时候考虑到了新能源车的需求,并且设计了专门用来停放新能源车的地上车库区域,这样居民更容易接受新能源车,也符合政府推广新能源汽车的政策。

(三)结论

在千村调查过程中,我们小组发现曹行村的小区停车状况存在缺陷,通过采访当地居民的方式,了解了居民的停车需求,然后在实地考察曹行村附近的环境并且查阅相关停车场改造的文献后,发现有两个可以改造成新停车场的区域,我们就此提出了上述改造方案,这样不仅能提供便民服务,也能减少居民不必要的支出,还能改善交通秩序,提高市民安全,并且可以配合推广新能源汽车的政策。

参考资料

[1]杨若男.老旧小区"各显神通"破解停车"疑难杂症"[N].中国建设报,2021－08－03(003):1－3.

[2]胡巧亚,唐炯燕,贾春玉,朱锡明,刘雪莲.破解宁波老小区停车难问题的对策与建议[J].宁波工程学院学报,2014(2):52－56.

[3]彭忠益,王艳.城市老旧居住小区交通环境评价指标与评价方法[J].运筹与管理,2020(29):145－155.

[4]胡建波.推进老旧小区改造 提升群众获得感幸福感——省政协"推进我省城镇老旧小区改造"月度协商座谈会发言摘编[N].各界导报,2020－7－31(3).

股份制农业合作社对解决牧区“三农”问题的作用

——基于对内蒙古扎鲁特旗巴彦塔拉苏木东萨拉嘎查的实地调研

马天骏[①]

摘　要：“三农”问题是完成脱贫攻坚，实现共同富裕的道路上不得不解决的问题，也是帮助中国人口基数最大的群体——农民，实现美好生活，加快我国从农业大国向工业大国转型，推进社会主义现代化进程的关键问题。由于中国幅员辽阔，不同地区有着不一样的自然条件和人文风情，因此，解决“三农”问题必须因地制宜。党的十九大上提出的乡村产业振兴战略为我国解决“三农”问题指明了新的方向。本文正是基于乡村产业振兴的视角，结合对内蒙古自治区扎鲁特旗巴彦塔拉苏木东萨拉嘎查的实地调研，通过对当地的农村合作企业——玛拉沁艾力的深入分析，探讨股份制农业合作社对于解决牧区“三农”问题的促进作用。

关键词：“三农”问题　农业合作社　玛拉沁艾力　发展困境

一、文献综述

解决“三农”问题就是要在社会主义经济体制的背景下，实事求是、因地制宜地发展社会主义现代化农业，加快农业工业化、机械化的建设步伐，运用多种现代化的经济形式，实现产业兴旺、生态宜居、治理有效、生态文明、生活富裕的乡村振兴战略（吴万运，2021）。在解决“三农”问题的道路上，农业专业合作社发挥着非常重要的作用，福建龙岩市基层功效合作社就起到了很好的模范带头作用，龙岩市的供销合作社发挥着生产、供销、信用“三位一体”的综合作用，为龙岩市脱贫攻坚战取得胜利提供了强劲动力（李博等，2021）。在互联网普及的大环境下，“互联网＋三农”模式的应用受到越来越多农村地区人民的青睐，为农业发展提供了新的机遇，为农产品的营销提供了更广阔的平台，同时也为农业专业合作社的渠道打开了新的天地，农业专业合作社的经营也在越来越多地依赖互联网（王莹莹，2021）。内蒙古作为国家的粮食主产区和主要的畜牧业区，有着重要的战略地位，而牧区农业高质量发展离不开农业专业合作社的推波助澜，农业专业合作社能够在农业组织方式、

---

① 马天骏，男，上海财经大学会计学院2020级会计学硕士研究生。

运行机制、经营模式等方面给予农民广泛的帮助，促进农业生产的品牌化、标准化、绿色化，促进乡村产业振兴战略的实施(乌兰，2021)。作为一种农业经济体，农业专业合作社的作用还在于用经济利益来引导农业的健康发展，将经济动力转化为社会主义新农村发展的动力，用农村特有的资源作为招商引资的资本，用资本增值作为老百姓改善生活、实现共同富裕的方式(包通拉嘎，2015)。对于少数民族自治地区，农业专业合作社发挥的资源整合作用更加凸显：一方面，少数民族之间较为团结，农民能以自己的资金、农具、牲畜、草地等作为资本入股合作社，共享农业合作社的经营成果；另一方面，少数民族自治区还有多种多样的少数民族风情特色，单靠农民自己很难发挥少数民族特色的价值，而通过农业合作社的规模化经营，民族特色就能加以展现(苏都毕力格，2019)。农业专业合作社的存在能够让农民从容地面对疫情等灾祸，因为在疫情期间，通过合作社的统筹规划，以及广泛的社会渠道，能够使农产品及时、合理地销售出去，防止农产品在农民的手中霉烂变质(曹松，2021)。因此，农业专业合作社在促进农业经济发展中发挥着重要的调节作用，使基层农村的生产向着健康有序的方向发展(刘桂萍，2021)。

二、东萨拉嘎查基本情况

内蒙古自治区位于祖国北疆，幅员辽阔，呈现从西南方向向东北方向延伸的狭长地势。东萨拉嘎查在内蒙古通辽市扎鲁特旗境内，占地面积11.4万亩，其中包含6.8万亩天然牧草草场，占总面积比例的一半以上。东萨拉嘎查的草场位于自然环境优美、水草丰美、气候宜人的扎鲁特山地草原腹地，这里拥有丰富的牧草资源，非常适合牧草的生长和牛羊的养殖。其水资源中富含的锶元素是一种有益于人体健康的微量元素，使得这里的牛肉品质更为优质，在市场上更具竞争力。

东萨拉嘎查是一个完全由蒙古族牧民构成的自然村，规模相对较小，共有农户234户，常住人口1 025人，无外来务工人员，无外出打工人员，村内人员流动极为缓慢，村民鲜有外出，仅有极少数村民与苏木或旗县人员有联系。东萨拉嘎查与巴彦塔拉苏木镇政府相邻，但距离扎鲁特旗(县级)政府距离150千米，交通并不十分便利，但得益于内蒙古“十个全覆盖”政策的推行，省政府拨款为该村修建了公路，铺设了电线、连通了互联网电视信号、接通了自来水设施，让村民的生活变得更加便利，也为乡村振兴产业的发展奠定了良好的基础。

三、传统游牧养殖特点

在成立玛拉沁艾力股份制农业合作社之前，东萨拉嘎查的村民们一直采用的是传统游牧养殖的方式对牛羊等家畜进行饲养，其中暴露了许多游牧养殖存在的问题。第一，传统游牧最大的局限就是牧草草场资源的有限性，牧草的生长情况依赖天气条件以及自然环境的变化：降水丰沛的年份，牧草的生长情况较好，牧民可以养殖足够的牲畜盈利；但是遇到干旱的年份，牧草资源的不足就会使传统的游牧养殖受到严重的制约。第二，游牧养殖可能会对天然草场造成破坏，引起过度放牧后的草场退化。在游牧养殖过程中，牧民采取打一枪换一个地方的策略，在某一片草场放牧后，还未对草场进行修缮，就转移至下一片草场，尤其在干旱的年份，草场会受到牲畜的过度啃食，导致草场退化、草场沙漠化等问题的出现。第三，传统游牧可能导致草场的恶性竞争。在传统的放牧过程中，草场没有明确的产权归属，牧民各自为战，没有制订统一的生产计划和草场使用计划，常常出现跨区域放牧的情况，并造成草场资源的不良竞争。第四，传统的游牧养殖对于疫情的防治十分薄弱，因为大多数牧民学历较低，防疫知识匮乏，饲养牛羊往往依赖祖辈流传下来的经验，遇到牲畜瘟疫时难以找到合适的解决办法，会迷信偏方，最后导致牛羊大面积死亡，造成惨重的损失。第五，传统游牧养殖的肉产品存在销售渠道匮乏的问题，传统的游牧养殖使得产出的牛羊肉没有统一的交易渠道，大多数仍采用比较原始的交易方法。例如，牧民自己将牛羊宰杀后将牛羊肉用三轮车运送至乡镇售卖，或者有零散的肉商到村中收购成品牛羊，不具备固定的销售渠道，没有统一的定价方式，这就导致牧民在进行牛羊肉交易的时候议价能力薄弱，往往价值很高的肉类以低价售卖，而自行贩卖肉类还会产生运输途中肉类变质的风险。

四、农业合作社养殖的特点

上文分析了传统游牧养殖中出现的问题和风险，而采用股份制农业合作社的方式进行畜牧业生产，能够集中力量办大事，进行统一的规划、饲养、销售，可以很好地规避、改善上述问题。第一，针对草场生长周期和局部过度放牧的局限性，农业合作社能够进行集中的规划，精确到具体的时间在具体的牧场进行放牧，人员分工更加合理，一部分人员可以进行草场的培育。这样即使在干旱的年份，得到良好维护的草场依旧可以满足牛羊饲养的需求，而在放牧过后的草场可以安排专门的劳动力进行草场的修缮，从而避免资源流失与浪费，更能体现可持续发展和绿色发展的生态理念。第二，农业合作社能够集中力量办大事。所谓的集中力量，就是在合作社成员之间进行资源整合，社员认领股份的同时还需要贡献出自己能够控制的资源，比如草场、林地、牲畜苗等，将这些资源整合在一起从而形成规模效应，成规模成批次地进行生产养殖，同时整合在一处的资源能够进行合理调度，资源分配利用更加合理。第三，农业合作社模式能够让养殖更加专业化。一方面，合作社内部人员之间的养殖技术和防疫方法必然有优劣之分，采取合作社形式养殖，能够让专业的人从事专业的事情，能够共享优秀的饲养员的养殖经验和优秀的防疫人员的防疫经验，从而使养殖生产更加有保障。另一方面，农业合作社养殖成规模后，可以聘请一些外部专家进行养殖防疫方面的指导，大家一起分摊指导成本，提高养殖防疫工作的质量和效率；而单一的游牧养殖这部分的成本较大，往往不被采用。第四，农业合作社养殖能够避免恶性竞争。在传统的游牧养殖方式下，牧户之间存在着竞争，包括草场资源的竞争、牲畜品质的竞争、牲畜数量的竞争等，从而导致草场资源利用过度、牲畜单年产量过多造成跌价等问题；但是农业合作社形式的养殖能够统一计划草场的使用，计划当年投产的牲畜数量，大家一起努力养好集体的牲畜，避免牧户之间的恶性竞争。第五，农业合作社的养殖方法有助于开拓销路，提升销量，统一定价，提高牧民的议价能力。成立农业生产合作社之后，牧民不用再零散地进行牲畜和肉类的贩卖，合作社可以派出专人对销售途径进行考察和开拓，找到合适的买方后进行统一的议价谈判，避免因卖方之间的竞争而造成的议价能力下降。第六，农业合作社养殖能够更好地保障牲畜肉类产品的品质。在传统的游牧养殖下，牧民没有专用的运输设备，宰杀后的牛羊未经处理和良好的保存，在运输的途中极有可能发生变质，造成损失。但是成立农业生产合作社之后，合作社可以购买专用的运输冷藏车辆，在牲畜宰杀之后进行统一的无菌化处理和保鲜化运输，从而防止肉类在运送途中发生的变质，进而确保产品的高质量。

五、玛拉沁艾力企业简介

为了改善东萨拉嘎查牧民的生存环境，改变当地农牧业生产的经营环境，带领全村人民脱贫致富，为当地的乡村产业振兴寻找一条新的出路，东萨拉嘎查的村主任兼村支书吴云波一直在探索。他的祖祖辈辈都是经验丰富的牧民，养牛技术和培育牧草的技术在当地十分知名。受到家庭环境的影响，吴云波成长为种草养牛的一把好手，但是只有他一个人并不能解决好全村所有家庭的养殖问题，而且传统的游牧养殖存在诸多问题需要克服。面对这个难题，他选择带领全村人民，采取股份制形式，建立了玛拉沁艾力养牛专业合作社，开启了东萨拉嘎查农业合作养牛脱贫的新篇章。

玛拉沁艾力养牛专业合作社成立于 2014 年初，最初的启动资金为 550 万元，全村 234 户村民中有 207 户村民以现金、牲畜、耕地等方式出资对股份进行认购，并以自愿入股和退股的股份制农业合作社的形式开展经营。随着合作社的不断壮大，其业务得到了极大的拓展，在牛羊养殖的基础上增加了牧草培育、牛肉食品加工、牧区草原特色旅游等新的产业，并同时成立了三家子公司，包括“云波牧草种植专业合作社”“玛拉沁艾力食品有限公司”“玛拉沁艾力旅游发展有限责任公司”，进一步强化了自身的品牌矩阵，并完善了上下游的全产业链发展，真正实现了让农民牧民变成股东，让股东再就业变成工人。

玛拉沁艾力养牛专业合作社创立之初通过创始人出资和村民入股共募集资金 550 万元。经过六年多的良好运营，2021 年初玛拉沁艾力养牛专业合作社的净资产已经达到 8 800 万元，肉牛的存栏量也从 2014 年的不到 600 头升至 3 000 头以上，实现了稳步快速的成长。不仅如此，玛拉沁艾力养牛专业合作社也切实地改善了村民的生活，五年共分红 620 万元；同时积极发挥产业带动作用、推进脱贫攻坚工作，采取股权激励、就业扶贫、产业帮扶扶贫、示范带动等手段，五年累计资助贫困家庭大学生及入伍青年 40 人，救助孤寡老人 6 人，扶持困难户建房 7 户等，累计扶持资金达到 178 000 元，实现了“输血型”扶贫向“造血型”扶贫转变。合作社自 2017 年起累计每年投入精准扶贫资金 55.6 万元；帮扶贫困户 132 户(其中本嘎查 77 户，苏木其他嘎查村 55 户建档立卡贫困户)，使贫困户定期稳定脱贫。

六、玛拉沁艾力经营模式分析

(一)村民入股发挥合作优势

股份制农业合作社是玛拉沁艾力的公司形式，也是玛拉沁艾力的优势所在，更是吴云波书记带领东萨拉嘎查全体村民脱贫的关键一招。采用股份制农业合作社模式经营能够发挥诸多合作优势。首先，股份制农业合作社能集中牧民手中的所有资源，规避传统游牧养殖过程中存在的各种不确定性，形成一定的规模效应，能更有计划、更加稳定地进行生产；其次，在股份制农业合作社中村民能共享发展的各项成果，最直观的便是共享经济效应，村民在年底能拿到属于自己股份份额的分红，除此之外，村民还能共享牧草培育方法、肉牛养殖方法、牲畜防疫知识、肉类储存技巧等专业化的生产方法指导，在日后的农业生产中，不断提升自己的生产本领；最后，股份制农业合作社能极大地调动村民的劳动积极性，给村民中的有志之士一个展现自己的舞台。由于在股份制农业生产合作社中，所有村民都认购了相应的股份，因此，合作社当年的盈亏就与自己家庭的年收入息息相关，所有的村民都会希望合作社经营得越来越好，而且建立养牛专业合作社需要投入大量的劳动力，这就使村中原有的养殖能手有了更大的发挥自己能力的舞台。

（二）积极拓产整合全产业链

玛拉沁艾力养牛专业合作社成立之初只有肉牛饲养和生牛肉销售两种业务，但是随着东萨拉嘎查的村民凭借自己丰富的养牛经验以及对内蒙古牛肉市场的探索，其经营范围逐步扩大。首先是产品上游，规模化养牛最关键的原材料除了牛犊就是牧草，为了确保牛肉的产量和品质，牛犊的饲养过程中必须保证牧草的充足，而天然的牧草草场由于受到自然环境等因素的限制，往往不能为规模化养殖提供足够的牧草，因此，玛拉沁艾力在养牛专业合作社的基础之上又成立“云波牧草种植专业合作社”进行牧草的培植和牛饲料的研制生产，为规模化肉牛养殖做好了原料保障。

在做好养殖业上游的牧草饲料保障之后，玛拉沁艾力又开始为进一步提升产品毛利率寻找出路。如果生产的牛肉直接售卖，毛利率大概在50%左右，而将牛肉加工成牛肉干、牛板筋等休闲的加工肉之后，毛利率将提升至100%，因此，玛拉沁艾力又成立了食品加工有限公司，进行牛肉产品的精加工，同时食品加工公司还能对生鲜牛肉进行封装冷冻，使得长途运输玛拉沁艾力生产的牛肉成为可能。

玛拉沁艾力的眼光没有局限在肉牛养殖和牛肉产品加工之中。由于东萨拉嘎查地处内蒙古扎鲁特旗扎鲁特山地草原腹地，气候适宜，自然环境良好，水草丰美，牛羊成群，拥有典型的蒙古风情景观，是一个发展民族风情旅游的好地方，因此，玛拉沁艾力在开展培育、养殖、加工等业务的基础之上还积极拓展了旅游业，成立了“玛拉沁艾力旅游发展有限责任公司”，经营农家乐、养殖基地参观、生鲜牛肉品尝等业务，为慕名而来的游客们提供更好的服务。

（三）紧抓热点推广直播带货

2020年一场疫情严重阻碍了实体经济的发展，使众多企业进入了停滞状态，众多城市采取了封城的措施，城市中的人们都处在居家隔离的状态，人与人之间的接触受到限制从而使人们没有办法在线下消费，这严重影响了玛拉沁艾力的生鲜牛肉出售。在疫情严峻的大环境下，为了能将滞销的牛肉及时销售出去，东萨拉嘎查的村支书也是玛拉沁艾力养牛专业合作社的董事长吴云波想到了采用当下流行的网络直播带货来进行牛肉的销售。通过食品加工厂将无菌化处理过的牛肉进行封装和冷冻，然后通过顺丰快递空运，就能将牛肉快递给直播间中购买的顾客。在这种销售方案下，滞销的牛肉很快就销售出去，并且通过互联网直播间打开了玛拉沁艾力这个品牌的知名度。购买牛肉的顾客给了玛拉沁艾力牛肉很好的口碑，为玛拉沁艾力进一步扩大了品牌影响力。

（四）凝心聚力造福周边村镇

尽管玛拉沁艾力是由东萨拉嘎查的村民入股的股份制农业合作社，但是随着玛拉沁艾力的业务不断扩张，本村的林地、牧草草场、种牛和养殖车间已经不能满足较大的市场需求，因此，玛拉沁艾力选择与周边的村镇合作，其他村镇的农民可以通过向玛拉沁艾力提供达到标准的种牛、成品牛肉、草场、养殖车间用地的方式来分取相应的收益。只要提供的资源达到玛拉沁艾力的出场标准，相应的产品就能以玛拉沁艾力的定价（高于市场普通牛肉的价格）销售，如此一来，周边的村镇也通过玛拉沁艾力养牛专业合作社拓宽了销售渠道，实现了产品增收，玛拉沁艾力也承担了更大的社会责任，推动了更大范围的脱贫事业。

七、玛拉沁艾力展现的优势

（一）品牌优势

玛拉沁艾力自2014年成立以来，经过六年多的辛苦耕耘已经成为蒙东地区的知名品牌，并且在互联网上也具有一定的知名度。内蒙古地区畜牧业最为发达，有许多生鲜牛肉的品牌，如罕山牛业、广发草原等，而玛拉沁艾力却能突出重围，在品牌影响力方面构筑起一道坚固的护城河，除了玛拉沁艾力本身过硬的品质外，还要靠总经理吴云波的辛勤运作。起初，玛拉沁艾力作为带领村民脱贫致富的养牛专业合作社，在品牌推广的时候就更能引起消费者的同理心，激发购买欲。随后由于玛拉沁艾力的业绩逐年上涨，玛拉沁艾力所带来的脱贫效益也越来越大，总经理吴云波作为玛拉沁艾力的创始人同时也是内蒙古脱贫攻坚战的冲锋者受到了社会各界的广泛关注，不仅获得了“2017年全国脱贫攻坚奋进奖”，更是当选为第十三届全国人民代表大会代表。在拥有更多曝光度和更大影响力之后，经理吴云波想的是将玛拉沁艾力做大做强，不断地在扶贫脱困一线发挥一个民族企业的应有之义，所以他在参加各种重要活动，出席各种场合的时候都会对玛拉沁艾力进行宣传，并且在网络直播平台上，他也是身先士卒地对玛拉沁艾力进行推广带货，使得玛拉沁艾力的品牌优势逐日扩大。

（二）自然资源优势

玛拉沁艾力身处的扎鲁特山地草原腹地不仅自然环境优美，水草丰茂，更加重要的是，这里拥有富含锶元素的山泉水。随着中国人口老龄化的加剧，医学界更加关注老年人的健康问题，尤其是对于骨质疏松的防治。锶元素在元素周期表中与钙元素属于同族，在化学性质上有一定的相似之处，而且相对于钙元素更易被人体吸收从而预防骨质疏松，因此锶元素对于预防骨质疏松有很大的功效（王松等，2019）。玛拉沁艾力的养殖车间靠近含锶山泉，牧草生长过程中，牲畜进食饮水的过程中都能大量摄入锶元素，如此生产出来的牛肉就是富含锶元素的牛肉，可以作为一种特殊的营养补充剂，更具保健价值，所以也更能够支撑玛拉沁艾力牛肉的较高溢价，成为玛拉沁艾力牛肉的独特优势。未来玛拉沁艾力还计划与南京农业大学实验室合作，鉴定牛肉中所含锶元素及功效，并明确标注在外包装上。

（三）肉类品质优势

金杯、银杯，不如老百姓的口碑。这句话用来证明玛拉沁艾力牛肉的优良品质是再准确不过了。在东萨拉嘎查玛拉沁艾力生产基地调研的时候，经理吴云波给我讲了一个小故事。2018 年玛拉沁艾力在北京布局第一家直营牛肉店的时候，一位老奶奶被来自内蒙古的纯正牛肉所吸引，但是玛拉沁艾力牛肉的定价比农贸市场高出 20%，这让老奶奶十分不解，认为在这里买牛肉相当于上当受骗，玛拉沁艾力是在欺骗消费者，于是去问吴云波经理，为什么牛肉定价这么高。吴经理知道，消费者如果没有真正地品试过自己的牛肉，就不会了解为什么玛拉沁艾力这样定价，于是他告诉老奶奶，您可以“先上一当”，买回去尝尝，如果不好吃就再也不来光顾了，老奶奶买了一斤，带着疑问回家。没想到第二天老奶奶就带着自己的好朋友又来到了店里，原来用玛拉沁艾力生产的牛肉做卤肉，一斤可以产出六两，而农贸市场的普通牛肉，一斤只能产出四两。这个例子生动地说明了玛拉沁艾力坚持采用内蒙古传统的牛肉养殖技术和生牛肉加工技术，没有在其中注水，最大限度地保证了营养物质不流失，使牛肉富含蛋白质，所以玛拉沁艾力的牛肉在品质上具有很大的优势。

（四）国家政策优势

一是税收优惠政策：对农民专业合作社销售本社成员生产的农业产品，视同农业生产者销售自产农业产品，免征增值税；一般纳税人从农民专业合作社购进的免税农产品，可按 13%的扣除率计算抵扣增值税进项税额；对农民专业合作社向本社成员销售的农膜、种子、种苗、化肥、农药、农机，免征增值税；对农民专业合作社与本社成员签订的农业产品和农业生产资料购销合同，免征印花税。

二是金融支持政策：国家将把农民专业合作社全部纳入农村信用评定范围；加大信贷支持力度，重点支持产业基础牢、经营规模大、品牌效应高、服务能力强、带动农户多、规范管理好、信用记录良的农民专业合作社；支持和鼓励农村合作金融机构创新金融产品，改进服务方式；鼓励有条件的农民专业合作社发展信用合作。

三是财政扶持政策：自 2007 年以来，中央财政累计安排专项资金超过 18 亿元，主要用于扶持农民专业合作社增强服务功能和自我发展能力。农机购置补贴财政专项资金对农民专业合作社会优先予以安排。

四是涉农项目支持政策：2010 年农业部等 7 部委决定，对适合农民专业合作社承担的涉农项目，将农民专业合作社纳入申报范围；尚未明确将农民专业合作社纳入申报范围的，应尽快纳入并明确申报条件；今后新增的涉农项目，只要适合农民专业合作社承担的，都应将农民专业合作社纳入申报范围，明确申报条件。目前，农业部蔬菜园艺作物标准园创建、畜禽规模化养殖场（小区）、水产健康养殖示范场创建、新一轮“菜篮子”工程、粮食高产创建、标准化示范项目、国家农业综合开发项目等相关涉农项目，均已开始委托有条件的农民专业合作社承担。2020 年，合作社将承担更多申报项目功能。

五是农产品流通支持：国家继续鼓励和引导农民专业合作社与城市大型连锁超市、高校食堂、农资生产企业等各类市场主体实现产(供)销衔接。

六是人才引进政策:农业部从 2011 年起组织实施现代农业人才支撑计划,每年培养 1 500 名合作社带头人。2022 年继续把农民专业合作社人才培训纳入“阳光工程”,重点培训合作社带头人、财会人员和基层合作社辅导员;同时鼓励大学生村干部参与、领办合作社。

八、玛拉沁艾力面临的困境

尽管在过去的六年多,玛拉沁艾力以强劲的势头、高额的回报、较大的市场份额成为内蒙古农业合作企业中的佼佼者,但是玛拉沁艾力未来的发展仍然存在许多隐忧。在笔者与玛拉沁艾力总经理吴云波先生交谈的过程中,他对许多方面表示了担心,如果这些问题得不到解决,玛拉沁艾力的品牌优势、政策优势等将会贬值,并成为制约玛拉沁艾力进一步发展的因素。

(一)人才不足的困境

走访玛拉沁艾力企业的时候,无论是总经理吴云波还是玛拉沁艾力的工作人员,都表达了对人才紧缺的无奈。造成玛拉沁艾力人才紧缺的因素主要有三个方面。首先,内部人才供给不足。玛拉沁艾力创立于扎鲁特旗东萨拉嘎查,是一个位于偏远牧区的自然村,村中只有一座小学,基础教育水平比较落后,因此村民中的本科率较低,在学历方面没有优势,应对现代商业难题的能力比较薄弱。其次,大环境对专业人才没有吸引力。扎鲁特旗位于内蒙古与东三省的交界处,虽然自然环境优越但是营商环境比较落后,对于金融、销售方面的人才没有吸引力,金融专业的人才在整个大环境中都很难找到合适的工作,因此玛拉沁艾力很难招聘到合适的人才。最后,地方对于大学生返乡创业、返乡就业的鼓励不足。每一年从内蒙古考到外省大学的应届生不计其数,但是选择返乡就业的人屈指可数,尤其是在高端人才方面,这种情况更加显而易见。造成这种问题的原因除了发达省市的资源更好之外,就是应届生待遇上的显著差异。

(二)渠道拓展的困境

目前玛拉沁艾力还面临渠道单一的问题。一方面,当前线下消费受到线上消费的极大冲击,无论是日常百货还是农副食品,消费者都能通过网购轻松获取,科尔沁牛业、双汇肉业、雨润冷鲜肉都在天猫、淘宝、京东、拼多多等电商平台开设了官方旗舰店。而玛拉沁艾力目前的销售渠道主要仍然是直营店,虽然经常在网络直播间售卖,但是直营店的销量仍然占据更大的份额。过度依赖直营店会加大玛拉沁艾力的销售成本,挤占利润空间,而且直营店的销售场景比较固定,消费者无法随时随地购买玛拉沁艾力的产品,不利于玛拉沁艾力品牌的传播。另一方面,玛拉沁艾力对自己的定位是高端的、自然健康的牛肉,那么定价方面就有一定的差异性,较高的定价使得小城市的消费群体对其消费欲望下降,而在消费能力更强的大城市销售会进一步提高直营店的运营成本,因此解决销售渠道的拓展问题迫在眉睫。

(三)融资困难的困境

玛拉沁艾力总经理吴云波在与千村调查小组交谈之时,诚恳地诉说了当前农村企业融资方面面临的困境，并且期望千村小组返校之后能在上海财经大学的平台中为玛拉沁艾力的融资问题出谋划策。目前国家并没有针对农业合作社的专项贷款，对于一般企业贷款的审批又十分严格，类似于玛拉沁艾力这种初创型小规模的企业很难进行贷款融资，公司的相关款项都是村民一个一个申请的扶贫专项贷款，再汇总到合作社层面使用，而个人贷款的金额十分有限。玛拉沁艾力当前处在扩张的关键时期，如果不能及时地进行融资扩产，那么之前积累的品牌价值等优势可能会发生贬值。尽管总经理吴云波已经在两会上提议由各大银行牵头设立国家专项扶贫基金用于扶贫性质的农业合作社贷款融资，但是当前该提议的批复还没有实质性的进展。

九、给玛拉沁艾力未来发展的相关建议

（一）招贤纳士专项补助

吸纳人才的关键还是要提高人才的保障待遇，只有提升待遇的竞争力，玛拉沁艾力才有可能吸引到当前需要的人才。关于提升人才的待遇保障，可以参考军队的人才保障措施。与军队类似，玛拉沁艾力当前的工作地点相对大城市较为偏远，当地的各项基础设施比较落后，在这种情况下，人才考虑未来的发展等一系列因素，自然会做出其他更好的选择，但是如果借鉴军队的保障措施，为特殊人才提供更好的保障，比如夫妻分居补贴、补充性医疗保险、子女教育补贴等一系列的保障措施，那么在玛拉沁艾力的工作机会对于人才就有了更大的吸引力。

（二）积极拓展多元化渠道

根据调研走访结果，目前玛拉沁艾力最主要的销售渠道仍然是省内销售，核心的消费群体仍然集中在内蒙古通辽市范围内，所以当前玛拉沁艾力的业绩提升受到了销售渠道的极大制约。关于销售渠道的拓展，建议玛拉沁艾力先从投入较小的线上消费渠道开始拓展，比如在淘宝、京东、拼多多上开设品牌旗舰店。这些电商平台都开展了不同的线上直播带货业务，玛拉沁艾力可以与头部主播合作带货，响应国家打造地方特色品牌、扶贫品牌的号召，进一步加强对产品的推广；同时，玛拉沁艾力应进一步挖掘自身的特色，最近藏族小伙丁真的走红就是一个很好的例子，玛拉沁艾力也可以挖掘蒙古族牧牛的年轻人，展现民族特色元素从而对自身进行宣传。当玛拉沁艾力的经营规模进一步扩大之后，还可以与盒马鲜生、山姆店等位于一线、二线城市的生鲜超市合作，将产品销售给更能消费得起高端牛肉的群体。

（三）敢于引进风险投资

当前国家并没有对股份制农业合作社的融资渠道进行限制，所以玛拉沁艾力在自身高速成长的过程中不必拘泥于引进国家政策性资金，这样会损失巨大的机会成本。总经理吴云波强调玛拉沁艾力的牛肉目前一直处于供不应求的状态，而因为资金不足，不能及时扩产就会丧失抢占市场份额的机会，所以为了避免这种机会成本的损失，在自身复合增长率较高的阶段不妨引入风险投资。目前，国内风险投资的规模在不断扩大，2020 年风险投资规模更是达到了历史新高，中国的风险投资市场成为世界风险投资市场中增速最快的一

个,国内的风险投资公司也如雨后春笋一般涌现,如小米集团的小米风投、联想旗下的君联投资等。玛拉沁艾力如果能够抓住风险投资爆发的市场机会,引入企业发展的新鲜血液,对于自身未来的发展以及引进新的商业伙伴将是十分有益的。

十、股份制农业合作社对于解决“三农”问题的作用

股份制农业合作社是社会主义经济体制下,中国乡村产业振兴背景下,中国农村人民团结在一起用经济手段共同解决农村存在的“三农”问题的创业尝试。农村合作社能充分挖掘当地的经济优势,最大限度地调动农民的生产积极性,在提升农民生活质量、造福当地百姓的同时为社会创造更大的价值,为实体经济注入更加“接地气”的新鲜血液,因此,实现乡村产业振兴的战略必须重视农业合作社的经济形式,充分发挥农业合作社的优势。

(一)因地制宜挖掘经济效益

首先,股份制农业合作社能因地制宜开创最适宜当地发展的产业。千百年来,中国农村人民过着面朝黄土背朝天的农耕生活,他们以天为穹、以地为庐、靠天吃饭、靠地为生,他们是中国大地上最了解土地、最了解大自然的一群人,他们拥有得天独厚的与大自然交流的神奇优势,能与大自然对话,询问大自然在这片土地上做什么产业才能过上好生活。玛拉沁艾力就是一个非常好的因地制宜地发展乡土经济的例子。在内蒙古草原大地上,畜牧业就是农民最赚钱的营生,成本低且回报丰厚,只要耐心养殖,毛利率可以达到50%。玛拉沁艾力将牧民们紧密团结在一起,各司其职,让养牛变成了现代的机械化、规模化生产,极大地提高了生产效率,让该村的产值成倍增长,创造了极大的经济效益。而在其他省份的农村,该模式也可以顺利推行,宁夏的枸杞产业、黑龙江的泡菜产业、广西的米粉产业等,都是建立农村合作社的可选项。

(二)激励有志之士返乡创业

有平台、有前景、有发展、有未来,才有人才的不断涌入,股份制农村合作社就为农村人才的发展提供了一个良好的平台,描绘了美好的未来。当前中国的经济仍然处在高速发展的时期,不同地区的人才竞争日益加剧。为了吸引不同领域的人才,各地政府使出了浑身解数,推出了不同的优惠手段。面对这种人才竞争的大环境,如果农村不推出相应的政策,是很难留住人才、吸引人才的。人们总是向往更加美好的生活,在农村也是一样,当前造成农村人才流失的很关键的一个原因就是农村缺少人才培育、成长和发展的平台。而玛拉沁艾力这样的农村合作社的存在填补了这个空缺,它给东萨拉嘎查的有志之士和立志于在农村施展才干的有为青年提供了踏实奋斗的机会,在未来会有越来越多的玛拉沁艾力成长起来,地大物博的中国农村也会是青年人才施展才干的一片沃土。

(三)授人以鱼不如授人以渔

解决“三农”问题不能靠输血,而是要让农村拥有自己造血的能力。“三农”问题的根本在于农村与城市发展程度的不对等、不协调。在社会经济高速发展的今天,农村人民同样需要共享经济发展的胜利果实,但是将钱直接发放到农民手中,虽然能解决农村人民的燃眉之急,却犹如将纸屑丢入火堆中,只能产生不可持续的能量。要想农村经济转型,实现良

好的可持续发展，必须将社会主义市场经济引入农村的大环境中，将农村从一个社会的生产单元、供应链的上游变成社会主义市场经济的参与者，直接面对价值链的下游消费者，这样才能让农村人民得到更多的剩余价值。在这个过程中，像玛拉沁艾力这样的农业合作社就扮演着重要的角色，它们将生产和经营结合在一起，将生产的利润和经营的利润同时回流到农民的手中，改变了农牧民单一的社会生产者的角色，使得社会主义新农村的面貌焕然一新。

参考资料

[1]包通拉嘎. 牧区合作社发展驱动力研究. 2015.

[2]苏都毕力格. 牧区合作社与资源利用研究. 2019.

[3]王莹莹. 乡村振兴视阈下乡村旅游高质量发展研究[J]. 现代农村科技，2021(09).

[4]吴万运. “三农”问题与振兴乡村战略：马克思主义农业现代化思想研究[J]. 新经济，2021(08).

[5]曹松. 加快供销合作社系统推进疫后湖北农业产业化发展研究[J]. 中国合作经济，2021(Z1).

[6]李博，高强. 转型与超越：乡村振兴背景下牧区合作社的功能演化[J]. 西北农林科技大学学报(社会科学版)，2021(03).

[7]刘桂萍. 探析农业专业合作社在促进农业经济发展中的重要作用[J]. 农机使用与维修，2021(08).

[8]王松，王菁华，潘虹，刘威. 高锶矿泉水研究[J]. 黑龙江科学，2019(08).

[9]乌兰. 民族地区农业生产合作社高质量发展路径探析——以兴安盟金刚水稻合作社为例[J]. 安徽农业科学，2021(16).

第三篇　对千村调查的媒体报道

传承伟大革命精神　探访脱贫攻坚成果[①]

——校党委副书记朱鸣雄带领师生前往重庆市巫山县开展2021年千村调查

2021年7月28日至29日，上海财经大学党委副书记朱鸣雄教授带领师生在重庆市巫山县开展千村调查重点项目系列活动。活动的主要内容包括深入开展党史学习教育、入村入户调查、与全国脱贫攻坚楷模毛相林座谈，以及开展“五个一”劳动教育等。巫山重点调查团队由学生处、“三农”研究院、公共经济与管理学院、经济学院、会计学院、信息管理与工程学院和金融学院的师生组成。

瞻仰革命先烈，不忘初心使命

千村调查小组成员合影

① 资料来源：上海财经大学官网，2021年8月9日。

7月28日上午，在巫山县委宣传部陶举华副部长的陪同下，调研团全体师生怀着崇高的敬意来到了位于巫山县博物馆内的李季达事迹陈列馆，开展党史学习教育。李季达是中共早期活动家，曾任天津市委书记。他年少聪颖，1920年留法勤工俭学，1922年加入“旅欧中国少年共产党”，1924年转为中共党员，成为中共旅欧总支部法国支部的成员。1925年，李季达奉调回国，临危受命，领导天津工人运动，揭开各地革命运动的序幕。1927年，李季达因叛徒出卖被捕。被捕后，李季达遭受敌人种种酷刑，几次昏死仍然坚贞不屈，最终被敌人杀害，走完了光辉却又短暂的一生。临死前他还向民众发表爱国演说，据天津《益世报》报道，那次临时演说气壮山河！

参观李季达事迹陈列馆

在李季达事迹陈列馆合影留念后，朱鸣雄副书记对学生们给予了深切期望。他说，回望我们党走过的百年征程，正是无数革命先烈撑起了中华民族的铮铮脊梁，铺就了复兴之路的块块基石。作为新时代的新青年，上财学子更应当奋勇争先，不忘初心使命，好好学习革命先辈的精神信念，把革命的火种代代相传，为人民谋幸福，为民族谋复兴。现场的学生也纷纷表示，要更加珍惜革命先辈用生命换来的美好生活，也要用自己的青春和汗水为祖国的明天不懈奋斗，真正做到：请党放心，强国有我。

学习时代楷模，感悟下庄精神

7月29日上午9点，调研团师生一行来到“全国脱贫攻坚楷模”毛相林所在的巫山县竹贤乡下庄村，学习“不等不靠、敢闯敢拼、百折不挠”的下庄精神。下庄村位于秦巴山区腹地的重庆市巫山县，是个“天坑村”。这里四面绝壁，从坑沿到坑底的距离达1 100米。不甘心“坐井观天”的下庄人，1997年，在支部书记毛相林的带领下，全村398个村民，拿着铁钎

缅怀革命先烈李季达

和铁锤，向悬崖发起挑战。7 年时间，牺牲了 6 位村民，在悬崖上凿出一条出村的公路，彻底改变了村庄的命运。下庄人用“不等不靠”的自觉、“敢想敢干”的勇气、“坚定不移”的执着、“合力攻坚”的奋斗，在悬崖峭壁上凿石修道，历时 7 年铺就一条 8 000 米的“绝壁天路”。路修通了，机会就多了，毛相林继续发扬下庄精神，开始摸索全村的“脱贫路”。从动员年轻人外出打工到带头种植漆树、养蚕，到最后确定发展柑橘、桃树、西瓜三大脱贫产业。这条“脱贫路”是毛相林带领乡亲们花了 15 年时间探索出来的。2015 年，曾经最穷的下庄村在巫山县率先实现整村脱贫。2019 年，村民人均年收入达 12 670 元，是修路前的 40 倍。

在下庄村和“下庄精神陈列馆”，师生们更加直观和深刻地体会到了修路和脱贫的艰辛，也切实感受到了在党的带领下，人民的生活变得更加美好。

随后，毛相林书记在“愚公讲堂”与调研团全体师生开展的座谈会上，回忆了当年修路的坎坷与艰辛，并向我们介绍了下庄村近几年的产业发展情况。脱贫攻坚背后的故事让师生们深受感动。在全国脱贫攻坚总结表彰大会上，习近平总书记也肯定了下庄精神：“带领乡亲们历时 7 年在绝壁上凿出一条通向外界道路的重庆市巫山县竹贤乡下庄村党支部书记毛相林说，‘山凿一尺宽一尺，路修一丈长一丈，就算我们这代人穷十年苦十年，也一定要让下辈人过上好日子’。”毛相林书记带领下庄人民凿路脱贫展现的下庄精神，将一直激励着我们。

深入村户调研，探访乡村振兴

7 月 28 日下午和 29 日下午，调研团分别在竹贤乡福坪村和下庄村开展入村入户调查。在朱鸣雄副书记的带领和指导下，师生们顶着烈日，在农户家里，在田间地头，对村民进行了走访和问卷调查。

在福坪村，学生们发现，由于当地海拔较高、气候适宜，村民通过种植烤烟，依托政策，

在下庄村调研

在“遇公讲堂”开展的座谈会

过上了“垅亩丰盈满家喜”的日子。当地以生态农业、生态旅游、生态康养为重点发展产业，持续推进绿色生态建设，践行“绿水青山就是金山银山”的理念，打好了乡村振兴第一仗。随着国家扶贫攻坚项目的推进，在海拔 1 300 米的大山上，村民们用水短缺、用电困难的问题得到了解决，正大步迈向小康生活。

而在下庄村，因为路的修通，这个曾四面绝壁，危途巉岩的“天坑村”一改穷苦的舛命。学生们在调查中了解到，村里大力发展种植业，种植了柑橘、西瓜和桃，曾经卖不出去的农产品现在给村民们带来了丰厚的收入，家家户户都有电视、空调、冰箱。在政策的大力扶持

入村调研

下，毛相林书记还将带领村民重点发展第三产业——旅游，当代脱贫致富和乡村振兴的缩影仍在奋力地续写它的未来……

开展劳动教育，实践增长才干

7月29日下午，在下庄村完成调研后，朱鸣雄副书记带领全体上财师生积极开展“五个一”劳动教育课程。学生们在老师的带领和当地村民的热情指导下，认识农具并实际体验如何使用农具，在田间地头了解当地农业生产状况，认识农作物，学习并帮助老乡干农活等。朱鸣雄副书记带着学生们认识了多种农作物，还一起为老乡掰玉米。身处田野间，学生们切身体会到了劳动的不易，也深刻了解到“实践增长才干”。即使艳阳高照，汗流浃背，学生们脸上也洋溢着满足的笑容。

入户调研

体验“五个一”劳动教育

在田间地头了解当地农业生产状况

认识农作物

在几天的千村调查中，学生们认真学习党史，感悟精神，走村入户，用脚步丈量祖国大地，用心去读懂中国。在这次千村调查中，年轻的上财学子们经历了洗礼，增长了见识，也坚定了将青春写在祖国大地上的信念！

悟长征精神 看绿色振兴[①]

——副校长刘兰娟带领师生前往贵州省遵义市道真县开展2021年千村调查

2021年7月26日至30日，上海财经大学刘兰娟副校长带领师生赴贵州省遵义市道真县开展“千村调查”系列活动，内容包括乡土民情调研、党史学习教育、“五个一”劳动体验、“千村大讲堂”主题讲座、研究生支教团走访慰问等。

千村调查小组在遵义

红色精神・历久弥新

7月26日，台风“烟花”的影响仍未消退，但是恶劣的天气无法阻挡师生们浓浓的实践热情。根据前期完善的规划及详细的预案准备，上海分队和贵州分队的师生们陆续在遵义

① 资料来源：上海财经大学官网，2021年8月4日。

汇集，有条不紊地拉开“千村调查”工作的序幕。下午3时，刘兰娟副校长带领实践团队来到遵义会议会址，通过陈列馆丰富的资料、生动的油画和多件历史展品，师生们不仅了解了遵义会议召开的背景、过程和重要意义，直观感受到了长征艰苦奋斗的光辉历程，而且对遵义会议体现的坚定信念，以及实事求是、独立自主、敢闯新路、民主团结的精神有了深刻的体会。在参观结束后，刘兰娟副校长带领学生们庄严宣誓：请党放心，强国有我！

参见遵义会议会址

劳动体验·知行实践

7月27日上午8时，刘兰娟副校长和千村调查贵州队指导老师、金融学院粟芳教授带领学生们走进田间地头，体验农村劳动。暑气蒸蒸、烈日炎炎，师生们背着箩筐，扛着锄头，走进庄稼地，认识了玉米、辣椒、四季豆、山楂、烟叶、蘑菇等农作物，也亲手采摘了玉米、辣椒等。在帮助农户清除杂草、打扫庭院之后，刘兰娟副校长和学生们利用当地的特色农产品学做丰富午餐。当“劳动的果实”呈上饭桌，调研团成员们对于“一粥一饭，当思来之不易；半丝半缕，恒念物力维艰”也有了更为深刻的理解。

情越山海·心连西东

7月28日上午，刘兰娟副校长、校团委书记沈亦骏老师赴道真县玉溪中学调研研究生支教团工作。刘兰娟副校长、道真县副县长费学卿与研支团成员共同完成了图书室布置工作，并为新校址“育才图书室”揭牌。在随后开展的座谈会上，校团委书记沈亦骏详细介绍了上财研支团制度保障、团队组建、培养机制、项目传承等情况；道真县教育局副局长韩锋高度评价了上海财经大学研究生支教团在道真县六年里所做的贡献；遵义团市委李良副书记对研支团同学提出凝聚三份力量、取得三个收获的期望。最后，刘兰娟副校长代表上海财经大学对遵义团市委、道真县政府、教育局、团县委、玉溪中学给予研支团工作的支持与

采摘玉米

帮助表示感谢，并指出学校层面将不断加大对乡村振兴事业的帮扶力度，以研究生支教团为纽带，加强两地交流与互动，拓展合作渠道，引导上海财经大学广大师生参与教学资源共享，更好地推进两校、两地合作在深度与广度上的进一步发展。

千村讲堂 · 科普惠民

7 月 28 日晚，“千村大讲堂”在道真县委党校开讲，金融学院粟芳教授做“风险与保险”主题讲座，道真县委县政府领导班子及副科级以上干部约 500 人现场参与讲座，各乡镇有关同志也通过网络在线学习。讲座中，粟芳教授首先为大家普及了金融知识，然后分析了纯粹风险与投资风险的区别，引导大家正确认识生活和工作中所面临的风险以及应对的方法。此外，她还详细地阐述了保险在生活和工作中所起到的作用并具体介绍了各种农业保险产品。粟芳教授深入浅出的讲解得到了与会人员的高度认可，他们表示这堂有关金融与保险的科普课将理论与生活、工作紧密结合，受益良多。

绿色经济 · 菜县菇乡

7 月 27 日至 7 月 29 日，刘兰娟副校长、粟芳教授带领调研团的学生们走访了道真县文家坝村、浣溪村、爱国社区等 7 个行政乡村，对村干部和村民做了详细调研，共完成入村问卷 7 份，入户问卷 140 份。师生通过与村干部和村民们的深入交谈，详细了解了道真县因地制宜发展绿色经济的具体做法，道真县通过打造“菜县菇乡”产业名片，依托省内外各类帮扶渠道和资源，形成了产供销一体化的产业链，进而带动村民稳定增收并得以脱贫。上海财经大学每年也会采购道真县的食用菌，每一位师生在品尝菌类佳肴的同时，也在为帮困扶贫贡献着一分力量。学生们认识到绿色经济对乡村振兴的深远意义，绿色产业的发展不仅帮助道真县摘掉了“贫困县”的帽子，而且改善了当地的生态环境，实现了经济发展和生态发展的双赢局面。

师生座谈会

乡村振兴·任重道远

由于疫情的影响，7 月 30 日，调研团终止了后续的调研行动。经过 4 天的千村调查活动，学生们在党史学习教育中进一步坚定了理想信念；在一线走访调研中切实体会到产业发展在脱贫攻坚中起到的重要作用；在田间地头和农家院落的劳动实践中深刻体悟了劳动最光荣的理念。师生们在本次千村调查的红色实践里，完成了同学党史、同劳动、观看乡村振兴的工作要求，也认识到对广大西部地区而言，脱贫摘帽远非乡村振兴的终点，作为社会主义新时代的新青年，上财青年定当传承红色精神，赓续红色血脉，以知促行，为乡村振兴注入青春活力！

千村调查小组在河口镇合影

传承红色基因 赓续奋斗精神

——常务副校长徐飞带领师生赴云南省红河哈尼族彝族[①]自治州地区开展2021年千村调查

2021年7月19日至22日，常务副校长徐飞带领来自“三农”研究院、马克思主义学院、校团委、金融学院、经济学院等单位的师生赴云南省红河哈尼族彝族自治州地区开展“千村调查”系列活动，深入学党史、悟初心，共同走千村、访万户，齐心出良策、增才干，一路看振兴、读中国。

赴红河开展千村调查

庆建党百年，学史千村行

7月20日，徐飞在云南省红河州委宣传部副部长李阳和州社科联主席、州社科院院长毛杰的陪同下，带领师生深入开展党史学习教育专题实践。

① 资料来源：上海财经大学官网，2021年7月27日。

参观西南联大蒙自分校纪念馆

西南联大蒙自分校纪念馆

调研团队首先来到西南联大蒙自分校纪念馆，了解西南联大的办学历程，聆听当年联大师生的故事，体悟“刚毅坚卓”的“联大精神”，增强了师生学习报国的责任感和使命感。随后，调研团队前往蒙自市查尼皮村，实地走访中共云南一大会址旧址，师生们在会址前庄严告白：“请党放心，强国有我。”团队内党员教师在徐飞的带领下重温了入党誓词，在鲜红的党旗和肃穆的旧址前感悟初心力量。

参观中共云南一大会址（一）

参观中共云南一大会址(二)

在中共云南一大会址党性教育室,徐飞与学生们亲切座谈,并以“传承红色基因,赓续奋斗精神”为主题,为全体师生上了一堂生动的现场情景党课,实地实景、真情实感地从“学史明理”“学史增信”“学史崇德”“学史力行”四个方面深刻阐发了党史学习教育的理论逻辑、实践逻辑、历史逻辑、现实逻辑,并殷切寄语学生:“大学不是用来度过的,大学是用来绽放的;青春不是用来度过的,青春是用来燃烧的!”现场学生们纷纷表示,听完党课后,学有所得,坚定了自己的理想信念——勇担时代使命,更有报效家乡和祖国的志气、骨气和底气。

在中共云南一大会址党性教育室座谈(一)

座谈会(二)

开展劳动教育,出良策干实事

7月21日,调研团一行驱车前往云南省红河州元阳县开展“五个一”劳动教育。上午11时,调研团抵达元阳县参加劳动教育启动仪式暨乡村振兴汇报会,徐飞出席仪式并讲话,元阳县常务副县长余胜华汇报了扶贫攻坚与乡村振兴有效衔接的情况,元阳县各委办局负责同志参加会议。会上,徐飞从自身战略管理专业角度出发,结合真实情况,针对元阳县乡村振兴与发展面临的突出问题,基于“升维思考,降维实施”方法论,提出了站在国之大者考虑问题,深刻领悟新发展阶段、新发展理念、新发展格局,升维制定新发展策略,实现超常规、非线性、跨越式发展,打造绿色发展的横断山脉经济带,达到反哺农业现代化的高质量发展策略,为当地发展出实招、话良策。“三农”研究院副院长、2021年“千村调查”首席

劳动教育启动仪式暨乡村振兴汇报会

专家许庆教授也就乡村振兴提出了三个方向的发展策略。徐飞为“五个一”劳动教育基地元阳县大鱼塘村村支书颁发了田间课堂实践导师聘书，余胜华常务副县长向调研团成员发出了劳动教育任务卡。由此，“五个一”劳动教育正式开始。

“五个一”劳动教育

体验梯田种养新模式

做农家饭

扫农家院

下午，师生们来到大鱼塘村的田间地头，学农具、干农活、识作物，亲身体验田埂劳作。师生们在“国家级稻鱼鸭综合种养示范区”深度学习体验梯田种养新模式，深度体悟作为世界文化遗产和全球重要农业文化遗产的哈尼梯田“四素同构”自然生态循环系统。在徐飞的带领下，师生们来到农户家中洒扫庭院，走进厨房与农民同做农家饭，亲手创造劳动成果。行走在田间，劳作在农家，学生们对于劳动创造价值、勤劳创造美好有了更深刻的领悟，展露出了满足的笑容。

走入田间田头

深入乡村调研，读懂产业振兴

7 月 20 日下午，徐飞在红河州、蒙自市有关同志的陪同下前往蒙自市西北勒乡调研了当地“石头缝里刨穷根，矢志脱贫奔小康”的奋斗故事，走访了苹果电商物流分拣冷链中心。7 月 21 日至 22 日，徐飞带领师生深入元阳县新街镇阿者科村等地听取村情介绍，并且入户与农民做访谈、拉家常，开展“千村调查”问卷调研工作。

走村入户调研

后续几日，在马克思主义学院副教授范静老师的指导下，团队师生在元阳县新街镇爱春村、主鲁村等村开展了入村、入户调研，共完成入村问卷 10 份、入户问卷 200 份，圆满完成调研任务。在调研过程中，学生们与村民、村干部深入交流，详细摸排了乡村振兴情况，认真学习了元阳县哈尼梯田特色种养的产业化模式。因地制宜地发展橡胶、香蕉种植业，探索旅游产业经营新模式等内容引发了学生们对经济社会发展和地区产业规划的专业思考，也让大家深刻感受到了元阳县在党的领导下打赢脱贫攻坚战、迈向乡村振兴路的巨大变化。

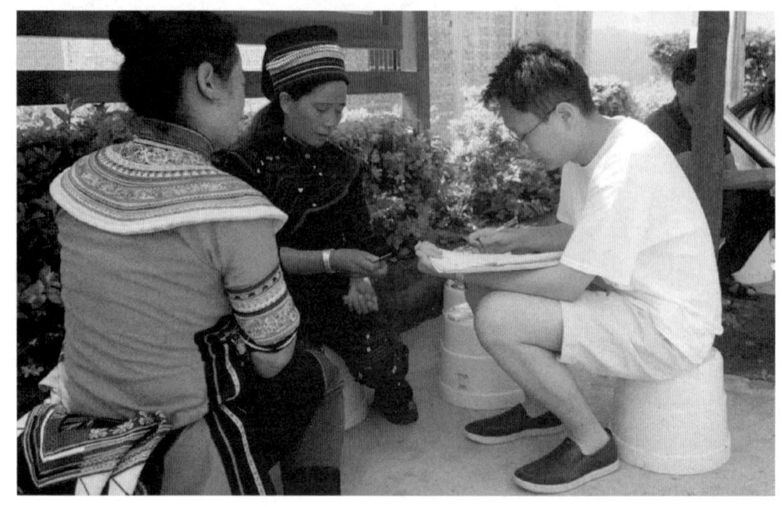

入户调研（一）

入户调研（二）

一路走千村、读中国，用心学党史、悟初心，亲身访梯田、共劳作，调研团成员们收获了成长，增长了才干，坚定了信念。来自云南省红河州个旧市的数学学院大三本科生苏唱同学表示，这些天既深入元阳体悟了脱贫攻坚精神，又走进农户、走入田间看到了新时代乡村振兴的奋斗征程，自己今后将传承红色基因，赓续奋斗精神，努力为乡村振兴贡献力量。家

千村调查小组成员合影

在云南省昆明市的法学院大三本科生郭治廷同学表示，由衷地敬佩脱贫攻坚干部和驻村干部的坚守与付出，当代青年要努力磨炼本领，积累学识，了解“三农”真实情况，将自己的所学用于家乡建设，将青春书写在祖国的大地上。

聚焦乡村产业振兴，助力共同富裕[①]

——副校长陈信元带领师生前往浙江省慈溪市开展2021年千村调查

2021年7月12日至13日，副校长陈信元带领师生在浙江省慈溪市开展千村调查系列活动，内容包括：实施“五个一”劳动教育，开展入村入户调查，参加慈溪余姚校友恳谈会，参观中共浙东区委成立处旧址，调研匡堰镇片区组团式产业发展，参加千村调查慈溪座谈会等。慈溪调查团队由来自“三农”研究院、财经研究所、公共经济与管理学院、法学院、会计学院、外国语学院和人文学院的师生组成。

“五个一”劳动教育，体验农村生活

炎炎烈日，蝉鸣阵阵，调查小组在慈溪的调研拉开了序幕。7月12日11∶30，调查小组一行来到坎墩街道大学生农业众创园进行“五个一”劳动教育活动，即做一次农家饭、扫一次农家院、学一项农具、会一个农活、知一种农作物。在玉兰果蔬农场主胡晶金的热情陪同和介绍下，师生们了解了大学生农业创业园的现状、新型的经营主体、产业结构，还认识了许多不同品种的果蔬。随后，在村民的指导和示范下，陈信元副校长与学生们一起采摘、搬运西瓜，打扫农院，大家一起干得热火朝天、汗流浃背，虽有些疲惫，但在劳动中收获了知识和乐趣。

走进坎墩街道沈五村调研乡村振兴

骄阳如火也不能阻挡大家高昂的士气和调研的热情。7月12日13∶30，调查小组前往慈溪市沈五村进行入村入户调查。在村委会初步介绍了沈五村近年来的发展情况后，陈信元副校长就带领师生开展入户问卷调查，并且在旁聆听，进行方法、细节上的指正，入户问卷调查小组迅速进入状态，并且顺利完成了任务。大家通过此次的调研发现，通过土地流转的方式，沈五村家庭农场式现代农业发展迅速，培养了一批葡萄、草莓、火龙果等特色种植产业，并且建立起大大小小约100家企业，都在为努力实现乡村产业振兴而奋斗。

---

① 资料来源：上海财经大学官网，2021年7月19日。

“五个一”劳动体验

干农活

做农家饭

参加慈溪余姚校友恳谈会

7月12日17：00，调查小组在慈溪市杭州湾环球酒店会议室参加了宁波市慈溪余姚校友恳谈会。会议由我校公共经济与管理学院党委书记方芳教授主持。来自宁波市银盛装饰有限公司、浙江和义观达律师事务所、慈溪市崇寿镇党委专职副书记、宁波永敬会计师事务所有限公司、上海金江融资租赁有限公司、浙江泰索科技有限公司、兴业银行宁波慈溪支行、中国工商银行杭州湾新区支行、德邦控股集团有限公司、宁波莱喜影视文化有限公司、慈溪农商行金融市场部、中国银行宁波市分行金融市场部、华泰证券宁波营业部等单位的十多位校友先后分享了毕业工作的感受以及工作中如何彰显“上财特色”，并祝愿母校发展越来越好，希望学校继续在乡村振兴和共同富裕的建设中发挥更多力量。

入村调查

庆建党百年，学史千村行

7 月 13 日 8：30，大家以饱满的精神前往浙东敌后抗日根据地的摇篮——中共浙东区委成立处旧址进行党史学习。从 1941 年 5 月至 1945 年 9 月，浙东敌后抗日根据地存在了四年多，从南渡的 900 人到北撤的 1.5 万人，三北成为浙东抗日根据地“始于斯，止于斯”的见证者。三北是浙东地区最早建立的根据地、抗日最前哨、最重要的军费来源，这三个“最”突出反映了三北在浙东敌后抗日根据地中的重要地位。在中共浙东区委成立处旧址，陈信元副校长带领师生们在党旗前庄严宣誓：“请党放心，强国有我！”随后，大家走进旧址进一步认识、了解了浙东地区抗日救亡的历史。陈信元副校长还亲切地为学生们进一步讲解当时浙东敌后抗日根据地的形势，拓展知识。回顾历史，浙东敌后抗日根据地一路走来，实属不易。习近平总书记说：“走得再远，走到再光辉的未来，也不能忘记走过的过去，不能忘记为什么出发。”而三北地区作为浙东敌后抗日根据地的摇篮，正是我们“初心”所在。

参观中共浙东区委成立处旧址

千村调查小组在旧址留影

考察匡堰片区组团式产业发展，共话乡村产业振兴

7 月 13 日 10：00，在慈溪市统战部副部长陈伟凯、市侨联主席马群娜、匡堰镇党委书记陈旭伟、匡堰镇镇长夏赟的陪同下，上财师生来到匡堰镇南部片区，深入了解杨梅、山茶、笋干当地特色产品的初加工、深加工，以及所形成的新型农业发展模式，深刻地感受到了慈溪市近几十年来乡村产业的飞速发展与创新。

了解匡堰片区组团式产业发展

同日上午 11：00，在慈溪上林湖青瓷文化传承园秘色瓷号实践基地，调查小组与慈溪市委统战部、农业农村局、市侨联、匡堰镇有关部门进行座谈。会议中，陈信元副校长向慈溪市委领导们介绍了上海财经大学的整体发展情况和相关学科优势，以及千村调查的具体情况与成就，并向学生们表达了将青春挥洒在中国的每一寸土地上的希冀，希望上财学子借助“走千村，访万户”的调研，读懂中国，为新时代乡村产业振兴和乡村发展，迈向共同富裕做出贡献。慈溪市领导也详细介绍了慈溪市目前各个产业的现况，并对未来的发展目标做了阐述，希望能和上海财经大学进行更深层次的合作，汇聚力量，以未来农业为导向，将慈溪打造成全国未来农业的示范基地、长三角地区的一颗璀璨的明珠，助力树立共同富裕省域范例。

慈溪座谈会

在活动最后，陈信元副校长再次强调学生们要在此次的活动中有所收获，有所长进，不只是局限在“走千村，访万户”的调研之中，更要学会“读中国”，将个人命运与时代命运紧密相连，积极投身于中国的现代化建设。

探寻吴江红色印记　领略乡村振兴发展[①]

——副校长姚玲珍带领师生在苏州市吴江区开展2021年千村调查

2021年7月12日至13日，在上海财经大学副校长姚玲珍、研究生院副院长朱君萍以及财经研究所计小青老师的带领下，来自公共经济与管理学院、财经研究所、会计学院、金融学院、人文学院的11位同学在苏州市吴江区开展了千村调查系列活动。

座谈篇:谋振兴 共发展

7月12日上午，千村调查小组来到吴江区与农业农村局、卫健委、文体广电和旅游局以及民政局等相关单位负责人进行了座谈。座谈期间，副校长姚玲珍介绍了千村调查项目的历史、意义以及本次调查的重点，并指出此次调研地——吴江区有着天然的地理位置优势，是长三角一体化建设的重镇和乡村振兴的主要基地，希望本次的调研成果能够为长三角地区实现乡村振兴提供参考。随后相关单位负责人就吴江区农村农业发展、农村卫生健康建设、乡村旅游业发展和农村养老问题进行了详细介绍。

座谈会(一)

① 资料来源:上海财经大学官网，2021年7月18日。

农业农村局马斌斌副局长从耕地规模、农产品产业特色、农业发展模式以及产业体系等方面介绍了吴江区利用仅有的34万亩耕地，采用“合作社＋家庭农场”的农业发展模式，建设高产量、高标准、高效益的特色农田产业，形成了以大米、香青菜和大闸蟹为主要产品的特色品牌。马副局长进一步介绍，当前吴江区依托正在申建的国家级产业园区，大力推行休闲农业建设，已建成两个休闲乡村和十个江苏省特色田园乡村，2020年乡村接待游客已达626万人次。然而，吴江农业发展也面临着环境污染、资源利用率不高、还田率较低等突出问题。

卫健委相关负责人从农村居民就诊体系、医院分布、医护人员和病床位规模介绍了吴江区当前的卫生健康建设成果和未来规划；文体广电和旅游局相关负责人介绍了当前吴江区乡村旅游发展规模，并提出围绕“中国乡村”主题开展庭院乡村建设，致力于创建全域旅游示区的长远规划；民政局相关负责人详细介绍了吴江区老龄化程度和养老服务。据介绍，当地已形成机构、社区和居家“三位一体”的养老模式。目前，吴江区已建成337家日间照料中心，为老年人提供养老、医疗服务，其社会化运营率达到了62.30％。

座谈期间，调研师生就当前吴江区乡村发展问题与相关部门负责人进行了深入的讨论。

调研篇：走企业 谈创新

7月12日下午，千村调查小组一行14人继续前往上财校董单位东南电梯股份有限公司进行调研。东南电梯股份有限公司成立于1998年，是吴江当地的民族品牌。公司始终致力于垂直交通系统的研究与应用，并为中国航天事业的发展做出贡献。调研小组在东南E馆馆长马依萍的引导下参观了大数据展厅、部件展厅和电梯产业园等项目。

千村调查小组在吴江区合影

走访企业

参观结束后，千村调查小组与东南电梯管理层进行了座谈。东南电梯董事长秦健聪分别从"千年古城育东南""百年党建出成果""不忘初心再出发"三个方面详细介绍了公司的发展历程、辉煌成果和未来的战略愿景。在二十三年的发展历程中，公司紧紧围绕国家发展需要，致力于为国家航空航天事业、国家核电事业、国家医疗卫生事业等关键领域提供高质量服务。

姚玲珍副校长指出，东南电梯能够成为制造业发展的典范，离不开秦董事长浓厚的家国情怀和强烈的创新意识，这些爱国情怀和创新意识既体现在产品设计与生产技术上，也深深印刻在企业的运营管理模式上，为上财学子树立了良好的学习榜样。随后，师生与东南电梯相关负责人进行了热烈的交流。

座谈会（二）

上海财经大学副校长姚玲珍发言

7 月 13 日中午，千村调查小组利用正式入户调研前的间隙，参观了位于桃源镇的苏州近藤大钱精密部件有限公司。公司董事长钱六宝先生热情地接待了前来参观的千村调查小组，并带领大家参观了办公区域和一线生产车间。据悉，钱先生有 28 年的从军经历，转业后来到桃源镇开办了精密部件加工厂。公司中随处可见的宣传标语不仅激励了员工，而且让来调研的师生深深地感受到了具有凝聚力的企业文化。在生产车间，钱先生详细介绍了生产设备的功能和生产产品的用途。在钱先生介绍的过程中，我们了解到该企业立足于一个“精”字，不断加大科研投入，自主攻克多项技术难题，达到了只要客户有设计图纸，就能进行精准定制的高要求。在离开之际，钱先生勉励各位学生要把握时代发展方向，努力实现“做事精益求精，做人知行合一”的高要求。

调研企业

了解企业现状

学习篇：学党史 寻记忆

7月13日上午，千村调查小组成员一行来到吴江区铜罗古镇，在镇领导的陪同下，共同参观了吴江党史馆，回顾中国共产党在吴江英勇奋斗的发展历程，重温红色记忆，感受革命精神，汲取奋进力量，践行初心使命。在参观开始前，调研小组中的党员师生面向党旗，重温了入党誓词。他们坚定地举起右拳，铮铮誓言响彻大厅，表达了他们践行初心使命的坚定决心。

千村调查小组在吴江党史馆合影

宣 誓

随后，师生们怀着崇敬的心情参观了党史馆。在解说员的讲解下，调研小组师生通过两百三十多幅图片、三十多件事物、五个场景模型和多个电子荧屏，分别从新文化运动时期、土地革命时期、抗日战争时期和解放战争时期学习了吴江人民为新中国成立和人民的幸福生活浴血奋战的大无畏精神。

通过参观党史馆，师生们感知到艰苦奋斗的红色历程，感悟先人志士的爱国情怀。在建党一百周年之际，千村调查小组更是牢记“学史明理，学史增信，学史崇德，学史力行”，用实际行动为建党一百周年献礼。

（一） （二） （三） （四）

参观党史馆

劳动篇:下农地 干农活

7月13日上午,千村调查小组前往桃源镇仙南村体验“五个一”劳动。仙南村占地4.6平方千米,现有三千七百余名村民。该村以林业为主,森林覆盖率达90%以上,是名副其实的森林氧吧。近年来,该村立足生态环境,不断提升村风村貌,致力于打造休闲、康养胜地。

调查小组在村干部的带领下来到仙南村湾里浜自然村,体验“五个一”劳动。村民们热情地接待了调查小组一行14名师生。从识农具到用农具,从辨农菜到除杂草,从识五谷到蒸毛豆肉饭,村民们不仅为师生提供有利的场所,还为师生提供了耐心的指导。炎炎烈日,学生们不惧酷暑,奔赴田间地头帮村民们干农活,深刻体会到了“一粥一饭当思来之不易,半丝半缕恒念物力维艰”的含义。

在劳动过程中,姚玲珍副校长和调研的学生踏进地里采摘成熟瓜果,共同感受收获的喜悦。通过劳动实践,学生们进一步加深了对乡村的认知。

采瓜果　识五谷

干农活　烧 灶

调查篇:进农村 入农户

7月13日下午,调查小组进入桃源镇仙南村正式进行“千村调查”中的入村、入户调查。村委书记金新建详细介绍了村风村貌、地理环境和乡村建设。仙南村由17个自然村合并而成,有34个村民小组;村里现有林地面积3 766亩,以苗木种植产业为主,森林覆盖面广,生态环境优美,有着“水乡森林”的称号。

入户调查

入户调查结束后，调查小组在金书记的带领下继续走访了仙南村不同的村民小组，全面了解村民的人居环境、收入水平和健康状况，重点了解乡村振兴过程中的阻力，挖掘乡村振兴中的潜力。在与金书记的交谈中进一步了解到，仙南村拥有桃源镇正在规划的“一环八湾”中的“野境湾”和“酒香湾”，地理位置优越，公共服务配套设施完善，目前正在打造京杭运河风光带。

仙南村

在两天的学习调研过程中，学生们深刻体会到了吴江的文化底蕴、企业家们的家国情怀，以及乡镇干部致力于谋求乡村产业发展、引领乡村品牌建设的坚定决心。在接下来的时间里，学生们将会以更大的热情、更深的理解和更好的状态，投入到乡村调研工作中，为助力长三角乡村振兴、打造中国乡村发展模板做出新时代青年的应有贡献。

百舸争流创示范，乡村振兴路在前①

——校党委副书记、纪委书记陈宏带领师生在上海市青浦区开展2021年千村调查

2021年7月12日至7月13日，在校党委副书记、纪委书记陈宏的带领下，“千村调查”青浦分队一行来到上海市青浦区农村地区开展调研，活动内容包括：实施“五个一”劳动教育，召开乡村振兴座谈会，参观陈云纪念馆，走访新型城镇化建设项目等。

“五个一”劳动体验

7月12日上午9时许，烈日炎炎，骄阳似火，陈宏副书记与上财师生首先来到上海市青浦区朱家角镇张马村，进行“学做农家事”的劳动体验，在“泖塔浓情园”中“学一项农具、会一项农活、做一餐农家饭、扫一次农家院、知一种农作物”。在老师的带领和园主的热情指导下，学生们学习使用农具、了解当地农业生产状况和产销模式，帮助农户采摘新鲜蔬果。学生们在陈宏副书记的带领下打扫农家院，学做农家活，与农户一起筹备午餐，师生共同将一上午的劳动成果送上了餐桌。

摘豆角

① 资料来源：上海财经大学官网，2021年7月16日。

采草莓

走访张马村　调研乡村振兴

劳动体验完毕，师生一行走进张马村社区中心开展“乡村振兴”主题调研。张马村党支部书记朱惠根亲切接待了上财师生。在陈宏副书记和财经研究所副研究员胡彬老师的指导下，师生分组首先对张马村整体情况及村民个户情况开展了问卷调查。

入村问卷调查

下午 2 时，在张马村议事大厅二楼举办了“乡村振兴”主题座谈会。座谈会上，张马村党支部书记朱惠根首先介绍了张马村“美丽乡村”及“乡村振兴”建设的基本情况，并与在场师生研讨张马村作为乡村振兴示范村下阶段的建设目标和重难点。作为青浦区第一批美丽乡村建设试点单位，张马村在全面实施乡村振兴战略的背景下，以“四园一岛”为主体，着力发展特色产业，从一个纯农业村蝶变为文旅农融合发展的特色产业村。座谈会上，学生们踊跃发言，与村支部及建设实业公司代表就张马村绿色发展、治理模式、老年人保障、资金来源等方面的问题展开了细致深入的研讨。座谈会最后，陈宏副书记强调，“脱贫攻坚”“乡村振兴”等中国农村建设发展取得的一系列重要成效，从根本上取决于党的正确领导。他寄语在场的学生，美好生活离不开矢志奋斗，乡村产业振兴还依托于团队的协作苦干，上财学子在劳动中要敢于吃苦，发扬团结互助的精神。

座谈会

学党史悟初心　参观陈云纪念馆

7月13日上午9时，青浦分队一行来到了陈云纪念馆开展党史学习教育。师生们首先在纪念馆南广场陈云雕像处进行了庄严的献花仪式。随后，在讲解员的带领下，师生一行进入陈云纪念馆，通过实物、图片和文字资料了解陈云同志的生平事迹，学习建立陈云纪念馆对于学习党史的重要意义。师生一行从革命时期、社会主义建设、改革开放后三个历史时期全面了解了陈云同志伟大且光辉的一生，以及陈云同志在党和国家的关键时期发挥的关键作用和重要贡献。陈云同志是开展调查研究的典范，曾多次到农村进行调查研究。他脚踏实地的研究精神值得调研团队学习和发扬，他实事求是、群众路线、求真务实的作风值得上财师生学习和践行。参观结束后，陈宏副书记带领师生来到陈云雕像前庄严宣誓：请党放心，强国有我！

在陈云雕像前献花

调研重固镇新型城镇化项目

7 月 13 日下午，“千村调查”青浦分队赴重固镇调研新型城镇化建设，参观章堰村建设成果，并与上海中建东孚投资发展有限公司代表开展座谈。

下午 2 时许，上财师生在中建东孚公司负责人的陪同下来到章堰村，参观新规划的民宿样板房、村史馆、人才发展中心等，了解这个古色古香的乡村在近几年全面实施乡村振兴战略的背景下如何焕发新机。重固镇新型城镇化项目是上海市首个落地实施的大型片区综合开发类 PPP 项目。章堰村建设作为重固镇新型城镇化的重要子项目，以“千年章堰，共创未来”为核心定位，其战略项目主要包含旧区更新、乡村振兴和产业提升三大板块，力争打造上海绿色智慧创新示范基地。随后，师生一行来到重固镇新型城镇化建设展示中心，参观了解重固镇的历史文化概貌，建设项目战略视野、目标及实施步骤，感受重固镇建设取得的突出成效。

参观章堰村

下午 4 时许，上财师生与中建东孚公司代表开展座谈。座谈会由中建东孚公司纪委书记聂海南主持。东孚城投公司总经理赵贵东指出，重固镇乡村振兴项目是历史机遇，更是央企的责任，下一步还要继续探索成功的农业产业发展道路。东孚公司投资管理部经理吴晓霖表示，希望通过此次千村调查，共创前沿多元的校企合作模式。校财经研究所副所长、长三角研究院执行院长张学良教授建议打造“四高”新型农村，形成经济发展闭环，进一步做好对外合作和转型的项目。与会师生就重固镇新型城镇化建设发展情况及合作设想做了进一步的交流。最后，校党委副书记陈宏鼓励学生通过实地调研走访了解国情、社情，学习央企肩负国家战略、致力乡村振兴的建设精神，同时勉励学生们在第二个百年目标实现阶段自觉承担历史重任，与时代同呼吸，与祖国共命运。

上财师生与中建东孚公司代表座谈

上财师生在浙江台州开展千村调查 许涛寄语学子在田野调查中积蓄成长能量①

本网讯（记者 程媛媛） 2021年7月8日至9日，上海财经大学党委书记许涛带领师生在浙江省台州市开展千村调查系列活动，在这里，上财师生一行开展了党史学习教育、实施“五个一”劳动教育、“我与书记面对面”、入村入户调查等活动。

头顶烈日，冒着高温，学校调研团队一行在台州市开展党史学习教育，拉开了2021年千村调查党史学习教育活动——“庆建党百年、学史千村行”的序幕。7月8日下午，师生们参观了一江山岛登陆战纪念馆。纪念馆通过数字化沙盘模拟、实物图片和文字资料展示了1955年陆、海、空三军将士首次联合渡海登陆作战，一举攻占一江山岛的激烈战斗的场景。一江山岛登陆战是人民解放军陆、海、空三军首次联合登陆作战，为解放浙东沿海全部岛屿迈出了重要一步。许涛带领师生在一江山岛登陆战英烈群雕前庄严告白：庆建党百年，学史千村行；请党放心，强国有我。

参观一江山岛登陆战纪念馆

① 资料来源：上海教育新闻网，2021年7月12日。

烈日炎炎也挡不住上财师生入村入户调研的脚步。在路桥区路南街道方林村,别墅住宅整齐划一,运动休闲等文化设施一应俱全。方林村党委书记方中华向上财师生介绍了方林村发展的基本情况。方林村依托浙江方林汽车城,形成了以市场为基业、以工业为重点、以农业为辅业的产业格局。在 2020 年,村集体经济收入达到 9 200 万元,市场交易额为 208 万元,人均纯收入从 2006 年的 1.4 万元提高到 11 万元以上。在 2016 年,方林村率先完成经济合作社股改,成为台州市第一个彻底股改、按股量化分红的村,为全面建设小康和推进共同富裕示范区建设提供了参照。

入村调研

在了解方林村发展概况后,许涛带领学生分成 5 组进行入户问卷调研,他在一旁耐心聆听,并对学生进行指导。两位学生在村民的配合及许涛的鼓励下,迅速进入状态,在轻松愉快的氛围中完成了问卷调研。通过调研,师生主要了解了该户的家庭经济及致富情况,理解了“基本保障靠集体,勤劳致富靠自己”的致富理念。

入户问卷调研

当天下午，师生一行还前往方林村农田，开展“五个一”劳动体验，即完成做一餐农家饭、扫一次农家院、学一项农具、会一个农活、知一种农作物。在当地村民的示范和指导下，许涛与学生们一起拿起锄头，在菜畦上经过挖坑、培土和浇水等环节种下了茄子、木耳菜、黄豆和玉米幼苗，还在地里体验了掰玉米、摘西瓜，认识了番薯、甘蔗、姜、秋葵等农作物。

“五个一”劳动体验

当天在方林村委会议室还举办了主题为“庆党建百年，话共同富裕”的“我与书记面对面活动”。9 位同学先后分享了参与党史学习、劳动教育和入村入户调研的感受。会计学院 2020 级本科生陆倪萱同学谈到，通过参观一江山岛登陆战纪念馆，深情缅怀革命先烈不怕牺牲、前赴后继的革命精神，更深刻体会到只有中国共产党才能带领中国人民实现中华民族伟大复兴。许书记和台州市副市长章月燕、路桥区区长牟傲野、方林村党委书记方中华一起为上海财经大学劳动教育基地——浙江省台州市路桥区方林村揭牌，千村调查学生代表向方林村赠送了千村调研纪念品。台州市路桥区委副书记、区长牟傲野致辞，欢迎上财师生，并介绍了路桥区建设共同富裕的“六富”经验路径。

在方林村委会议室举办的“我与书记面对面活动”

最后，许涛表示，学生们在参加千村调查的过程中，提高了自身的学术研究能力、社会交往能力；在参加田野劳动的过程中，体验了劳动的艰辛，理解了劳动的光荣，习得了劳动的技能。每个人都应该不虚此行。并希望大家继续保持严谨求实的作风，虚心求教一线的劳动者和基层干部，牢记"艰难困苦、玉汝于成"，用脚步丈量祖国、读懂中国，扎根大地做学问，真正做到习近平总书记对青年人所叮嘱的"年轻人要自找苦吃"，收获更多的喜悦与感动，在田野调查的过程中积蓄个人成长的能量，积极投身乡村共同富裕的建设中。

7 月 9 日下午，师生一行考察了台州市黄岩区朵云书院。书院策划和推出了百年党史图片展，精选了 250 种、千余册红色主题图书和历史珍贵照片，献礼建党百年。在百年党史图片展区，许涛结合自身经历，给师生讲解了十一届三中全会的召开对时代和个人发展的重要历史意义，希望上财学子将个人命运与时代发展紧密联系在一起。上财师生还来到黄岩智能模具小镇、模塑产业创新服务综合体和朵云书院，深入了解台州模具产业迭代升级、产业数字化推进、创新驱动发展和厚植文化软实力建设等情况。

千村调查小组在台州参观、学习

【相关链接】

上海财经大学"千村调查"自 2008 年启动，迄今已经连续实施 14 年，有两万多人次学生走千村，访万户，读中国，是上海财经大学加强国情教育、社会实践、劳动教育、科学研究、学科建设五位一体人才培养模式的品牌项目。2021 年千村调查的主题是"中国乡村产业振兴调查"，采用返乡调查与重点调查相结合的方式进行，参加学生人数再创新高，两千三百余名学生组成近 1 200 支队伍，走访了全国 31 个省市自治区、1 266 个村庄。每组学生都结合地方特色，有针对性地开展红色主题教育和"五个一"劳动体验日活动。2021 年校党委要求全体校领导班子成员以指导教师身份带队，与师生一同前往包括长三角一体化示范区、中部崛起地区、扶贫攻坚与乡村振兴有效衔接地区在内的 9 个重点县开展调研，共同体验新时代的巨大变化、了解新思想的实践伟力。

Z世代还需要了解乡村吗？带着“有泥土”的问题做调研，上财的这门田头实践课给出答案[①]

对不少Z世代的大学生而言，乡村在某种程度上是一种遥远的想象。他们生长在城市，将来在很大程度上也留在城市工作、生活。他们对乡村的印象停留在书本、影视作品乃至父辈的描述中。

上海财经大学会计学专业大一学生周景怡便是“零”乡村经验的学生之一，她的爷爷辈就已扎根城市。“我一度刻板地认为，乡村生活就是面朝黄土背朝天，日出而作日落而息。”

今年暑期，她参加了学校“千村调查”实践活动，回到了自己的家乡浙江，深入台州市方林村等地进行实调研。第一次，从前模糊的乡村逐渐清晰，甚至有些令她意外。“乡村竟然可以发展得这样现代化！”周景怡不由地感慨，不真正走进乡村，何以谈认识，为乡村产业振兴出谋划策。

在上海财经大学，“千村调查”社会实践项目已开展到第14个年头，覆盖2万多人次学生，不仅令教师们争着“竞标”带队，而且在学生间也人气颇高，不少人四年甘当“回头客”。作为学校思政教育的品牌活动，“千村调查”已成为学生读懂中国、培养使命感和责任感的肥沃土壤。

今年，上海财经大学党委书记许涛和学生们一起深入乡村，他希望，“年轻人要‘自找苦吃’，用脚步丈量祖国、读懂中国，扎根大地做学问，在田野调查过程中，积蓄个人成长的能量，积极投身乡村共同富裕的建设”。

补齐短板，带着“有泥土”的问题做调研

“不夸张地说，我就是因为千村调查爱上上财的。”周景怡从高中时期就关注到“千村调查”活动，高考填报志愿，前七个志愿一律填写上海财经大学。今年“千村调查”活动征集通知一经发出，她就火速报名。

她入户调研的第一站，就到了台州市方林村。方林村依托浙江方林汽车城，形成了以

① 资料来源：《文汇报》，2021年7月12日。

千村调查小组在当地合影

市场为基业、以工业为重点、以农业为辅业的产业格局。在2020年，村集体经济收入达到9 200万元，市场交易额208万元，人均纯收入从2006年的1.4万元提高到11万元以上。在2016年，方林村率先完成经济合作社股改，成为台州市第一个彻底股改、按股量化分红的村。

方林村整齐划一的别墅住宅、一应俱全的运动休闲文化设施给周景怡留下了深刻印象。经过入户调研，她才发现，从前自己写过的关于乡村振兴的论文都是纸上谈兵。"如果没有深入的了解，我对乡村完全是脱离式的指指点点。未知全貌，不予置评，这种深入的沉浸式的体验对我们来说太重要了！"她表示，明年还想再次报名，去更多的乡村看看，更全面地了解祖国大地。

入户调研

"不仅是学生在实践中补齐关于乡村经验的短板，教师同样如此。"上海财经大学组织部副部长、党校副校长曹东勃从自己的学生时代起就参加了千村调查活动。他发现相比"50 后""60 后""70 后"的教师，"80 后""90 后"乃至"00 后"的学生的间接经验更为丰富，但在直接经验方面存在短板。"或许我们从书本、互联网上获取信息的能力在代代增强，但是在一粒种子怎么变成粮食、一个零部件怎么加工为成品等方面尚有欠缺，这些对一份扎实的田野调查来说至关重要。"

他曾指导宁夏籍学生深入《山海情》的原型地闽宁村进行入户调研。当时《山海情》尚未拍摄完毕，也没有人知道这部剧会火，学生们出于了解脱贫攻坚的目的深入村庄，走进村户做调研。"最初当然困难重重，比如怎么和老乡沟通，原先设计好的问卷可能并不完全适用于调研。但经过反复实践，学生们不断发现问题，找到了更多的选题，他们都表示有一种豁然打开新世界大门的感觉。"曹东勃说，从最初的疑惑聚焦为一个主题，再到变成一个课题，最终形成一份课题研究成果，带着"有泥土"的问题做课题，不管是学生还是老师，都收获了可贵的成长。最终，该学生团队也凭借这项调研荣获第十七届"挑战杯"全国大学生课外学术科技作品竞赛红色专项活动全国一等奖。据悉，每年"千村调查"中都有学生团队将该奖项收入怀中。

值得一提的是，在今年的"千村调查"中，学校特意加上了"五个一"劳动体验日活动。所谓"五个一"，即学一项农具、会一个农活、做一餐农家饭、扫一次农家院、知一种农作物。

在菜畦上挖坑、培土、浇水，种下了茄子、木耳菜、黄豆和玉米幼苗，在地里掰玉米、摘西瓜，还认识了番薯、甘蔗、姜、秋葵等农作物，这次"千村调查"让统计与管理学院大二学生高之未第一次双手沾满了泥土。"天气很热，劳动很辛苦，但劳动过后的西瓜格外甜!"高之未说。

"五个一"劳动体验

采摘蔬菜瓜果

在实践中感悟财经人的使命和担当

对这代大学生而言，了解乡村、认识乡村重要吗？当被问及这个问题，参与“千村调查”的学生不约而同地回答：“当然重要！”

今年暑期，上海财经大学金融学院大二学生赵阳首次参加这项校内“网红”活动。之所以要报名这项活动，可不单单是因为名气。赵阳的爷爷来自浙江省海宁市，从事水产养殖，一直过着“看天吃饭”的生活。

“爷爷是一个勤劳的人，但他说，同乡不少人劳碌一生，却依旧过着清贫的生活。”赵阳回忆，自己曾跟着母亲到一位北方乡村的远房亲戚家，一间简陋的屋子，一口水井，简单的家具，就是亲戚家的全部。在土炕上睡了一晚，第二天起床，赵阳腰酸背痛。从繁华的都市到北方乡村，巨大的差异让他萌生了一个想法：能否用所学为家乡建设做点力所能及的事情？

参观了方林村后，赵阳激动地说：为什么方林村可以抓住二手汽车市场，可以用如此现代化的管理制度调动每家每户的积极性，让大家都过上了幸福的生活？我们能否利用财经专业知识，将调研结果进行总结，带到自己的家乡？

“在实践中，我愈发体会到上财人经世济民、匡时守正的使命担当，让我萌生服务家乡人民的社会责任感。”金融学院的大二学生薛辰旸同样深受触动，虽然“千村调查”只有一周的时间，却给他上了重要的一课：学以致用，扎根祖国大地、服务国家发展是我辈学子的使命所在。

“经济学教科书上的理论跟现实很可能存在出入，理论和现实的鸿沟如何弥合？怎么让知识深入青年学子的精神深处？这种在田间地头的社会实践课，任何传统课堂都无法替代。”曹东勃介绍，为进一步引导师生用脚步丈量中国、读懂中国，今年重点调查的九支队伍全部由学校领导带队、专业教师和学生共同参与，同吃、同住、同调研，学校还将“我与书记面对面”的党课搬到了调研现场。上财的教授将根据调研结果为当地社会经济发展提供决策咨询服务，真正把论文写在祖国大地上。

上财探索：疫情防控下，如何做大做强“千村调查”①

中国青年报客户端上海 7 月 12 日电（中青报·中青网记者王烨捷） 记者今天从上海财经大学获悉，该校于 2008 年启动、迄今已连续坚持 14 年的学生“走千村、访万户、读中国”系列活动，今年在疫情防控形势下，不仅没有缩小规模，反而参与学生人数再创历史新高。

据悉，该校今年一改以往“返乡调查＋33 个定点调查”方式，大力扩大返乡调查规模，将定点调查规模缩小至 9 个。一方面返乡调查参与学生增加至两千三百多人，另一方面缩小定点调查规模以减少人员往返性流动。重点调查点包括长三角一体化区域（如苏州的吴江、上海的青浦、浙江宁波的慈溪等发达地区的乡村振兴）、中部正在崛起的地区（如江西余干、河南洛阳）、扶贫攻坚与乡村振兴有效衔接地区（该校对口扶贫对象云南元阳、贵州道真）。

座谈会

① 资料来源：中国青年报客户端，2021 年 7 月 12 日。

据悉，今年的“千村调查”主题紧紧围绕国家重大战略，按照中央 20 个字的方针，上财今年的调研主题聚焦乡村产业振兴。

其中，9 个重点调查点都有丰富的红色主题教育资源。该校党委明确要求这 9 支队伍都由校领导带队，专业教师和学生共同参与，坚持同吃、同住、同调研。在每个点集中开展一次红色主题教育、一次劳动教育活动、对 10 个村进行入村和入户访谈。针对返乡调查的学生，学校要求结合当地红色资源优势，开展红色主题教育。

上海财经大学党委书记许涛希望，学生们在参加千村调查的过程中，提高自身的学术研究能力、社会交往能力；在参加田野劳动的过程中，体验劳动的艰辛，理解劳动的光荣，学习劳动的技能。“我想每个人都应该不虚此行。”许涛要求学生们保持严谨求实的作风，“不懂就问，虚心求教一线的劳动者和基层干部，用脚步丈量祖国、读懂中国，扎根大地做学问。在田野调查的过程中积蓄个人成长的能量。”

年轻人的“自找苦吃”精神:这所大学的2300余名学生将走访全国1200多个村庄①

东方网记者傅文婧6月28日报道:走千村,访万户,读中国。2021年6月28日,上海财经大学隆重举行2021年千村调查出征仪式。今年的调查主题是“中国乡村产业振兴调查”,采用返乡调查与重点调查相结合的方式进行。参加学生人数再创新高,共计1 183组、2 343名学生将走访全国31个省市自治区1 266个村庄。

出征仪式

据悉,本次参与调查的每组学生都将结合地方特色,有针对性地开展党史学习教育和“五个一”劳动体验日活动。设置重点调查9个县,包括长三角一体化示范区、红色老区和

① 资料来源:东方网,2021年6月30日。

对口帮扶对象云南元阳县。每个重点调查县由 1 名校领导、1 名中层干部和 1 名专业教师带队，9～12 名学生参加。

诚信宣誓

出征仪式上，2021 年千村调查首席专家、“三农”研究院副院长许庆教授结合百年农村、农民、农业发展进程，展示了中国共产党领导下的全面脱贫奔小康的伟大成就。2020 年上海大学生年度人物、财经研究所吴胜男博士，作为参加 2019 年千村调查学生代表，分享了千村调查的经历和感受，用脚步丈量祖国，践行“年轻人要自找苦吃”的精神，收获了喜悦与感动，在参与田野调查的过程中积蓄发展能量。并带领 2021 年千村调查学生代表诚信宣誓，引导上财学子恪守学术规范。

据悉，为进一步贯彻落实《上海财经大学新时代劳动教育行动计划（2020—2023）》，学校推进千村调查“五个一”的劳动教育方案，即学一项农具、会一个农活、做一餐农家饭、扫一次农家院、知一种农作物，使得上财学子在劳动中培育爱国爱民情愫。学校于 5 月 15 日至 18 日到浙江金华农村开展了预调研，完善了调研问卷，开展了“五个一”劳动教育和党史学习教育活动，切实将 2021 年千村调查方案落实、落细、落小。在全国建立若干劳动教育基地，结合返乡调查，组织学生到村开展千村调查“五个一”劳动体验日活动。在花园村党委的支持下，学校在浙江省东阳市南马镇花园村设立首批劳动教育基地。仪式上，常务副校长徐飞老师和花园村党委书记邵钦祥同志为劳动教育基地揭牌。

揭牌仪式

此外，为了保障 2021 年千村调查平安有序，学校除了开展系列安全教育培训，为每一位参加千村调查的学生购买保险外，还为每一位学生准备了一个疫情防控健康包。副校长陈信元和校党委副书记朱鸣雄为学生代表发放了防疫健康包。

走千村，访万户，读中国
上财举办 2021 年千村调查出征仪式[①]

中新网上海新闻 6 月 29 日电(记者 许婧) 学党史，听党话，跟党走，培育时代新人，献礼建党百年。走千村，访万户，读中国，扎根中国大地，发扬匡时精神。6 月 28 日，上海财经大学举行 2021 年千村调查出征仪式。

千村调查出征仪式(一)

2021 年千村调查主题是“中国乡村产业振兴调查”，采用返乡调查和重点调查相结合的方式进行。参加学生人数再创新高，共计 1 183 组，2 343 名学生，将走访全国 31 个省市自治区 1 266 个村庄。每组学生都将结合地方特色，有针对性地开展党史学习教育和“五

① 资料来源：中国新闻网，2021 年 6 月 29 日。

千村调查出征仪式（二）

个一”的劳动体验日活动。

设置重点调查 9 个县，包括长三角一体化示范区、红色老区和对口帮扶对象云南元阳县。每个重点调查县由 1 名校领导、1 名中层干部和 1 名专业教师带队，9～12 名学生参加。学校于 5 月 29 日、30 日在国定校区体育馆组织开展了系列培训，分年度主题解析及理论前沿、调研方法与报告撰写和调研实务及安全教育三个专题，全体学生参加培训。培训井然有序，形成了上财千人同上一堂课的生动场景，增强了学生们高质量完成调研的底气。

当天，教育部党史学习教育高校第六巡回指导组组长朱崇实，副组长韩晓峰、黄宗明，校领导许涛、徐飞、刘兰娟、方华、陈信元、姚玲珍、朱鸣雄、郑少华、李增泉、章益国出席，中国村社发展促进会副会长、浙江省中小企业协会会长、花园联合党委书记、花园村党委书记兼村委会主任、花园集团董事长兼总裁邵钦祥应邀参加。2021 年千村调查首席专家、项目组、培训组、学生工作组、宣传报道组、成果转化组负责人，相关职能部门负责人，各学院所分管学生工作书记和千村辅导员和学生代表近千人参加。

出征仪式在庄严的国歌声中开始，2021 年千村调查主题视频“忆峥嵘百年 塑千村调查”回顾了千村调查 13 年的发展历程，激励上财学子学史力行，崇尚劳动，勇担使命，砥砺前行，用青春书写无愧于时代、无愧于历史的华彩篇章。

2021 年千村调查首席专家、“三农”研究院副院长许庆教授结合农村、农民、农业的百年发展进程，展示了中国共产党领导下的全面脱贫奔小康的伟大成就。同时，希望上财学子高质量完成调研，严要求科研训练，全过程安全导向。预祝 2021 年千村调查取得圆满成功！

2020 年上海大学生年度人物、财经研究所吴胜男博士，作为参加 2019 年千村调查学生代表，分享了千村调查的经历和感受，用脚步丈量祖国，践行总书记倡导的“年轻人要自找苦吃”的精神，收获了喜悦与感动，在参与田野调查的过程中积蓄发展能量。并带领2021 年千村调查学生代表诚信宣誓，引导上财学子恪守学术规范。

2021 年 6 月 10 日发布的《中共中央 国务院发布〈关于支持浙江高质量发展建设共同富裕示范区的意见〉》为农村产业振兴提供了新动能。花园村党委书记兼村委会主任、花园集团董事长兼总裁邵钦祥全面展示了在花园村党组织的坚强领导下，促进共同富裕的建设历程。花园城从穷得没有一条像样的路，连吃的水都要到邻村挑，发展成村民生活品质比城市高，村容比城市美，乡村风光和城市文明高度融合的现代化美丽村城。

劳动光荣，奋斗最美。为进一步贯彻落实《上海财经大学新时代劳动教育行动计划(2020—2023)》，学校推进千村调查“五个一”的劳动教育方案，即学一项农具、会一个农活、做一餐农家饭、扫一次农家院、知一种农作物，使得上财学子在劳动中培育爱国爱民情愫。学校于 5 月 15 日至 18 日到浙江金华农村开展了预调研，完善了调研问卷，开展了“五个一”劳动教育和党史学习教育活动，切实将 2021 年千村调查方案落实、落细、落小。在全国建立若干劳动教育基地，结合返乡调查，组织学生到村开展千村调查“五个一”劳动体验日活动。在花园村党委的支持下，学校在浙江省东阳市南马镇花园村设立首批劳动教育基地。常务副校长徐飞老师和花园村党委书记邵钦祥同志为劳动教育基地揭牌。

为了保障 2021 年千村调查平安有序，学校除了开展系列安全教育培训，为每一位参加千村调查的同学购买保险外，还为每一位学生准备了一个疫情防控健康包。副校长陈信元和校党委副书记朱鸣雄为学生代表发放了防疫健康包。